Zu diesem Buch

S. Ph. De Vries war 48 Jahre lang Rabbiner der Jüdischen Gemeinde von Haarlem/Niederlande. Mit wachem Sinn bemerkte er das große Interesse, das Nichtjuden dem Leben und den Traditionen ihrer jüdischen Mitbürger entgegenbrachten, ohne indessen deren tieferen Sinn begreifen zu können.

Diesem Interesse kam De Vries, dessen Anschauungen tief in jüdisch-orthodoxer Überlieferung verwurzelt waren, mit der Beschreibung jüdischer Riten und Symbole entgegen. Seine Beiträge erschienen zunächst wöchentlich in einer nichtjüdischen Zeitung, ehe sie als Buch veröffentlicht wurden.

Das Werk wurde sowohl in nichtjüdischen wie in jüdischen Kreisen lebhaft begrüßt und viel diskutiert. Damit erfüllte sich der Wunsch des Rabbiners, daß mit der Kenntnis von den äußeren Formen jüdischen religiösen Lebens auch das Verständnis für das innere Wesen des Judentums wachsen würde.

Rabbi De Vries ist im Frühjahr 1944 im Konzentrationslager Bergen-Belsen umgekommen. Sein geliebtes jüdisches Land, für dessen Wiedergeburt und Aufbau er als religiöser Zionist sein Leben lang gewirkt hatte, durfte er nicht mehr sehen. Als Vermächtnis hinterläßt er ein Werk, das zum Verständnis zwischen Juden und Nichtjuden beiträgt.

S. PH. DE VRIES

Jüdische Riten und Symbole

rororo
ROWOHLT

16.–18. Tausend Januar 1995

Veröffentlicht im Rowohlt Taschenbuch Verlag GmbH,
Reinbek bei Hamburg, September 1990

Aus dem Holländischen übersetzt von Miriam Sterenzy
Bearbeitet von Miriam Magal
Umschlaggestaltung Barbara Hanke
(Farbradierung «Bar-Mizwa» von Prihoda, Anfang 20. Jahrhundert/
Sammlung Max Berger, Wien)
Satz Sabon (Linotronic 500)
Gesamtherstellung Clausen & Bosse, Leck
Printed in Germany
1890-ISBN 3 499 18758 2

INHALT

VORWORT

DIE SYNAGOGE

Name und Bedeutung 13
Das jüdische Gebet – Sprache und Form 15
Das Innere 18
Die Gesetzesrolle 21
Die Thoravorlesung – Anmerkungen zum Kalender 25
Die Bücher der Propheten – Ehrenämter – *Mizwot* 29
Der *Chasan:* Kantor und Vorbeter 34
Menora und *Ner Tamid* – Leuchter und Ewige Lampe 39
Die *Kohanim* 41
Der Priestersegen 44
Die Predigt in der Synagoge: *Halacha* und *Aggadah* 48

DIE DREI «ZEICHEN»

Die *Mesusa:* Das «Zeichen» an der Tür 54
Die *Tefillin:* Das «Zeichen» an Stirn und Arm 57
Die *Zizith:* Das «Zeichen» an der Kleidung 60

DER SABBAT

Der feierliche Einzug 64
Freitagabend 67
Der Sabbattag 70
Das Ende des Sabbats 73
Der Abschied 76

DIE HOHEN FEIERTAGE

Neujahr – Der *Schofar* 80
Zeit der Einkehr und die zehn Bußtage 84
Enthaltungen und Vorbereitungen 88
Kol Nidre 90
Der Tag des *Jom Kippur* 94
Kol Nidre – Melodie und Form 98

FESTE UND FEIERLICHE GEDENKTAGE

Das Laubhüttenfest: *Sukka* und *Lulaw* 103
Das Schlußfest und die Thorafreude 107
Chanukka – Sein geschichtlicher Ursprung 111
Die *Menora* 114
Die festlichen Lichter 117
Tu be'Schewat – Das Neujahr der Bäume 120
Purim – Ursprung und Feier 123
Das Passahfest – Der Auszug aus Ägypten 127
Gesäuertes und ungesäuertes Brot 130
Der *Seder*tisch 132
Der *Seder* 136
Das *Omer*zählen 142
Passahfest – *Omer*zeit – Wochenfest 145

DIE FASTENTAGE

Fasten 150
Fastentage und allgemeine Trauerzeiten 154
Der neunte *Aw* 157

DIE SPEISEVORSCHRIFTEN

Koscher 162
Reine und unreine Tiere – Blut 164
Die *Schechita* 167
Bedika, die Untersuchung 170
Der verrenkte Muskel 172
Koscher machen 175
Fleisch und Milch 178
Fisch und Geflügel 182
Das Eßgeschirr – Zusammenfassung 185

DAS ZEICHEN DES BUNDES

Der achte Tag 192
Die Beschneidung und der *Mohel* 195
Feierliche Bräuche vor der Zeremonie 200
Die Zeremonie 203
Feierlichkeiten – Wirkung 206

DER ERSTGEBORENE

Allgemeine Gesetze über den Erstgeborenen 210
Der erstgeborene Sohn 213
Die Auslösung 216

DIE EHE

Die Verlobung 220
Die Einigung 223
Ein Ereignis für die ganze Gemeinde 227
Die Trauung 234
Die Zeremonie 237
Chuppah 241
Masal tow! – Hochzeitsmahl – Hochzeitstage 246

DIE SCHWAGER– ODER LEVIRATSEHE

Allgemeine Begriffe 250
Verbindung und Trennung 253
Erweiterung und Einschränkung 256
Das Verfahren 260

DIE EHESCHEIDUNG

Der Standpunkt 264
Im praktischen Leben 267

KRANKHEIT, STERBEN UND TOD

Das Sterben 272
Der Krankenbesuch 275
Das Krankenbett 278
Besserung oder die Krise – *Chewra Kadischa* 282
Das Sterbebett 285
Beim Toten 290
Vor der Beerdigung 294
Zum Friedhof 297
Die Beerdigung – *Hesped* 300
Kaddisch 306
Beim Verlassen des Friedhofs – Trost für die Trauernden 310

Die Heimkehr – Die erste Mahlzeit 313
Die Trauerwoche 317
Die Trauerzeit – Die Gemeinde 320
Die Ruhe der Toten 324
Einäscherung 327

DIE RELIGIONSKODIZES

Mischna und *Gemara* 331
Vom *Talmud* zum *Schulchan Aruch* 335
Allgemeine Begriffe – Einstellung – Geist 339
Der jüdische Kalender 344

VORWORT

Dieses Werk ist in jeder Beziehung ungewöhnlich. Ehe sein erster Teil 1927 und sein zweiter Teil 1932 als Buch vorgelegt wurden, war es bereits als wöchentlicher Beitrag in einer nichtjüdischen Zeitung erschienen.

Daß es möglich war, ein so ungewöhnliches Thema in der Öffentlichkeit zu behandeln, zeugt einerseits von einem überraschenden Liberalismus der Leserschaft und andererseits von der fortschrittlichen Haltung der Verfassers.

Der Autor des Werkes, S. Ph. De Vries, war 48 Jahre lang Rabbiner der jüdischen Gemeinde von Haarlem in den Niederlanden und einer der ersten religiösen Zionisten. Er zählte auch zu den ersten, die das lebhafte Interesse zahlreicher Nichtjuden an Leben und Traditionen jüdischer Mitbürger bemerkten und richtig bewerteten. Diesem Interesse kam De Vries mit seiner Veröffentlichung von jüdischen Bräuchen und Symbolen entgegen.

Er tat dies in der Hoffnung, daß die Beschreibung äußerer Formen jüdischen religiösen Lebens auch einiges vom inneren Wesen und tieferen Sinn des Judentums offenbaren und verständlich machen würde. Diesem Gedanken gab De Vries in der Einleitung zum zweiten Teil seines Werkes Ausdruck.

Noch einen weiteren Zweck verfolgte der Autor mit seiner publizistischen Tätigkeit: die am Rande der Gesellschaft lebende jüdische Bevölkerung anzusprechen.

Daß die Darstellung jüdischer Riten und Symbole unter seinen Glaubensbrüdern nicht nur Zustimmung fand, sondern auch auf Ablehnung stieß, erwähnte De Vries in seiner Abschiedspredigt im Dezember 1940. Wie er bescheiden anmerkte, habe sein Buch jedoch nicht nur keinen Schaden angerichtet, sondern im Gegenteil günstig gewirkt.

In der Tat hat De Vries mit seinem in nichtjüdischen wie in jüdischen Kreisen viel gelesenen Werk seinerzeit großen Einfluß auf das geistige Leben ausgeübt.

Tatsache ist auch, daß dieses Buch, das in den Niederlanden bereits in der 6. Auflage erschienen ist und jetzt erstmals in deutscher Fassung vorliegt, sowohl von Juden wie von Nichtjuden noch immer als Standardwerk über die jüdische Religion, über die Bräuche und Vorschriften innerhalb des jüdischen Alltags gilt.

Die Anschauungen des Autors sind tief in jüdisch-orthodoxer Überlieferung verwurzelt. Er vermittelt sie mit warmer Menschlichkeit und mit Begeisterung für das Thema.

Rabbiner S. Ph. De Vries ist im Frühjahr 1944 im Konzentrationslager Bergen-Belsen umgekommen. Sein geliebtes jüdisches Land, für dessen Wiedergeburt und Aufbau er sein Leben lang gewirkt hat, durfte er nicht mehr sehen. Als Vermächtnis hinterläßt er ein Werk, das dazu beitragen kann, das Verständnis zwischen Juden und Nichtjuden zu verbessern.

DIE SYNAGOGE

Name und Bedeutung

Will man wissen, was die jüdische Synagoge ist, darf man sie nicht mit der allgemeinen Vorstellung vergleichen, die man von einem Gotteshaus aus der näheren Umgebung hat. Zuerst müßte man das Bild der Kirche völlig aus den Gedanken verbannen. Denn allein ihr Name beinhaltet etwas ganz anderes: Das griechische Wort «Synagoge» gibt denn auch sinngemäß den hebräischen Ausdruck *Beth Haknesset* wieder, was «Haus der Versammlung», «der Zusammenkunft» bedeutet. Und dieser Begriff bringt genau das zum Ausdruck, was sie ist. Aber im jüdischen Volksmund hat sie eine andere, viel treffendere Bezeichnung.

Im Laufe der vielen Jahrhunderte, als die große Mehrheit der Juden in deutschsprechenden und slawischen Ländern unterdrückt und immer wieder vertrieben lebte, als sie aus der allgemeinen Gesellschaft gestoßen wurde und man sie zwang, abgesondert in eigenen Gegenden und Stadtvierteln zu wohnen, schuf sie sich allmählich eine eigene Umgangssprache. Von allen europäischen Sprachen beherrschten die meisten Juden am besten das Mittelhochdeutsche. Als sich dann in Osteuropa, wo man slawische Sprachen sprach, jüdische Zentren bildeten, die zunehmend mehr Juden anzogen, die den Schwierigkeiten entflohen, hielten sie an ihrer Sprache, dem Mittelhochdeutschen, fest. Sie brachten sie mit sich mit, bereicherten sie mit Ausdrücken aus der Sprache ihrer neuen Heimat. Daneben gebrauchten sie auch hebräische Wendungen aus der Bibel, aramäische aus der Talmudliteratur und neuhebräische aus den rabbinischen Schriften, und auch sie wurden in ihre tägliche Umgangsprache eingegliedert. Auf diese Weise wurde das Jiddische geboren, die Sprache, in der sich die Juden am heimischsten fühlten. Im Verlauf vieler Jahrhunderte und inmitten der verschiedensten Landessprachen wurde das Jiddische die Sprache der Juden, an sie gewöhnten sie sich wie die Menschen in der Provinz oder der Dorfbewohner an seine Mundart. Und nur in ihr kann man sich voll verständigen, kommt sich wirklich nahe, spricht die Seele zur Seele. Das ist die eigentliche Volkssprache. Und in dieser Volkssprache heißt die Synagoge *Schul*, d.h. die Schule. Damit ist schon viel gesagt, aber noch nicht alles.

Wo war die Synagoge am lebendigsten? Wo lag sie am häufigsten in den Zentren mit einer großen jüdischen Bevölkerung?

Der Puls des Judentums schlägt am lebendigsten dort, wo «gelernt» wird. Hat sich an einem Ort eine Gruppe von Juden niedergelassen, kommen sie schon bald zusammen, um gemeinsam zu lernen. Sie kaufen Bücher, treffen am Sabbat und am Feierabend nach der Arbeit zusammen und setzen sich unter dem Vorsitz desjenigen an einen Tisch, der sich berufen fühlt, sie zu leiten, oder den sie als dafür geeignet betrachten, und sie fangen an zu lernen. Und je nach dem Umfang ihrer Vorbildung im Bereich des Judentums studieren die Teilnehmer die fünf Bücher Moses mit dem allgemein beliebten Raschi-Kommentar*; den *Schulchan Aruch*** mit seinen genauen Anweisungen zum täglichen Leben oder eine seiner «Kurzfassungen», von denen es mehrere gibt, auch solche, die gar nicht so kurz sind; die Bibel allgemein, mit oder ohne Kommentaren; die *Mischna****, die den Kern des *Talmud* bildet, aber ohne die Erläuterungen und Diskussionen, die schon von besonderen Kommentatoren gesammelt, stark zusammengefaßt und niedergeschrieben wurden, oder auch den *Talmud* selbst. Den jedoch im allgemeinen weniger häufig, weil es zumindest in den Ländern des Westens dafür kaum die Instruktoren mit dem nötigen Fachwissen gibt, genausowenig wie die dafür vorgebildeten Zuhörer.

Das Zimmer, in dem gelernt wird, ist der Ort der Zusammenkunft. Es ist das *Beth Hamidrasch*, d.h. das allen zugängliche Unterrichts-

* Siehe S. 307ff
** Ebd.
*** Ebd.

zimmer. Fast alle wichtigen jüdischen Zentren, praktisch jede jüdische Gemeinde besitzt mehrere solcher Unterrichtszimmer, die immer, Tag und Nacht, offenstehen. Und praktisch halten sich denn auch immer Besucher in ihm auf, entweder sitzen sie in kleinen Gruppen zusammen, oder es sind Einzelgänger.

Und gleich wird auch der Unterrichtssaal zum Gebetshaus. Die Zusammenkünfte, bei denen der Geist Nahrung erhält, werden so geregelt, daß sie mit den für den Gottesdienst bestimmten Zeiten zusammenfallen. Und der Gottesdienst findet direkt im Unterrichtssaal statt. Was allerdings nicht bedeuten soll, daß der Gottesdienst bloße Zugabe wird. Im Gegenteil, dadurch wird er erhoben. Seit jeher erfreute sich das Unterrichtszimmer bei den Juden einer größeren Wertschätzung und war wichtiger für das Judentum als das Gebetshaus. Wer sich dem Studium widmet, hat viele andere religiöse Pflichten damit aufgewogen. Denn schon immer wußten die Juden, daß Wissen auch Macht und Stärke ist. Ja, das Wesen selbst des Judentums basiert auf dem Studium, auf der Wissenschaft des Judentums. Wer sich in diese Kultur einlebt, wer sie sich aneignet, der stützt sich auf sie und überliefert sie auch. Das gilt immer und überall, insbesondere jedoch zu solchen Zeiten und unter solchen Umständen, in denen die Juden von anderen, mächtigen Kulturen umgeben sind und unzählige, vielfache und fremde Strömungen in sich aufnehmen.

So wurde aus dem Unterrichtszimmer auch die Synagoge, die gleichbedeutend wurde mit dem Unterrichtssaal. Und deshalb wurde sie im Volksmund als *Schul,* d. h. Schule, bezeichnet. Diesen Namen hat sie dann auch beibehalten, selbst wenn sie in den meisten Fällen schon längst nicht mehr die weiter oben ausgeführte Aufgabe erfüllt und keine *Schul* mehr ist.

Das jüdische Gebet – Sprache und Form

Die Synagoge wird auch als *Beth Tefilla*, d. h. Gebetshaus, bezeichnet. Trotzdem ist Beten im allgemein akzeptierten Sinn nicht das typische Merkmal für den Gottesdienst in der Synagoge. Man betrachte zum Beispiel ein Gebetbuch oder *Sidur.* Es ist auf hebräisch. Es gibt Ausgaben mit einer deutschen Übersetzung neben dem Originaltext. Die Gebete werden jedoch auf hebräisch gesprochen, insbesondere, wenn es

Gebete für die ganze Gemeinde sind. Die Gebete dürfen nur dann in der Landessprache gesagt werden, wenn der Betende allein ist, wenn sonst niemand von der Gemeinde anwesend oder er selbst nicht der hebräischen Sprache mächtig ist. Damit soll keineswegs vorgegeben werden, daß jeder Jude und jede Jüdin Hebräisch kann; ganz im Gegenteil. Ich befürchte, daß das nur für eine Minderheit gilt. Aber selbst wer einen hebräischen Text übersetzen kann, muß sich noch lange nicht in den Geist der Sprache versetzt haben. Und viele, die zwar mit der hebräischen Gedankenwelt vertraut sind, sind in dieser Sprache jedoch weniger zu Hause als in der, die sie im täglichen Leben gebrauchen. Trotzdem wurde zu einem bestimmten Zeitpunkt beschlossen, daß alle Gottesdienste auf hebräisch gehalten werden. Sollte das etwa bedeuten, daß damit weniger ein religiöser als vielmehr ein pädagogischer und national-jüdischer Zweck verfolgt wurde? Der Religion wäre wahrscheinlich besser mit dem Gebrauch der Umgangssprache gedient. Ich sage «wäre», denn sofort werden einige das Argument vorbringen, keine andere Sprache könne die kraftvolle, intensiv warme, andächtige Ausdruckskraft der Originalsprache der Bibel wiedergeben. Zumindest sollte man eingestehen, daß diese Wärme und das «Gefühl» für die Sprache wesentliche Faktoren sind.

Allerdings gibt es dafür noch einen weiteren Grund. Das Gebet auf hebräisch hat auch einen lebenswichtigen Beitrag in ganz anderer Hinsicht geleistet. Indem wir eine Sprache bewahren, bewahren wir auch die Seele ihres Volkes – und seine Einheit. Der Gebrauch des Hebräischen als die Sprache aller wirkt wie ein mächtiges Bindemittel. Hebräisch schützt und bewahrt die jüdische Solidarität. Ebenso kündet und zeugt es von Israels Zusammenhalt im Exil. Wäre Hebräisch als die Sprache des Gebets verschwunden, hätten sich die Synagogen in den Ländern der Zerstreuung voneinander entfernt, damit hätte ein unaufhaltsamer Assimilationsprozeß eingesetzt. Dank des Hebräischen konnte die Synagoge auch in dieser Hinsicht ihre Stellung als «Schule» der Juden wahren, als ihr Urquell und deshalb auch als ihr Bollwerk.

Wer den *Sidur* durchblättert und einige Seiten liest, wird bald feststellen, daß nur wenige Passagen als Gebete im herkömmlichen Sinn von «Bittgebet» bezeichnet werden können. Zum größten Teil besteht der Inhalt aus Psaltern, wörtlich aus den 150 Psaltern der Bibel zitiert; weiterhin aus Passagen aus den fünf Büchern Mose; besonders verfaßten Hymnen, viele von ihnen so alt, daß sich ihr Ursprung im Dunkel der Geschichte verliert, sowie historischen Diskursen und liturgischen Meditationen. Wirkliche Gebete bilden den geringsten Teil des Textes, der sonst hauptsächlich Lob und Huldigung und Dank an den König der Könige zum Inhalt hat, weiterhin Überlegungen über die Herrlichkeit des Schöpfers und seiner Werke; Betrachtungen über die eigene Schwäche und die moralische Schwäche und Sündhaftigkeit des sterblichen Menschen im allgemeinen und schließlich Versicherungen der ewigen Liebe für unseren himmlischen Vater.

Alles – oder praktisch fast alles – ist im Plural geschrieben. Und die wenigen Gesuche oder Bittgebete, die man findet, wurden allem Anschein nach auch in der Mehrzahl verfaßt: von der Gemeinde, zum Wohl der Gemeinde. Das gilt auch für die vorgeschriebenen Gebete. Private Bittgebete – d. h. vorgeschriebene Gebete in der Einzahl für den einzelnen Menschen – gibt es nur sehr wenige. Eine Ausnahme ist das Gebet vor dem Schlafengehen. Aber selbst hier sind nur die ersten einleitenden Sätze für den allein Betenden bestimmt. Selbstverständlich wird dieses Gebet nie vor anderen gesagt. Es ist ausschließlich für die Abgeschlossenheit unseres Schlafzimmers bestimmt, für die letzten Augenblicke des stillen Zwiegesprächs mit Gott. Denn schon beim Tischgebet nach dem Essen wird automatisch vorausgesetzt, daß der Betende zusammen mit anderen Gott für die erhaltene Mahlzeit dankt. Alle kollektiven Bedürfnisse werden in gemeinschaftlichen Begriffen und in der alten Sprache der Gemeinde zum Ausdruck gebracht. Für die privaten Bittgebete ist keine besondere Form vorgeschrieben. Hier bringt – oder stammelt – jeder sein eigenes Anliegen in der Form vor, wie es ihm über die Lippen kommt. Aber nicht einmal Worte sind notwendig: auch ein Gedanke reicht schon – und manchmal ist ein Seufzer beredter als Tausende von Worten.

Wer trotzdem in einem jüdischen Gebetbuch mehrere persönliche Gebete findet, dann zweifelsohne getrennt in einem Kapitel am Ende. Sie sind jüngeren Datums und nicht auf hebräisch, und sie kamen hinzu, «um eine lang empfundene Lücke zu füllen ...»

Wozu dienen nun diese im Singsang vorgetragenen Psalter, Hymnen, Bibelpassagen, Benediktionen, dringenden Gesuche und Ermahnungen, die alle von anderen verfaßt wurden? Sie sollen Gedanken und Erinnerungen neu beleben, die verschüttet oder sogar gestorben sind, und sie erneut auf all die Vorstellungen und Eindrücke lenken, die vergessen sind oder sogar auszulöschen drohten. Sie sollen unser religiöses

Bewußtsein neu wecken und ein Empfinden für unsere innere Geistigkeit zurück ins Leben rufen. Es ist eine Übung: eine Übung in Selbstdisziplin, der eigenen Erbaulichkeit, und zwar im wahrsten Sinne des Wortes. Darüber hinaus soll auch das Band, der Anschluß zu Gott, wiederhergestellt werden.

In diesem Sinn hat der regelmäßige Gemeindegottesdienst den Opferdienst und den damit verbundenen Kult mit seinen Taten und Worten ersetzt. In der Antike hatten die Opfer im Grunde genommen die gleiche Bedeutung. Die Wurzel des hebräischen Wortes *Korban* ist «sich nähern», d. h. das Opfer sollte die Verbindung herstellen. In der (lateinischen) Kirche hat das Wort Opfer eine völlig andere Bedeutung: dort bedeutet es eine Gabe, ein Geschenk, um (wieder) die Gunst Gottes zu gewinnen. Es wäre somit falsch, das hebräische *Korban* mit «Opfer» zu übersetzen.

Wenn man den Gemeindegottesdienst, das gemeinsame Vortragen der vorgeschriebenen Liturgie, in diesem Licht betrachtet und abhält, wird er ein äußerst religiöser Akt, eine Übung, religiös *zu sein*. Deshalb ist die Synagoge allgemein – und durchaus treffend – mit dem mittelhochdeutschen (und jiddischen) Wort «Schul» bezeichnet worden.

Wer eine Synagoge mit den üblichen Vorstellungen betritt, die er von einer Kirche hat, wird eigenartig fremd berührt sein vom Aussehen der Synagoge innen und ihrer Einrichtung.

Hier soll noch eine Anmerkung vorausgeschickt werden: Wenn von der Synagoge die Rede ist, ist damit die alte, die traditionelle Synagoge gemeint, die sich bis zum heutigen Tag erhalten hat. Nicht gemeint damit ist die Synagoge, die der protestantischen Kirche nachempfunden ist und zu Beginn des 19. Jahrhunderts in Deutschland erstmals gebaut wurde. Das ist keine Synagoge mehr, sondern der Tempel des Reformjudentums, das dieses Gebäude denn auch vorwiegend Tempel und nicht mehr Synagoge nennt.

Das Innere

Betritt man eine Synagoge, fällt einem sofort auf, daß sie in zwei Teile geteilt ist: einen für die Männer und der zweite für die Frauen. Die Frauenabteilung befindet sich meistens auf einer Galerie oder einem Balkon, oder sie schließt sich unmittelbar dem Raum für die Männer an, und zwar ebenerdig oder erhöht oder auch zu beiden Seiten rechts und links. Das ist jedoch kaum wesentlich und hängt ganz vom Bauentwurf und dem zur Verfügung stehenden Raum ab. Wie dem auch sei, auf jeden Fall sitzen Männer und Frauen getrennt. Daraus hat man den Schluß gezogen, im Judentum sei die Frau minderwertig, und aus diesem Grund sitze sie in eine Ecke oder auf einen Balkon verbannt. Aber diese Schlußfolgerung ist falsch. Im Gegenteil, die getrennte Sitzanordnung in der Synagoge basiert auf einer ganz anderen Idee als der der Unterlegenheit der Frau. Nebenbei bemerkt gibt es kaum eine andere Gesellschaft, in der die Frau so in Ehren gehalten wird wie in der jüdischen. Denn sie ist die Herrin des HAUSES, oder knapp und treffend, wie der Talmud es sagt: Die Frau – sie ist das HAUS! Und absichtlich steht hier Haus mit Großbuchstaben. Leider ist es in unserer Zeit ja so, daß das Heim aufgrund der sozialen Verhältnisse oder auch Mißverhältnisse häufig nicht mehr den Kern der Gesellschaft bildet. Bei den Juden ist es jedoch immer noch so, und sie möchten es auch so in der Zukunft sehen. Die Frau ist also voll verantwortlich für das Heim. Und dort befindet sich auch der eigentliche Mittelpunkt des religiösen Lebens. Von dort müssen Wärme und Begeisterung ausstrahlen. Denn das religiöse Leben zu Hause beschränkt sich nicht nur auf Gebet, Lesen der Bibel und das sorgfältige Einhalten aller rituellen Vorschriften, die zusammen dazu bestimmt sind, den Herrn zu Hause zu ehren. Wichtig ist auch die Ergebenheit im Haus, die in ihm vorherrschende religiöse Stimmung. Aus diesem Grund ist auch die Mutter voll verantwortlich für die religiöse Erziehung der Kinder, selbst wenn sie persönlich keinen Anteil an Gebet und Gottesdienst hat. Deshalb ist ihr ganzes Leben ein einziger anhaltender Dienst an Gott, der jeden Gottesdienst aufwiegt. Und wenn man das eine ganz bewältigen will, bleibt kaum noch Kraft für das andere. Wenn die Frau also voll ihre Aufgabe als Gattin und Mutter erfüllt, ist sie von der Verpflichtung befreit, auch noch andere Aufgaben während des Gottesdienstes zu erfüllen. Deshalb beteiligt sie sich nicht im gleichen Umfang am öffentlichen Gemeindegottesdienst wie die Männer, der – davon soll noch später ausführlich die Rede sein – erst durch die aktive Teilnahme aller Anwesenden diesen Namen verdient. Die aktive Teilnahme ist also Aufgabe der Männer, während die eigentliche Aufgabe der Frau auf einem anderen Gebiet liegt. Aus diesem Grund schreibt ihr die religiöse Pflicht nicht einmal den Synagogenbesuch vor – jedenfalls nicht dann, wenn sie seinetwegen eine ihrer häuslichen Pflichten vernachlässigen müßte. Allein schon diese Tatsache, daß sie sich nicht aktiv am Gottesdienst beteiligt, daß ihr nicht die gleichen Pflichten wie dem Mann auferlegt werden, rechtfertigt die getrennte Sitzordnung. Darüber hinaus war man der Ansicht, daß notwendiger Ernst im Gottesdienst und die ihm gebührende Aufmerksamkeit gestört werden, wenn Männer und Frauen im gleichen Raum zusammensitzen. Mit der Frage, die uns weiter oben beschäftigte – ob die Frau im Judentum nun als minderwertig gilt oder nicht –, hat das überhaupt nichts zu tun. Wenn jedoch jemand in dieser Hinsicht mißtrauisch ist und deshalb auch die Trennung anordnet, dann sind die Männer davon nicht weniger betroffen als die Frauen. Auf keinen Fall kann daraus die Schlußfolgerung gezogen werden, daß die Frau im Judentum eine niedrigere Stellung als der Mann einnimmt.

Mitten in der Synagoge erhebt sich ein Podest. Das ist die *Bima,* d. h. die Erhöhung. Gelegentlich wird sie auch als *Almemmor* bezeichnet, was auf arabisch das gleiche bedeutet. Von diesem Podium aus wird die Thora, die an die Menschen gerichtete Lehre, vorgelesen. Und diese Vorlesung ist der wesentliche Mittelpunkt jedes Gottesdienstes, zumindest jedes Hauptgottesdienstes. Sie ist der Grund dafür, warum überhaupt ein Gottesdienst abgehalten wird, und deshalb findet er auch stets in Anwesenheit einer Gruppe statt, wovon noch später die Rede sein soll.

Die Thora ist jedoch kein Buch, sondern eine *Gesetzesrolle,* aus der vorgelesen wird. Jede Synagoge besitzt im allgemeinen mehrere solcher Schriftrollen. Sie sind der am meisten geschätzte Besitz der Gemeinde. Und in der Synagoge wird ihnen sogar ein eigener Platz zugewiesen: die *Bundeslade,* wie sie in der Vergangenheit hieß, heute der *Thoraschrein.* Er liegt stets an der Ostwand des Gebetshauses. Für ihn wurde in die Wand eine Nische gebaut oder ein Schrank vor die Wand gestellt, und es kann auch ein Schrank in einer Nische sein. Gemäß seiner heiligen Aufgabe als Hüter der Thorarollen ist der Thoraschrein entsprechend eingerichtet und geschmückt. Die Juden in Deutschland hängen einen *Vorhang* vor den Eingang.

Die Bezeichnungen für Bundeslade und Vorhang – *Aron Hakodesch* und *Parochet* – gehen noch auf die Lade zurück, in der die steinernen Gestzestafeln erst in der *Stiftshütte* und dann in *Salamos Tempel* lagen. Damals stand die *Bundeslade* im *Allerheiligsten*, das ein Vorhang vom *Heiligen* trennte. Im zweiten Tempel, den Esra baute und der später *Herodes' Tempel* hieß, gab es keine Gesetzestafeln mehr.

Vor dem Thoraschrein befindet sich der *Amud*, das Bet- oder Lesepult. Hier steht der Vorleser oder Kantor, der *Chasan*, der den Gottesdienst leitet. Auch auf der Bima könnte er aus der Thora vorlesen, er muß es aber nicht. Das kann ein anderer auf sich nehmen, und dieser andere wird dann nicht mehr Chasan, sondern *Koreh*, d. h. Vorleser, genannt.

Um die Bima herum stehen Bänke für die Synagogenbesucher. Für die Synagogenvorsteher wird meistens eine Bank ganz in der Nähe der Bima bereitgestellt. Aber es ist keine Pflicht, keine Vorschrift. Häufig stehen alle Bänke an der hinteren Wand und blicken nach Osten, ebensooft stehen sie zur Mitte, zur Bima hin angeordnet. Das alles ist jedoch ziemlich nebensächlich. Neben dem Platz für die Sitzbänke gibt es außer dem Lesepult meistens auch noch einen Schrank, in dem die für den Gottesdienst benötigten Bücher und Ritualgegenstände aufbewahrt werden.

Die Gesetzesrolle

Wie bereits erwähnt, erfolgt das Vorlesen der Thora von der *Bima* herab – dem erhöhten Podest im Zentrum der Synagoge – nicht aus einem Buch, sondern aus einer Schriftrolle. Diese Schriftrolle ist nicht einfach eine Rolle Papier. Ihr altehrwürdiger Charakter ist treu bewahrt worden. Die Gesetzesrolle oder *Sefer-Thora* besteht aus Pergament. Allerdings ist nicht jedes beliebige Pergament, das man im Geschäft kaufen kann, es wert, das Wort Gottes zu tragen. Sogar die Tierart, aus deren Haut das Pergament hergestellt wird, unterliegt einer Reihe von Einschränkungen. Verwendet werden dürfen nur jene Tiere, die auch nach den Speisevorschriften als rein gelten. Ebenso müssen – es braucht wohl kaum noch betont zu werden – das Färben der Häute und alle übrigen Vorbereitungen so vorgenommen werden, daß der Arbeiter stets den heiligen Zweck des Pergaments vor Augen hat.

In Anbetracht dieser Umstände überrascht es nicht, daß die Gesetzesworte nicht mit einer gewöhnlichen Druckmaschine auf das Papier gebracht werden. Die Schriftrolle wird mit der Hand beschrieben, jedes einzelne Wort, angefangen mit: «Am Anfang ...» im ersten Buch Mose, bis zu den letzten Worten im fünften Buch Mose. Ein *Sefer-Thora* enthält den gesamten Pentateuch, d. h. die fünf Bücher Mose, auf einer langen Pergamentrolle. Selbstverständlich gibt es keine einzige Haut, die lang genug für diesen umfangreichen Text wäre. Darüber hinaus wäre das Beschreiben einer derartigen Fläche auch nicht unbedingt bequem. Deshalb wird eine genügende Anzahl von Einzelbättern vorbereitet, die die volle Schriftrolle bilden. Sie werden einzeln beschrieben und anschließend sorgfältig zusammengenäht. Das Nähen erfolgt mit Fäden, die aus den Sehnen *koscherer*, d.h. rituell reiner Tiere, hergestellt wurden.

Ebenso muß die Tinte einer Reihe von rituellen und technischen Vorschriften entsprechen. Sie sollte pechschwarz sein und vor allem dauerhaft, damit sie ziemlich dick aufgetragen werden kann, ohne daß sie beim Aufrollen der Schriftrolle rissig wird oder abblättert. Die meisten Schreiber bereiten ihre Tinte eigenhändig nach einem streng gehüteten Rezept zu. Zum Schreiben verwenden sie einen altmodischen Federkiel von einer Gänse- oder Truthahnfeder.

Der Text ist in Spalten angeordnet, wobei eine Spalte im allgemeinen mindestens 40, jedoch nicht mehr als 60 Zeilen umfaßt. Gewöhnlich sind die Pergamentblätter so groß, daß vier oder fünf Spalten nebeneinander Platz haben. Insgesamt bestehen die fünf Bücher aus knapp 200 Spalten, was bedeutet, daß für ein vollständiges *Sefer-Thora* 40 Pergamentblätter benötigt werden.

Hebräisch ist eine Konsonantensprache, was aber nicht bedeutet, daß sie keine Vokale besitzt oder daß die Vokale nicht ausgesprochen werden. Im Altertum gab es in der hebräischen Sprache einfach keine Zeichen für die Vokale. Die heute gebräuchlichen Symbole wurden gegen das achte Jahrhundert unserer Zeitrechnung erfunden. Demzufolge besteht das geschriebene hebräische Wort nur aus einer Reihe von Konsonantenzeichen. Aufs Deutsche übertragen würde es bedeuten, «Vater» wie «Vtr» und «König» als «Kng» zu schreiben. Und genauso wird der Pentateuch auch heute noch geschrieben.

Hebräisch wird von rechts nach links geschrieben. Es ist durchaus möglich, daß anfangs alle Schriften so geschrieben wurden. Viele der frühesten Zeichen, die der Mensch für eine «schriftliche» Mitteilung verwendete, wurden in Stein gemeißelt. Dabei hielt der «Schreiber» seine «Feder» in der linken Hand, auf die er mit dem Holzhammer in der rechten Hand schlug. Es ist nur logisch, daß der Schreiber bei diesem Verfahren rechts anfing und weiter nach links auf der zu beschreibenden Fläche fortfuhr. Aufgrund praktischer Entwicklungen hat sich das in der Zwischenzeit geändert.

Es braucht wohl nicht hervorgehoben zu werden, mit welcher Sorgfalt der Schreiber die einzelnen Buchstaben bildet. Die Schönschreibkunst – und sie ist ja eine Kunst – erfordert eine Geduld, die man nicht hoch genug preisen kann. Alle Spalten müssen vollkommen gleichmäßig sein, alle Zeilen in einer geraden Linie beginnen und auslaufen. Kein einziges Wort darf getrennt werden, denn bei einer Sprache ohne Vokale muß der Leser das ganze Wort mit einem Blick erfassen können. Abgesehen davon hängt die Aussprache häufig von dem Zusammenhang ab, in dem ein Wort verwendet wird. Wenn man z.B. im Deutschen «Brt» sieht, könnte es dann nicht «Bart» oder «Brot» bedeuten? Deshalb gibt es weder Trennstriche noch einzelne Silben; trotzdem muß jede Zeile genau am Ende der Spalte aufhören. Sollte das unmöglich sein, gibt es nur eine Lösung, nämlich einen Buchstaben zu «verlängern», bis er bis zum Rand reicht. Allerdings greift ein geschickter Schreiber kaum je zu diesem Mittel, denn eine wirklich schöne, ins Auge fallende Handschrift sollte regelmäßig und mit gleichen Abständen geschrieben sein. Vom Anfang bis zum Ende sollte das ganze Manuskript die gleichen typischen Merkmale, die gleiche, deutlich unterscheidbare «Handschrift» aufweisen.

Natürlich wird ein *Sefer-Thora* nicht an einem einzigen Tag geschrieben, sondern in vielen Monaten geduldiger, treuer Arbeit. Der Schreiber weiß, daß er keine gewöhnliche Arbeit ausführt, und er ist sich bewußt, daß jedes Wort «das Wort» ist, so als diktiere Gott es ihm persönlich. Unter diesen Umständen ist auch nicht der geringfügigste Fehler gestattet. Deshalb muß er ständig aufmerksam und völlig konzentriert arbeiten, damit seine Gedanken nicht zu wandern beginnen. Jeder Nerv ist angespannt, die Konzentration ist absolut, damit Geist und Seele sich auf die Arbeit richten können. Jeden fertigen Abschnitt überprüft er sorgfältig, und wenn die Arbeit vollendet ist, lesen er und andere sie nochmals peinlich genau durch. Der größte Lohn des Schreibers ist das Wissen, daß er seine hingebungsvolle Arbeit mit reinem Körper und reiner Seele vollenden durfte.

Nachdem alles beendet ist – die Tinte ist völlig getrocknet, und die Blätter wurden zusammengenäht –, wird das erste Blatt, das die Anfangsworte des ersten Buches Mose enthält, an einem Stöckchen befestigt, ebenso wie das letzte Blatt mit dem fünften Buch Mose an einem zweiten. Jetzt kann die Pergamentrolle um die beiden Stöcke zueinander gerollt werden, die lang genug sind, um oben und unten mit kräftigen Griffen versehen zu werden. Zwischen Griff und Stock wird je eine flache Holzscheibe eingeschoben. Sie ist so groß, daß die Ränder des Pergaments im zusammengerollten Zustand auf der Holzfläche ruhen. Damit wird nicht nur das Aufrollen erleichtert, sondern werden die Blätter auch vor Beschädigungen bewahrt, wenn sie auf die *Bima* gelegt werden.

Jetzt versteht der Leser zweifelsohne, warum das *Sefer-Thora* für die Synagoge solch ein wertvoller Gegenstand ist. Es ist wertvoll im materiellen Sinn, darüber hinaus ist es jedoch vor allem ein geheiligter Besitz. Heilig übrigens im höchsten, nie im gewöhnlichen Sinn des Wortes. Damit will ich sagen, daß es um das *Sefer-Thora* keinerlei Geheimnisse gibt und daß ihm weder eine metaphysische noch eine sakramentale Bedeutung oder Aufgabe zugeschrieben wird. Wenn dem so wäre, hätte ich es wahrscheinlich nicht so sachlich und verhältnismäßig nüchtern beschreiben können.

So wie die Gesetzesrolle sorgfältig und voller Ergebenheit hergestellt wurde, so wird sie auch weiterhin behandelt. Ihr Besitz wird gepflegt, damit sie so lange wie möglich für den Gebrauch erhalten bleibt. Die Rolle wird sorgfältig in eine Hülle geschlagen, und man versucht, das Pergament so wenig wie möglich mit der Hand zu berühren. Darüber hinaus ziert man sie mit schönen Tüchern und Schmuck, die in Form von Türmen oder einer Krone an den oberen Handgriffen angebracht sind. Häufig schützt die Hülle an der Vorderseite auch noch ein Schild. Und dieser Schmuck wurde meistens aus Silber gearbeitet, manchmal ist er sehr alt und hat eine sehr schöne Form.

Im allgemeinen sind Hülle und Schmuck der Schriftrollen Geschenke von Menschen, die auf diese fromme Weise ihren Dank für ein besonderes Ereignis in ihrem Leben zum Ausdruck bringen möchten. Auch jemand, der das Andenken eines geliebten Menschen in der Synagoge ehren möchte, macht der Synagoge solche Geschenke. Auf diese Weise erhält die Synagoge von Zeit zu Zeit eine neue Gesetzesrolle. Das ist jedesmal ein wichtiges Ereignis. Die Rolle wird sehr feierlich eingeweiht, und die ganze Synagoge bereitet ihr einen königlichen Empfang.

Ein Verein, den es in fast jeder Gemeinde gibt, ist für die Pflege und Instandhaltung von Thorahüllen und Schmucksachen wie auch von Wertgegenständen im allgemeinen verantwortlich, genau wie für Erneuerung und Erweiterung des Synagogeneigentums. Gegründet werden solche Vereine von den Frauen, die sich auf diese Weise in den

Dienst der Synagoge stellen. Und die Synagogen sind denn auch ein sichtbares Zeichen dafür, wie ernsthaft die Frauen ihrer Aufgabe nachkommen.

Die Thoravorlesung – Anmerkungen zum Kalender

Innerhalb eines Jahres werden alle fünf Bücher Mose in einem vorgeschriebenen Zyklus vorgelesen. Jedes Jahr wird von vorne angefangen. Für jeden Sabbat eine Passage, einen Wochenabschnitt. Demzufolge werden die fünf Bücher Mose in genau so viele Abschnitte eingeteilt, wie es im Jahr Sabbattage gibt. Aber nicht immer ist es die gleiche Anzahl.

Denn der jüdische Kalender richtet sich nach dem Mond. Jedes Jahr besteht aus Monden, d. h. Monaten. Ein Monat ist die Zeit, die der Mond benötigt, um seinen Umlauf um die Erde zu vollziehen, nämlich fast neunundzwanzigeinhalb Tage. Selbstverständlich kann ein Monat nicht in der Mitte eines Tages beginnen. Aus diesem Grund hat ein Monat 29 Tage und der nächste 30. In der Regel hat ein Jahr 12 solcher Monate oder 354 Tage. Deshalb ist es durchschnittlich 11 Tage kürzer als das gewöhnliche Kalenderjahr, das sich nach der Sonne richtet. Und selbstverständlich muß auch der jüdische Kalender die Sonne berücksichtigen. Denn davon hängen ja die Jahreszeiten, das Wachstum der Pflanzen, die Landwirtschaft ab. Darüber hinaus sind auch die jüdischen Feiertage, die schon zu biblischen Zeiten gefeiert wurden, eng damit verbunden. Das *Passah*-Fest muß im Frühling gefeiert werden, in dem Monat, in dem in Israel die Ähren reifen. Das Wochenfest, *Schawuot,* als die ersten Früchte in den Tempel gebracht wurden, muß sieben Wochen später, am fünfzigsten Tag (Pfingsten) stattfinden, wenn schon der erste Weizen gereift ist. Und zum Laubhüttenfest, *Sukkot*, müssen schon alle Feldfrüchte geerntet worden sein. Deshalb dürfen diese elf Tage, die dem Mondjahr im Vergleich zum Sonnenjahr fehlen, nicht einfach unbeachtet gelassen werden. Irgendwie muß man sie einschieben. Sonst würde das Passahfest schon nach einigen Jahren im Herbst und das Laubhüttenfest im Frühling oder Winter gefeiert werden. Der Unterschied wird durch das Einschieben eines zusätzlichen Monats wieder wettgemacht. In diesem Fall hat das Jahr dreizehn Monate. Und ein solches Jahr wird als Schaltjahr bezeichnet. Man kann es auch so ausdrücken: Das jüdische Jahr hat so viele Monate, wie es

Mondmonate in einem Sonnenjahr gibt, das heißt, zwölf volle Monate und einen angebrochenen. Aus Gründen, die aus sozialer Sicht und auch von der Ordnung her einleuchten, ist es jedoch unmöglich, nur diesen einen kleinen Teil als Kurzmonat in ein Jahr einzuschieben. Er wird zusammen mit den sich anschließenden Teilen aufgehoben, bis er schließlich einen vollen Monat bildet. Innerhalb von 19 Jahren beträgt der Unterschied zwischen Sonnen- und Mondjahren abgerundet 210 Tage. Deshalb gibt es in einem Zyklus von 19 Jahren sieben jüdische Schaltjahre.

Aus diesem Grund ändert sich die Anzahl der Wochen pro Jahr genau wie die der Sabbattage. Die fünf Bücher Mose sind nun jedoch in 54 Wochenabschnitte eingeteilt. Ein gewöhnliches Jahr mit 354 Tagen hat dagegen nur 50 oder 51 Sabbattage. An Feiertagen werden, auch wenn sie auf einen Sabbat fallen, die Passagen aus den fünf Büchern Mose vorgelesen, die sich auf das betreffende Fest beziehen. Der ebenfalls fällige Wochenabschnitt wird dann für den ersten freien Sabbat aufgehoben, der auf das Fest folgt. Deshalb müssen des öfteren zwei aufeinanderfolgende Abschnitte zusammen vorgelesen werden, und es gibt denn auch bestimmte Abschnitte, die speziell für diese doppelte Vorlesung vorgesehen sind.

Die Thoravorlesung ist gemäß dem Kalender so eingeteilt, daß die gesamten fünf Bücher Mose mit dem letzten Teil – Moses Segen und Tod – am letzten Tag des letzten Festes zu Ende gelesen werden, mit dem das Laubhüttenfest und die Folge der Feste abgeschlossen wird. Am gleichen Tag und sofort nach dieser letzten Vorlesung wird erneut mit dem 1. Buch Mose begonnen. Das ist in der Synagoge, im Gottesdienst ein Ereignis, das ein besonderes Ritual kennzeichnet. Deshalb wird der letzte Tag des abschließenden Festes auch als *Simchat Thora*, d. h. als Gesetzesfreude, bezeichnet.

Heute erfolgt das Vorlesen aus der Thora von einem dafür zuständigen Mann, dem *Koreh*. Und er kann auch zugleich der *Chasan*, der Vorbeter, sein, muß es aber nicht sein. Das war aber nicht immer so. In der Vergangenheit wurde eine bestimmte Anzahl von Männern – diese Zahl änderte sich je nach Sabbat, Versöhnungstag, anderen Feiertagen, Voll- und Neumond, Gedenk- und Fastentagen und auch je nach Arbeitstagen – nacheinander aufgerufen, um der Reihe nach einen Absatz des angegebenen Abschnitts aus der Thora vorzulesen. Wie jedoch schon weiter oben gesagt, besteht der Text in der Gesetzesrolle nur aus

Konsonanten und nicht mehr. Es gibt keinerlei phonetische Zeichen und auch keine anderen Hilfsmittel, nicht einmal die Satzzeichen sind angedeutet. Darüber hinaus wird der Text nur selten als feierliche Deklamation vorgetragen. Orientalische Völker singen beim Sprechen im allgemeinen, und das gilt noch stärker für ihre Gebete. Der im Singsang vorgetragene Bibeltext, wie er sich bei religiösen Zusammenkünften entwickelt hat, begleitet denn auch schon seit frühesten Zeiten jedes einzelne Wort in einem bestimmten Rhythmus. Als die phonetischen Schriftzeichen erfunden wurden, erdachte man für diesen Vortrag ebenfalls kleine Zeichen.

Sie sind in fast allen mit Vokalzeichen gedruckten hebräischen Bibeln enthalten. Jedes Zeichen gibt eine bestimmte Notengruppe an. Anhand dieser Tonzeichen lernt man die Melodie und behält sie. Und in solch einem Singsang muß auch die Vorlesung erfolgen. Und das erklärt auch, warum nicht jeder einfach aus der Gesetzesrolle vorlesen kann. Im Gegenteil. Dazu ist ein allgemein gutes Gedächtnis erforderlich wie auch ein gutes musikalisches Gedächtnis. Nicht jeder Synagogenbesucher wird in der Lage sein, einen willkürlich gewählten Absatz des Wochenabschnittes aus dem Stegreif aus der Thora vorzulesen, noch dazu mit der richtigen Melodie. Trotzdem steht jedem die Ehre zu, ebenfalls zur Thora aufgerufen zu werden, und, wenn es sich um ein besonderes Ereignis handelt, auch schon einmal außerhalb der Reihe. Der Ausdruck «*aufgerufen werden*» hat einen leicht hebräischen Beiklang. Die Bima ist ja eine «Erhöhung». Und fast jedes Familienereignis kann solch ein besonderer Anlaß sein: die Geburt eines Kindes, die Beschneidung, die Hochzeit, die Trauerfeier bei Todesfällen, Jahrestage Verstorbener, der Tod von Verwandten und vieles mehr. Schließlich nimmt die Synagoge teil am Alltagsleben zu Hause, am ganzen Familienleben. Sollen da etwa nur Fachmänner aufgerufen werden? Und die, die nichts davon verstehen oder als solche gelten, einfach übergangen werden? Soll die Thoravorlesung nur das Vorrecht von Fachleuten sein? Oder sollte man dem einen doch die Gelegenheit geben, es selbst zu tun, während für andere ein Dritter die Aufgabe übernehmen sollte? Und gleichzeitig alle anderen beschämen? Noch dazu angesichts der Thora? Das war natürlich nicht möglich. Deshalb wurde das Vorlesen durch den Einzelnen selbst abgeschafft, auch für den größten Fachmann. Heute kann jeder «aufgerufen werden». Er sagt den vorgeschriebenen Lobspruch vor- und hinterher, aber der *Koreh* liest vor.

Nur in einigen Fällen darf der Aufgerufene persönlich seinen Absatz oder einen Teil davon vorlesen. Ein solcher Fall ist der Junge, der dreizehn Jahre alt geworden ist und seine Pubertät und somit aus religiöser Sicht seine Volljährigkeit erreicht hat. Er wird, wenn die erforderliche Anzahl von Aufgerufenen anwesend ist, zum erstenmal zur Thora aufgerufen. Und er darf dann auch persönlich der Gemeinde seinen Absatz vorlesen. Den hat er selbstverständlich vorher gründlich gelernt. Es ist auch verständlich, daß dieser Auftritt für den Jungen, den *Bar Mizwa,* der von jetzt an mündig ist und seine religiösen Pflichten voll erfüllen muß, ein wichtiges Ereignis ist, dem es nicht an Spannung fehlt. Das gilt für ihn, seine Mutter, seinen Vater und alle übrigen Verwandten. Die ganze Gemeinde nimmt daran lebhaft Anteil. Diese Zeremonie entspricht in ungefähr der Konfirmation in der Kirche. Aber es ist keine Kleinigkeit, zur Thora aufgerufen zu werden, das erste Mal überhaupt, an dem man selbst das Wort aussprechen muß!

Ein weiterer Fall tritt ein, wenn die Aufgerufenen die Ehre haben, zu Simchat Thora (Gesetzesfreude) den letzten Absatz aus der Thora vorzutragen oder am gleichen Tag wieder mit dem 1. Buch Mose anzufangen: Sie dürfen ihren Absatz aus der Schriftrolle persönlich vorlesen. Im allgemeinen lesen sie nur die letzten Sätze ihrer *Parascha* (Absatz). Aber auch hier wiederholt der Koreh noch einmal den einen oder anderen Satz, «um niemanden zu beschämen», denn möglicherweise war die Vorlesung so schlecht oder so fehlerhaft, daß der Fachmann noch einmal darübergehen muß. Um, wie gesagt, niemanden zu beschämen, liest der Koreh den Absatz nochmals vor, gleichgültig, ob der Vortrag des Laien gut oder schlecht war.

Außer in diesen beiden Sonderfällen kann niemand seine Parascha persönlich vortragen. Selbst wenn ein Koreh in der Synagoge in einem anderen Ort aufgerufen wird, muß er es sich gefallen lassen, daß der dortige Koreh seinen Absatz für ihn vorträgt.

Der Vortrag – und das braucht wohl kaum noch hervorgehoben zu werden – muß ergeben und sorgfältig erfolgen. Der Koreh zeigt jedes einzelne Wort. Allerdings nicht einfach mit dem Finger. Als Zeigestock verwendet er einen Stab, der meistens aus Edelmetall ist und mehr oder weniger kunstvoll bearbeitet wurde, dessen Ende in einer kleinen Hand mit ausgestrecktem Zeigefinger ausläuft. Der Aufgerufene liest leise mit, schließlich ist es ja sein Absatz. Auch die Anwesenden sollen dem Vortrag folgen, «als ständen sie beim Sinai und vernähmen die Offenbarung aus Gottes Mund». Sie folgen ihm in ihren gedruckten Bibeln, wo die Worte mit phonetischen Zeichen sowie Lese- und Gesangzeichen versehen sind. Man achtet sorgfältig auf einen deutlichen, gewissenhaften Vortrag, und wenn er fehlerlos in Wort und Melodie ist, wird er hoch eingeschätzt. Andernfalls wurde der Gottesdienst nicht richtig durchgeführt, und sinnentstellende Fehler müssen beim nochmaligen Lesen korrigiert werden.

Die Reihenfolge, in der die Teilnehmer aufgerufen werden, liegt im Ermessen der Synagogenverwaltung oder ihrer Vorsteher. Darin haben sie ziemlich freie Hand, wie im Rahmen der Vorschriften im *Schulchan Aruch* festgelegt. Darüber hinaus haben sich selbstverständlich auch örtliche Bräuche entwickelt, denen ebenfalls eine bestimmte Bedeutung zukommt. Die Synagogenbesucher sind verantwortlich für die Überwachung des Vortrags. Im allgemeinen vertraut man sie allerdings dem Rabbiner oder einem anderen Fachkundigen an, der in jedem Fall entscheidet.

Der Vorsteher steht bei der Thoravorlesung auf der Bima links vom Koreh; er ist es auch, der die Gemeindemitglieder der Reihe nach durch den Koreh, den Synagogendiener oder den dafür Verantwortlichen aufrufen läßt, und zwar im allgemeinen bei ihrem biblischen Namen auf hebräisch. Der Koreh selbst steht vor dem Lesepult, auf dem die Gesetzesrolle aufgerollt wird. Der Aufgerufene steht rechts von ihm, und der Rabbiner oder ein anderer Aufsichtsführender steht in den meisten Fällen auch rechts.

Die Gemeinde beteiligt sich so also ständig aktiv an der Thoravorlesung. Aber daneben nimmt sie an dieser wichtigen Handlung beim Gottesdienst in der Synagoge auch noch auf andere Arten teil als den bisher beschriebenen.

Die Bücher der Propheten – Ehrenämter – Mizwot

Nur am Sabbatmorgen wird ein vollständiger Abschnitt aus den fünf Büchern Mose vorgelesen. Zum Gottesdienst am Mittag des gleichen Tages wird vom nächsten Wochenabschnitt nur ein kleiner Teil – im allgemeinen der erste Absatz oder Parascha – vorgetragen, der dann nur an drei Personen verteilt wird. Der gleiche Teil kommt im Verlauf der Morgenandacht am Montag und nochmals am Donnerstag an die Reihe. Dieser Brauch, diese Abschnitte an den beiden genannten Arbeitstagen zu wiederholen, datiert noch aus der Zeit, als Esra die Riten neu regelte. In den größeren Ortschaften in Israel waren diese Wochentage Markttage, zu denen viele Besucher aus den umliegenden Regionen eintrafen. An diesen Tagen fanden auch öffentliche Gerichtssitzungen statt. Das war eine ausgezeichnete Gelegenheit, die Thora vorzuzeigen und den versammelten Menschen daraus vorzulesen. Das ist der Ursprung der *Krijat Hatora*, d. h. der Thoravorlesung, die sich bis zum heutigen Tag erhalten hat.

Auf das Lesen des Abschnitts aus den fünf Büchern Mose folgt am Sabbatmorgen und an Feiertagen stets der Vortrag eines Abschnitts aus den Büchern der Propheten. Diesen Abschnitt bezeichnet man als *Haftara,* was Abschied, Abschluß bedeutet. Man nimmt an, daß dieses Vorlesen aus den Büchern der Propheten bereits im Land Israel zur Zeit der dortigen Glaubensverfolgungen noch im Altertum eingeführt wurde. Da es den Juden untersagt war, aus der Thora vorzulesen, nahmen sie statt dessen einen entsprechenden Abschnitt aus den Büchern der Propheten. Sie wurden in regelmäßige Abschnitte als Haftara eingeteilt, so daß es für jeden Abschnitt aus den fünf Büchern Mose einen passenden aus den Büchern der Propheten gab. Vom Inhalt her hing diese Haftara im allgemeinen mit dem des entsprechenden Thora-Absatzes zusammen. Oder er bezog sich wie z. B. an Feiertagen oder bestimmten Sabbattagen auf den Sinn des Feiertags oder das besondere Wesen des Sabbats. Hier wurde die Haftara also gemäß der Jahreszeit, des geschichtlichen Anlasses gewählt. Als sich die Zeiten später wieder besserten und die Juden erneut aus den fünf Büchern Mose vorlesen durften, wurde das Vorlesen der Thora selbstverständlich wieder mit allen Ehren eingesetzt. Aber, und das ist ebenso natürlich, die Haftara wurde nicht aufgegeben. Seither folgt auf die Thoravorlesung ein Vortrag aus den Büchern der Propheten.

Im Gegensatz zur Thoravorlesung wird dieser Text nicht aus einer Schriftrolle vorgetragen. Das geschieht nur ungemein selten und auch dann nur an bestimmten Orten. Praktisch überall liest man aus einem ganz gewöhnlichen Buch vor, das genau wie jedes andere Buch gedruckt wurde und das mit phonetischen Zeichen und Lese- und Gesangzeichen versehen ist. Auch nimmt die Vorlesung nicht eine bestimmte Person oder der Koreh vor. Neben diesen Fachleuten gibt es überall kundige Laien, die in der Lage sind, die Haftara im passenden Singsang vorzutragen. Sie sind im allgemeinen innerhalb der Gemeinde bekannt, und man ruft sie auf, damit sie die Vorlesung des Abschnittes beenden. Anschließend tragen sie den Absatz aus den Propheten vor, den man ihnen angegeben hat. In manchen Gemeinden liest das ganze Publikum ziemlich laut mit.

Hier hat auch der gewöhnliche Synagogenbesucher Gelegenheit, an einem wichtigen Teil des Gottesdienstes persönlich aktiv teilzunehmen. Bei Handlungen, die als *Mizwot* bezeichnet werden, ist das noch stärker der Fall: damit sind Handlungen während des Gottesdienstes gemeint und hier im noch engeren Sinn gewisse Aufgaben als eine Art Ehrendienst.

Schon vorher wurde beschrieben, wie kostbar die Gesetzesrolle ist und wie hoch sie in Ehren gehalten wird, und auch, wie überaus wichtig das Vorlesen daraus als Mittelpunkt der Andacht ist. Deshalb wäre es undenkbar, das Ausheben der Thora aus dem Schrein, das Tragen zur Bima und andere für den Vortrag notwendige Handlungen so einfach ohne jede Feierlichkeit vor sich gehen zu lassen. So sind Zurücktragen der Thorarolle zum Schrein und viele andere Handlungen selbstverständlich mit einem gewissen Ritual verbunden.

Sobald der Vorhang beiseite geschoben wird und die Türen des Schreins geöffnet werden, sagen der Kantor und die Gemeinde im Singsang besondere Bibelverse. Unter Begleitung dieser Verse und Sprüche trägt der Kantor die Thorarolle zur Bima. Ihm folgen der Rabbiner und der Synagogenvorsteher und alle anderen, die für die Ehrenämter ausgewählt wurden. Im feierlichen Aufzug ziehen sie rechts an der ersten Reihe der Bänke entlang; dabei steht die ganze Gemeinde auf. Während die Gesetzesrolle vorbeigetragen wird, nutzen die Andächtigen die Gelegenheit und küssen das Thoragewand.

Auf der Bima wird der Schmuck von der Thorarolle genommen, die Hülle abgezogen und das Band, das die beiden Teile zusammenhält. Am Ende der Vorlesung rollt man die Rolle um einige Schriftspalten ab, hält sie hoch, damit die Gemeinde sie sehen kann. Dabei sagt man die Worte: «Dies ist das Gesetz, das Mose den Kindern Israel vorlegte» (5. Mose 4,44), denen sich noch weitere Bibelverse anschließen. Dann rollt man sie wieder ein, schlägt sie in die Hülle, bringt den Schmuck wieder an und trägt sie wiederum in einem feierlichen Aufzug an der rechten, d. h. diesmal der zweiten Seite entlang, unter Gesang oder Zitieren von Bibelversen und Psalmen bis zum Thoraschrein, wo sie an ihren Platz zurückgestellt wird.

Eine mögliche Regelung wäre, alle diese Handlungen durch wichtige Personen, den Kantor, Diener, Synagogenvorsteher oder andere eminente Personen ausüben zu lassen. Das würde jedoch der ganzen Art des Ehrendienstes in einer Synagoge widersprechen. Schließlich sind es Ehrenämter, und jeder Synagogenbesucher kann und wird mit ihnen geehrt. Übrigens werden diese Handlungen nicht irgendwie willkürlich vollzogen. Sie bilden jeweils eigene Gruppen und haben feste Namen. Ein Ehrenamt beinhaltet zum Beispiel das Beiseiteschieben des Vorhangs bis zum Zurückstellen der Thorarolle in den Schrein. Aufheben und Vorzeigen der Rolle ist ein zweites; Aufrollen, Einschlagen und Schmücken ist ein drittes. Solche Ehrenämter für den Gottesdienst sind zahlreich. Aber niemand übt sie ehrenamtlich aus, denn auf sie hat jeder Anspruch. Auch schon geringfügige Handlungen gelten als Mizwa, und oft vertraut man sie kleineren Kindern an. Man läßt sie denn auch auf die Bima kommen und die Gesetzesrolle dort an den Handgriffen festhalten. Auch beim Einschlagen dürfen sie behilflich sein. Wie stolz sind sie anschließend!

An bestimmten Tagen wie Feiertagen oder besonderen Sabbattagen werden auch schon einmal mehrere Abschnitte aus der Thora vorgelesen. Da nun die Thorarolle kein Buch ist, das sich ohne weiteres blättern läßt, sondern da sie auf der einen Seite ab- und an der gegenüberliegenden aufgerollt werden müßte, was während des Gottesdienstes viel Lärm und Störung verursachen würde, liest man nacheinander aus zwei oder drei Gesetzesrollen vor. Hier wurden die passenden Stellen schon vorher ausgesucht, und man hebt sie alle zusammen aus dem Thoraschrein und bringt sie auch wieder zusammen zurück. Gleichzeitig erhöht sich die Anzahl der Ehrenämter, und auch einfache Personen können ins Tragen der zweiten und dritten Thorarolle einbezogen werden. Zum Beispiel macht man am Tag der Gesetzesfreude, Simchat Thora, nach der Abschlußvorlesung und bei ihrem Neubeginn Rundgänge um die Bima, manchmal drei und manchmal sieben, und zwar während die Thorarolle aus dem Schrein gehoben und zu ihm zurückgebracht wird. Jetzt können mehrere Teilnehmer der Reihe nach mit der Ehre beauftragt werden, die Thorarolle zu tragen. Bei diesen Gelegenheiten ist es bei den Chassidim und bei anderen Juden üblich, die Thorarollen mit einer Tanzbewegung zu tragen. Die *Chatanei Thora,*

Geschnitzte und bemalte Holztür des Thoraschreins der Krakauer Synagoge, 18. Jh.
Museum Dor Va-Dor, Jerusalem.

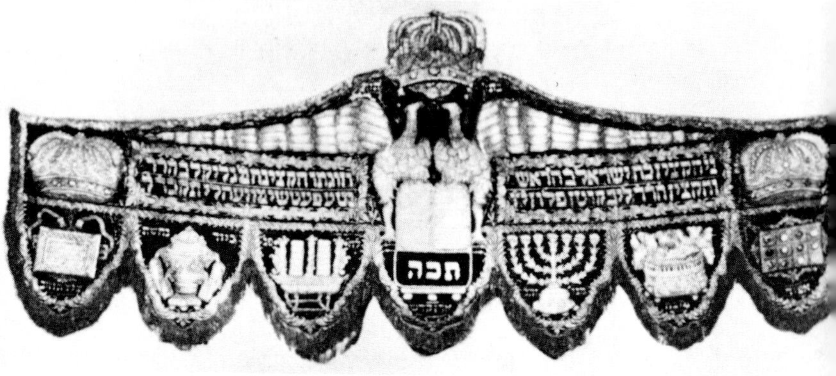

Kopfstück eines Vorhangs aus rotem Samtgewebe zum Bedecken des Thoraschreins. Prag, 1764. *Jüdisches Museum, New York.*

Links: Geöffneter Thorabehälter. Persien, 19. Jh. *Israel Museum, Jerusalem.*
Daneben: Thora-Zeigestöcke aus Europa. 18. und 19. Jh.

Rechte Seite: Innenansicht der Wormser Synagoge nach Osten hin, vor der Zerstörung durch die Nationalsozialisten 1938. *Kulturinstitut Worms.*

Silbernes Bassin, in dem der Priester (Cohen) vor der Segnung der Gemeinde seine Hände wäscht. *Sammlung Römische Synagoge, Jerusalem.*

Farbige Seite aus einem Gebetbuch für den Versöhnungstag, verfaßt von dem Schreiber Simcha Ben Yehuda 1271 im Rheinland. *Nationalbibliothek, Jerusalem.*

Geöffnete (oben) und geschlossene (unten) Tefillin, Gebetsriemen zur Befestigung an Arm und Kopf.
Rechts: Handtefillin, links: Kopftefillin mit Bibeltexten.

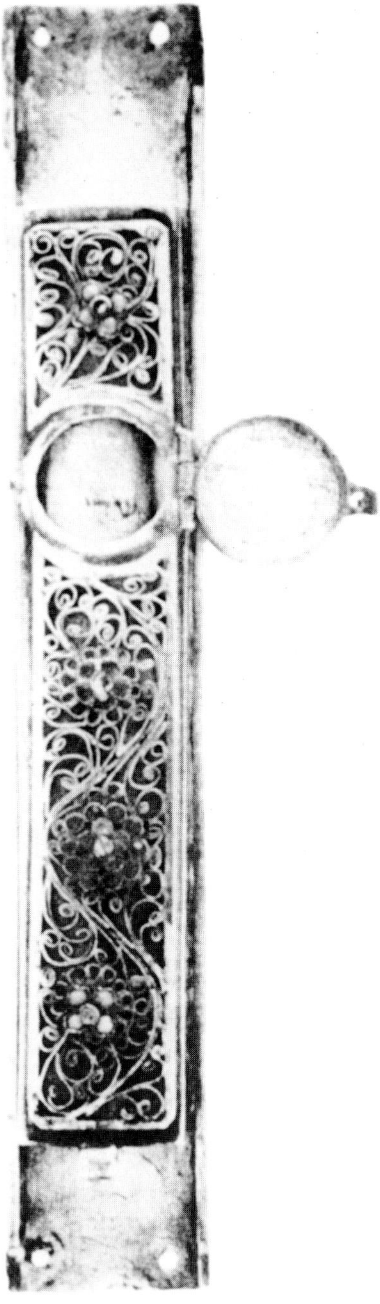

Geöffnete Mesusa. In ihrem Innern
befinden sich Gebete aus der Bibel.
Hergestellt in Venedig, 1750.
*Sammlung Jüdisch-Historisches
Museum, Amsterdam.*

Gewürzbehälter für den Gebrauch beim Schabbat-Ausgang, wahrscheinlich aus Frankfurt, Ende 17. Jh.
Israel Museum, Jerusalem.

d. h. Bräutigame des Gesetzes, die die Rollen tragen dürfen, werden feierlich in die Synagoge begleitet, und man teilt ihnen an einem Feiertag einen besonderen Ehrenplatz vor dem Thoraschrein zu. Ein Teil der Gebete wird vor dem geöffneten Thoraschrank gesagt, das geschieht vor allem am Neujahrs- und Versöhnungstag. Gebete zum Wohl der Landesregierung sagt man praktisch in allen Ländern und bei allen Gelegenheiten.

Auch das Öffnen des Thoraschreins ist eine Mizwa, die eines der Gemeindemitglieder ausführen kann. Diese Mizwot verteilt weder eine Behörde noch der Synagogenvorsteher oder irgend jemand anders, der ein wichtiges Amt bekleidet. Jeder kann dazu aufgerufen werden oder sie für einen anderen erbitten. Und das ist denn auch im allgemeinen so üblich. Zum Beispiel hat ein Vater, Bruder, Freund oder Gast Geburtstag oder feiert ein Familienfest, gedenkt eines verstorbenen lieben Verwandten, und mit solch einer Mizwa möchte man ihm besondere Aufmerksamkeit erweisen. Sie kann beim Synagogendiener bestellt werden oder bei demjenigen, der für diesen Teil des Gottesdienstes verantwortlich ist. Der Diener fragt im richtigen Augenblick nach dem Zweck der bestellten und zugeteilten Mizwa und gibt sie im Namen des Schenkers jenem bekannt, dem diese Ehre zuteil wurde. Der Aufgerufene erfüllt seine Mizwa und dankt anschließend dem Besteller, der im allgemeinen für diese Mizwa einen geringen, nach einem Tarif festgelegten Betrag an die Gemeinde zahlt.

In den meisten Synagogen gibt es eine Tafel, auf der die offenen Mizwot angeführt sind. Der Diener streicht die, die bestellt wurden, und so sieht jeder Synagogenbesucher sofort, welche Mizwot noch frei sind. Der Vorsteher hat das Recht, die nicht bestellten Mizwot zu verschenken. Im allgemeinen geht er dabei unter den Synagogenbesuchern der Reihe nach vor. Aber im allgemeinen bleiben nur wenige Mizwot übrig, denn die Nachfrage ist meistens groß. In den Großstädten ist es dabei leider auch schon zu Mißbräuchen der Mizwot gekommen. Man feilscht zum Teil um sie, zwar nicht des Geldes wegen, sondern weil sich die Mitglieder daran gewöhnt haben und es als Bestandteil ihres Judentums ansehen.

Allerdings sind diese Ehrenämter kaum je eine bedeutende Einkunftsquelle für die Gemeinde. Trotzdem gibt es Gemeinden, die ihre Auslagen nur mit freiwilligen Beiträgen decken können. Und in diesen Fällen bringen die Mizwot große Summen ein. So gab es zum Beispiel in

Frankfurt am Main eine sehr große Synagogengemeinde, und dort wurden beachtliche Beträge allein für das Recht gespendet, ein Jahr lang für den Wein zuständig zu sein, der bei dem Ritual zur Begrüßung von Sabbat und Feiertagen und an ihrem Ende notwendig ist.

Außer diesen Ehrenämtern gibt es in der Synagoge auch noch die Möglichkeit, jemandem eine kleine Aufmerksamkeit zu erweisen: Der «Aufgerufene», der das Lob nach der Thoravorlesung gesagt hat, wird vom Koreh oder dem Diener mit einem auf hebräisch gesagten Segenswunsch bedacht. Daraufhin steht ihm das Recht zu, für seine Familienangehörigen oder andere einen ähnlichen Segen zu sagen. Gleichzeitig spendet man der Gemeinde etwas für die Armen oder für andere wohltätige Zwecke.

In vielen größeren Gemeinden geht man jetzt dazu über, diese Beiträge und diesen namentlichen Aufruf während des Gottesdienstes abzuschaffen, denn wenn dieser Brauch übertrieben wird, leidet der Ernst der Andacht darunter. Es ist also nicht so einfach, für den Gottesdienst in der Synagoge das richtige Maß und den goldenen Mittelweg zu finden. Er ist doch in seinem Wesen ein Dienst der Gemeinde mit einem bestimmten Ritual. Gleichzeitig muß auch Wärme zu spüren sein, die Wärme eines heiteren, bejahenden Gottesdienstes, entsprungen der Gemeinsamkeit und dem Mitgefühl für den Nächsten. Deshalb darf das Ritual nie erstarren, nie kalt und förmlich werden, genausowenig darf völlige Grabesstille herrschen. Wer sich diese grundsätzlichen Vorstellungen und Begriffe vor Augen hält, wird den Gottesdienst in der Synagoge richtig verstehen und Einblick in ihn gewinnen.

Der Chasan: Kantor und Vorbeter

Da der gemeinsame synagogale Dienst die Regel ist, spielt der Vorleser oder Vorsänger eine bedeutende Rolle: Er verkörpert sozusagen den Gottesdienst. Wird der *Chasan* (Kantor oder Vorsänger) dabei seiner Aufgabe wirklich gerecht, bildet er den anziehenden Mittelpunkt der Andachtsübungen.

Auf hebräisch heißt dieser Kantor oder Vorsänger *Chasan* oder auch *Schaliach Zibur.* Der zweite Ausdruck wird häufiger in der Schriftsprache gebraucht und bringt die Bedeutung dieses Amtes deutlicher zum

Ausdruck. Die Tätigkeit, die diese Ausdrücke beinhalten, wird durch die gleich folgende Erklärung verdeutlicht.

Woher das Wort *Chasan* genau stammt, kann man heute nicht mehr genau feststellen. Der Form nach würde der Wortstamm «sehen» bedeuten, womit die Bibel jemanden mit einem «visionären Blick» beschreibt. Sonst kommt das Wort *Chasan* in der Bibel weder in seiner gegenwärtigen Bedeutung noch in irgendeiner anderen vor, denn dieses Amt hat ja zur damaligen Zeit noch nicht existiert. Allerdings sollte daraus nicht geschlossen werden, daß es das Wort als solches damals noch nicht gab.

Die Talmudliteratur kennt das Wort *Chasan* in unterschiedlichen Bedeutungen, und zwar einmal als Gerichtsdiener, verantwortlich für den Vollzug des Urteilsspruchs in einem Strafprozeß; dann wieder als Lehrer für Jugendliche, und schließlich als Synagogendiener, der über den Gottesdienst wacht. Aber noch war er weder der Synagogenvorsteher noch ihr regulärer Vorbeter. Das wurde er erst sehr viel später, als das Amt geschaffen wurde.

In früheren Zeiten wurde ein Gemeindemitglied zum Vorbeten aufgefordert, und zu diesem Zweck nahm er seinen Platz vor dem heiligen Schrein ein. Der Ausdruck «vor dem Schrein herabsteigen» läßt darauf schließen, daß er an einem erhöhten Ort stand und der Vorbeter auf einer niedrigeren Ebene, was ja auch heute noch oft der Fall ist. Dazu wird eine mehr humoristische als exegetisch richtige Verbindung zum Psalm 130,1 hergestellt: «Aus der Tiefe rufe ich, Herr, zu dir.» Häufig mußte der zum Vorbeten Aufgerufene erst dazu überredet werden, denn jeder wollte den Eindruck geben, er sei bescheiden. Sobald die Aufforderung jedoch von einem höheren Beamten kam, willigte der Aufgeforderte unverzüglich ein.

Allmählich änderten sich die Zeiten, und als Vorbeter wurde ein Synagogenbeamter, ein Fachmann, eingestellt. Zu einem späteren Zeitpunkt war er wahrscheinlich der erste feste Gemeindeangestellte, und wegen seines Amtes traf er dann auch als erster in der Synagoge ein. Ganz beiläufig gab man ihm dann den schon überall bekannten Titel *Chasan*, schließlich war er der erste und wichtigste Synagogendiener.

Der zweite Ausdruck ist hier beredter: *Schaliach Zibur* bedeutet wörtlich «Gesandter der Gemeinde». Er leitet die Gemeinde, die sich im Gebet vereinen möchte. Er ist ihr Sprecher, er führt das Wort für sie, und oft richtet er sich in den Gebeten im Namen der Gemeinde an Gott.

Falls man im Judentum überhaupt von einer «Geistlichkeit» sprechen kann, dann ist der Kantor in der Synagoge ein Geistlicher. Denn er und nicht der Rabbiner bekleidet ein ausgesprochen geistliches Amt. Der Gottesdienstkodex sieht für das Amt strenge Vorschriften vor, und er schreibt eingehend die geistigen und Charaktereigenschaften eines Kantors vor, genau wie die Voraussetzungen, die er in seinem Verhalten erfüllen muß, während er das Amt ausübt, wie auch in der Vergangenheit. Dagegen wird der Rabbiner in diesem Zusammenhang nicht erwähnt, denn er ist ja kein Synagogenbeamter im eigentlichen Sinn des Wortes.

Mit Absicht habe ich bisher den Leiter des Gemeindegottesdienstes als Vorbeter bezeichnet. Im Volksmund heißt er Vorleser oder Vorsänger. Tatsächlich ist der Vorleser jedoch der *Koreh,* der Thorakundige, der aus der Gesetzesrolle den Thoraabschnitt in dem ihm eigenen Singsang vorträgt. Aber auch die Beamten lassen sich gern als Vorsänger bezeichnen, denn der Gesang ist ja ein wichtiger Bestandteil der Aufgabe dieses Synagogendieners.

So wie sich im Laufe der Zeit für die fünf Bücher Mose und die Bücher der Propheten ein Singsang entwickelte, entstanden auch feste Melodien für bestimmte Abschnitte des synagogalen Dienstes wie Gebete, Psalter und auch Hymnen, die zu festen Zeiten und an bestimmten Tagen gebetet werden. So gibt es zum Beispiel für den Freitagabend eine eigene Melodie, genau wie für den Sabbatmorgen und -mittag, für das Passahfest sowie die hohen Feiertage wie Neujahrs- und Versöhnungstag. Diese im großen und ganzen festen Melodien bezeichnet man als *Chasanut,* ein etwas abstrakter Begriff, der vom Wort *Chasan* hergeleitet wurde.

Der jüdischen Öffentlichkeit sind diese Melodien wohl vertraut, und sie möchte sie nicht missen. Sie sind denn auch so alt, daß sich ihre Herkunft nicht mehr feststellen läßt, und ihr Leitmotiv ist praktisch allen Juden bekannt. Sie sind ein Glied in der Kette, die die Juden eint. Wollte man diese alten Lieder und Weisen abschaffen, wäre das nicht nur bedauerlich, sondern auch diese Einheit würde Schaden nehmen.

Zum Beispiel enthält diese *Chasanut* ein Lied, mit dem am Freitagabend der Einzug des Sabbats wie der einer Braut begrüßt wird, und ähnliches gibt es bei allen Andachtsübungen. Sie ist also ein wichtiger, unschätzbarer Bestandteil der Tradition.

Selbstverständlich gleicht sich die *Chasanut* der gesamten jüdischen

Welt nicht haargenau. Wahrscheinlich gibt es eine Reihe von Melodien, die sich heute kaum noch ähnlich sind, die aber trotzdem im wesentlichen übereinstimmen. Darüber hinaus hat sich im Laufe der Zeit auch eine für einen bestimmten Ort typische *Chasanut* herausgebildet, die sich dort einer besonderen Beliebtheit erfreut.

Daneben gibt es im Gottesdienst auch eine Reihe von Fragmenten, für die es keine feste Melodie gibt. In diesem Fall ist der Kantor frei und kann sie nach Gutdünken vortragen, wie zum Beispiel das Einweihungslied für den Sabbat. Aber selbst hier gelten gewisse Einschränkungen in bezug auf die Bedeutung des Tages oder der Jahreszeit. Fällt der Sabbat zum Beispiel auf den Fastentag am neunten *Aw,* d. h. den Gedenktag der Zerstörung des Tempels in Jerusalem und der Vernichtung des jüdischen Staates, oder kurz vor oder nach ihn, wird das Lied «Komm, mein Freund, der Braut entgegen!» in einem ganz anderen Tonfall gesungen als in den Wochen darauf. Schließlich ist die Synagoge das Spiegelbild des ganzen jüdischen Lebens. Aus diesem Grund unterscheiden sich die Melodien für die hohen Feiertage stark von jenen zum Passahfest oder zu anderen freudigen Festen. Text und Inhalt der Lieder spielen eine weit untergeordnete Rolle.

Moderne Komponisten haben die *Chasanut* sowohl unverändert wie in modernisierter Form aufgezeichnet und die Melodien, die der Kantor nach eigenem Gutdünken vortragen kann, vertont. Man erwartet nun vom Kantor, daß ihm nicht nur alle alten und neuen Melodien vertraut sind, sondern daß sie stets abrufbereit sind. Deshalb muß er sehr musikalisch sein und ein gutes musikalisches Gedächtnis besitzen. Darüber hinaus muß er selbstverständlich eine schöne Stimme haben und ein guter Sänger sein.

Die Aufgaben, die man vom *Chasan* in der Synagoge erwartet, sind vielfältig. Zum Beispiel ist der Gottesdienst im allgemeinen lang. Und während der Andacht hat der Kantor fast immer das Wort, sei es, daß er einen Satz nach dem anderen, einen Abschnitt nach dem anderen für die Gemeinde vorliest, ihn allein singt oder – und das kommt häufig vor – auch kantilenenartig vorträgt. Einfaches Aufsagen kennt der jüdische Gottesdienst kaum, weil es nicht dem Wesen des Hebräischen entspricht.

Es ist kaum zu glauben, wie lange der Kantor den Gottesdienst, wie lange er praktisch ununterbrochen im Stehen singt und vorträgt. Besonders im Festmonat Tischri – September/Oktober –, der mit dem

Neujahrsfest beginnt, ist sein Dienst schwer, denn jetzt muß er all die alten traditionellen Melodien vortragen, die jene einzigartige Stimmung schaffen, in der die Vergangenheit mit der Gegenwart verbunden wird. Der zehnte Tag dieses Monats ist der Versöhnungstag, der zusammen mit der Andacht am Vorabend ununterbrochen dem Gottesdienst in der Synagoge gewidmet ist. An diesem Tag finden unmittelbar hintereinander fünf Gottesdienste statt: der Abend- oder *Kol-Nidre*-Dienst, die Morgenandacht, der *Mußaf* oder besondere, zusätzliche Dienst und der Mittags- und der Schlußdienst. Ein einziger *Chasan* ist kaum dazu in der Lage, den Gottesdienst in allen Fällen allein zu leiten – das kommt gelegentlich jedoch auch schon einmal vor.

In den meisten Fällen übernehmen zwei Beamte diese Dienste, und zwar wechseln sie sich ab: Der eine leitet den Gottesdienst am Vorabend, der mehrere Stunden dauert; der zweite die Morgenandacht, die ungefähr vier Stunden anhält. Der nächste Gottesdienst dauert wiederum fast vier Stunden lang, und ihm folgen Mittagsdienst und Schlußgebet, beide je wiederum eineinhalb Stunden lang. Die gleichen Beamten halten außerdem noch morgens und mittags Thoravorlesungen ab. Und, wie schon gesagt, erfolgt das Ganze im Stehen, und selten wird eine kurze Pause von knapp zehn Minuten eingelegt.

Es ist also eine außerordentliche Ausdauer notwendig. Die Beamten müssen, um stets eine frische, geschmeidige Stimme zu haben, über eine ungewöhnliche Gesangstechnik verfügen, erworben durch Ausbildung, die zu der natürlichen Begabung hinzukommt. Auch darf man nicht vergessen, daß der *Chasan* schon kurz nach dem Versöhnungstag entweder am Sabbat oder zu dem fünf Tage später stattfindenden Laubhüttenfest wieder in Form sein muß, denn dann steht ihm wiederum eine Woche mit vier oder fünf größeren Gottesdiensten bevor.

Auf diese Weise entwickelt sich der *Chasan* zum Berufssänger, und seine Gesangskunst wird ein fester Bestandteil seines Amtes. Je schöner und beschwingter er singt, desto mehr haben er und seine Gemeinde davon. Allerdings drohen dem *Chasan* in diesem Bereich gewisse Fallstricke, die zu einem Dilemma führen können. Möglicherweise gewinnt der Sänger in ihm die Oberhand, so daß er mehr Sänger als Vorbeter ist, und die Gemeinde folgt ihm dabei eventuell auch noch. Dadurch würde die Synagoge für den *Chasan* ein Ort, an dem er «auftritt», und der Gemeinde würde sie ein Konzertsaal. Hat der *Chasan* jedoch aufgrund seiner musikalischen Leistungen Erfolg bei seiner Gemeinde, ist für den Gottesdienst nichts gewonnen. Den goldenen Mittelweg einzuschlagen ist in diesem Fall tatsächlich ziemlich schwer. Denn verwandelt der *Chasan* die Synagoge in einen Konzertsaal, dann stimmt etwas nicht, und sie verliert ihren Charakter. Und doch kann das Wesen der Synagoge unverfälscht nur im Gottesdienst und allein durch den *Chasan* zum Ausdruck gebracht werden. Deshalb geht es nicht anders, als daß der *Chasan* ein Sänger mit besonderen Fähigkeiten ist. Sonst wäre er nicht dazu in der Lage, die ihm anvertrauten wichtigen Aufgaben in der Synagoge und im religiösen Leben der jüdischen Gemeinde auf die Dauer durchzuführen. Zu diesem Zweck ist seine Gesangskunst nicht das vordringlichste. Aber ein guter Kantor muß die *Chasanut* kennen und sie kultiviert vortragen können. Zwar stimmt es, daß dem Vortrag mehr Aufmerksamkeit geschenkt wird, je schöner seine Stimme und je reicher seine musikalische Kultur sind. Trotzdem sollten Stimme und musikalische Begabung den Andachtsübungen untergeordnet sein und sich dem religiösen Ideal der Synagoge freiwillig unterwerfen.

Den Kantor muß eine tiefe Religiosität beseelen, und er muß ein tiefes Empfindungsvermögen besitzen. Er muß es verstehen, seine ganze Seele in seinen Vortrag zu legen. Er muß die Menschen in der Synagoge mitreißen, sie zutiefst durch seine beredte Wiedergabe in Gesang und Gebet aus tiefster Seele berühren. Mit der Ausstrahlung seines Geistes muß er auf die Gemüter seiner Zuhörer einwirken. Die Gemeinde muß ihren *Schaliach Zibur* kennen und wissen, daß er ihr würdiger Gesandter ist, ihr gottgeweihter Sprecher. Nur auf diese Weise erfüllen er und die Synagoge ihre Pflicht.

Menora und Ner Tamid – Leuchter und Ewige Lampe

In der Synagoge gibt es noch eine Reihe von Gegenständen, die zwar den Gottesdienst selbst nicht beeinflussen, aber zu gewissen Zeiten ziehen sie unsere Aufmerksamkeit auf sich.

In praktisch jeder Synagoge gibt es eine Lampe, deren Licht ununterbrochen brennt – oder fast ununterbrochen, denn wer sie betreut, ist auch nur ein Mensch.

Keine Vorschriften oder Empfehlungen schreiben die Form dieser Lampe genau vor. Deshalb ist es auch nicht immer eine Hängelampe, sondern gelegentlich auch eine Wand- oder sonstige Lampe. Ebensowenig ist der Platz vorgeschrieben, an dem diese Lampe hängt oder steht. In den meisten Synagogen brennt sie vor dem Thoraschrein, in anderen dagegen über dem Eingang, und in wieder anderen ist sie an einem Pfeiler angebracht. Manche Synagogen haben sogar zwei solcher Lampen. Das ist das *Ner Tamid,* die Ewige Lampe. Sie heißt ewig, weil ihre Vorgängerin, die historische Lampe, unablässig mit Öl gespeist wurde, damit sie unaufhörlich brannte. Das ist das Licht des goldenen Leuchters, der im *Zelt der Offenbarung,* in der *Stiftshütte,* und später im Tempel Salomos und Esras stand.

Dieser Leuchter, die *Menora,* stand damals in jenem Teil von Stiftshütte und Tempel, der als das «Heilige» bezeichnet wurde. Das Licht dieses Leuchters mußte ununterbrochen gespeist werden, damit es Tag und Nacht brannte.

Dieses *Ner Tamid* soll uns an die *Menora* in den alten Heiligtümern erinnern. Es soll eine Erinnerung sein, nicht mehr. Denn die Synagoge enthält ja ebensowenig einen Altar wie Schaubrote. Auch besitzt die Lampe nicht einmal die Form der *Menora;* wie schon eingangs erwähnt, gibt es keine festen Regeln für ihre Form. Trotzdem verbreitet sie eine auf den Besucher fast mystisch wirkende Stimmung.

Darüber hinaus versinnbildlicht das Licht auch die Seele. Und so hat es der Verfasser der Sprüche gesagt: «Eine Leuchte des Herrn ist des Menschen Geist» (Spr. 20, 27). In einem jüdischen Haus ist ein Licht denn auch das sichtbare Andenken an einen teuren Toten. Sobald jemand in der Familie stirbt, wird ein Licht angezündet, das während des zwölf jüdische Monate währenden Trauerjahres – im allgemeinen im Wohnzimmer – brennt. In den Jahren danach wird es stets am Todestag angezündet, und dann heißt es «Jahrzeit».

Aus diesem Grund glaubt so mancher, das Ewige Licht in der Synagoge werde zum Andenken an verstorbene Gemeindemitglieder angezündet. Das ist aber nur dort der Fall, wo ständig zwei Lichter brennen. Weiterhin hängt das ganz von der religiösen Einstellung und der Handhabung des Gottesdienstes in der betreffenden Synagoge ab.

Aber auch die *Menora* in ihrer ursprünglichen Form, wie sie in den alten Heiligtümern stand, ist nicht völlig aus dem jüdischen Leben verschwunden. Dieser Leuchter wird zum Fest der Makkabäer, dem Lichter- oder sogenannten *Chanukkafest,* angezündet, von dem noch die Rede sein wird.

Die Kohanim

Das jüdische Volk ist sehr alt, und seine Geschichte beginnt in der grauen Vorzeit. Aus diesem Grund gehen jüdische Verwandtschaftsbezeichnungen und Namen oft auf eine weit entlegene Zeit zurück. Soll etwas auf diesem Gebiet erklärt werden, muß man erst einmal einen Abstecher in die ferne Vergangenheit machen.

Der jüdische Volksstamm kann auf Jahrtausende zurückblicken. Gewisse Teile können eine so weit in der Geschichte zurückliegende Abstammung durchaus als unwiderlegbar akzeptieren. Das gilt für die Leviten und alle, die dem Familienzweig des Hohepriesters Aron angehören. Noch ist nicht bekannt, wie sich die übrigen Stämme mit anderen und auch untereinander vermischten. Aber für die Leviten und die Nachkommen Arons, die *Kohanim,* d. h. die Priester, steht die reine, direkte Abstammung über jeden Zweifel fest.

Die Juden, die Nachkommen des alten Israel, leben heute auf der ganzen Welt zerstreut. Hier folgt ein kurzer Ausflug in die Geschichte. Nach dem Tod von König Salomo, ungefähr eintausend Jahre vor unserer Zeitrechnung, spaltete sich das Volk in zwei getrennte Königreiche. Das Reich im Norden, das unter Jerobeam vom Haus David abfiel, bezeichneten die Propheten als das Haus Israel. Es umfaßte zehn Stämme, und seine Hauptstadt war Samaria. Dieses Reich bestand fast 250 Jahre. Im Jahr 722 v. Z. wurde Samaria von König Sargon von Assyrien erobert. Israel, das Reich mit den zehn Stämmen, wurde durch Verbannung praktisch ausgelöscht. Es hat keinerlei Spuren in der Geschichte hinterlassen. In der Neuzeit hat man möglicherweise einen Überrest von ihm in Äthiopien entdeckt: die Falaschas. Inzwischen bemüht man sich, die Verbindung zu diesem Zweig des Volksstammes wieder aufzunehmen.

Die übrigen beiden Stämme – Juda und Benjamin – bildeten zusammen eine Dynastie, der die Propheten den Namen Haus Juda gaben. Dieses Reich bestand auf seinem Boden 400 Jahre lang. Im Jahr 586 v. Z. eroberte der Babylonier Nebukadnezar II. seine Hauptstadt Jerusalem. Diese Judäer sind die *Juden.* Ihre Geschichte reicht bis in die Gegenwart und wird sich voraussichtlich auch noch in der Zukunft fortsetzen.

In Jerusalem stand der *Tempel,* in dem der Stamm Levi diente. Ein besonderer Nachkomme Levis ist der Zweig von Aron, dem ersten *Kohen,* d. h. Priester.

Die zwölf Söhne Jakobs gaben den «Stämmen Israels» ihren Namen. Im Land Kanaan ließen sich diese Stämme in jeweils eigenen Provinzen nieder. Der Stamm Levi erhielt keinen Grundbesitz. Statt dessen wurden Joseph, dessen Haus sich in die beiden Halbstämme Ephraim und Manasse aufspaltete, zwei Provinzen zugeteilt. Die Leviten wurden mit dem Tempeldienst beauftragt, ebenso wie mit der Aufrechterhaltung und Pflege des geistigen und religiösen Lebens im allgemeinen. Aron, Mose Bruder und ein Urenkel Levis, wurde *Hohepriester*. Nach ihm wurden seine Söhne Priester, und alle ihre männlichen Nachkommen blieben und bleiben *Kohanim*.

Aus dem Besitz, der den übrigen Stämmen zugeteilt worden war, mußten gewisse Abgaben in natura an die Leviten und die Söhne Arons geleistet werden, genau wie andere geweihte Erträge eingebracht und alles, was für den Unterhalt des Tempeldienstes gebraucht wurde, geliefert werden mußte.

Kurz zusammengefaßt kann gesagt werden, daß die Leviten und Priester im Reich Juda lebten. Sie zogen zusammen mit dem Judäern in die babylonische Gefangenschaft und von dort wie alle Juden in die Zerstreuung. In der Geschichte der Diaspora leben sie weiter und werden wahrscheinlich auch in Zukunft weiterleben.

Es ist durchaus möglich, daß sich auch andere Einwohner dieses Reiches Israel nach Juda retteten, als ihr eigenes Land zerstört wurde, genauso wie eine ganze Reihe seiner Einwohner das alte nationale Heiligtum auf dem Zionsberg wahrscheinlich dem politischen Ersatzheiligtum vorzogen, das Jerobeam in Dan und Beth El errichtete. Deshalb stammen die heutigen Juden nicht nur von Juda und Benjamin ab. Allerdings kann heute niemand mehr sagen, welchem Stamm er angehört. Einige jüdische Familien glauben, ihren Stammbaum bis auf das Haus Davids zurückführen zu können. Dagegen können alle Leviten sich ihrer Abstammung sicher sein. Diese Abstammung ist für die Nachkommen von Aron unumstößlich, selbst wenn sie sich nicht anhand von Dokumenten belegen läßt.

Tempelleben und -dienst waren durch eine Vielzahl vorsorglicher Maßnahmen geschützt. Eine der wichtigsten Voraussetzungen war die sogenannte *Reinheit*, d. h. die kultische Reinheit. Damit ist nicht die hygienische Reinheit gemeint, obwohl sie gelegentlich für die zuerstgenannte unumgänglich ist. Es ist eher eine Weihe, eine Heiligung für das Höhere, das Abstrakte, das Ideelle. Es ist ein Emporheben aus dem

Irdischen, Materiellen, Körperlichen, Tierischen: aus dem Unreinen. Der Mensch verbindet in sich gegensätzliche Elemente auf wunderbare Weise: Sein Leichnam, seine sterbliche Hülle, kann nicht mehr aus dem Bereich des «Unreinen» erhöht werden. Wer daran glaubt, irrt sich ganz gewaltig. Im Leben hat nur das Leben Platz. Im Tod kann nichts mehr gewonnen werden, weder durch den Verstorbenen noch durch andere für ihn. In diesem Sinn ist der Tote «unrein». Das muß man sich stets vor Augen halten.

Deshalb ist der Leichnam eine Quelle der kultischen Unreinheit. Wer ihn berührt, sich ihm nähert oder sich unter dem gleichen Dach wie er aufhält, wird selbst «unrein». Auch wer unter körperlichen Defekten oder Gebrechen leidet, bei denen sich das Tierische zeigt, gilt als «unrein». In solch einem Zustand der «Unreinheit» darf niemand das Heiligtum Gottes betreten, noch darf er am Opferdienst teilnehmen. In allen übrigen Bereichen ist er gleichberechtigt und unterscheidet sich nicht von den anderen.

Aber ein *Kohen* darf sich nie an einem Leichnam «verunreinigen». Er darf ihn also nicht berühren, sich ihm nicht nähern, noch darf er sich unter dem gleichen Dach befinden. Die einzige Ausnahme ist die nächste Familie: Eltern, Kinder, Geschwister oder Frau. Oder ein Leichnam, den sonst niemand anders betreuen würde. In diesem Fall ist die letzte, noch höhere Pflicht wichtiger als alles andere.

Damit wurde der *Kohen* durch das Tempelleben sorgfältig von allen anderen unterschieden und ausgesondert. Selbst nachdem der Tempel untergegangen war, wurden diese Vorschriften peinlich genau befolgt. Aber auch andere Vorschriften regeln das Leben der Nachkommen Arons im Alltag für alle Zeiten. Zum Beispiel sind ihnen gewisse Ehen verboten wie die Heirat mit einer geschiedenen Frau, die den übrigen Söhnen Israels durchaus erlaubt ist.

Der *Kohen* nimmt im religiösen Leben der Gemeinde eine besondere Stellung ein und erfreut sich bestimmter Privilegien. In der Synagoge ruft man ihn bei der Vorlesung aus der Thorarolle als ersten auf, ihm folgt der Levite.

Die *Kohanim* segnen die ganze Gemeinde, wie im 4. Mose, 24–26, angeführt. Heute wird der Segen in den meisten Gemeinden an Feiertagen und auch schon einmal am Sabbat gesagt. Sie sagen ihn, nachdem ihnen die Leviten die Hände «gewaschen», d. h. mit Wasser begossen haben. Für den Segensspruch stellen sie sich auf den *Duchan,* oder Podium vor dem Thoraschrein, und wenden ihr Gesicht der Gemeinde zu. Einem, der kein *Kohen* ist, würde es nie einfallen, dieses Podium zu besteigen.

Jede Gemeinde kennt ihre *Kohanim* und *Leviten.* Wird ein *Kohen* in der Synagoge aufgerufen, kommt zu seinem Namen stets der Titel *Hakohen,* d.h. Nachkomme Arons, hinzu. Dieser Zusatz steht auch in allen Urkunden und Registern. Das gleiche gilt für die Nachkommen der Leviten, und zwar schon seit uralten Zeiten bis zum heutigen Tag. Angesichts der bekannten Sorgfalt der Rabbinate und der intensiven Teilnahme der Juden am synagogalen Leben während aller Jahrhunderte ist kaum zu bezweifeln, daß die jüdischen Gemeinden als *Kohanim* bekannten Menschen denn auch tatsächlich Nachfahren Arons sind und somit ihre Abstammung auf Jahrtausende zurückführen können.

Heute gibt es zwar die kultische Reinheit des Tempellebens nicht mehr. Trotzdem dürfen die Nachkommen Arons auch heute keinen Leichnam berühren, und die Friedhöfe sind deshalb so angelegt, daß sie an einer Beerdigung teilnehmen können, ohne daß sie gegen diese Vorschrift verstoßen.

Der Priestersegen

Das 4. Buch Mose enthält die Verpflichtung für Aron und seine Söhne, einen Segen über die Kinder Israel zu sagen. Es ist ein ganz spezifischer Segen, dessen Worte in den Versen 6,24–25 festgelegt sind:

«Der Herr segne dich und behüte dich; der Herr lasse sein Angesicht leuchten über dir und sei dir gnädig; der Herr hebe sein Angesicht über dich und gebe dir Frieden.»

Wann und zu welchem Anlaß dieser Segen gesagt werden soll, darüber schweigt sich die Bibel aus. Das wurde als bekannt vorausgesetzt. Das beweist wiederum, daß die Heilige Schrift von bereits akzeptierten und bekannten Bräuchen ausgeht und an eine praktizierte Tradition anschließt. Dieser Segen wurde selbstverständlich im Heiligtum gesagt, und er war Bestandteil eines Gottesdienstes oder bildete seinen Abschluß. Das bestätigt auch das 5. Mose 10,8 und 21,5; dort erscheint das Segnen in Gottes Namen im Zusammenhang mit den Aufgaben, die der Priester im Dienst des Heiligtums ausführen muß. Der Segen wurde nach den Pflichtopfern gesagt, die tagtäglich erbracht und am Sabbat und an Feiertagen durch zusätzliche Opfer erweitert wurden. Diese Vorschrift über den Segensspruch war nicht nur für Aron und seine Söhne im engeren Sinn bestimmt, sondern galt auch für seine Nachkommen.

Allerdings war dieser Segen nicht so untrennbar mit Heiligtum und Opferdienst verbunden, daß er mit dem Untergang des Tempels und seinen Ehrendiensten ebenfalls unterging. Er war für die Vergangenheit gültig und ist es in der Gegenwart und für die Zukunft.

Den *Kohanim* wurde diese Segnung eher als Pflicht denn als Vorrecht auferlegt, und zwar trotz der Tatsache, daß sie eigentlich ein Privileg sein müßte, weil sie ausschließlich ihnen vorbehalten ist. Sie *müssen* sie einfach sagen.

Allerdings segnen nicht etwa sie persönlich. Absichtlich heißt es jedesmal ausdrücklich: den Segen sagen. Denn die Vorschrift ist ja so formuliert: «So sollt ihr sagen zu den Kindern Israel ...» Das ist genauso direkt wie die Offenbarungsworte beim Sinai: «Gedenke des Sabbattages ...» Es ist deshalb keine Haarspalterei, wenn wir das so interpretieren: «Sagen *mußt* du ihn, aber auch nur *sagen*! Es ist jedoch nicht dein Segen, sondern allein meiner.» Diese Interpretation wird durch den Satz bestätigt, der gleich auf den Priestersegen folgt: «Denn ihr sollt meinen Namen auf die Kinder Israel legen, daß ich sie segne.» Dieses Legen des Namens auf das Volk, dieses Übertragen war der feierliche Akt, darin lag die Segnung. Aus diesem Grund wurde auch Gottes Name mit seinen vier Buchstaben voll vom Priester ausgesprochen, etwas, was sonst dem Hohepriester vorbehalten war, und auch dann nur für den Versöhnungstag.

Der Priester war also lediglich ein Sprecher, sonst nichts. Niemand, der gerade das Amt ausübte, durfte sich dieser Pflicht entziehen, und niemandem konnte die Erfüllung dieser Pflicht verwehrt werden. Aber etwas Eigenes hatte er nicht zu sagen, denn es ist eine feste Formel. Deshalb kann er nicht sagen: «Wir segnen dich im Namen Gottes», sondern nur: «Der Herr segne dich ...»

Heute wird der Priestersegen während des Ehrendienstes zu genau den gleichen Zeiten gesagt wie einst in der Stiftshütte und im Tempel: eine würdige Fortsetzung einer alten Tradition. Der feierliche Akt der Segnung durch die *Kohanim* findet heute allerdings nur noch an Feiertagen statt und auch dann nur, wenn männliche Nachkommen Arons anwesend sind. Sonst wird der Priestersegen in dieser feierlichen Form ausgelassen. Wird er nicht zu den festgelegten Zeiten gesagt, schiebt der Kantor ihn in das Hauptgebet ein, das *Schemone Esre* oder Achtzehngebet, und zwar nach einer kurzen Einleitung: «Segne uns, Gott unser Herr, Gott unserer Väter, segne uns mit dem dreifachen Segen, der geschrieben steht in deiner Thora durch Moses, deinen Knecht, und gesprochen ward von Aharon und seinen Söhnen, den Priestern, deinem geheiligten Stamme, daß er in allen seinen Aussprüchen in Erfüllung gehe.» Dem schließt sich der Priestersegen mit den oben angeführten Worten an.

Heute findet dieser feierliche Akt in jenem Teil des synagogalen Dienstes statt, in dem im Hauptgebet der frühere Tempeldienst erwähnt wird. Davor bereiten sich die *Kohanim* auf die Erfüllung ihrer Pflicht vor. Ist der Kantor selbst ein Nachkomme Arons, übernimmt jemand anders in der Zwischenzeit seine Aufgaben. Allerdings kann niemand dazu gezwungen werden, noch kann man es jemandem verbieten. Wer am feierlichen Akt nicht teilhaben möchte, kann die Synagoge während dieser Zeit verlassen. Alle, die die Aufgabe auf sich nehmen wollen, kommen, nachdem sie die Schuhe ausgezogen haben, näher, und zwar zwischen Podium und Lesepult, und lassen sich die Hände waschen. Das ist die Aufgabe der Leviten, die zum gleichen Stamm gehören und jetzt auf die Erfüllung dieser Aufgabe der Waschung warten genauso wie ihre Ahnen schon zur Zeit des Tempels. Sind keine Leviten anwesend, ist es die Aufgabe der Erstgeborenen. Fehlen auch sie, vollziehen die Priester die Waschung eigenhändig. Kanne und Schüssel, die dafür verwendet werden, sind oft ein kostbarer Besitz der Synagoge, gelegentlich auch eine Spende aus der fernen Vergangenheit. Diese Kannen und Schüsseln sind zum Teil wahre Prachtexemplare.

Nachdem der Kantor mit dem ersten Wort der Einleitung zum Hauptgebet begonnen hat, steigen die Priester auf den schon weiter oben erwähnten *Duchan*. Im Volksmund wurde vom Wort *Duchan* das Zeitwort *duchenen* hergeleitet, was Sagen des Priestersegens auf dem Podium bedeutet.

Die *Kohanim* verhüllen das Haupt mit dem *Tallith,* d. h. dem Gebetmantel, und wenden das Gesicht dem heiligen Thoraschrank zu, bis der Kantor sie aufruft. Nach einer kurzen Pause spricht der Kantor leise das einleitende Gebet, und auch alle Priester sprechen gedämpft ein kurzes Gebet. Kommt der Kantor schließlich zum hebräischen Wort für Priester, ruft er laut: «*Kohanim!*» Das Wort wird stets im Plural gesagt; ist deshalb nur ein Priester anwesend, wird nichts gesagt.

Dadurch kommt man der alten Aufgabe ganz im Sinn der Vorschrift nach: nicht etwa Segnen nach eigenem Gutdünken, sondern im Auftrag der Gemeinde, wobei dem Aufruf ihres Gesandten Folge geleistet wird. Und in diesem Sinn werden denn auch die Bibelworte: «So sollt ihr sagen zu den Kindern Israel!» verstanden. Sobald nun das Wort *Kohanim* ertönt, wenden die Priester der Gemeinde das Gesicht zu und heben die Hände unter dem Gebetmantel bis auf Schulterhöhe hoch. Denn sie legen sie ja im Namen Gottes – der jetzt als *Adonai,* d. h. der Herr, bezeichnet wird – auf die Kinder Israel. Ihre Finger sind dabei gespreizt, schließlich halten sie den Segen nicht in den geschlossenen Händen. Er kann nur aus der Höhe hinabkommen, nicht dagegen aus ihren Händen. Nachdem sie gemeinsam den einleitenden Spruch laut gesagt haben, spricht der Kantor die Worte der drei Bibelverse einzeln vor, die sie Wort für Wort wiederholen: Ihnen werden die Worte also praktisch in den Mund gelegt.

Zwar geschieht das so, um Verwirrung zu vermeiden; gleichzeitig beweist es aber auch, daß ihnen durch diese Pflicht, die kein Privileg ist, keinerlei Sonderrechte entstehen. Während des ganzen Aktes bleiben ihre Hände mit dem *Tallith,* d. h. dem Gebetmantel, bedeckt, und zwar nicht nur wegen der Feierlichkeit des Aktes, sondern auch, um zu verhindern, daß ein Gemeindemitglied einen kritischen Blick auf diese Hände wirft. Denn jeder Nachkomme Arons wird aufgerufen, und jeder soll unbefangen den *Duchan* besteigen, auch derjenige, an dessen Händen die Arbeit Spuren hinterlassen hat. Die *Kohanim* werden nicht besonders zugelassen, weder von der Gemeinde noch von den Priestern. Die zuerstgenannten geben nichts, und die zweitgenannten erhalten das, was sie empfangen, direkt von Gott. Von den Priestern erwarten darf man lediglich Ergebenheit im Gottesdienst, eine gehobene Stimmung und Sanftmut. Die Gemeindemitglieder müssen keineswegs zu den Priestern emporblicken; sie nehmen nur eine andächtige Haltung an wie Menschen, die auf einen Segen warten und ihn gern auf das leicht gebeugte Haupt entgegennehmen möchten.

Die beiden erhobenen Hände, deren Daumen sich berühren, sind ein Sinnbild für die Nachkommen Arons geworden, genau wie die schräg gehaltene Kanne und die Schüssel darunter, die das Wasser auffängt, einen Waffenschild für die Nachkommen aus dem Stamm Levi bilden. Sie sind auf vielen Gegenständen dargestellt. Sieht man auf einem Sarg die Hände, kann man daraus schließen, daß hier ein Sohn Arons begraben ist; wurden Kanne und Schüssel auf einen Grabstein gemeißelt, ist es die letzte Ruhestätte eines Nachkommens von Levi.

Inzwischen braucht wohl kaum noch ausdrücklich erwähnt zu werden, daß auch der Priestersegen nicht etwa einfach laut aufgesagt wird. Dafür gibt es traditionelle Melodien, deren Singweise den verschiedenen Feiertagen angepaßt ist.

In manchen Gegenden singen die *Kohanim* im Chor, in anderen singt der Kantor, das hängt ganz vom Geschmack der Gemeinde ab. Auf jeden Fall erklingt nach jedem Satz ein «Amen» als Antwort zurück. Nach dem Segensspruch wenden die Priester das Gesicht wiederum dem heiligen Thoraschrank zu, nehmen den Gebetmantel vom Haupt und sagen leise: «Gott, wir haben unsere Pflicht erfüllt, gebe du jetzt deinen Segen.» Damit geht der Priestersegen zu Ende, und der Kantor spricht die Schlußworte des Hauptgebets.

Die Predigt in der Synagoge: Halacha und Aggadah

Auch die Predigt kann auf ein sich wandelndes Geschick zurückblikken. In der Synagoge selbst ist sie verhältnismäßig jungen Datums, trotz der Tatsache, daß öffentliche Vorträge über Gottesdienst und Judentum, die auf der Bibel beruhen oder mit ihr zusammenhängen – d. h. eine Predigt im eigentlichen Sinn –, in Israel in eine weit entfernte Vergangenheit zurückreichen.

Das Judentum wurde in jedem Bereich, in allen seinen Äußerungen und in seinem ganzen Leben nach der Lehre immer wieder zu dem in der Heiligen Schrift Geschriebenen zurückgeführt. Jede rechtliche Bestimmung, jeder feierliche Akt und jeder Brauch, der nicht direkt und unzweideutig in der Heiligen Schrift erwähnt wurde, mußte sich mindestens aus ihr ergeben, ihr entliehen, von ihr hergeleitet und erklärt worden sein. Erst dadurch erhielt er Weihe und Gültigkeit. Nichts durfte vom Ursprung gelöst, nichts in der Luft hängen bleiben. Schließlich konnte es nur eine einzige Lehre geben. Was nicht direkt in der Bibel stand, aber trotzdem im Leben als theoretische Idee oder praktische Handlung üblich war und von Mund zu Mund weitergegeben wurde, konnte letzten Endes nur aus einer einzigen Quelle stammen. Demnach mußte es möglich sein, zu ihr zurückzufinden, um aus ihr schöpfen zu können. Dazu waren Gelehrsamkeit und Geschicklichkeit notwendig. Sie mußte der zukünftige Lehrer bei seiner Ausbildung erwerben. Für den Vortrag in diesem Bereich, insbesondere was die allgemeine Verständlichkeit dieses Wissens bei öffentlichen Vorträgen anbetraf, war die Rhetorik eine der wichtigsten Voraussetzungen.

Dieses Verfahren, um den Zusammenhang zwischen Leben und Lehre freizulegen, also unter anderem auch das Quellenstudium, wird in der talmudischen Terminologie als *Darasch,* d. h. Untersuchung, bezeichnet. Der Gelehrte, der sie gebraucht und ihre Ergebnisse vorträgt, wird als *Darschan,* d. h. Prediger, Erklärer, bezeichnet, und die Rede selbst heißt *Derascha,* d. h. Predigt, Ansprache. Im Grunde genommen waren die berühmten Begründer bekannter Schulen in der sehr weit zurückliegenden Vergangenheit, die schon vor unserer Zeitrechnung wirkten, *Darschanim.*

Als dann die Synagoge zum Treff- und Mittelpunkt des jüdischen Lebens wurde, ist eine *Derascha* dieser Art wahrscheinlich des öfteren in ihr gehalten worden. Anfangs befaßte sie sich vor allem mit praktischen Angelegenheiten wie rechtliche Richtlinien, Zeremonien und Bräuche, die das Leben entsprechend fester Grundsätze leiteten: mit der *Halacha,* d. h. den religiösen Bestimmungen.

Aus diversen Gründen weitete sich der Bereich der *Derascha* jedoch verhältnismäßig schnell aus. Denn auch die nicht greifbaren Lebensgrundlagen – die Grundsätze, nach denen sich die greifbare Wirklichkeit richten sollte, die Ideen, die in Taten umgesetzt wurden, sowie die geistigen Begriffe und Werte, die für das Leben notwendig sind – bedurften einer Aufklärung. Ebensowenig konnte das Bedürfnis nach Verinnerlichung und Trost auf die Dauer außer acht gelassen werden. So wie die Richtlinien für das tägliche Leben aus der Bibel stammten, so fand man auch alle Gedanken über das Leben in der Heiligen Schrift.

Damals war der *Darschan* noch nicht regelmäßig tätig, noch war er Bestandteil der Andachtsübungen in der Synagoge. Seine Vorträge hielt er im allgemeinen auf dazu einberufenen Zusammenkünften im *Beth Hamidrasch*, d. h. dem Lehrhaus, oder auch auf anderen Versammlungen; der Vortrag in der Synagoge während des Gottesdienstes war die Ausnahme.

Während der ersten Jahrhunderte, in denen sich diese *Deraschim* entwickelten, entstand parallel dazu eine umfassende und wichtige Literatur – der *Midrasch,* d. h. die Erklärung halachischer und aggadischer Schriften; der Name wurde aus dem Wortstamm von *Darasch* gebildet, der in dieser merkwürdigen Bibelexegese enthalten ist. Und hier nähert sich die *Derascha* auch schon stärker der Predigt in bezug auf Unterrichtsmaterial und Themenvielfalt. Allerdings wird von Grund auf unterschiedlich behandelt. Dem Augenschein nach ist die *Derascha* die Erklärung von Bibelversen und -zitaten, die tatsächlich oder auch nur scheinbar erklärt werden müssen. Gewisse Schwierigkeiten liegen tatsächlich vor, andere werden einfach hineingelegt. Um die Schwierigkeiten näher zu untersuchen, werden weitere Verse zitiert, die zu den ersten anscheinend im Widerspruch stehen. Dem folgen weitere Zitate, die den Widerspruch aufheben. Das Ganze ist stets durchflochten mit Erzählungen, Allegorien und Symbolen, unter Umständen auch ausgesprochen gewagten, in denen Bibelgestalten und himmlische Wesen eine Rolle spielen. Hier steht die Erklärung im Vordergrund, die Moral wird in der Behandlung des Textes dagegen sozusagen ganz beiläufig nach allen Seiten hin verbreitet. In diesem dichterischen *Midrasch* ist ein ganzer Schatz tiefer Weisheit verborgen. Er ist das Wesentliche, die Texterklärung ist dagegen oft nur Nebensache. Häufig handelt es sich deshalb nicht etwa um eine *Aus*legung, sondern eher um ein *Hinein*legen von Gedanken, die von außerhalb des Textes kommen.

Eine solche Behandlung des Bibeltextes wird als *Aggadah*, manchmal auch *Haggada* bezeichnet. Man sollte sie nicht mit der *Pessah-Haggada* verwechseln, der Ostererzählung, die an den ersten beiden Passahabenden im Familienkreis vorgetragen wird. Übrigens enthält auch diese *Pessah-Haggada* aggadischen Stoff. Dieser Hinweis war notwendig, weil diese Verwechslung häufig vorkommt.

Schließlich machte die *Derascha* ein drittes Entwicklungsstadium durch. Zu einem späteren Zeitpunkt betrachtete der *Darschan* sowohl Bibelvers wie *Midrasch* als schon festgelegt, als seinen Ausgangspunkt. Damit eröffneten sich dem gewandten Geist unerschöpfliche Möglichkeiten. Gab der *Midrasch* vor, eine Texterklärung zu sein – was er in Wirklichkeit jedoch keineswegs ist –, die häufig Widersprüche in den einzelnen Absätzen enthielt, konnte der Redner von jetzt an Text und *Midrasch* so behandeln wie anfangs nur den Text allein. Eine so vorgetragene *Derascha* nimmt oft eine erstaunliche Form an: Sie zeichnet sich durch klare Vernunft, viel Witz und einen noch schärferen Geist aus, der überall sichtbar wird, weiterhin durch Gemütswärme und Beseeltheit, die gleichzeitig die religiöse Moral mitteilen. Vor allem das letztgenannte Element trat in der Rede in jener Zeit immer stärker als beabsichtigter Zweck hervor, und damit näherte sie sich der Predigt.

Aber zu diesem Zeitpunkt wurde die *Derascha* noch nicht in der Synagoge gehalten. Zwar wurden mit der Zeit einige Sabbattage für Vorträge in der Synagoge vorgesehen, allerdings beschränkten sie sich noch überwiegend auf halachisches Material. Auch war es schwierig, solch einen Vortrag in den synagogalen Dienst einzuschieben. Das galt insbesondere für die Juden in Deutschland. Im Laufe der Zeit hatten sie ihre Liturgie um neue Zusätze – *Pijutim,* ein griechisches Lehnwort für Gedichte – erweitert und bereichert, die umfassender als die der portugiesischen Juden waren. Für eine *Derascha* hatten sie weder Platz noch Zeit, und in der Synagoge bestand wenig Nachfrage nach ihr. Die Sprache, in der der *Darschan* den Vortrag hielt, war natürlich Jiddisch. Trotzdem wurden die Vorträge auf hebräisch aufgezeichnet und herausgegeben. Diese Literatur hat einen ziemlich eindrucksvollen Umfang angenommen.

Die Französische Revolution und das Zeitalter Napoleons haben zu einem beträchtlichen Wandel des jüdischen Lebens – vor allem in Westeuropa – geführt. Allmählich wurden die Juden als gleichberechtigte Bürger von der Gesellschaft akzeptiert. Deshalb bemühten sie sich fieberhaft, diese neuen Bedingungen zu nutzen, sich ihnen würdig zu erweisen und sich in allen Bereichen dem vorherrschenden Lebensstil anzupassen. So mancher Fürst strebte nach bestem Können danach, den Juden ein besseres Leben zu sichern, damit sie ihrem Staat nützlicher wären. Eines der bedeutendsten Opfer, das sie brachten, war die jiddische Sprache. So mancher Herrscher ordnete den Gebrauch der Landessprache auch in jüdischen Schulen und religiösen Lehrvorträgen der Rabbiner an. Im Königreich Westfalen – wo Napoleons Bruder Jérôme regierte – paßte der liberal-religiöse Hofbankier in Kassel, Israel Jacobson, der dem königlich-westfälischen Konsistorium der Israeliten vorstand, den gesamten synagogalen Dienst dem Vorbild des Gottesdienstes in der evangelischen Kirche an. Er, der kein Rabbiner war, zog Barett, Talar und Beffchen an und stieg in seiner Synagoge in Kassel auf die Kanzel (in der gleichen Synagoge ließ er übrigens eine Orgel einbauen). Jetzt wurden Kanzel und Predigt Mittelpunkt des Gottesdienstes. Diese Reform wurde mehr oder weniger konsequent durchgeführt. Die Synagoge mit Orgel und Chor, in der die Landessprache das Hebräische fast völlig oder doch größtenteils ersetzte, wurde vorwiegend als Tempel bezeichnet. Von dort aus hat sich die Reform in andere Städte der deutschsprachigen Länder, weiter nach Amerika und in alle anderen Weltteile ausgebreitet, in die die Juden im Verlauf der letzten einhundert Jahre eingewandert sind. Der neue Gottesdienstvortrag in der Landessprache, der in Form und Sinn fast völlig der Kirchenpredigt angepaßt war, und die modernen jüdischen Kanzelredner in den Reformtempeln erregten großes Aufsehen. Auch viele Nichtjuden kamen, um sie zu hören. Männer wie F. E. D. Schleiermacher, deutscher Philosoph und evangelischer Theologe, mischten sich oft unter die Zuhörer jüdischer Prediger, die Anregungen von ihm akzeptierten und von denen er seinerseits lernte.

Ein bedeutender Teil des Judentums hat allerdings die ganze Reform, dieses Kind der Assimilierung, rundweg abgewiesen. Und doch mußten Zugeständnisse gemacht werden. Die Predigt wurde übernommen, und zwar in der Landessprache, genau wie die Kanzel in der Synagoge. Und auch der Talar samt Barett und Beffchen. Daneben hat das orthodoxe Judentum jedoch die vollständige Liturgie aus der Vergangenheit beibehalten, einschließlich den *Pijutim* und den überlieferten Melodien. Für die Predigt wurde nichts gestrichen, nicht einmal vorübergehend. Deshalb kann die Predigt in der orthodoxen Synagoge eigentlich als eine Einfügung betrachtet werden, keineswegs als ihr wichtigster Teil, und sie steht keineswegs im Mittelpunkt. Daher gibt es in einer ganzen Reihe von Synagogen, die ohne eine Predigt im Gottesdienst geplant worden waren, keine Kanzel, und sie muß für jede Predigt irgendwie provisorisch aufgestellt werden.

Eine Predigt wird zu festen Zeiten gehalten, aber nicht an jedem Sabbat. Gibt es keine Predigt, wird auf jeden Fall gelernt. Denn der Rabbiner mag zwar ein Prediger sein, zuerst ist er jedoch der Lehrer seiner Gemeinde, ihr Dozent in den jüdischen Wissenschaften. So wie einst die alte *Derascha* schon den Erfordernissen ihrer Zeit angepaßt war, so behandelt auch die Predigt in der Synagoge vor allem jüdische Fragen. Als eine homiletische Betrachtung ist sie dem Judentum Wegweiser und Richtlinie für die Gegenwart und die unmittelbar bevorstehende Zukunft. Hier steht die religiöse Predigt im Vordergrund – genau wie bei den Propheten, selbst wenn sie sich mit politischen Problemen befaßten.

Ebensowenig ist die alte *Derascha* verschwunden; sie wird allerdings außerhalb des synagogalen Dienstes gehalten.

DIE DREI »ZEICHEN«

Die Mesusa: Das «Zeichen» an der Tür

So manchem Passanten wird an den Türpfosten von Häusern, in denen Juden wohnen, ein kleines Gehäuse aufgefallen sein, und wahrscheinlich fragte er sich, woher es stammt und was es bedeutet. In manchen Ländern werden diese Gehäuse, die sogenannte *Mesusa,* an den Türpfosten im Haus selbst angebracht, aber in großen jüdischen Gemeinden und in Israel befinden sie sich meistens am äußeren Türrahmen.

Das hebräische Wort *Mesusa* bedeutet nichts mehr als Türpfosten. Aber im vorliegenden Fall wurde der Name auf das Symbol übertragen und beschreibt das Zeichen, das am Türpfosten angebracht werden muß.

Was ist der Sinn dieses Zeichens? Damit stehen wir unvermittelt auf dem Boden des Alten Testaments. Wir öffnen das 5. Buch Mose und lesen in Kapitel 6,4–9: «Höre, Israel, der Herr ist unser Gott, der Herr allein. Und du sollst den Herrn, deinen Gott, liebhaben von ganzem Herzen, von ganzer Seele und mit aller deiner Kraft. Und diese Worte, die ich dir heute gebiete, sollst du zu Herzen nehmen und sollst sie deinen Kindern einschärfen und davon reden, wenn du in deinem Hause sitzt oder unterwegs bist, wenn du dich niederlegst oder aufstehst. Und du sollst sie binden zum Zeichen auf deine Hand, und sie sollen dir ein Merkzeichen zwischen deinen Augen sein, und du sollst sie schreiben auf die Pfosten deines Hauses und an die Tore.»

Im elften Kapitel des gleichen 5. Mose stehen die beiden letzten Sätze des oben zitierten Absatzes fast wortwörtlich noch einmal in den Versen 18 bis 20.

Das also ist der Ursprung. Und die Vorschrift wird gleich zweimal gegeben: Etwas, was wichtig ist für die ständige Erinnerung, muß als heiliges Symbol und heiligendes Zeichen in Form einer Aufschrift an den Türpfosten aller Häuser und den Stadttoren angebracht werden. Allerdings wird es nicht direkt auf sie geschrieben. Und hier betritt die Überlieferung die Bühne. Entsprechend ihrer Interpretation wurde der oben erwähnte Bibelabschnitt in der hebräischen Sprache auf Pergament geschrieben. Die Vorschriften für Pergament und Schreibweise gleichen in ungefähr jenen für die Gesetzesrolle. Der beschriebene Pergamentstreifen wird von links nach rechts, d. h. entgegen der hebräischen Schriftrichtung, aufgerollt oder zusammengefaltet. Rollt man ihn auf, fällt der Blick sofort auf den Anfang. Im aufgerollten oder zusammengefalteten Zustand wird er in ein Gehäuse oder eine Kapsel gelegt. Vor allem die Kapsel weist im allgemeinen eine mit einem Verschluß versehene Öffnung auf. Durch diese Öffnung ist die Rückseite des Pergaments sichtbar; auf ihr steht das Wort *Schaddai*, d. h. Allmächtiger. Der Streifen wird so in die Kapsel gelegt, daß man dieses Wort durch die Öffnung sehen kann. Darüber hinaus stehen am oberen Rand des Pergaments einige Buchstaben. Anhand der Buchstaben weiß man, wo der obere und wo der untere Rand ist, selbst wenn der Streifen zusammengefaltet ist. Damit verhindert man, daß der Streifen umgekehrt in die Kapsel geschoben wird. Die Buchstaben auf der Rückseite stehen dann genau dort, wo auf der Vorderseite die Worte: «... der Herr ist unser Gott, der Herr ...» stehen. Damit wird direkt angegeben, wo die Schrift auf der Innenseite beginnt; gleichzeitig wird die Stelle gekennzeichnet, deren Worte besonders vor einer Beschädigung geschützt werden müssen. Die dazu verwendeten Buchstaben sind die Buchstaben, die auf jene folgen, die die drei (auf hebräisch) betreffenden Worte bilden. Wo demnach auf der Innenseite ein Aleph steht, erscheint auf der Rückseite ein Beth. Diese Buchstaben oder ihre Kombinationen haben keinerlei mystische Bedeutung.

Die Kapsel mit dem Pergamentstreifen – die *Mesusa* – wird mit Nägeln am Türpfosten angebracht. Sie muß so angebracht sein, daß man sie beim Betreten und Verlassen des Hauses bemerkt, das heißt, am rechten Türpfosten. Allerdings nicht an der Außenseite, sondern an der

Innenseite des Pfostens, die der anderen Innenseite gegenüberliegt, und zwar ungefähr auf Augenhöhe. Hier wird die *Mesusa* schräg nach innen zur Tür hin angeschlagen. Es gibt ganz unterschiedliche Gehäuse oder Kapseln. Die ganz einfachen sind aus Blech, es gibt sie aber auch aus Glas, Holz und Kupfer, entweder glatt oder verziert. Auch aus Edelmetall in schöner Filigranarbeit, wie auch als Arbeit jüdischer Künstler an der Bezalel-Kunstschule in Jerusalem.

Die *Mesusa* wird kurz nach dem Einzug ins Haus am Türpfosten angeschlagen. Selbstverständlich handelt es sich dabei um einen religiösen Akt, den mindestens ein passender Lobspruch begleitet. Außerdem findet eine kleine häusliche Feier statt: die Einweihung der Wohnung; ein kurzer Vortrag wird gehalten, und alle sagen zusammen mehrere Psalter. Es steht jedem frei, diese kurze häusliche Feier bescheiden oder aufwendig zu gestalten.

Aber nicht nur an den Haustüren wird die *Mesusa* angeschlagen. Auch an die Eingangstore jüdischer Städte werden diese Pfostenzeichen angeschlagen. Im Haus selbst wird sie an allen Türpfosten angebracht, die in Wohnräume führen. Lagerhäuser, Bodenkammern, WCs und Badezimmer sind von der Pflicht der Pfostenbeschriftung ausgenommen.

Aber auch in der Synagoge gibt es keine *Mesusa*. Um die Bedeutung der *Mesusa* klar zu verstehen, soll hier noch einmal ganz kurz der allgemeine Grundsatz, der hinter diesem jüdischen Symbol und vielen anderen Zeremonien steht, erklärt werden. Das Judentum lehnt die einfache, bedingungslose Hinnahme der materiellen Welt, das animalische Akzeptieren alles Irdischen ab. Gleichzeitig verwirft es jedoch die Verachtung alles Weltlichen als verfluchtes, aber unentrinnbares Übel. Es ist sein Grundsatz, das Leben auf dieser Welt heiligzuhalten.

In diesem Zusammenhang fügt sich die *Mesusa* ein. Sie soll das immer sichtbare, das ins Auge fallende Zeichen sein, das unaufhörlich mahnt: Heilige dein Haus! Dein Haus soll weder dein Dach noch dein Schloß sein! Es sei dein Tempel! Deshalb gibt es in der Synagoge keine *Mesusa*.

Beim Betreten oder Verlassen des Hauses berühren viele die *Mesusa* im Hauseingang mit der Hand oder küssen sie. Viele andere drehen sich nicht einmal nach ihr um und nehmen das mahnende Zeichen im alltäglichen Trott nicht mehr wahr. Wieder andere betrachten sie als Talisman. Und heute werden auch oft kleine silberne *Mesusot* als Anhänger an der Halskette oder dem Armband getragen. Das ist natürlich nicht ihr Zweck. Und doch hat die *Mesusa* im Laufe vieler Jahrhunderte das jüdische Haus geschützt und auch heute noch nichts von ihrer heiligenden, segensreichen Wirkung verloren.

Die Tefillin: Das «Zeichen» an Stirn und Arm

Weniger bekannt als die *Mesusa* sind die *Tefillin* – die Gebetsriemen –, weil sie weder ständig an Haustüren noch an Stadttoren zu sehen sind. Sie sind ein Symbol, an Stirn und Arm gebunden. Das gleiche sechste Kapitel im 5. Buch Mose, das schon im vorhergehenden Kapitel zitiert wurde, erwähnt die *Tefillin* in Vers 8: «Und du sollst sie binden zum Zeichen auf deine Hand, und sie sollen dir ein Merkzeichen zwischen deinen Augen sein.»

Das sind die Worte des Verses. Er bestimmt nicht, daß diese Zeichen ständig an den angegebenen Körperteilen getragen werden müssen, sondern nur, daß es von Zeit zu Zeit geschehen muß. Es wäre schön, wenn es möglich wäre. Aber aus einleuchtenden Gründen ist es nicht immer möglich. Im Umgang mit den Menschen, bei der Arbeit und bei physischer Arbeit können diese symbolischen Zeichen nicht immer getragen werden. Darüber hinaus ist zu ihrem Tragen eine bestimmte Geistesverfassung notwendig, in die man sich nur unter bestimmten Bedingungen hineinversetzen kann. Aus diesem Grund werden die *Tefillin* nicht den ganzen Tag über getragen. Man legt sie nur zum Gebet an, stets beim Morgengebet, gelegentlich zum Mittagsgebet und nie am Abend. Die *Tefillin* werden also nur tagsüber angelegt. Wenn jedoch dieser Tag ohnehin schon heilig ist und selbst Symbol ist, sind diese Zeichen überflüssig. Deshalb sieht man am Sabbat und an Feiertagen zur Gebetsstunde, auch bei der Morgenandacht, keine *Tefillin*. Wohl aber an einem gewöhnlichen Wochentag morgens. Und viele, die zu Hause beten, legen sie ebenfalls an.

In manchen jüdischen Zentren und auch in Israel begegnet man durchaus schon einmal jemandem, der gerade die *Tefillin* trägt; dann ist er wahrscheinlich unterwegs zur Synagoge oder von dort zum Lehrsaal, wo er sie beim Studium so lange anbehält, wie es ihm seine Tätigkeit erlaubt. Aber in der westlichen Welt, wo die jüdische Bevölkerung meistens eine Minderheit bildet und nicht von der übrigen Bevölkerung abgesondert lebt, sieht man seltener *Tefillin*. Deshalb sind sie dort weniger bekannt als die *Mesusa*.

Dort, wo die Vorschrift über die *Mesusa* zweimal im Pentateuch steht, erscheint auch das Gebot des *Tefillin*-Tragens, nämlich im 5. Buch Mose 6,8 und 11,18. Diese Abschnitte wurden bereits in der Übersetzung in dem Kapitel über die *Mesusa* gebracht. Die gleichen Gedanken, in fast demselben Wortlaut, stehen auch im 2. Mose 13,9 und 13,16.

Diese Vorschrift wird also insgesamt viermal wiederholt. Es ist kein Problem, wichtige Sätze und Symbole an die Türpfosten zu schreiben. Weniger leicht ist es, sie an Stirn oder Kopf zu binden. Damit es überhaupt möglich ist, muß man sie zuerst auf irgendein Material schreiben, das dann an die betreffenden Stellen gebunden wird. Und genau das geschieht denn auch. Die vier Verse mit dem Gebot werden auf Pergament übertragen. Auch in diesem Fall muß das Pergament bestimmten Anforderungen in bezug auf Herkunft und Vorbereitung entsprechen. Und beschrieben wird es entsprechend festgelegter Normen. Das Pergament, das mit den Versen beschrieben wurde, wird dann zusammengerollt in Kapseln oder Behälter gelegt. Im Gegensatz zur *Mesusa* sind diese Behälter jedoch nicht aus Metall, Glas, Holz oder irgendeinem anderen beliebigen Stoff, sondern ausschließlich aus Leder oder Pergament. Sie sind quadratisch und bilden einen gleichseitigen Würfel; nur die Höhe kann unterschiedlich sein. Dieser Würfel ruht auf einer Unterlage, die etwas größer als der Würfel ist und deshalb über ihn hinausragt. An einer Seite dieser Unterlage, die als die Rückseite betrachtet werden kann, ist eine Öffnung mit Schieber angebracht. Durch diesen Schieber wird ein Riemen gezogen, mit dem man den Behälter in bestimmter Weise an Arm und Stirn befestigen kann, wenn die *Tefillin*, d. h. die Behälter mit ihren Riemen, zum Gebet angelegt werden. Das hebräische Wort wurde von *Tefilla,* d. h. Gebet, hergeleitet, wird jedoch als Gebetsriemen oder Phylakterien übersetzt.

Sie müssen an zwei Stellen angelegt werden. Deshalb braucht man zwei Behälter, die allerdings nicht identisch sind. Die Bibelstellen müssen nämlich zweimal auf Pergament abgeschrieben werden. Zuerst alle vier zusammen auf einen Streifen und dann noch einmal jede Stelle für sich auf einen extra Streifen. Der Streifen mit allen vier Bibelversen wird aufgerollt und in einen Behälter gelegt. Die vier getrennten Streifen werden einzeln aufgerollt oder zusammengefaltet und in den zweiten Behälter geschoben. In diesem Behälter gibt es vier Abteile. Die Rillen an der Außenseite weisen darauf hin. Der erste Behälter ist außen vollkommen glatt. Beide Behälter sind glänzend schwarz, und auch die Riemen, mit denen man die Behälter befestigt, haben geschwärzte Außenseiten.

Es gibt also zwei Behälter für die beiden in der Bibel erwähnten Körperstellen. Einer ist für den Arm bestimmt. Das hebräische Wort, das mit «Hand» übersetzt wurde, bedeutet ebenfalls Arm und sogar Seite oder Ufer.

Die *Handtefillin* werden auf dem Oberarmmuskel über dem Ellbogen angelegt. So wird der Arm bewaffnet! Nicht etwa mit Waffen der Gewalt, sondern mit dem Wort, das auf Gott verweist. Der Riemen wird unter den Arm gewickelt, insgesamt siebenmal (d. h. viele Male), dann weiter um die Finger und um die Hand gebunden. Der rechte Arm ist nicht der rechte Ort für die *Tefillin.* Mit dem rechten Arm werden sie am linken Oberarm so angebunden, daß der Behälter zum Herzen blickt. Denn auf die Interaktion von Herz und Wort kommt es an.

Die *Kopftefillin* werden hoch oben auf der Stirn angelegt. Auf hebräisch heißt die Anweisung ganz klar: «zwischen den Augen». Damit ist nicht die Stelle über der Nase zwischen den Augenbrauen gemeint, sondern der Schädel genau an der Stelle, wo der Haaransatz ist. Also am vorderen Rand der Hirnschale und zwischen den Augen. Genau dorthin gehört der Behälter. Das Wort Gottes am Mittelpunkt des Geistes und harmonisch mit ihm vereint: das ist es, was dieses Symbol bedeutet. Der Behälter wird mit dem Riemen, der um den ganzen Schädel reicht, in einem Knoten befestigt, der im Nacken liegt, dort, wo das Gehirn in das Rückenmark übergeht. Die beiden Riemenenden, die aus dem Knoten kommen, werden nach vorn über die Brust gelegt.

Auch hier fehlt das Wort *Schaddai,* d. h. Allmächtiger, nicht. Das hebräische Wort hat drei Buchstaben. Der erste steht auf den *Kopftefillin,* doppelt in das Pergament eingearbeitet. Der Knoten im Nacken hat die Form des zweiten Buchstabens, und der dritte steht auf dem Knoten, mit dem der Behälter am Arm festgebunden wird.

So ausgerüstet und gekennzeichnet steht der Jude, insbesondere jedoch beim Gebet. Mit den *Tefillin* ist er von Symbolen umgeben und trägt an sich das Wort *Schaddai.* So steht er in der von Gott durchdrungenen Schöpfung. Denn göttlich ist alles, auch er selbst.

Die Zizith: Das «Zeichen» an der Kleidung

Das Wort *Zizith* hat gleich mehrere Bedeutungen: Franse, Krause, Quaste und Stirnlocke. In der deutschen Bibelübersetzung von Martin Luther heißt es Schnüre, die jüdischen Übersetzer nennen es meistens *Schaufäden*. In diesem Fall wird eher der Sinn des Symbols als die Bedeutung des Wortes zum Ausdruck gebracht. Die Vorschrift steht im 4. Mose 15,38–41: «Rede mit den Kindern Israel und sprich zu ihnen, daß sie und ihre Nachkommen sich Quasten machen an den Zipfeln ihrer Kleider und blaue Schnüre an die Quasten der Zipfel tun. Und dazu sollen die Quasten euch dienen: sooft ihr sie anseht, sollt ihr an alle Gebote des Herrn denken und sie tun, damit ihr euch nicht von euren Herzen noch von euren Augen verführen laßt und abgöttisch werdet, sondern ihr sollt an alle meine Gebote denken und sie tun, daß ihr heilig seid eurem Gott. Ich bin der Herr, euer Gott, der euch aus Ägyptenland geführt hat, daß ich euer Gott sei, ich, der Herr, euer Gott.»

Hier wird der Sinn ganz deutlich. An den Ecken der Gewänder muß etwas befestigt werden, das als ständige Mahnung vor sittlicher Entartung getragen wird und das dadurch die Gedanken auf Gott und seinen Willen, den er offenbart hat, lenkt.

In der Antike bezog sich das Gebot auf viereckige Gewänder, die Männer trugen. An ihren Ecken sollte also eine Franse oder Quaste befestigt werden. Nicht etwa nur aus praktischen Gründen, um etwas festzubinden, noch als Zierde. Sondern lediglich als Zeichen der Erinnerung mit einer religiösen Bedeutung. Diese an und für sich völlig überflüssige Franse, die ostentativ sozusagen ihre Nutzlosigkeit zur Schau stellt, diese Quaste mit dem einen himmelblauen Faden will gesehen werden. Wahrnehmung und Mahnung sind hier eins. Dieses beredte Zeichen der Erinnerung mahnt unaufhörlich: Hör auf Gott! Denk daran, daß du ein Kind Gottes bist, daß du heilig sein und es bleiben kannst. Möge dich das gegen Verführung durch Herz und Augen wappnen, die für dich den Weg des Abfalls erkunden können.

Das ist meiner Ansicht nach eine objektive Auslegung dieses Textes, dem nichts hinzugefügt wurde. Es fällt ins Auge, daß der Pentateuch selten seine Symbole erklärt. Der erzählende Bibelstil, insbesondere der der Thora, d. h. der fünf Bücher Mose, bringt es mit sich, daß nur Tatsachen, nichts als Tatsachen mitgeteilt werden. Die Handlung wird umrissen, nicht jedoch die innere Erregung der Personen berührt, die darin vorkommen. Es wird uns mitgeteilt, was sie taten, nicht was sie vor und nach der Handlung empfanden. Es ist unsere Aufgabe, ihr Seelenleben, falls möglich, zu ergründen und den Hintergrund der Ereignisse zu rekonstruieren oder ganz einfach neu zu schaffen.

Das gilt auch für die Symbole, im vorliegenden Fall für die Quaste mit dem himmelblauen Faden. Es liegt auf der Hand, daß das Himmelblau des Fadens eine Gedankenverbindung herstellen soll: Gedanke – Himmel, Gedanke – Gott! So jedenfalls wurde es in der Überlieferung verstanden und aufgefaßt. Zwar wird das Symbol nicht im einzelnen erklärt, aber die Absicht dürfte doch wohl sehr deutlich sein, ja, sie ist nirgendwo anders klarer als hier.

Im Hebräischen wurde das Gebot «für die Geschlechter» gegeben, d. h. für alle Zeiten. Aber im Laufe der Zeit haben sich Gewänder und Umstände geändert. Selbst der himmelblaue Faden ist verlorengegangen, weil man das Herstellungsverfahren für diese blaue Farbe vergessen hat. Trotzdem hat Israel nicht aufgegeben. Was nicht in seiner ursprünglichen Form bewahrt und überliefert werden konnte, wurde in irgendeiner anderen Form für eine zukünftige, bessere Zeit erhalten.

Auf diese Weise hat uns die Überlieferung auch die *Zizith* überliefert. Aber das Gewand mit den *Zizith*, wie man es heute kennt, ist ein sakrales Kleidungsstück. In der Synagoge ist es häufig zu sehen. Es wird jeden Morgen, sowohl an Wochentagen wie zum Sabbat und an Feiertagen, während der Betstunden angelegt. In der Synagoge immer, meistens auch beim Gebet zu Hause. Und manchmal auch zu anderen Anlässen als nur zur Morgenandacht.

Der Kantor trägt es zu jedem Gottesdienst. Heute ist es ein richtiger Gebetmantel geworden, ein Requisit für den Gottesdienst oder ein schmückendes Gewand. Es hat seinen Namen nicht nach den daran befestigten *Zizith* erhalten, sondern es heißt *Tallith*, was einfach Gewand bedeutet. Im täglichen Leben ist es mit den *Zizith* zu einem einzigen Kleidungsstück geworden, und es sieht wie ein Umhang aus; im allgemeinen ist es aus Wolle und schwarzweiß gestreift. Gelegentlich auch aus Seide, dann mit blauen Streifen. Wie groß es ist, liegt im Ermessen jedes einzelnen, Hauptsache, der Umhang ist groß genug, so daß er Kopf und Schultern bedeckt.

Die *Zizith* sind aus Wolle; nur beim seidenen *Tallith* sind sie manchmal aus Seide. Wie schon erwähnt, fehlt der blaue Faden. Es gibt insgesamt acht Fäden, die alle weiß sind und aus einem geflochtenen Gebilde heraushängen. Der *Tallith* wird gewoben. Nicht in allen europäischen Ländern gibt es *Tallith*-Webereien, aber in jüdischen Zentren in Amerika und vor allem in Israel sind sie zu finden. Die Herstellung der *Zizith* folgt einer Reihe von Vorschriften. Zum Beispiel eignet sich nicht jeder Wollfaden dafür.

Damit der *Tallith* praktisch ist, wird auf eine der Gewebekanten ein schmaler Leinenstreifen aufgenäht. Gelegentlich trägt dieser auch eine angemessene Inschrift und ist je nach Geschmack mit Gold- und Silberstickerei geschmückt. In Reformsynagogen sieht man manchmal eine sehr breite goldene Borte, unter der der ganze *Tallith* ordentlich zusammengefaltet wird. Diese Borte wird beim Tragen um Hals und Schultern gelegt. Manche Gebetmäntel sind mit einer reich geschmückten Silberborte verziert, die in breiten Falten stattlich um den Schultern liegt.

Auf jede der vier Ecken des *Talliths* wird ein kleines viereckiges Stück aufgesetzt. Diese Eckstücke sollen vor allem den Stoff verstärken. Sie sind quadratisch oder rechteckig, ca. eine Hand breit und werden ebenfalls oft mit Stickereien verziert.

Jetzt folgt die Befestigung der *Zizith*: An jeder Ecke des *Talliths* wird nahe am Rand und durch Stoff und Eckstück hindurch eine Öffnung gemacht, die natürlich sorgfältig gesäumt und eingefaßt ist. Durch diese vier Öffnungen werden vier Fäden gezogen, drei sind gleich lang, der vierte ist etwas länger. Die acht auf jeder Seite herausragenden Enden werden jetzt miteinander verflochten, und zwar wird der längere Faden um die sieben übrigen gedreht. Diese besondere Verflechtung soll das Himmelblau ersetzen, das jetzt ja fehlt. Insgesamt werden die Fäden nämlich neununddreißigmal umeinander gewickelt, das ist die Summe, zu der sich die Buchstaben der hebräischen Wörter *Adonai Echad,* d. h. der Herr ist einzig, addieren.

Auf diese Weise hat Israel das Symbol aus der Thora definiert, bewahrt und versucht, es mit der gleichen Absicht und in der gleichen einprägsamen Ausdrucksweise zu erfassen. Trotz allem konnte nicht verhindert werden, daß sich das sichtbare Zeichen in der Kleidung in vielen Ländern vor allem auf den *Tallith* beschränkte und daß er nun in der Synagoge wie zu Hause der Gebetmantel wurde.

Aber neben diesem sogenannten «großen» *Tallith* gibt es auch den «kleinen». Ihn sieht man nicht, weil er unter der Kleidung getragen wird. Es ist ein einfaches viereckiges Tuch. In der Mitte wird ein rechteckiges Stück herausgeschnitten, und die Öffnung muß groß genug sein, damit der Kopf hindurchpaßt. Anschließend werden an seinen vier Ecken die *Zizith* in der gleichen Weise wie beim großen *Tallith* befestigt. Dieser kleine *Tallith* wird auch als *Arba Kanfot* bezeichnet, was «vier Ecken» bedeutet; damit ist ein viereckiges Gewand gemeint.

Der fromme Jude trägt die *Zizith* stets und überall, und wenn nicht mit dem großen, dann mit dem kleinen *Tallith*. Schon den kleinen Jungen gewöhnt man daran, ihn zu tragen, sobald er zu sprechen anfängt. Auf diese Weise wird eine Brücke zwischen den Generationen geschlagen.

Die *Zizith* sind also das dritte Zeichen in der Serie der Symbole. Schon immer hat das Judentum sein Vertrauen in dreifache Symbole gesetzt. Das bringt der babylonische Talmud (Menachot 43 b) ungefähr so zum Ausdruck: «Wer *Zizith* am Gewand und *Tefillin* an seinem Körper trägt und die *Mesusa* an seine Türpforte schlägt, kann so leicht nicht sündigen.»

Ebenso fallen einem unwillkürlich die bekannten Worte des Predigers Salomo ein (4,12): «Eine dreifache Schnur reißt nicht leicht entzwei.»

DER SABBAT

Der feierliche Einzug

Die Königin Sabbat! Wohl keine andere Königin wird mit größeren Ehren, solch herzlicher Liebe und kindlicher Freude begrüßt. Zwar steht die ganze Arbeitswoche unter dem Zeichen des Sabbats, aber der Freitag ist ganz besonders dem Empfang der Königin gewidmet. Das ganze Haus muß für sie vorbereitet werden. Mindestens drei Mahlzeiten müssen dem Sabbat zu Ehren vorbereitet werden: die Mahlzeit am Freitagabend, das Frühstück am Sabbatmorgen und die dritte Sabbatmahlzeit, im allgemeinen für den Spätnachmittag.

In einer noch nicht so weit zurückliegenden Vergangenheit war mit der Vorbereitung dieser Mahlzeiten ein sehr viel geschäftigeres Treiben als heute verbunden. Auch die Stimmung war gehobener. Es ist noch gar nicht so lange her, daß jede Familie ihr Brot selbst backen mußte. Und deshalb war das Backen des Sabbatbrots damals auch etwas Besonderes. Wer sich die ganze Woche über mit Roggenbrot zufriedengab, buk zu Ehren des Sabbats Weißbrote. Und wie *weiß* sie waren! Die berühmten *Challoth*!

Challa (in der Einzahl) bedeutet Brot, Brotkuchen.

Im 4. Mose 15,18–21 sagt die Thora:

«... Wenn ihr in das Land kommt, in das ich euch bringen werde, und ihr eßt von dem Brot des Landes, so sollt ihr dem Herrn eine Opfergabe darbringen: Als Erstling eures Teigs sollt ihr einen Kuchen als Opfergabe darbringen. Wie die Opfergabe von der Tenne, so sollt ihr auch dem Herrn den Erstling eures Teigs geben für alle Zeit.»

Diese Vorschrift bezog sich offensichtlich auf das Land Israel, in dem es Stiftshütte und Tempel mit Priestern und Tempeldienst gegeben hatte. Aber Israel hat dieses Symbol auch in der Zerstreuung nicht aufgegeben. Obwohl es weder Tempel noch Priesterdienst gibt, wird ein Stückchen Teig abgesondert. Nur ein kleines Stückchen, denn es ist ja nur als Erinnerung gedacht. Da es heute nicht mehr seinem ursprünglichen Zweck dienen kann, verbrennt man das Stückchen Teig anschließend einfach. Das Kneten des Teigs, die Absonderung dieses Teigstückchens – eine Art Brothebe, die heute auch als *Challa* bezeichnet wird – und der dazu passende Segensspruch, für sie alle war die Hausfrau verantwortlich. Damals war das Backen eine ganz besondere Kunst. Für jedes Brot wurden Teigzöpfe – meistens drei – miteinander verflochten. Auf den Brotrücken wurde noch ein kleiner, dünner Zopf gelegt. Die Brote wurden mit Eiweiß bepinselt und mitunter auch mit Mohnsamen bestreut. Nach vorschriftsmäßiger Zubereitung und Weihe wurden die Brote in den Ofen geschoben. Wie stolz war die Hausfrau, wenn die *Challoth* schneeweiß und regelmäßig gebacken aus dem Ofen kamen!

Heute braucht sich die Hausfrau nicht mehr darum zu kümmern, der Bäcker nimmt ihr diese Arbeit ab. Aber immer noch gibt es die *Challoth*, die die gleiche alte Form wie die Sabbatbrote früher aufweisen; für die drei Mahlzeiten zu Ehren der Königin Sabbat.

Außerdem wird die Königin mit Wein begrüßt. Wer sich keinen guten Rotwein leisten kann, nimmt eine billigere Sorte oder auch Weißwein. Ist auch das nicht möglich, braut die Hausfrau ihren eigenen Wein aus Rosinen. Auf keinen Fall darf der Wein fehlen, mindestens ein Glas muß vorhanden sein. Denn so wird der Sabbat begrüßt.

Schon früh, noch bevor es dunkel wird, ist die ganze Hausarbeit erledigt. Nach dem üblichen Mittagsgebet werden in der Synagoge sechs Psalter gesagt, und zwar die Psalmen 95–99 und 29. Dann singt der Kantor seine schönsten Melodien als Weihelied für den Sabbat, der jetzt Sabbatbraut heißt und die man erwartet: «Komm, mein Freund, der Braut entgegen, den Sabbat laßt uns empfangen.» Bei der letzten Strophe stehen alle auf. «Darum zieh ein in Frieden, deines Gatten Krone und Schmuck, zieh ein in Freud und Fröhlichkeit! Unter die Treuen und die Gläubigen, die Gott zu seinem Volk erkor, zieh ein, du gotterkorne Braut!»

In vielen Ländern wenden sich Gemeinde und Kantor zum Synagogeneingang um und verbeugen sich höflich, so als ziehe die geschmückte Braut leibhaftig ein. In anderen Ländern blickt die Gemeinde in Richtung Osten und verbeugt sich leicht nach rechts und links. Anschließend wird Psalm 92 vorgetragen, der die Überschrift «Ein Psalmlied für den Sabbattag» trägt, und danach zum Schluß Psalm 93.

Jetzt, nimmt man an, ist der Sabbat eingezogen. Die Königin hat Platz auf ihrem Thron genommen. Das Abendgebet folgt.

Zum Schluß des Gottesdienstes wird der Sabbat eingeweiht. Man füllt einen Becher mit Wein, reicht ihn dem Kantor, der ihn in die Höhe hebt und den Segensspruch über Wein und die Heiligkeit des Tages singt, um den Sabbat mit Wein zu ehren. Das ist der *Kiddusch*.

In der Zwischenzeit hat die Hausfrau zu Hause den Tisch gedeckt und das Licht angezündet. Nicht das gewöhnliche Licht, um das Zimmer zu erhellen, sondern die Sabbatlichter, und zwar zwei Kerzen in zwei Leuchtern, die auf dem Tisch oder dem Kaminsims stehen. Es können auch getrennte, feststehende Lichter am Kaminmantel oder an einem anderen Ort im Zimmer sein. Inzwischen gibt es auch schon elektrische Lichter. Aber die alten, ehrwürdigen Sabbatleuchter, die oft aus Silber sind, manchmal Erbstücke einer Familie, haben unsere Glaubensgenossen schon oft auf ihre Flucht zu allen Zeiten und an alle Orte mitgenommen. Oft genug waren sie das einzige, was sie aus den Trümmern ihrer Existenz retten konnten. Im Krieg sind immer wieder bettelnde Flüchtlinge zu sehen, die völlig mittellos sind. Aber sie kamen mit *Tallith* und *Tefillin*. Und mit ihren wunderschönen silbernen Leuchtern, ihrem Schatz und Talisman. Selbst in der größten Not verkauften sie ihre Sabbatleuchter nicht, noch verpfändeten sie sie.

Es gibt auch besondere Formen von alten Sabbatlampen, die heute kaum noch benutzt werden. Sie findet man in Museen, in Privatsammlungen und bei Antiquitätenhändlern.

Nach dem Anzünden der Sabbatlichter sagt die Hausfrau den Segen darüber. Dabei hält sie die Hände vor die Augen, die Handflächen den Lichtern zugewandt. Mit geschlossenen Augen sagt sie den Segensspruch auf hebräisch. Dann nimmt sie die Hände von den Augen. Wenn sie die Augen öffnet, hat sie das Gefühl, das Sabbatlicht strahle erst jetzt für sie. Sie breitet die Hände nach rechts und links aus, um das Sabbatlicht symbolisch in alle Winkel des Zimmers zu verteilen.

Die Königin tritt ein: Der Sabbat hat begonnen.

Bei der Rückkehr aus der Synagoge begrüßt man sich auf gut Jiddisch herzlich mit «Gut Schabbes».

Die Kinder treten nacheinander vor Vater und Mutter und beugen das Haupt, um den elterlichen Segen zu empfangen. Und die Eltern segnen ihre Söhne auf hebräisch, wie der Bibel zufolge der sterbende Jakob die Söhne Josephs segnete: «Gott mache dich wie Ephraim und Manasse» (1. Mose 48,20).

Auch die Töchter werden auf hebräisch gesegnet: «Gott mache dich wie die Stammütter Sara, Rebekka, Rahel und Lea.»

Viele sagen zum Schluß den Priestersegen.

Und jetzt kann die Familie am feierlichen Sabbattisch Platz nehmen.

Freitagabend

Der Talmud berichtet von zwei Engeln: Zwei Engel begleiten den Menschen am Freitagabend, und wenn sie hören, wie er die Schlußworte der Bibelpassage über die Schöpfung spricht – «So wurden vollendet Himmel und Erde ...» –, legen sie die Hände auf seinen Kopf und sagen: «Deine Schuld ist von dir genommen und deine Sünde ist gesühnt» (Jes. 6,7). Und weiter berichtet der Talmud: Zwei Engel des Herrn begleiten den Menschen am Freitagabend auf seinem Weg nach Hause von der Synagoge, ein guter und ein böser. Und wenn er zu Hause sieht, daß die Lichter brennen, der Tisch gedeckt und die Liege vorbereitet ist, sagt der gute Engel: «Amen». Wenn er aber nichts davon vorfindet, sagt der böse Engel: «Möge es am nächsten Sabbat genauso aussehen». Und dem guten Engel bleibt nichts anderes übrig, als «Amen» hinzuzufügen.

Bei der Heimkehr, und bevor er sich zum Sabbatmahl niedersetzt, summt oder singt so mancher Gemahl leise das Lied dieser beiden Engel vor sich hin:

«Friede sei mit Euch, Engel des Herrn, Boten des Allerhöchsten, des Königs der Könige, des Heiligen, gelobt sei sein Name.» Das Lied gipfelt in den Worten des Psalms: «Denn er hat seinen Engeln befohlen, daß sie dich behüten auf allen deinen Wegen» (Ps. 91,11), und: «Der Herr behüte deinen Ausgang und Eingang von nun an bis in die Ewigkeit!» (Ps. 121,8).

Das ist aber noch nicht alles. Der Gemahl singt auch das «Lob der tüchtigen Hausfrau», in dem der Verfasser der Bibelsprüche (Pred.

31,10–31) die vielen Tugenden der jüdischen Frau in alphabetischer Reihenfolge aufzählt.

Jetzt setzt sich der Herr des Hauses an den Sabbattisch. Eine Flasche oder kostbare Karaffe Wein steht darauf, daneben ein Kelch aus Glas oder Silber für den *Kiddusch*. Ebenso liegt auf dem Tisch das besondere Sabbatbrot, zwei *Challoth*. Um die Brotlaibe wird ein Ziertuch geschlagen, das im allgemeinen mit hebräischen Sprichwörtern oder passenden Segnungen und jüdischen Symbolen bestickt ist. Auf dem Sabbattisch liegen die *Challoth* nie offen, denn sie versinnbildlichen unter anderem das Brot, das im Sinai den Sabbat ankündete, nachdem die Juden die «Fleischtöpfe» Ägyptens verlassen hatten. Es symbolisiert das Manna, das die Israeliten jeden Tag vor ihren Zelten fanden, außer am siebenten Tag – dafür fiel am sechsten Tag die doppelte Menge vom Himmel. Es fiel auf eine Tauschicht und wurde von Tau bedeckt. Deshalb werden diese Brotlaibe zum Andenken an den Auszug von beiden Seiten in ein Tuch geschlagen. Die beiden Laibe stehen für die doppelte Portion Manna, als Symbol dafür, daß der Herr «am sechsten Tage … doppelt soviel …» gibt, «wie sie sonst täglich sammeln» (2. Mose 16,5).

Auf dem Tisch steht auch Salz, entweder in einem kleinen Teller oder einem Salznäpfchen aus feinem Porzellan, Kristall oder kostbarem Metall. Das spielt im Grunde jedoch keine Rolle, Hauptsache, das Salz steht auf dem Tisch. Der Tisch wird dadurch wie ein Altar geheiligt, denn das Salz ist, wie die Bibel uns aufklärt, das Symbol eines ewigen, unsterblichen Bundes (4. Mose 18,19; 2. Chron. 13,5). Und die Thora befiehlt uns: «Alle deine Speisopfer sollst du salzen, und dein Speisopfer soll niemals ohne Salz des Bundes deines Gottes sein; bei allen deinen Opfern sollst du Salz darbringen» (3. Mose 2,13).

Der Vater füllt sein Glas bis an den Rand und stellt es in den rechten Handteller. Dann beginnt er, zunächst leise: «Da ward aus Abend und Morgen der sechste Tag.» Da geht es hörbarer weiter: «So wurden vollendet Himmel und Erde mit ihrem ganzen Heer. Und so vollendete Gott am siebenten Tage seine Werke, die er machte, und ruhte am siebenten Tag von allen seinen Werken, die er gemacht hatte. Und Gott segnete den siebenten Tag und heiligte ihn, weil er an ihm ruhte von allen seinen Werken, die Gott geschaffen und gemacht hatte» (1. Mose 2,1–3).

Auf diese Bibelpassage folgt die traditionelle Benediktion über den

Wein und ein Segen zum Sabbatbeginn. Der Vater trinkt einen Schluck Wein, danach macht das Glas unter den übrigen Familienmitgliedern die Runde. Oder er gießt jedem Teilnehmer etwas Wein von seinem Glas ein. Jetzt ist der Augenblick des Brotbrechens gekommen. Zuvor wäscht er aber die Hände. Das ist jedoch nicht als tatsächliches Waschen der Hände gemeint, denn sowohl das Haus als auch alle Familienangehörigen wurden vor Sabbatbeginn gründlich gebadet und gescheuert. Bei dieser Waschung gießt der Vater Wasser aus einer Tasse erst über eine Hand und dann über die zweite. Dabei sagt er die entsprechenden Benediktionen.

Jetzt wird das Tuch von den *Challoth* genommen. Der Vater hebt die *Challoth* hoch und sagt die Benediktion über Brot, die den Schöpfer dafür lobt, daß er «Brot aus der Erde hervorbringt». Eine *Challa* wird angeschnitten und in Stücke gebrochen, die in das Salz gestippt und an alle anderen Teilnehmer am Tisch verteilt werden. Jetzt kann die Mahlzeit beginnen.

Schon in den ältesten jüdischen Gebetbüchern waren *Semiroth* enthalten, traditionelle Hymnen, die von allen am Sabbattisch gesungen werden. Einige sind tatsächlich sehr poetisch, andere bestehen einfach aus Knittelversen. Eins haben jedoch alle gemeinsam: ihre traditionelle Melodie, und manche besitzen sogar mehrere Melodien. Diese *Semiroth* werden während und nach der Mahlzeit gesungen, wenn auch nicht alle auf einmal und nicht immer die gleichen. Aber stets wird die Mahlzeit mit dem Singen von Psalm 126 beendet – dem traditionellen Psalm für Sabbat und Feiertage – und dem Tischgebet nach Mahlzeiten.

Auch für den Psalm 126 gibt es mehrere Melodien. Sie wurden nicht alle besonders für diesen Text komponiert, im Gegenteil, einige Melodien sind eindeutig säkularen Ursprungs. Zu einem bestimmten Zeitpunkt oder in dem einen oder anderen Land waren es beliebte Melodien, die «Anklang fanden» und in die Tradition aufgenommen wurden. Zusammen steigern diese Lieder und ihre verschiedenen Melodien die Vielfalt und einzigartige Atmosphäre des jüdischen Sabbats.

Nach der Mahlzeit ist der Freitagabend jedoch noch nicht zu Ende, besonders nicht während der Wintermonate, wenn es früh dunkel wird. Die ganze Familie sitzt an diesem Abend zusammen, entspannt sich, trinkt Tee oder Kaffee, knabbert Süßigkeiten und eine Vielfalt anderer Leckerbissen mit einem Genuß, der von der Zufriedenheit herrührt, gerade eine sehr geschäftige Woche beendet zu haben. Es ist eine Zeit zum Lesen oder zum Studieren des einen oder anderen religiösen Buches oder anderer Werke. Unsere Großeltern konnten oft nicht gut genug lesen, als daß sie mühelos Zugang zu den Quellen der biblischen oder nachbiblischen Bücher und Kommentare gehabt hätten. Sie sprachen jedoch Jiddisch, und in dieser Sprache gab es eine große Anzahl von volkstümlichen frommen Werken, die sie lesen konnten. Unsere Generation spricht nicht mehr Jiddisch, und ganz abgesehen davon hat sich der allgemeine Geschmack seither selbstverständlich stark gewandelt.

Das soll allerdings nicht heißen, daß es kein geeignetes Material mehr zum Lesen gibt. Zunächst gibt es die jüdischen Zeitschriften, die von den Ereignissen in der nahen und entlegenen jüdischen Welt berichten. Viele Familien studieren auch weiterhin Bibel, Mischna, Talmud, Kodex oder einen der zahlreichen anderen Schätze aus der jüdischen wissenschaftlichen und literarischen Welt. Es gibt eine solch reiche Literatur auf hebräisch und im allgemeinen Bereich der Judaika, daß sich eigentlich niemand Sorgen machen müßte, etwas Passendes zu finden, um die stille Intimität dieser Stunden zu steigern.

Leider kann ich nicht aufrichtig behaupten, daß alle Juden den Freitagabend in der oben beschriebenen Weise begehen. Die Wirklichkeit sieht oft ganz anders aus. So viel ist verlorengegangen – gleichzeitig hat sich jedoch auch viel erhalten. Nur wenige Familien bleiben nicht mindestens den Lichtern und der Sabbatdecke treu und versuchen, etwas von der ruhigen, andächtigen Atmosphäre des Sabbatabends einzufangen. Zahlreiche andere, die den Sabbat nicht mehr begehen, ihn aber kannten und sich an seinen stillen Glanz erinnern, sehnen sich nach dem, was sie hinter sich gelassen haben – wie nach einem verlorenen Paradies.

Der Sabbattag

Der Charakter des Sabbattags unterscheidet sich völlig von dem des Freitagabends. Auch an ihm ist die Stimmung gehoben, trotzdem ist sie nicht dieselbe. Wenn der Freitagabend zu Ende geht, ist der bedächtige, innige Teil des Sabbats vorüber. Abends beruhigt sich das geschäftige Leben wie von selbst. Man hat den Eindruck, die Welt dreht sich langsamer. Wenn das Tageslicht allmählich verblaßt, verschwimmen die Umrisse der Gegenstände. Und wenn sich über allem die Dunkelheit ausbreitet, ist es fast so, als offenbare sich in der Stille die Einheit des Alls deutlicher als sonst. Die Haustür bleibt geschlossen, vor den Fenstern sind die Vorhänge zugezogen. Den ganzen Abend über schweigt die Türklingel eigenartig still. Man hat das Gefühl, Hast und Unruhe haben eine Zeitlang nachgelassen, und die Welt ruht. Auch die Menschen werden ruhiger. Alle sitzen sie zusammen; im gleichen Zimmer, und niemand, den man erwartete, fehlt. Wenn dann die heiligenden Worte erklingen und das freundliche festliche Licht auf ein Stückchen Leben strahlt, das die große Finsternis erhellt, überkommt einen ein Gefühl der Geborgenheit. Verschwunden sind die Alltagssorgen. Ein Seufzer, ein tiefer Atemzug, und der Geist, von dem man sechs Tage lang beherrscht wurde, ist verschwunden. Die Seele erneuert sich. Dieses wunderbare Gefühl begleitet uns auch am Tag darauf. Der Einzug des Sabbats wird jedoch schon am Freitagabend gefeiert.

Der Tag ist beschwingt, und der Geist hat schon etwas von der Sabbatfreude gekostet. Jetzt folgt der Sabbat selbst mit seiner Weihe und dem Einstellen aller Arbeit. Auch und vor allem durch das Verbot der Werktätigkeit bringt er seine heilige Botschaft.

Denn der Sabbat ist nicht nur einfach ein Ruhetag. Das ist mit dem hebräischen Wort nicht einmal gemeint; es bedeutet vielmehr: innehalten, aufhören. Das ist denn auch der Kern des Wesens des jüdischen Sabbats: der Schöpfung Hände und Geist entziehen und dem Schöpfer alle sieben Tage einmal sein Werk wieder zu Füßen legen. Wisse, daß du kein Schöpfer bist, und zeig, daß du es weißt. Gott ist der Schöpfer. Nur Gott. Einst schuf er das All. Erst ein Keim, die Grundlage einer Welt oder vieler Welten. So oder anders. Willst du wissen, wann und wie? Es genau beschreiben und als die absolute, unwiderlegbare Wahrheit nachweisen? Dann such. Die Worte der Bibel bieten genug Spielraum dafür. Aus dem Chaos trennte Er Licht und Luft, Erde und Meer, Pflanzen und Tiere, den Menschen und die Harmonie aller Sphären des Weltalls, und mitten darin das ewige Gesetz des Fortbestands und die Notwendigkeit und Fähigkeit zur regelmäßigen Evolution. Da war die Schöpfung beendet, und *er hielt mit dem Schaffen inne*. So begann der Sabbat der Schöpfung.

Der Mensch wurde der Herrscher – mit dem Körper, durch seinen Geist. Mit dem Körper durch seinen Geist im Dienst seines Geistes, als sein Werkzeug. Die Materie geriet dem Menschen in die Hände. Er wurde Besitzer, Gebieter, er schuf neu. Aber er wurde nie der Schöpfer. Wir können das Weltall beobachten, abhorchen und analysieren. Wir können die Naturgesetze erfassen, weil sie Gesetze und keine Launen sind; wir können uns die Materie unterwerfen und sie entsprechend unserer körperlichen und geistigen Fähigkeiten zur Produktion nutzen, das Gegebene neu erschaffen. Wir können uns sogar angesichts unserer Allmacht für den Schöpfer halten. Aber nie dürfen wir uns von diesem Wahn beherrschen lassen. Deshalb steigen wir alle sieben Tage einmal vom Thron unserer vermeintlichen Herrlichkeit hinab, legen den Stab des Herrschers beiseite. Eine Zeitlang schaffen wir Abstand zwischen unserer Herrschaft über die Materie und uns, diese Herrschaft, die in schaffender Arbeit, im Herstellungsprozeß zum Ausdruck kommt.

Das ist der Grundsatz, der hinter dem Gebot der Arbeitsenthaltung am Sabbat steht. Und zu Grundsätzen gehören Konsequenzen, äußerste Konsequenzen. Andererseits ist nichts untersagt, was der Grundsatz oder die Konsequenzen nicht enthalten oder was damit zusammenhängt oder was nicht dem Geist des Sabbats widerspricht. Das alles wurde im Laufe der Jahrhunderte kodifiziert und bildet zusammen umfangreiche Bände, die Bücher mit den religiösen Gesetzen und eine außerordentlich reiche Fachliteratur über Ritual und Kasuistik. Hier können wir höchstens versuchen, den Leitgedanken zu verstehen.

Diese Gedanken regeln das Leben am ganzen Sabbat. Morgens und mittags finden Andachtsübungen statt. Die Gebete werden gelesen, der Thoraschrank geöffnet, die Gesetzesrolle herausgehoben und vorgelesen, wie schon andernorts beschrieben. An diesem Tag wird «studiert». Vorträge im oder zum Gottesdienst, Übungen mit der Bibel, Kommentaren, Kodizes, Talmud und Midrasch und ähnlichem. In der Gemeinde wie im geschlossenen Kreis, in den Synagogen, Lehrsälen oder in kleinen Gruppen zu Hause. Alles zusammen ist die geistige Nahrung des Tages.

Nach der Mahlzeit am Freitagabend wird der Körper noch durch zwei weitere Mahlzeiten gestärkt: das Frühstück nach der Morgenandacht und die dritte Mahlzeit, die nicht zu einer festen Zeit gegessen wird, im allgemeinen zwischen dem Spätnachmittag und dem Abend. Bei diesen Mahlzeiten gibt es wieder die beiden *Challoth*, die unter dem *Challa*-Deckchen auf dem Tisch liegen. Morgens macht auch der Wein nochmals die Runde, selbstverständlich mit dem dazugehörenden Segensspruch, aber ohne die Weihungsformel vom Freitagabend. Als Einleitung werden einige Sätze aus dem 4. Mose 30,16–17 und den zehn Geboten vorgelesen. Dann kann der Wein, wenn es sein muß, auch durch ein anderes Getränk ersetzt werden. Bei der dritten Mahlzeit geht dem Mahl keine Einweihung mit Wein mehr voraus. Auch sind die *Challoth* bei manchen nicht mehr bedeckt. Man sagt nämlich, die Brote werden vor allem auch deswegen bedeckt, damit als erstes der Segen über den Wein kommen kann und es nicht schön ist, den Broten zu zeigen, daß eine andere Zeremonie den Vorrang hat. Obwohl es diesem Gedanken nicht an Feingefühl ermangelt, könnte man daraus jedoch auch folgern, daß die Brote nicht zugedeckt werden müssen, wenn ihnen keine andere Zeremonie vorausgeht. Aber auch bei der dritten Mahlzeit bleibt der symbolische Hinweis auf Manna gültig.

Allmählich neigt sich der Tag dem Ende zu, in geistiger Befreiung und körperlicher Ruhe. Muskeln und Nerven entspannen sich. Die Seele des Menschen labt sich am Sabbat und wird erquickt. Und diese an jedem Sabbat erneuerte Seele macht aus dem Sklaven wieder einen freigeborenen Menschen, das ungezwungene Kind des Schöpfers.

Wer den Sabbat so empfindet, dankt Gott jede Woche für sein Herannahen. Und er verspürt, wenn der Tag zu Ende geht, die Wehmut des Abschieds.

Das Ende des Sabbats

Wenn die Sonne im Westen untergeht, zieht sich der Sabbatgeist, die *Neschama Jetera*, d. h. die Beseeltheit oder gehobene Stimmung, allmählich von jenen zurück, die den Sabbat treu und liebevoll einhalten. Man hat den Eindruck, langsam stirbt etwas in uns ab. Deshalb ist die Stimmung während der letzten Augenblicke des Sabbat im Zwielicht der Abenddämmerung eigenartig wehmütig. Eine himmlische Welt verläßt uns, unser sorgenfreies Paradies ist nicht mehr. Schon bald stehen wir inmitten einer hastenden irdischen Welt. Daran müssen wir uns gewöhnen. Und wir gewöhnen uns auch an sie, sogar ziemlich schnell. Denn das verlangt das Leben von uns.

In manchen Kreisen wird gerade um diese Zeit das dritte Sabbatmahl eingenommen. Denn bei den *Schalosch Se'udoth*, d. h. den drei Mahlzeiten, sind Speise und Trank nur eine Zugabe, wesentlicher Kern der Mahlzeit sind Zusammensitzen und Beisammensein.

Bei den *Chassidim* – eine religiöse Bewegung des Ostjudentums – ist die dritte Sabbatmahlzeit das wichtigste Ereignis. Der hoch verehrte Rabbi, der oft als Wunderrabbiner gilt, sitzt mit seinen zahlreichen Anhängern am Tisch, häufig sogar im Freien. Läßt der Rabbi etwas von den Speisen übrig oder hat er sie nicht gekostet, bemühen sich seine Verehrer, etwas davon zu erhaschen. Aber vor allem wollen sie seinen weisen Worten lauschen. Für sie bedeutet sein religiöser Vortrag am Tisch mehr als jeder irdische Genuß; er ist ihnen eine Kost, die sie jedesmal aufs neue in Verzücken versetzt.

Aber auch die nicht chassidischen Glaubensbrüder aus Osteuropa ehren den Sabbat. Von Zeit zu Zeit habe ich bei ihnen an der dritten Sabbatmahlzeit teilgenommen. Zum erstenmal vor Ausbruch des ersten Weltkrieges. In Hamburg hatte sich *Misrachi*, der Verband thoratreuer Juden, zu einer Tagung eingefunden, zu der auch ihr Gründer und Leiter, Rabbi Itzchak Jakob Reines aus Lida (UdSSR), eingetroffen war. Die Tagung sollte am Sonntag beginnen, die meisten Teilnehmer einschließlich Rabbi Reines waren schon am Sabbat in Hamburg. Wir suchten und fanden ihn gegen Sabbatende in der sehr bescheidenen Wohnung, in der er sich einquartiert hatte. Es war schon dunkel, als wir die schmale unbeleuchtete Treppe hinaufstiegen. Auch in dem Zimmer, das wir fanden, indem wir dem Klang einer Stimme folgten, konnte man nichts unterscheiden. Wir sahen niemanden, hörten nur die Stimme. Sie gehörte Rabbi Reines, der einen Vortrag zum Gottesdienst hielt. Schon längst leuchteten die Sterne am Himmel, als die Stimme verstummte. Seine Rede hatte ich nicht ganz verstehen können, weil er ein etwas eigenartiges Jiddisch sprach, das wir jedoch später im Krieg besser zu verstehen lernten. Zum Schluß seiner Rede verstand ich ihn dann doch sehr gut, genau wie das von allen Zuhörern begeistert gerufene «Danke» auf hebräisch. Dann sagten alle das Abendgebet, und das Licht wurde eingeschaltet.

Viel offizieller und chassidischer ging es einige Jahre später nach dem ersten Weltkrieg in Lemberg zu. Dort aß man die dritte Mahlzeit gleich im *Beth Hamidrasch*, das Lehrsaal und Synagoge zugleich ist. Schließlich ist die Mahlzeit eher für den Geist als für den Körper bestimmt. Auf seinem Ehrensitz thronend, hielt der Rabbiner den Anwesenden, seinen engeren Freunden und Getreuen, einen gemächlichen Vortrag: viele

Bibelverse, Talmudzitate, Sinnbilder. Auch Gleichnisse, aus der Natur und dem Leben gegriffen, um eine tiefe menschliche Moral im Licht von Bibel und Überlieferung im allgemeinen und des jüdischen Gottesdienstes im besonderen mitzuteilen. Die Mahlzeit war äußerst bescheiden, wegen der Nachkriegsverhältnisse wahrscheinlich noch bescheidener als sonst. Der Rabbiner seufzte wiederholt, so als ringe er mit dem Sabbatgeist, der ihn verlassen wollte. Nach der Tischrede wurde gesungen. Der Rabbiner bat einen Tischgenossen im vertrauten Jiddisch, das erste Lied anzustimmen. Und dann fing es an. Bald sangen alle in Verzückung die hebräischen Tischlieder der dritten Mahlzeit. Die vollen warmen Männerstimmen ließen die Wände des kleinen Betsaals erzittern. Die Körper begleiteten das Lied und seinen Rhythmus, genausowenig konnten die Hände ruhig bleiben und trommelten gedämpft den Takt auf den Tisch. Schon längst war der Sabbat offiziell zu Ende gegangen, aber hier sang man immer noch, und die Lieder waren bis hinaus auf die schmale Gasse des Lemberger Gettos zu hören. Schließlich sagten sie doch das Dankgebet nach der Mahlzeit sowie das Abendgebet, mit dem der Sabbat beendet wird. So ging endlich auch diese Tischrunde auseinander, nachdem die Zusammenkunft aufgehoben worden war.

Im Westen feiert man das Sabbatende meistens auf andere Art. Der Tag wird anders eingeteilt. Das dritte Sabbatmahl ist eine richtige Mahlzeit, die je nach Jahreszeit am Spätnachmittag oder abends gegessen wird. Hier gibt es keine Zusammenkünfte, auf der die *Derascha* als Hauptgericht serviert wird. Ebenso sind Tischlieder bei dieser Mahlzeit selten, außer dem üblichen Psalm, der dem Tischgebet vorausgeht.

Zwar werden an verschiedenen Orten an langen Sommernachmittagen gelegentlich Lehrübungen veranstaltet oder religiöse Vorträge gehalten. Sie haben jedoch nichts mit der dritten Mahlzeit zu tun.

Jeder rechte Verehrer des Sabbats empfindet, wenn er zu Ende geht, eine gewisse wehmütige Trauer, fast einen Schmerz. In den letzten weihevollen Minuten gibt man sich willig einer stillen Betrachtung hin, zu der die Dämmerung anregt. Diese Dämmerung läßt sich nicht durch das Einschalten des Lichts aus dem Zimmer vertreiben, solange noch nicht die Nacht anbricht. Also wartet man auf die Nacht. Und zugleich auf das Licht. Die «Nacht» bedeutet jener Zeitpunkt nach dem Sonnenuntergang, zu dem Sterne am Himmel erscheinen. Dieser Zeitpunkt wurde genau berechnet und bis auf die Stunde und Minute exakt in allen jüdischen Kalendern angegeben. Ebenso steht er in allen jüdischen Wochenschriften.

Beim Anbruch der Nacht beginnt das Abendgebet. Zuerst werden zwei Psalter gesungen, 67 und 11, nach einer alten Melodie, die allem Anschein nach um die ganze jüdische Welt gegangen ist. Anschließend, wenn das Abendgebet, das *Sch'ma*-Gebet, d. h. «Höre Israel!» beendet ist, wird in den Wohnungen Licht eingeschaltet. In den Synagogen hat man aus der Not eine Tugend gemacht, denn dort brennt die Ewige Lampe unablässig. Und noch vor Beginn des Gottesdienstes wird die Synagoge mit nichtjüdischer Hilfe auch heller erleuchtet, damit die Besucher nicht im Dunkeln oder Halbdunkel herumtasten müssen.

Der Sabbat verläßt uns nun. Aber wir haben uns noch nicht von ihm verabschiedet.

Der Abschied

Sobald drei Sterne am Himmel erscheinen, ist es Nacht, und beim Einbruch der Nacht geht der Sabbat zu Ende. Auch ohne daß man ihn mit einer Zeremonie in Worten oder Taten oder Symbolen begleitet. Jetzt wird das Abendgebet für den Wochentag gesagt. Aber in die übliche Formel werden einige Sätze eingeschoben. Dadurch wird zwischen Sabbat und Wochentag unterschieden. In das Hauptgebet, das *Schemona Esre*, d. h. das Achtzehngebet – das allerdings seit undenklichen Zeiten aus neunzehn Segenssprüchen besteht, weil Neues eingefügt und es neu eingeteilt wurde –, wird ein besonderer Absatz eingeschaltet. Nur an Wochentagen besteht dieses Hauptgebet aus dieser Anzahl von Segenssprüchen, an anderen Tagen sind es nur sieben oder neun. Aber auch dann bezeichnet man es meistens als Achtzehngebet. Die drei ersten und die drei letzten Segenssprüche sind immer die gleichen. Das Gebet wird gedämpft und feierlich im Stehen, das Gesicht in Richtung des Landes Israel gewandt, gesagt. Der Einschub erfolgt im vierten Lobspruch, der die erste eigentliche Bitte des Gebetes enthält und so beginnt: «Du begnadigst den Menschen mit Verstand, und in deiner Lehr und Offenbarung ist ihm die verständige Erkenntnis gegeben.»

Dann folgt am Sabbatende:

«Du hast uns begnadet für die Erkenntis deiner Lehre und lehrtest uns mit ihnen die Gesetze deines Willens zu vollbringen. Du schiedest,

Gott unser Gott, zwischen Heiligtum und Gemeinem, zwischen Licht und Finsternis, zwischen Israel und den Völkern, zwischen dem siebenten Tag und den sechs Werktagen. Unser Vater, unser König, lasse die uns entgegenkommenden Tage über uns eintreten zum Frieden, entzogen jedem Fehl, rein von jeder Sünde und anhangend an deiner Furcht.»

Dann geht es mit der üblichen Formel weiter:

«Begnadige uns aus deiner Gnadenfülle mit Erkenntnis, Einsicht und Verstand. Gelobt seist du, Gott, der da begnadigt den Menschen mit seiner Erkenntnis.» Damit ist der Sabbat offiziell zu Ende gegangen.

Am Ende des Abendgebets werden noch einige besondere Passagen gesagt, zum Beispiel Psalm 91. Diesem frommen und erbaulichen Psalm schließen sich noch zahlreiche aus der Bibel zusammengestellte Wünsche und Segenssprüche an. Aber der Abschied beschränkt sich nicht auf Erklärungen und verliert sich nicht nur in Worten. Über den scheidenden Sabbat wird die *Habdalah*, der Segen, gesprochen. Es wird geschieden, Abschied genommen, und zwar mit Wein, aromatischen Kräutern und Licht.

Mit Wein, diesem feierlichen Trunk zur Begrüßung, verabschiedet man sich als letztes Getränk von dem hohen, teuren Gast. Beim Abschied, wenn der Sabbat fortzieht, wenn die *Neschama Jetera*, diese besondere Seele des Sabbats, ihre letzten Atemzüge tut, will der geistige Mensch noch einmal den Duft des Sabbats kosten. Nach einem Lobspruch atmet man das Aroma des scheidenden Sabbats aus einem Gewürzbehälter ein, der mit duftenden Kräutern gefüllt ist, und eine besondere, dünngeflochtene weiße oder farbige Kerze wird angezündet. In einer Lobrede wird der Schöpfer des Lichts, die Schöpfung des ersten Schöpfungstages, mit den ersten Versen im 1. Mose 1,3 gepriesen. Dieses Licht beleuchtet ganz absichtlich etwas Bestimmtes: Das Licht entstehen lassen ist ein anschauliches Beispiel der Herrschaft des Menschen über die Materie wie auch seines Schaffungsvermögens. Wir akzeptieren also wiederum diese vorläufige Herrschaft und werden sie zu nutzen wissen. Mit dieser kleinen Flamme beleuchten wir kurz die Hände, die Fingerspitzen, die wir nacheinander in Licht tauchen. Dann wird die Kerze in dem Wein gelöscht, der über den Rand des Bechers fließt. Denn zum Zeichen unseres Glücks in der kommenden Arbeitswoche wird der Becher mehr als randvoll gefüllt. Dann wird aus diesem Becher noch ein Schuß auf das Licht gegossen, den Rest trinkt man aus.

So verfährt man in der Synagoge am Ende des Abendgottesdienstes.

Und so hält man es auch zu Hause, wenn alle Hausbewohner anwesend sind.

Die ältere Generation, die Jiddisch zu Hause als ihre Umgangssprache kannte, erinnert sich wahrscheinlich noch an die jiddische Einleitung zur *Habdalah*, die hier in ihrer deutschen Übersetzung gebracht werden soll:

> «Gott Abrahams, Itzchaks und Jakobs,
> Hüte dein Volk Israel in deinem Laub.
> Lieber heiliger Sabbat, du gehst davon,
> die Woche soll uns kommen zum Glück,
> zum Frieden und zu allem Frommen!
> Amen, Amen, sela.» *

Das wiederholt der Vater liebevoll dreimal, noch vor der eigentlichen *Habdalah*-Formel. Nach dem Löschen der Kerze mit Wein tauchen manche die beiden Zeigefinger in den Wein und benetzen damit die Augenlider. Denn «Die Gebote des Herrn sind lauter und erleuchten die Augen», sagt Psalm 19,9. Diese Worte schließen sich dem Abendgebet auf hebräisch als frommer Wunsch für die kommenden Tage an. In manchen Häusern sprühte die Großmutter den restlichen Wein auf den Fußboden des Wohnzimmers und des Hauseingangs, da man glaubte, das bringt Glück in die Wohnung des Ehepaares.

Längst ist Jiddisch nicht mehr die Umgangssprache, und auch der Abschiedsseufzer für den Sabbat kommt nicht mehr aus tiefstem Herzen. In unserer nüchternen Zeit halten die Menschen das Besprengen mit dem *Habdalah*-Wein im allgemeinen für Aberglauben. Deshalb ist uns nur noch das Symbol des Abschieds selbst verblieben, ohne all diese Zutaten.

Nach dieser Zeremonie erklingt fast überall noch ein Gedicht nach einer alten Melodie, die allem Anschein nach das ganze zerstreute Israel kennt. Bei so manchen singt man zum Schluß noch Lieder; in einem nimmt der Prophet Elia, der Thisbiter, einen wichtigen Platz ein. Warum auch nicht vom Heilsboten der messianischen Zeit singen, wenn der himmlische Sabbat davonzieht und der graue Alltag sich wieder heranschleicht?

* Sela ist ein Wort, das oft die Intonation angibt.

Alles wurde symbolisch erfaßt und kam in symbolischen Worten und Gedanken zum Ausdruck. Ein Nachhall des Sabbatgeistes liegt noch über dem ganzen Abend. In manchen Kreisen verabschieden sich die Familien am Sabbatabend immer noch mit einer Festmahlzeit von der Königin Sabbat. Diese Mahlzeit bezeichnet man als *Melawei Malka*, d. h. der Begleiter der Königin.

DIE HOHEN FEIERTAGE

Neujahr – Der Schofar

Das jüdische Neujahrsfest fällt nicht auf den ersten Tag des ersten Monats des jüdischen Kalenders. Das hört sich eher unlogisch an. Trotzdem ist es ganz einfach. Das geht auf eine Änderung der Kalendereinteilung zurück, die schon in uralten Zeiten vorgenommen wurde. Der jüdische Kalender wurde schon im Teil über die Synagoge beschrieben. In ihm erwähnen wir, daß das gewöhnliche Jahr zwölf Monate hat, das Schaltjahr dreizehn. Jeder Monat beginnt mit dem Neumond. Der erste Mond ist der, in dem das Passahfest – am 15. Tag – bei Vollmond beginnt, und zwar laut des Gebots im 2. Mose 12,2: «Dieser Monat soll bei euch der erste Monat sein, und von ihm an sollt ihr die Monate des Jahres zählen.»

Entsprechend dieses Bibelverses gab der Auszug aus Ägypten den Anstoß zu einer Änderung der Reihenfolge der Monate. Der Monat, in dem Israel zum Volk wurde, sollte von jenem Zeitpunkt an der erste Monat sein. Vorher war der erste Monat – das nimmt man, wahrscheinlich ganz zu Recht, zumindest an – der Monat, der heute der siebente ist. Er heißt Tischri, ein hebräischer Name, und wie er tragen alle anderen Monate hebräische Namen, die jedoch wahrscheinlich alle noch aus Babylon stammen.

Tischri war also anfangs der erste Monat. Als der Monat des Auszugs aus Ägypten zum ersten bestimmt wurde, wurde aus Tischri der siebente. Das kann man mit dem vergleichen, was auch beim bürgerlichen

Kalender mit den Monaten September bis Dezember eingetreten ist. Entsprechend ihres Namens sind sie der siebente, achte, neunte und zehnte Monat, tatsächlich jedoch der neunte, zehnte, elfte und zwölfte. Früher einmal standen sie in der ihrem Namen entsprechenden Reihenfolge. Als dann die Kalendereinteilung geändert wurde, behielten sie ihre alten Namen unverändert bei. Ebenso fällt das jüdische Neujahrsfest auf den ersten Tischri, den ersten Tag des siebenten Monats.

Für jeden und überall ist das Neujahrsfest ein wichtiges Datum. Man hat das Bedürfnis, eine Zeitlang innezuhalten und sich umzuschauen. Dazu regt uns das Neujahr an, denn es ist ganz natürlich eine Zeit des Abrechnens in allen möglichen Bereichen. Auch der Zeitpunkt zum Erinnern und, soweit möglich, auch der, in dem man die Zukunft ergründen möchte. Wir blicken zurück und möchten gleichzeitig vorausblicken. Das, was vor uns liegt, ist uns unbekannt. Deshalb blickt man ihm nicht immer freudig entgegen, man verspürt eine gewisse Furcht. Auch gibt er Anlaß zu vielen Wünschen und Bitten. Deshalb wahrscheinlich auch, mindestens zum Teil, die Bräuche und Symbole, mit denen man dieses wichtige Datum begrüßt und es als Feiertag begeht. Diese Bräuche und Symbole sind ein reiches Betätigungsfeld für das Studium der Psychologie von Völkern und Volksgruppen in ihren vielfältigen Aspekten. In der westlichen Welt herrscht, wenn sich am 31. Dezember die Mitternachtsstunde nähert, überall spannungsgeladene Ruhe, verhaltene Erregung. Kaum ist jedoch der zwölfte Glockenschlag verhallt, wird die Stimmung geräuschvoll. Die Spannung entlädt sich in Lärm.

Oder ist es ein Ausdruck der Freude, des Bedürfnisses, des Glücksgefühls, das neue Jahr erreicht zu haben? Oder möchte man zeigen, daß man das kommende Stückchen Leben heiter und zuversichtlich akzeptiert, mit dem Vorsatz, es gut auszufüllen und für sich und andere segensreich zu wirken?

Gelegentlich wird auch die Theorie vorgebracht, der Lärm, der veranstaltet wird, geht noch auf alte Zeiten zurück, als man versuchte, mit ihm die bösen Geister zu vertreiben, die möglicherweise das Glück im neuen Jahr bedrohten.

Begrüßung und Feier des jüdischen Neujahrs sind dagegen von Grund auf verschieden.

In der Bibel steht die Bezeichnung *Rosch-ha-Schana*, d. h. Anfang des Jahres, nirgends. Nur einmal findet man den Ausdruck *Rosch-ha-*

Schana in Hesekiel 40,1. Im 4. Mose 29,1 wird der Feiertag als «Tag des Posaunenschalls» bezeichnet, im 3. Mose 23,24 dagegen: «Ruhetag mit Posaunenblasen zum Gedächtnis». Es gibt hier also zwar auch einen Schall, nicht jedoch im Wetteifer mit vielen Geräuschen, keinen Lärm.

Im Gottesdienst während des Tages wird der *Schofar*, die Posaune, geblasen. Der *Schofar* ist ein denkbar einfaches Instrument. Es besteht aus dem Horn eines Widders oder Bocks, selten dem eines anderen Tieres wie z. B. einer Antilope. Es wird ausgehöhlt, seine Spitze abgeschnitten, und diese Öffnung dient als Mundstück, durch das er geblasen wird. Anhaltende rufende, gebrochene, schmetternde, schallende oder klagende Töne in einer bestimmten Reihenfolge werden durch Blasen hervorgebracht.

Das Instrument ist alt und schon aus der Geschichte durch zahlreiche Ereignisse bekannt. Mit dem *Schofar* oder der silbernen Trompete wurden Volksversammlungen einberufen. Ebenso gab man mit dem *Schofar* Marschsignale in der Wüste. Nahte ein Feind oder ein Unglück, schlug er Alarm (4. Mose 10,1–10; Joel 2,15; Amos 3,6 und zahlreiche andere Stellen). Er erklang bei der Offenbarung am Sinai (2. Mose 19,19), er verkündete den Sklaven das Jobel- oder Erlaßjahr (3. Mose 25,10), das Jahr, in dem sie ihre Freiheit erhielten. Und Jesaia 17,13 spricht von der großen Posaune, deren Blasen einst die Wiedervereinigung der Verlorenen und Verstoßenen verkündet.

Der *Schofar* verkörpert alle diese Gedanken und Erinnerungen. Das Instrument und seine Klänge sind somit ein inhaltsschweres Symbol. Doch das ist noch nicht alles.

Das jüdische Neujahr ist im wahrsten Sinne des Wortes ein Zeitpunkt der Abrechnung. Es enthält ausdrücklich die Forderung, eine Bilanz aufzustellen über das sittliche und religiöse Leben des abgelaufenen Jahres und mit Gebeten für die Zukunft vor Gott zu treten. Es will uns aufrütteln und in uns das Bewußtsein für unsere Sünden wecken. In der Liturgie heißt der Tag deshalb ja auch *Tag des Gedenkens*! Die ersten zehn Tage des Jahres gelten denn auch diesem Wachrufen des Bewußtseins für unsere Sündhaftigkeit, diesem Verlangen nach Gottes Gnade und seiner Vergebung. Traditionell begrüßt man sich mit dem Wunsch: «Zu einem guten Jahr möget ihr eingeschrieben werden!» Nach jüdischem Glauben werden die Namen der Guten ins Buch des Lebens eingeschrieben, die der Bösen jedoch gelöscht.

Der erste dieser zehn Tage ist der Tag des Gedenkens, der letzte der *große Versöhnungstag*. Die Vorbereitung darauf beginnt schon sehr viel früher. Darüber mehr im nächsten Kapitel.

Über all diesen Ermahnungen steht der *Schofar*. Die Überlieferung setzt das Widderhorn darüber hinaus auch mit dem Widder in Beziehung, den Abraham auf dem Altar anstelle seines einzigen Sohnes schlachtete, den er, falls Gott es tatsächlich von ihm verlangt hätte, geopfert hätte. Sind wir uns unserer Sünden bewußt geworden wie auch der Tatsache, daß uns unsere Tugenden keinerlei Rechte einräumen, dürfen wir es auch wagen, auf unsere Stammväter hinzuweisen, insbesondere auf den heldenhaften Abraham, um uns vor Augen zu führen, wie bedeutungsvoll es ist, die Geschichte gelebt zu haben und weiterzuleben. Auch dieser Gedanke tritt im Zusammenhang mit dem Posaunenschall auf. Ebenso heißt es, daß die *Schofar*töne unermüdlich, von Ewigkeit zu Ewigkeit, durch die Geschichte klingen.

Aber neben all diesen Symbolen und jenseits davon ist der Posaunenklang ein Aufschrei, bestimmt, das Gemüt des Juden zu durchdringen und dem Herrn zu sagen, wie Maimonides es ungefähr ausdrückte: «Erwacht, die ihr da schlummert, und ihr, die ihr in tiefem Schlaf versunken seid. Prüft eure Taten, haltet Einkehr, und denkt an euren Schöpfer! Ihr, die ihr im Unwesentlichen der Zeit die Wahrheit vergessen habt und das ganze Jahr hinter Nichtigkeiten geirrt seid, die euch keinen Nutzen bringen, schaut hinein in euch selbst, prüft eure Handlungen und euer Verhalten. Möge jeder, den es betrifft, den falschen Weg verlassen und von allen bösen Gedanken und gottlosen Vorsätzen Abstand nehmen!»

Das ist der unmittelbare Sinn des *Schofar*blasens.

Der Neujahrstag war also ein ernster Tag, aber doch ein Feiertag. Im Vertrauen auf die unendliche Liebe Gottes, des Richters und Königs, vor allem aber des Vaters, der der Vater der Barmherzigkeit ist.

Und so wird das Fest zu Hause denn auch gefeiert. Eine bestimmte häusliche Zeremonie wie zum Beispiel am Passahfest gibt es für *Rosch-ha-Schana* nicht. Trotzdem zeigt sich die Bedeutung des Tages in vielen Dingen. Auch in den Speisen und Getränken.

Am ersten Abend setzt man sich nach dem Gottesdienst in der Synagoge an den Tisch und ißt nach dem Segensspruch zuerst einmal einen in Honig getauchten Apfel. Daraufhin bringt man wieder seinen Wunsch zum Ausdruck, der Herr über Leben und Tod möge das neue

Jahr ein mildes und heilsames Jahr werden lassen. In einigen Regionen werden dann nur solche Speisen aufgetragen, die mit diesem Wunsch zusammenhängen: sie enthalten keine sauren oder bitteren Gerichte.

Daneben gibt es noch einige andere symbolische Handlungen. Zum Beispiel gehen viele nachmittags an einem fließenden Wasser entlang spazieren und sagen dabei die Verse aus Micha 7,18–20: «Er wird ... alle unsere Sünden in die Tiefen des Meeres werfen.» Auf hebräisch heißt «werfen» *taschlich*.

Aber der Tag des Posaunenschalls reicht weit über die Grenzen des eigenen Lebens und der Interessen Israels hinaus. Das Hauptgebet schließt die ganze Menschheit ein, sorgt sich um das universelle Heil der Welt. Im Mittelpunkt des Gebetes steht das folgende: «... und Gewalttätigkeit wird ihren Mund schließen und alle Gesetzlosigkeit ganz wie Hauch vergehen, wenn du die Herrschaft der Willkür von der Erde entfernst.»

Auch das ist im Ruf des *Schofars* enthalten. Und an diesem Posaunenschall muß sich die ganze Menschheit beteiligen.

Zeit der Einkehr und die Zehn Busstage

Der *Jom Kippur*, der Versöhnungstag, der große Tag des jüdischen Jahres, völlig der Prüfung und inneren Einkehr gewidmet, ist ein Sabbat; dem Wesen nach und in der Art, wie er begangen wird. Gewiß, ein Tag des tiefsten Ernstes, aber nicht ein Tag, der von Angst und Spannung erfüllt ist oder auf dem Furcht und Unruhe lasten.

Als einen besonderen Sabbat, einen «hochheiligen Sabbat» bezeichnet ihn die Bibel im 3. Mose 16,31 in dem Kapitel, das den besonderen Tempeldienst im einzelnen darlegt und die allgemeine Feier schildert. Das ist nicht der Sabbat, der jede Woche wiederkehrt, es ist der Sabbat des ganzen Jahres.

Wie schon vorher in den Gedanken über den Sabbat beschrieben, legen wir jede Woche nach sechs Arbeitstagen unseren menschlichen Herrscherstab, den Gott uns über die Materie gab, nieder. Als Diener, die das Werk des Schöpfers auf seinen Befehl verwirklichen, gestehen wir ein, daß wir höchstens bereits Vorhandenes erneuern und daß Er allein Schöpfer der Welt war und ist. Deshalb werden wir auch nie auf Gottes Thron Platz nehmen, schließlich sind wir nur seine Statthalter auf Erden und das Werk seines Willens. Jede Woche einmal, am Sabbat, wird uns erneut vor Augen geführt, daß Gott auf seinem Schöpferthron sitzt und wir ihn als Seine Diener umgeben, unserer Macht und der uns für jeweils sechs Tage eingeräumten und anvertrauten Herrschaft enthoben. Und auch am Versöhnungstag, diesem großartigen Sabbat des ganzen Jahres, legen wir unsere Macht und Herrschaft vor dem göttlichen Thron nieder.

Dieser Tag ist für uns auch ein Sabbat in dem Sinn, daß wir jede Arbeit unterlassen und unseren schaffenden Geist dem Dienst von Körper und Materie entziehen müssen. Wieder stehen wir vor Gottes Thron, vor unserem Schöpfer, mit leeren, kraftlosen Händen. Aber diesmal liegt auch unsere Arbeit zur Prüfung vor. Und über dieser Arbeit schwebt die Frage: Ist das dein ganzes Tun? Was hast du mit der Arbeit angestellt, die ich dir aufgetragen habe? Hast du als Mensch deine Pflicht getan? Als Jude gelebt? Untersuch deine Taten! Prüf deine Worte und Gedanken! Und urteile! Denk nicht daran, daß du selbst zufrieden bist oder ein anderer dich lobt oder tadelt. Sondern nimm Gottes Maßstab, das Richtmaß Seines Willens, und frag dich, ob Er zufrieden sein kann. Sei dir ein strenger Richter! Du bist unzulänglich. Vor dem Richterstuhl Gottes hältst du nicht der Prüfung stand. Doch das soll dich nicht beunruhigen, dir nicht den Mut nehmen, damit du nicht auch noch die Augen angesichts deines Versagens halb oder völlig schließt. Bist du ehrlich und bleibst der Wahrheit treu, streng und unerbittlich, willst du sehen und nichts beschönigen, darfst du auch als sündiger Mensch vor den Richter treten. Denn der Richter ist ja auch dein Vater. Ein Vater, dessen Liebe unerschöpflich und dessen Gnade unendlich und ewig ist. Der Vater im Himmel, der aber auch – das darfst du nicht vergessen – der König der Gerechtigkeit auf Erden ist. Vater und Richter. Und der Vater steht dem Richter, der Richter dem Vater in nichts nach. Beide sind absolut. Zusammen sind sie – Einheit.

Der *Jom Kippur* ist dieser Sabbat, der uns vor diesen Thron Gottes führt. Ein Tag des tiefen Ernstes, doch kein Tag der Beunruhigung. Ein wahrlich erbaulicher Tag, mit dem das aufbauende Werk aller anderen Sabbate an uns vollendet werden soll; im ganzen und in allen Einzelheiten.

Das ist die Absicht des großen Versöhnungstages. So steht er in der jüdischen Lehre, so geht er durch das jüdische Leben. Und so zieht er nun schon durch Jahrhunderte der jüdischen Geschichte von Thora und Tradition.

Der *Jom Kippur* fällt auf den siebenten Monat des jüdischen Kalenderjahrs, auf den zehnten Tag des Monats Tischri. Wie wir schon gesehen haben, ist der erste dieses Monats das Neue Jahr. Der große Versöhnungstag wirft schon viele Tage vorher seinen Schatten voraus. Bereits am Neujahrstag taucht der Gedanke an den *Jom Kippur* flüchtig auf. Zur Vorbereitung. Denn *Rosch-ha-Schana* ist ja der «Tag des Gedenkens», der «Tag des Posaunenschalls», der Tag des *Schofars*, der die Schlafenden weckt und die im tiefen Schlummer wachrüttelt. Dann liegen vor Gott im Himmel die Bücher offen; in ihnen sind Namen und Taten eines jeden aufgezeichnet. Und andere Bücher, in die das Schicksal eines jeden im Verlauf des kommenden Jahrs eingetragen wird.

Auf diese Weise haben Volksseele und Dichter die Gedanken über Selbstprüfung und Einkehr, über Sühne und Vergeltung, über Reue und Wiederaufbau zum Ausdruck gebracht.

Rosch-ha-Schana bildet also den Anfang dessen, was mit *Jom Kippur* beendet wird. Diese beiden Tage sind Anfang bzw. Ende dieser zehntägigen Zeitspanne, die die Zehn Bußtage heißen. Das schließt nicht aus, daß jeder einzelne dieser Tage zur Einkehr mahnt und zwingt. Während dieser zehn Bußtage gibt es keine Freiheit, das Bewußtsein für die Sündhaftigkeit darf nicht einschlafen. Ein Weiser sagte einmal: «Bekehr dich einen Tag vor deinem Tod!» Ist das genug? Ist es dann nicht zu spät? – Worauf die Antwort kam: Weißt du denn überhaupt, welcher Tag dein Todestag sein wird? Es könnte jeder Tag sein. Also …

Wie jeder andere Tag ist dir auch der Anfang jedes Jahres gegeben, dazu bestimmt, ernsthaft innezuhalten, nicht nur, um eine Bilanz über deine materiellen Güter, dein Soll und Haben und deine Bemühungen aufzustellen. Sondern auch, um den Stand deiner Habe als Gottes Ebenbild festzustellen, deinen Besitz zu bewerten, deinen Willen zu untersuchen, dich auf Herz und Nieren zu prüfen. Jetzt ganz besonders und intensiv.

Seit jeher stand der Beginn des jüdischen Jahres im Mittelpunkt des gesamten jüdischen Lebens. Der Neujahrstag und der große Versöhnungstag werden als die *hohen Feiertage*, auf hebräisch *Hajamim Hanora'im*, übersetzt oder, enger ans Hebräische anlehnend, die furchterregenden Tage. Schon lange vorher verkündet ein Posaunenschall, daß sie vor der Tür stehen. In den Synagogen wird schon in beiden Betstunden im ganzen Monat Ellul, der dem Monat Tischri vorausgeht, täglich der *Schofar* geblasen.

Ebenso hat es schon immer besonders gewissenhafte Menschen gegeben, die sich ihrer Mangelhaftigkeit bewußt waren und deshalb lange vor dem *Jom Kippur*, dem großen Sabbat-Fastentag, mehrere Halbtage lang fasteten, d. h. bis mittags. Fasten bedeutet, nichts essen oder trinken, d. h. nüchtern bleiben. Sie halten also freiwillig zehn solche Halbfastentage ein. Allerdings kann es aus praktischen Gründen in den zehn Bußtagen nicht zehn solche Tage geben, weil Fasten an beiden Neujahrstagen untersagt ist, darüber hinaus gibt es mindestens einen gewöhnlichen Sabbat dazwischen, an dem es ebensowenig erlaubt ist. Auch am Tag vor dem *Jom Kippur*, dem Rüsttag, darf man auf keinen Fall fasten, damit nicht etwa das für diesen Tag vorgeschriebene Fasten beeinträchtigt wird.

Die ganze Woche des Neujahrs – und wenn es auf einen Montag oder Dienstag fällt, die ganze Woche davor – steht im Zeichen der Vorbereitungen auf die hohen Feiertage. Nicht nur durch die zehn Halbfastentage, die von manchen eingehalten werden, sondern ganz allgemein und überall. Die Morgenandacht an Wochentagen beginnt in der Synagoge früher als sonst, weil noch besondere Gebete dazukommen. Das sind die sogenannten *Selichoth*, die Bußgebete. Ihr Leitmotiv ist: Vater, wir haben gesündigt, sei uns gnädig.

Die Tage, an denen diese Gebete in den frühen Morgenstunden in der Synagoge dazukommen, heißen *Selichoth*-Tage.

An einem der ersten *Selichoth*-Tage ist es allgemein üblich, so etwas wie eine Wallfahrt zu den Friedhöfen zu unternehmen. Häufig macht man sie auch am Tag vor dem Neujahr und in einigen Orten am Tag vor dem Versöhnungstag. In wieder anderen Gegenden sind die Friedhöfe um diese Jahreszeit durchgehend offen. Täglich finden sich Menschen ein, die in dieser Zeit des Nachdenkens und der inneren Einkehr mehr als sonst das Bedürfnis verspüren, sich in Gedanken mit ihren teuren Verstorbenen zu vereinigen an dem Ort, an dem ihre sterblichen Überreste ruhen. Auf Jiddisch wird der Friedhof als der «Gut' Ort» bezeichnet, die Stätte, die in ihrer erhabenen Stille für uns die Vergangenheit heraufbeschwört. Deshalb ist diese Wallfahrt eine angemessene Vorbereitung.

So führen uns der Monat Ellul, die *Selichoth*-Tage, das Neujahr mit seinen Symbolen, den Bußtagen und ihrer Lehre dem großen Versöhnungstag entgegen.

Enthaltungen und Vorbereitungen

Der Versöhnungstag ist ein Fastentag. Dem Körper werden an diesem Tag jegliche Nahrung und alle übrigen gewöhnlichen Bedürfnisse des Lebens vorenthalten. Die Thora gibt ganz einfach die Anweisung: «... und ihr sollt fasten» (3. Mose 16,31). Die Tradition erklärt das sehr viel eingehender: vollständige Enthaltsamkeit, weder Speisen noch Getränke; keine sorgfältige noch einfache Körperwaschung; kein Verwenden von Salben noch anderen Körperpflegemitteln; Ablegen, das heißt nicht Tragen von gewöhnlichen, d. h. ledernen Schuhen. Damit will der *Jom Kippur* uns nicht nur die Materie aus den bildenden und schaffenden Händen nehmen, sondern uns völlig aus dem Irdischen emporheben. Es geht um unseren Geist, und am *Jom Kippur* ergeht an uns die Aufforderung, uns ausschließlich mit der göttlichen Seite unseres Menschseins zu befassen, nur darin unsere einzige und eigentliche Bestimmung zu sehen. Damit dieser Tag uns immer wieder zu dem Bewußtsein unserer hohen Berufung zurückführt.

Damit ergänzt dieser Fastentag mit seiner Enthaltsamkeit von allen Speisen und Getränken das Einstellen jeder Werktätigkeit am Sabbat und schließt an sie an. Das Konzept dieses großen Sabbat-Festtages bringt auch noch andere Entbehrungen mit sich. Der Körper tritt völlig in den Hintergrund. Gewaschen wird er nur, um den Mindestanforderungen von Reinheit und Hygiene zu genügen. Alles, was darüber hinausgeht, wird an diesem Tag fortgelassen. Ebenso tritt man weder gestiefelt noch gespornt auf. Nicht einmal die üblichen Lederschuhe tragen wir. Auf Filzpantoffeln geht man einher. Eine Fußbekleidung, die sich nicht mit dem herrschenden, gebieterischen Menschen verträgt und die er deshalb auch nicht anzieht.

Obwohl den Tag Entbehrungen prägen, die nicht immer leicht zu tragen sind, bleibt sein Wesen als Sabbat unverletzt. Es herrscht Sabbat in der Synagoge, Sabbat zu Hause, Sabbat überall, in Geist und Gemüt.

Den ganzen Tag vorher leuchtet schon leicht das Licht, das mit dem *Jom Kippur* voll aufstrahlt. Die Hausfrau ist mit den Vorbereitungen beschäftigt, und auch die Gedanken der übrigen Familie sind von ihm erfüllt. Der große Tag steht unmittelbar vor der Tür, man geht nicht mehr völlig in der Routine des Alltags unter. Am Mittag geht man in die Synagoge zum täglichen Mittaggebet. Am Ende des Gebets sagt man dann zum erstenmal das *Vidui* – das Sündenbekenntnis, das am Versöhnungstag ein wichtiger Bestandteil jeder Andachtsübung ist. Dann hat man sich im allgemeinen schon körperlich gereinigt und auf diesen besonderen Sabbat vorbereitet. Die Stunde der Mahlzeit kommt immer näher. Es ist ein Sabbatmahl, das am Fastensabbat natürlich nicht eingenommen werden kann. Aber am Rüsttag, am Mittag vorher, hat es Charakter und Stimmung, die im allgemeinen die Sabbatmahlzeiten kennzeichnen. Das ist gleichzeitig die letzte Mahlzeit vor dem Fastentag, und sie soll uns für die Belastung durch die völlige Enthaltsamkeit von Essen und Trinken wappnen, der wir über vierundzwanzig Stunden standhalten müssen.

Die Mahlzeit ist jedoch keineswegs ein Eßgelage. Falls es den Ritualvorschriften nicht gelungen ist, dann lehrt uns die Erfahrung, daß ein überladener Magen nicht widerstandsfähig ist und daß einem auch mehr Essen als gewöhnlich nicht viel hilft, daß es höchstens unangenehme Folgen haben kann. Wer den großen Versöhnungstag wirklich als geistiges Erlebnis voll kosten will, wird nur wenig Hunger oder Durst verspüren. Und er wird auch naturgemäß und mit dem Verstand begreifen, warum Moses behaupten konnte, daß er bei seinem Dialog mit Gott vierzig Tage und Nächte lang «kein Brot aß und kein Wasser trank» (3. Mose 9,9).

Nach der Festmahlzeit, die mit dem Brechen des Brotes beginnt und mit dem Dankgebet endet, werden die letzten Vorbereitungen erledigt, und man ist bereit, mit sabbattäglicher Kleidung ins Gotteshaus zu gehen.

Der Tisch wird wie am Sabbat gedeckt. Die Lichter brennen, auch die besonderen Sabbatlichter. Außerdem wird eine große Kerze angezündet, die den ganzen *Jom Kippur* hindurch brennt. Denn an diesem Tag darf das Licht nicht ausgehen. Und am Abend dieses großen Tages wird diese Kerze für die *Habdalah*, d. h. den Abschied, verwendet, die wie am Ende eines jeden Sabbats auch an diesem Sabbat stattfindet. In manchen Ländern und Kreisen pflegt man den rührenden Brauch, zum *Jom Kippur* zum Andenken und zu Ehren der verstorbenen Eltern ein Licht anzuzünden. Auch die Bibel kennt die kleine Flamme als Symbol der Seele (Sprüche Salomos 20,27).

Wenn der Tisch mit der weißen Tischdecke gedeckt ist und die Lichter strahlen, spricht die Hausfrau wie zu Beginn eines jeden Sabbats den Segen über das Licht – das jetzt das Licht des Versöhnungtages ist – und verstreut es symbolisch in der ganzen Wohnung. Dann beginnt der heilige Tag. Wie am Sabbat treten jetzt die Kinder vor Vater und Mutter, um ihren Segen entgegenzunehmen. Dann tauscht man, wie könnte es anders sein, gegenseitige Wünsche aus. Gesprochene, gestammelte und laute Wünsche …

Schon vor der Dämmerung füllt sich die Synagoge. Sie ist in Weiß verkleidet und in Licht gebadet. Genau wie an dem Tag von *Rosch-ha-Schana* und während der zehn Bußtage. Weiß sind die Schutzdecken auf Podium und Lesepult, der Vorhang vor dem Thoraschrank und die Hüllen der Gesetzesrollen. Kantor und Lehrer tragen den weißen Kittel, den sie einst als Totenkleidung tragen werden. Auch schon am Neujahrstag wurde dieses Sterbekleid getragen. Dieses Gewand erinnert laut: Gedenke des Todes! Wie willst du ihm entgegentreten?

Auch so mancher andere trägt das weiße Sterbekleid. Heute sind es jedoch weniger geworden. Früher einmal war dieser Brauch allgemein üblich. In einigen Gegenden befolgt man ihn immer noch. Die übrigen Synagogenbesucher tragen ihre besten Festgewänder. Im Gotteshaus herrscht eine gewisse Spannung, die auf Heiligung wartet.

Der Gottesdienst fängt noch vor der Dämmerung an. Man entfaltet den *Tallith*, an dessen vier Ecken die *Zizith* befestigt sind. Die Gemeindevorsteher, für den Gottesdienst verantwortlich, sprechen zuerst laut den Segensspruch und verhüllen Haupt und Schultern unter dem Gebetmantel. Die übrigen Gemeindemitglieder folgen ihrem Beispiel.

Der Gottesdienst hat begonnen. Das ist der Abend des *Kol Nidre*.

Kol Nidre

Nachdem der Kantor so den Gottesdienst eröffnet hat, begibt er sich, in einen *Tallith* gehüllt, zum Lesepult vor dem Thoraschrank, seinem Platz als Vorbeter. Diesmal wird er von zwei Männern begleitet. Dabei handelt es sich entweder um geistliche Amtsträger – d. h. entweder andere Kantoren oder Verwaltungsbeamte, Synagogenleiter oder -vorsteher – oder auch um Mitglieder, die dadurch besonders geehrt werden sollen. Sie nehmen rechts und links vom Kantor ihren Platz ein, der den

Gottesdienst an diesem Abend leitet. Diese drei bilden ein Kollegium. Und als Kollegium teilen sie nun der Versammlung formell und feierlich im Namen der himmlischen und der irdischen Mächte mit, daß der Versöhnungstag begonnen hat und sie mit Gebeten vor Gott treten können. Das gilt für alle Anwesenden, die ganze gemischte Gemeinde: sowohl für die vorgeblich Reinen wie auch die bekannten Sünder. Aber nicht laut mit dem Ruf: Wende dich ab von den Sündern! Geh fort, du Rechtschaffener, von den Bösen! Sondern im Gegenteil: Bilde du dir in deiner Selbstgefälligkeit nur nicht ein, daß allein du Gott willkommen bist! Befürchte du in deiner starren Redlichkeit nicht, es könne dir schaden, an diesem heiligen Tag in der Gesellschaft anderer, die Gesetz und Überlieferung verletzen, vor den König der Gerechtigkeit zu treten. Nein, ganz im Gegenteil. Die Himmelspforte ist geöffnet. Zu ihr darf das Gebet emporsteigen, und zwar das Gebet aller, also das gemeinsame Gebet. Auch das der Sünder.

Förmlich wie bei einer Gerichtssitzung spricht das Kollegium dreimal die Formel dieser Erklärung. Wie immer wird sie jedoch nicht einfach gesprochen, sondern in jenem kantilenenartigen Ton, der zwischen Sprechen und Singen liegt, vorgetragen, der so kennzeichnend für die Synagoge ist. Erst dann stimmt der Kantor die ersten Töne des *Kol Nidre* an. *Kol Nidre* sind die beiden Anfangsworte einer weiteren Erklärung, die zu Beginn des großen Versöhnungstags vor dem eigentlichen Abendgebet ebenfalls dreimal formell wiederholt wird. Diese beiden Worte gaben der ganzen Abendandacht ihren Namen – aber nicht wegen ihres Inhalts noch des Inhalts der Erklärung. Er wird in einem späteren Kapitel erklärt. Sondern wegen der Stimmung, die jedoch weder von den Worten noch dem Sinn der Formel herrührt, sondern das Gefühl des Beginnens, das Gefühl, soeben setzt ein bedeutungsschweres, feierliches Ereignis ein, vermittelt. Und wegen der seelischen Spannung.

Aus der Bedrückung der Herzen, die in diesem Augenblick schneller klopfen; den sinnenden Gemütern, vor deren geistigem Auge noch einmal die Erlebnisse des vergangenen Jahres vorbeiziehen; den sich gegenseitig jagenden Erwartungen; der stimmungsvollen Atmosphäre, die im Glanz des erleuchteten Gotteshauses fast greifbar ist – aus ihnen allen wurde eine Melodie geboren, ein Lied ohne Worte. Das *Kol Nidre*. Ein Lied ohne Worte als Auftakt zum heiligen Tag, dem *Jom Kippur*. Inzwischen singt man zwar Worte zu dieser *Kol-Nidre*-Melodie, aber Worte und Melodie haben praktisch nichts miteinander zu tun.

Dieses Lied ist in der jüdischen Synagoge, in der gesamten jüdischen Welt, ein klassisches Stück geworden, und in der bekannten Bearbeitung für Orchester von Max Bruch hat es auch Eingang in den Konzertsaal gefunden.

Dreimal wiederholt der Kantor die Formel des *Kol Nidre*. Er beginnt leise, gleichsam meditierend und gedämpft. Dann etwas weniger zurückhaltend, vernehmlicher. Und schließlich erklingt sie aus voller Brust. Gleich danach folgt fast jubelnd der Bibelvers: «... so wird's vergeben der ganzen Gemeinde der Kinder Israel, dazu auch dem Fremdling, der unter euch wohnt, weil das ganze Volk an solchen Versehen teilhat» (4. Mose 15,26).

Diesen Bibelvers spricht die ganze Versammlung laut mit. Anschließend sagt der Kantor den Segen, der alle Feiertage und alle wichtigen Ereignisse, Unterbrechungen und Wendepunkte im Leben einleitet: «Gelobt seist du, Ewiger, unser Gott, König der Welt, der du uns hast Leben und Erhaltung gegeben und uns hast diese Zeit erreichen lassen.»

Jetzt folgt das übliche Abendgebet. Das Dreierkollegium geht auseinander, die beiden Begleiter des Kantors kehren an ihre Plätze zurück. Der Kantor leitet den Gottesdienst. Er singt die Melodien, die im Laufe der Zeit typisch für diesen Abend geworden sind. Ein Kantor, der etwas auf sich hält, kennt sie, und er weicht nicht von ihnen ab. Die Gemeinde würde es ihm nicht einmal danken, selbst wenn er dreimal schöner noch zehnmal treffender singen würde, denn alle warten auf die altbekannten Weisen. Nur sie werden akzeptiert, nur sie rühren die Seele. Sie passen zur Stimmung. Und zu früheren Jahren, früheren Generationen, zur Vergangenheit. Und auch zu den Kindern, die die gleichen unbekannten Weisen lernen, zu den kommenden Generationen und zur Zukunft.

Das ist Tradition. Und Tradition bedeutet Einheit.

In der Synagoge ist die Kanzelrede selten. Davon war schon weiter oben die Rede. Denn die Kanzelrede muß ja immer irgendwie in die Andachtsübung eingeschoben werden. Entsprechend seines Ursprungs und seiner Entwicklung ist der synagogale Dienst darauf eigentlich nicht eingerichtet. Doch an diesen zehn Tagen der Einkehr ist das anders. Im allgemeinen wird die Predigt geradezu gefordert, und so hat sie sich denn auch fast überall eingebürgert. Auch am Neujahrstag, vor allem jedoch am großen Versöhnungstag. Und auch am Sabbat, der zwischen beiden liegt. Dieser war – genau wie der Sabbat direkt vor dem Passahfest – übrigens schon seit langem für den öffentlichen Vortrag bestimmt. Es ist ein Vortrag, den der große Thoralehrer der Gemeinde hält. Keine Sittenbetrachtung, kein moralisches Philosophieren, keine religiösen Ermahnungen, sondern eine jüdisch-wissenschaftliche, juristische Abhandlung. Ein halachischer Vortrag.

Selbstverständlich wird er nur dort gegeben, wo es sowohl einen jüdischen Gelehrten wie auch Zuhörer mit den notwendigen Kenntnissen gibt, die solch einen Vortrag halten bzw. aufnehmen und geistig verarbeiten können. Ist das nicht der Fall, tritt an die Stelle des halachischen Vortrags eine einfache Predigt. Oder es gibt weder das eine noch das andere.

Aber am *Jom Kippur* wird, wo immer möglich, eine Predigt gehalten. In manchen Synagogen am Tag selbst, in anderen am Abend des *Kol Nidre*. In einigen Gotteshäusern noch vor dem Gottesdienst, während die Teilnehmer sich versammeln. In wieder anderen nach dem Achtzehngebet, das die Gemeinde im Stehen sagt, das eigentlich das Gebet der Abendandacht ist. Bevor das *Kol Nidre* mit seiner besonderen Liturgie beginnt. Das ist der passendste Augenblick.

Nach dem Achtzehngebet oder nach der Kanzelrede des Predigers leitet der Kantor den liturgischen Teil ein. Zum erstenmal wird der Vorhang vor dem Thoraschrank beiseite geschoben und seine Türen geöffnet. Dann singt der Kantor das schöne Gedicht *Ja'aleh*: «Es möge aufsteigen unser Gebet der Abendstunden ...», nach dem der Thoraschrank wieder geschlossen wird.

Öffnen und Schließen des Thoraschranks wird während des Gottesdienstes an diesem Abend sowie im Verlauf des ganzen nächsten Tages unter Begleitung einer bestimmten Liturgie mehrmals wiederholt. Jedem Gemeindemitglied kann dieses Ehrenamt übertragen werden, und zwar entweder für sich selbst oder um jemand anders zu ehren. Meistens ist das letztgenannte üblich.

Der Gottesdienst geht weiter in einem Wechselgesang. Wieder gibt der Kantor den Ton an, aber jetzt antwortet ihm die ganze Gemeinde nach jedem Satz mit dem nächsten Vers, soweit möglich, im gleichen Tonfall.

Dieser Abend und der nächste Tag stellen hohe Anforderungen an den Kantor. Wie schon weiter oben erläutert, muß er ein ausgezeichnetes musikalisches Gedächtnis, eine vollendete Technik und eine gewaltige Ausdauer besitzen. Ein einziger Kantor für den gesamten Gottesdienst am Versöhnungstag – das scheint fast unmöglich, im Notfall kommt es aber trotzdem vor. Selbst wenn zwei Kantoren sich abwechseln, sind die langen Stunden noch schwer genug, denn sie müssen ja praktisch ununterbrochen im Stehen singen oder vortragen. Allem Anschein nach bemerken sie es jedoch nicht einmal. Sie leiten die Gemeinde und reißen sie mit. Die Stunden eilen dahin, und bevor man es bemerkt, ist die Andacht abermals zu Ende gegangen.

Der Abend des *Kol Nidre* klingt mit einem Lied aus, das alle zusammen vor dem geöffneten Thoraschrank singen: *Jigdal* – d. h. groß ist Gott –, mit den dreizehn Glaubensartikeln, das auch viele andere Gebetstunden beendet. Und auch das schöne *Adon Olam*, d. h. Herr der Welt, wird gesungen. Seine letzten Worte sind die folgenden: «In Seine Hand übergebe ich meinen Geist, wann ich schlafe und erwache, und mit meinem Geist meinen Leib; Gott ist mit mir, ich fürchte nichts.»

Dann wird der Thoraschrank geschlossen. Die Gebetmäntel werden zusammengefaltet. Die Synagoge leert sich.

Aber in dieser Nacht wird die Synagoge nicht geschlossen, und auch die Lichter werden nicht gelöscht, wenigstens nicht alle. Natürlich wacht jemand. Wer jetzt noch bleiben möchte, um zu beten oder um Psalter zu lesen, dem steht es frei, sogar die ganze Nacht hindurch. Sonst wartet das offene Gotteshaus auf die Besucher am nächsten Morgen.

Der Tag des Jom Kippur

Der Gottesdienst beginnt früh am Morgen. Oft ist es draußen noch nicht einmal richtig hell geworden, wenn die Gemeinde in der Synagoge das *Adon Olam*, Herr der Welt, anstimmt, mit dem der Abend des *Kol Nidre* ausklang. Denn «da stand Abraham früh am Morgen auf ...» (1. Mose 22,3), als Gott von ihm das schreckliche Opfer seines einzigen Sohnes als Zeichen seines Gehorsams forderte. Er hatte jeden Grund zu zögern und hätte für eine Verspätung viele triftige Gründe finden können. Aber er gehorchte, und zwar ohne weiteres. Und kam unverzüglich dem ihm Gebotenen nach. Deshalb soll das Gebet in dieser frühen Morgenstunde bescheiden auf dieses entlegene und ehrfurchteinflößende Beispiel hinweisen, das der erste Stammvater einst gab: Bereitwilligkeit, Unterwerfung und Übergabe.

Obwohl der Tag so früh beginnt, ist er lang und wird nicht unterbrochen. Allerdings reichen die üblichen Gebete – das *Schacharit* oder Morgengebet, das *Mußaf* oder zusätzliche Gebet, das *Mincha* oder Mittagsgebet sowie das *Neïla* oder besondere Schlußgebet des Versöhnungstags, kurz, die festen Hauptgebete zu diesen Tageszeiten – nicht aus, um den ganzen Tag zu füllen. Dennoch hat man an diesem Tag meistens das Bedürfnis, ihn in Andacht in der Synagoge zu verbringen. Denn nach der Zerstörung des Tempels in Jerusalem wurde das Haus des Gebets der Versammlungsort für alle religiösen Zusammenkünfte und das Zentrum der frommen Lebensäußerungen einer Gemeinde. Deshalb wurde schon bald eine Lösung gefunden. Bereits die ersten Dichter, die sogenannten *Peytanim* – die Dichter der frühesten Epoche der neuhebräischen Dichtung im 9. und 10. Jh. – ergänzten das Gebetbuch um *Pijutim*, d. h. Gedichte. Genau wie um liturgische Beiträge. Die nachfolgenden Generationen erweiterten sie. Aber nicht nur Lieder und Gedichte wurden in das *Machsor*, d. h. das Gebetbuch für die Feiertage, aufgenommen, wo sie einen festen Platz einnehmen, von dem sie sich nicht mehr verdrängen lassen. Auch große Dichter haben ihre Lyrik beigesteuert. Aber auch das, was keine wahre Dichtung ist, fast keinen dichterischen Wert besitzt und manchmal kaum über das Niveau einfacher Knittelverse hinausgeht, trägt immer noch bei zu religiöser Erbaulichkeit und der Wärme des religiösen Eifers.

Fast für alle diese Beiträge entstanden im Laufe der Jahrhunderte eigene Melodien oder doch eine eigene Vortragsart im Singsang. In einigen Fällen hat der Kantor freie Hand; er kann die vorhandenen Melodien ändern, neue zusammenstellen oder auch seiner musikalischen Eingebung folgen. Und so vergeht der Tag unter der Leitung des Kantors mit Singen und Gebeten.

Jedes feste Gebet – Morgen, *Mußaf*-, Mittags- und Schlußgebet – wird mit *Selichoth*, d. h. Bußgebeten, beendet. Mehrere Fragmente aus den Bußgebeten der Wochentage vor Neujahr und der zehn Tage der Einkehr werden feierlich wiederholt. Auch das Sündenbekenntnis wiederholen alle gedämpft in den Hauptgebeten und dann noch einmal am Ende der *Selichoth* laut mit dem Kantor.

An diesem Tag wird die Gesetzesrolle zum Vortrag zweimal zum Podium getragen. Wenn das Morgengebet nach vier Stunden beendet ist, wird die Thorarolle bis zum 3. Buch Mose 16 abgerollt und das ganze Kapitel in dem nur an den hohen Feiertagen – den *Jamim Hanora'im* – üblichen Singsang vorgetragen. Fällt der *Jom Kippur* auf einen

Wochentag, wird das Kapitel in sechs – am Sabbat in sieben – Abschnitte aufgeteilt. Dafür werden sechs bzw. sieben Personen zur Thoravorlesung aufgerufen. Dieses Kapitel beschreibt den Tempeldienst am Versöhnungstag. Aus einer zweiten Gesetzesrolle werden die Vorschriften für die Feier des Tages und den Opferdienst vorgelesen, und dazu wird eine siebente bzw. achte Person aufgerufen. Sie liest der Gemeinde anschließend aus einem Buch, nicht aus einer Schriftrolle, die *Haftara*, d. h. den prophetischen Abschnitt, vor: Jesaja 57, Vers 14 bis 21 und Kapitel 58, die falsches Fasten scharf angreifen, dagegen Menschlichkeit herrlich besingen und jedem nahelegen.

Später am Tag, wenn man mit dem Mittagsgebet beginnt, wird die Thora zum zweitenmal abgerollt. Jetzt werden drei Personen aufgerufen, die aus dem 3. Mose 18 vorlesen. Dieses Kapitel warnt vor Unkeuschheit und Ausschweifungen eines perversen Heidentums und mahnt zur Heiligung des Lebens. Dann liest der dritte Aufgerufene – wieder aus einem Buch – die Geschichte Jonas vor. Von Jona, der Gott und seiner Pflicht nicht entrinnen konnte; von dem großen, heidnischen Ninive, das auf den Gesandten Gottes hörte und sich vom Weg der Gottlosigkeit, der Ungerechtigkeit und der Gewalt abkehrte und Vergebung und Gnade fand.

Der Tempeldienst, den der am Morgen vorgelesene Abschnitt aus der Thora schildert, wird eingehend im Talmud – im Traktat Jona – besprochen. Ein *Paytan* hat diesen Stoff für eine liturgische Dichtung genutzt, die in das *Mußaf*gebet eingefügt wurde. Vor dem geistigen Auge zieht der ganze frühere Tempeldienst vorbei. Alles erlebt man unmittelbar, und man beteiligt sich sogar an allem, soweit man teilhaben kann.

Nie kniet man in der Synagoge – außer am Neujahrs- und Versöhnungstag. Am Neujahrstag enthält das *Mußaf*gebet im Abschnitt «*Alenu*» – «uns liegt es ob» – die Worte: «Wir beugen das Knie und werfen uns hin und bekennen vor dem König der Könige, dem Heiligen, gelobt sei Er ...» Das geschieht vor dem offenen Thoraschrank. Als erstes kniet die Gemeinde, und nach ihr der Kantor.

Das gleiche wird am Jom Kippur mittags in diesem Teil des *Mußaf*gebets wiederholt.

Der Überlieferung zufolge betrat der Hohepriester vor der Opferhandlung das Allerheiligste, was ihm nur am Versöhnungstag gestattet war. Als er das Allerheiligste wieder verließ, rief er der gespannt war-

Ständer für die Hawdala-Kerze, die am Schabbat-Ausgang zusammen mit dem Gewürz benutzt wird. Frankfurt, 1741.

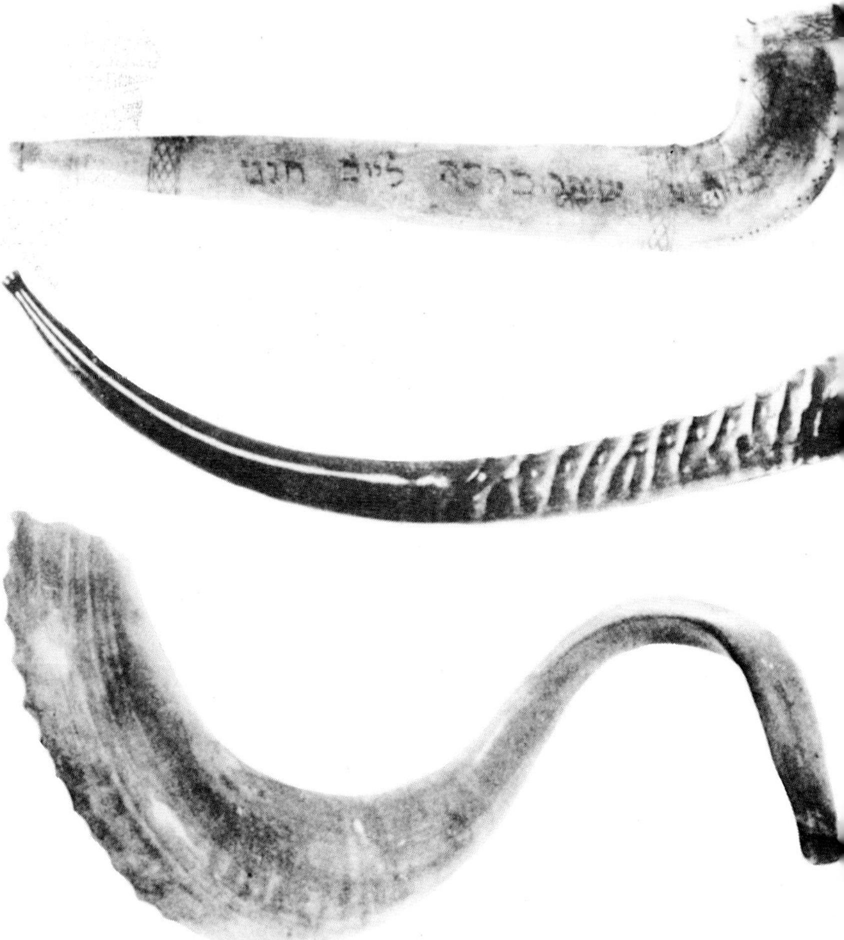

Schofare für den Neujahrstag in verschiedenen Ausführungen.
Auf dem oberen Schofar ist der Psalmvers 81, 4 eingraviert.

Kol-Nidré. LEWANDOWSKI.

Melodie und Text des Kol-Nidré-Gesanges, gesungen am Vorabend des Versöhnungstages.

Oben: Einfacher Chanukkaleuchter aus Messing, Polen. *Privatsammlung.*
Unten: Delfter Porzellan für Pessach mit jiddischen Inschriften.
Von links nach rechts: « für den Feiertag », « Pessach », « glückliche Feiertage ».

Rechte Seite:
Erste in Amsterdam gedruckte Pessach-Haggadah aus dem Jahre 1662, genannt: Die kleine Amsterdamer Haggadah. Der Text ist begleitet von reichen Illustrationen. Auf der handbemalten Titelseite sind rechts und links Moses und Aaron abgebildet; darunter eine Darstellung der Opferung des Isaak auf dem Altar.
Wiedergedruckt 1756 in Fürth.

זה השער לה׳ צדיקים יבואו בו
סדר הגדה של פסח
אמשטרדם

Menorah. Auf der Spitze des mittleren Armes steht Judith,
den Kopf des Holophernes haltend. Augsburg, 1749.
Israel Museum, Jerusalem.

Die vier Söhne der Pessach-Haggadah: Der Böse, der Weise, der, der nicht zu fragen versteht, und der Naive. Zeichnung von Arthur Szyk. Aus: *The Haggadah, von Arthur Szyk, Massada, Tel Aviv, 1967.*

«Es ist nicht gut, daß der Mensch allein sei». Das dritte der vier Bücher über jüdisches Recht von Jakob ben Ascher, das Familienfragen behandelt, wird durch eine Hochzeitsszene auf der Titelseite repräsentiert. Mantua, 1436. *De Rossi-Manuskript, Bibliothek des Vatikans, Rom.*

tenden Menge das Bibelwort zu: «Denn an diesem Tag geschieht eure Entsühnung, daß ihr gereinigt werdet; von allen euren Sünden werdet ihr gereinigt vor dem Herrn» (3. Mose 16,30). Dabei sprach er den Namen Gottes mit den vier Buchstaben nicht als *Adonai*, d. h. Herr, aus, sondern sagte ihn voll. Als die Schar der Andächtigen, die den Vorhof des Tempels füllte, den heiligen Namen aus dem Mund des Hohepriesters hörte, der ihn in Heiligkeit und Reinheit aussprach, warf sie sich aufs Antlitz nieder und rief: «Gelobt sei der Name Seiner glorreichen Herrschaft immer und ewig!»

Heute wiederholt die Gemeinde in der Synagoge das dreimal, und zwar jedesmal, wenn diese Erzählung im Gottesdienst erwähnt wird. Der Kantor folgt unter feierlichem Gesang alter Melodien jedesmal ihrem Beispiel.

Bald geht diese einzigartige Erzählung mit einem ergreifenden Seufzer zu Ende: «So war es einst! Und heute ...?»

Dann singen bittere Klagen vom Leid der Verbannung. Eine rührend einfache, fast klassische, lyrische Prosa. Auf diese Weise gibt es immer wieder Augenblicke, die die Aufmerksamkeit der Andächtigen fesseln. Die Kantoren werden es nicht müde, sie begleiten die Worte mit alten und neuen, aber immer wieder verschiedenen Melodien. Wer ihnen aufmerksam folgt, vergißt die Zeit. Dann kommt das Ende des großen Versöhnungstages schnell herbei.

Werden draußen die Schatten länger und geht die Sonne langsam unter, wird es Zeit für die *Neïla*, das Schlußgebet. Schon gut eine Stunde vor dem Erscheinen der Sterne am Himmel. Dann breitet sich erneut eine Stimmung wie am Abend des *Kol Nidre* aus. Schon bald nach dem Verblassen des Tageslichtes schließen sich auch die Pforten des Himmels. Aber noch stehen die Pforten des Gebets offen! Und mit erneuter Inbrunst steigen die rührenden Bittgebete auf, die den Inhalt des *Neïla*-Gebets bilden. Alle Lichter strahlen wieder auf. Eine alte vom Kantor gesungene und in der ganzen jüdischen Welt bekannte Melodie erklingt im Raum und versetzt alle in die richtige Stimmung. Nachdem das Hauptgebet von allen Seiten im Stehen gesagt wurde, werden die Türen des Thoraschranks geöffnet. Zum letztenmal an diesem Tag. Während der schönen Liturgie, bei der sich die Lieder abwechseln, bleiben sie bis zum Ende der Andacht offen.

Es ist «Nacht». Alle hüllen sich in ihren Gebetmantel und sagen das *Sch'ma*-Gebet: «Höre Israel! Gott, unser Herr, ist ein einziger Gott!»

«Gelobt sei sein Name, sein Reich und seine Herrlichkeit in Ewigkeit!»

«Der Ewige, Er ist Gott! Der Ewige, Er ist Gott!»

Das sagt man im allgemeinen am Bett eines sterbenden Bruders, einer in den letzten Zügen liegenden Schwester oder eines sterbenden jüdischen Kindes, und zwar alle Anwesenden gemeinsam. Jetzt, am Ende des *Jom Kippur*, strömt es aus allen Herzen und Mündern. Wer geht in die Ewigkeit ein? Jeder ist ein möglicher Anwärter. Alle sind bereit. Bereit im Namen des Ewigen, des Gottes Israels.

Wieder beginnt der Kantor als erster mit diesem Glaubensbekenntnis. Ihm folgt die Gemeinde Satz um Satz. Sobald die letzten Töne des *Sch'ma*-Gebets verklungen sind, ist noch ein einziger langgezogener *Schofar*ton zu hören.

Die Türen des Thoraschranks schließen sich. Der Tag ist vorüber.

Kol Nidre – Melodie und Form

Seit das *Kol Nidre* in der Vertonung für Orchester von Max Bruch seinen Triumphzug durch die Konzerthallen begonnen hat, hat diese alte Melodie bis heute eine magische Anziehung auch auf die nichtjüdische Welt ausgeübt. Seine Wurzeln sind in der Synagoge zu finden, und viele Komponisten haben wie der große Kantor und Chorleiter Louis Lewandowski zum einen oder anderen Zeitpunkt besondere Arrangements für den synagogalen Gottesdienst komponiert.

Zweifelsohne entstand die Melodie vor sehr langer Zeit, wann genau in der Vergangenheit, ist unbekannt. Der Text, zu dem sie gesungen wird, ist sogar noch älter, ja so alt, daß die Worte noch nicht einmal hebräisch sind. Sie sind aramäisch. In der synagogalen Liturgie gibt es mehrere andere aramäische Fragmente, die ebenfalls aus der Zeit stammen, als diese Sprache die Umgangssprache im Land Israel war. Damit ist die Zeit in den Jahrhunderten vor und nach unserer Zeitrechnung gemeint.

Eigentlich hat die Melodie nichts mit den Worten zu tun. Die Worte enthalten eine Formel, eine Erklärung, die sich auf deutsch so anhört:

«Alle Gelübde, Entsagungen, Bannungen, Entziehungen, Kasteiungen und Gelöbnisse unter jedem Namen, auch alle Schwüre, so wir gelobt, geschworen, gebannt und entsagt haben, haben werden – von diesem Versöhnungstage bis zum Versöhnungtage, der zu unserem Wohle herankommen möge – bereuen wir hiermit allesamt; sie alle seien aufgelöst, ungültig, unbündig, aufgehoben und vernichtet, ohne Verbindlichkeit und ohne Bestand. Unsere Gelübde seien keine Gelöbnisse; was wir entsagt, sollen keine Entsagungen, und was wir beschworen, keine Schwüre sein.» *

Vor Jahrhunderten wurde diese Erklärung formell dreimal vor dem Beginn des *Jom Kippur*, des Versöhnungstages, wiederholt. Warum und zu welchem Zweck, wird gleich erklärt. Die Melodie war dagegen ein Lied ohne Worte, das sich in der Atmosphäre von Ehrfurcht und Andacht entwickelte, die die angespannte Stimmung während der heiligen Stunden vor Beginn des großen Tages der Ehrfurcht durchströmten. Erklärung und Melodie bestanden nebeneinander; aber allmählich trafen sie zusammen und bildeten sich in langsamer Evolution zu ihrer heutigen Form heraus.

Diese Formel des *Kol Nidre* ist der Anlaß vieler Unannehmlichkeiten und absichtlicher Mißverständnisse gewesen.

Was? Der Jude entbindet sich schon im voraus aller Versprechen und Gelübde, die er im kommenden Jahr abgibt? Öffentlich in der Synagoge und angesichts des heiligen Versöhnungstages? Wie kann man einem solchen Menschen überhaupt vertrauen? Wieviel werden seine Schwüre einem anderen wert sein? Ganz offensichtlich ist diese Interpretation geradezu Wasser auf die Mühlen antisemitischer Aufwiegler. Die oben angeführte Formel ist häufig und skrupellos ausgebeutet worden, und kein Teil der umfangreichen antisemitischen Literatur wäre – ungeachtet von Zeit und Land – vollständig ohne diese Verleumdung.

Selbstverständlich sollte damit endgültig und überzeugend bewiesen werden, daß dem Juden kein Versprechen heilig ist, daß er in keiner Weise durch irgendein Versprechen gebunden ist und deshalb nach Belieben lügen und betrügen darf. Hat er sich denn nicht schon im voraus von den Verpflichtungen freigesprochen, die die von ihm noch zu machenden Schwüre oder Zusagen beinhalten? Was für eine Religion ist das, die solche Lehren zuläßt!

Diese Beschuldigung darf keineswegs auf die leichte Schulter genommen werden. Gleichzeitig kann sie jedoch mühelos durch eine Überprü-

* Anm. d. Übers.: Deutsche Übersetzung aus dem *Machsor* für sämtliche Festgebete der Israeliten, 3. Teil, in der deutschen Übersetzung von S. G. Stern.

fung der *Thora* und den für Juden maßgeblichen Verhaltensmaßregeln und den Text der Formel selbst widerlegt werden.

Auch heute haben die Worte der *Thora* nichts von ihrer bindenden Kraft verloren. Zwei der zehn Gebote beziehen sich unmittelbar auf die oben beschriebene Situation: «Du sollst den Namen des Herrn, deines Gottes, nicht mißbrauchen» und: «Du sollst nicht falsch Zeugnis reden wider deinen Nachbarn». Es gibt davon noch mehr Gebote wie zum Beispiel: «Du sollst kein falsches Gerücht verbreiten» (2. Mose 23,1); «Halte dich fern von einer Sache, bei der Lüge im Spiel ist» (2. Mose 23,7); «Ihr sollt nicht stehlen noch lügen noch betrügerisch handeln einer mit dem andern. Ihr sollt nicht falsch schwören bei meinem Namen ...» (3. Mose 19,11–12).

In Schwuot, dem Traktat, der von Schwüren handelt, sagt der Talmud (Blätter 38 und 39):

«Wenn eine Person vor Gericht einen Schwur leisten soll, weist das Gericht die Person, die dabei ist, den Schwur zu leisten, darauf hin: ‹Erinnere dich daran, daß die ganze Schöpfung erzitterte, als Gott im Sinai sagte: Du sollst den Namen des Herrn, deines Gottes, nicht mißbrauchen. Wisse, daß wir dich nicht aufgrund deines Willens einen Schwur leisten lassen sondern aufgrund des Willens Gottes und des Willen des Gerichts.›»

Es ist unwichtig, ob eine Person selbst einen Schwur leistet oder «Amen» zu einem Schwur sagt, den jemand anders leistet. Beide sind gleich bindend.

Alles, was im Gesetz gelehrt und ausführlich im Talmud erklärt wird, ist in zwei Gesetzbüchern verzeichnet: der *Mischna Thora* von Moses Maimonides und im *Schulchan Aruch* (d. h. «Gedeckter Tisch») von Joseph Karo. Im zweiten Werk steht auch der folgende Kommentar:

«Ein Schwur ist bindend, selbst wenn man in dem Augenblick, in dem man ihn leistete, nicht ausdrücklich Gottes Namen erwähnt hat, sondern einfach sagte: ‹Ich schwöre, dieses oder jenes zu tun – oder nicht zu tun.› Es ist unwichtig, in welcher Sprache der Schwur geleistet wurde oder ob man dabei das Wort ‹Schwören› verwendet oder irgendein anderes Wort mit der gleichen Bedeutung und ob man ‹Amen› oder sogar ‹Ja› zum Schwur eines anderen sagt, und zwar ungeachtet, ob es ein Jude oder Nichtjude ist.»

Und weiter:

«Und eine Person, deren Schwüre man nur halb glaubt, sollte man nicht schwören lassen, selbst wenn die andere Partei ausdrücklich erklärt, sie sei bereit, den Schwur anzuerkennen, obwohl ihr die fehlende Glaubwürdigkeit bekannt ist.»

Damit nehme ich an, daß die Frage zumindest aus juristischer Hinsicht gelöst ist.

Wenn sich jemand jedoch nicht von dieser Argumentation überzeugen läßt? Wenn er auf den Text des *Kol Nidre* weist und seine Frage wiederholt: «Wie kann ich dem Wort eines solchen Menschen trauen? Was ist mir sein Schwur wert, wenn er sich schon im voraus davon freigesprochen hat?» Die Antwort darauf ist, daß diese Versprechen und Verpflichtungen und Schwüre weder ihn noch irgend jemand anders auf der ganzen weiten Welt etwas angehen! Meine Schwüre gehen niemand anderen etwas an, noch gehen mich seine Schwüre etwas an! Wie ist das möglich? Der Grund dafür ist einfach: Sie hängen in keiner Weise in irgendeinem konkreten, praktischen oder theoretischen Ereignis oder den Beziehungen zwischen einem Menschen und seinen Mitmenschen zusammen. Gemeint sind damit die Verpflichtungen, die sich ein Mensch in irgendeiner Weise oder Form im Hinblick auf *sich selbst* aus seinem eigenen freien Willen auferlegt hat. Versprechen, die ein Mensch seiner Ansicht nach Gott schuldig ist und für die er nur Gott und seinem eigenen Gewissen gegenüber Rechenschaft ablegen muß.

Angenommen, uns ist etwas ungewöhnlich Angenehmes widerfahren, oder ein tragisches Ereignis hat uns ereilt. Wir sind überwältigt, und unsere Emotionen gewinnen die Überhand. In diesem Geisteszustand nehmen wir eine gewisse Verpflichtung auf uns, oder wir versprechen, daß wir uns in Zukunft von etwas enthalten wollen – Pflichten, die kein Arbeitnehmer, Richter noch irgendein Mitmensch von uns verlangt hat und die kein Lebender je verlangen, ganz zu schweigen fordern würde. Auf diese Versprechen allein bezieht sich das *Kol Nidre*. Der Text sagt ausdrücklich: «Alle Gelübde, Entsagungen ... Schwüre ... die *wir* gelobt, geschworen, gebannt und entsagt haben.»

Wir haben es hier mit einer Konsequenz religiöser Umsicht oder, wer will, Furchtsamkeit zu tun. Getrieben von tiefster Verzweiflung und befangen in einer heftigen Aufwallung von Emotionen oder einem leidenschaftlichen religiösen Gefühl, machen wir Versprechungen, die wir uns zweimal überlegt hätten, befänden wir uns in einem vernünftigeren, ausgeglicheneren Geisteszustand. Die Erfahrung beweist, daß das keine einfache theoretische Überlegung ist!

Die Situation, in die wir uns so verwickelt haben, beinhaltet beängstigende Aussichten. Wir erkennen, daß wir uns ein gewisses Maß an Freiheit erhalten müssen, um eine Situation zu vermeiden, in der wir uns unter der Last irgendeines außergewöhnlichen Ereignisses eine unmögliche Aufgabe aufbürden. Sie enthält eine ernste Warnung, und aus diesem Grund geben wir diese Erklärung, wenn wir, unserer moralischen und intellektuellen Ansprüche entblößt, an diesem großen Tag in Kürze vor Gottes Gericht treten werden.

Selbst wenn wir uns jedoch in einem Netz von Versprechen und Verpflichtungen verfangen, reicht diese Freisprechung im voraus noch nicht aus. Der Knoten kann gelöst werden – zuvor muß jedoch bewiesen werden, daß wir die Situation nicht voraussehen konnten, in die wir so verwickelt wurden. Nur wenn klar erwiesen ist, daß sich das Versprechen oder die Verpflichtung nicht von vorneherein auf diese besondere Situation bezog – und wenn klar erwiesen ist, daß es von Anfang an nicht legal bindend war –, erst dann werden wir voll freigesprochen. Dieses Urteil können wir jedoch nicht selbst abgeben. Dazu ist eine objektive Entscheidung anderer notwendig.

Und nur darauf bezieht sich das *Kol Nidre*.

FESTE UND FEIERLICHE GEDENKTAGE

Das Laubhüttenfest: Sukka und Lulaw

Der Versöhnungstag ist vorbei, und schon steht das Laubhüttenfest vor der Tür.

Sukkot ist ein Fest, das viele Symbole kennzeichnen. Zuerst einmal ist da die Laubhütte, die *Sukka*, deren Namen es trägt. «Sieben Tage sollt ihr in Laubhütten wohnen ... daß eure Nachkommen wissen, wie ich die Kinder Israel habe in Hütten wohnen lassen, als ich sie aus Ägyptenland führte.» So steht die Vorschrift im 3. Buch Mose 23,42–43.

Jetzt ziehst du in ein anderes Land, wo du festen Boden unter den Füßen haben wirst. Aus einer Sippe von Nomaden in Kanaan und einem Volk von Sklaven in Ägypten wirst du ein selbständiges, unabhängiges, freies Volk in deinen eigenen Grenzen, auf nationalem Boden, wo du dein eigenes Leben führen wirst in voller Selbstbestimmung über allem, was du hast und was in dir ist. Dann wirst du zu Hause sein. Dadurch wird ein Wandel in deiner Existenz herbeigeführt. So darf und so soll es sein, in jeder Hinsicht. Nur nicht in der einen: daß du dir einbildest, du hättest es allein geschafft! Daß du dir möglicherweise sagst: «Meine Kräfte und meiner Hände Stärke haben mir diesen Reichtum gewonnen» (5. Mose 8,17). Selbst dieses Streben nach dem Land ist letzten Endes nicht das Ziel des Lebens. Ein Mittel ist es. Das mußt du wissen, und das mußt du dir stets vor Augen halten. Du, der du dem Geschlecht angehörst, das den Auszug erlebt hat, du vergißt den gestrigen Tag wahrscheinlich nicht so leicht. Aber deine Kinder, deine Nachkommen von morgen, übermorgen und noch später, die das Heute, das Gestern und das Vorgestern nicht selbst erlebt haben – sie müssen es lernen, deine Geschichte nachzuvollziehen. Sie müssen sich dessen bewußt sein, daß ihre Väter auch in der Wüste von Gott beschützt und behütet wurden. Daß man auch in festen Burgen der Gefahr ausgesetzt, dagegen in unbeständigen Hütten froh und glücklich sein kann. Deshalb sollen sie jahraus, jahrein eine ganze Woche ihres Lebens symbolisch gleich dem in der Wüste umherziehenden Volk leben, ihre feste Wohnung verlassen und unter dem zerbrechlichen Dach der Hütte sitzen, durch das die Sterne am Himmel hineinscheinen. Das soll ihnen das Gefühl für die Vergänglichkeit alles Zeitlichen vermitteln und ihren Glauben an Gott und ihr Vertrauen in ihn festigen.

Dieses Symbols gedenken wir, nachdem die Ernte im ganzen Land eingefahren wurde, zu dem Zeitpunkt, zu dem wir den Ertrag, die Früchte unserer Hände Arbeit, gesammelt haben.

Wird damit die Bedeutung irdischer Güter verleugnet? Der weltliche, materielle Besitz verachtet, verworfen? Das zeitliche Dasein zu einem verdammenswerten Jammertal abgestempelt?

Nein! Das Wahrzeichen von *Sukkot* ist die *Freude*! Das Laubhüttenfest ist ein freudiges Fest ersten Ranges. Ja, man bezeichnet es auch einfach als *das Fest*, ohne jede nähere Umschreibung. Im Land Israel erreichte die Freude zu biblischen Zeiten gerade zur Erntezeit den Gipfel. Besonders dann war der gute Rat angebracht: Iß, trink und genieße nach Herzenslust, «du und dein Sohn, deine Tochter, dein Knecht, deine Magd, der Lewit, der Fremdling, die Waise und die Witwe, die in deiner Stadt leben ... darum sollst du fröhlich sein» (5. Mose 16,14–15).

Ist das nicht genau das Gegenteil von Verwerfen, Verneinen des irdischen Daseins? Beinhaltet das nicht bedingungsloses Bejahen, Anerkennen und Verehren des materiellen Lebens?

An diesem frohen Erntefest nimmt jeder gemäß dem 3. Mose 23,40 vier Pflanzenarten und ist damit «sieben Tage fröhlich vor dem Herrn, eurem Gott». Mit diesem Pflanzenstrauß tritt ein jeder vor seinen Schöpfer und sagt ihm: Von Dir – für Dich! Und das ist nur eine kleine Auswahl aus allen Erzeugnissen, nur ein Beispiel. Was über das eine gesagt wird, gilt auch für alle anderen.

Es wird also weder die Verachtung dieser Welt verkündet, noch gibt es eine Predigt, um sie zu vergöttern. Sondern nur ein Heilighalten aller Erzeugnisse und Lebenskräfte, die uns Gott geschenkt hat und die wir ihm darbieten.

Die Stürme in der Geschichte Israels haben die Laubhütte nicht davongefegt. Genausowenig wie sie mit dem Fall des Staates noch dem Verlust des Landes in den Untergang gerissen wurde. Noch immer steht sie jedes Jahr im Mittelpunkt des jüdischen Lebens. Und im neuen Israel hat sie ihre volle Bedeutung an diesen Feiertagen zurückgewonnen und ist überall zu sehen.

Meistens wird mit dem Aufstellen und Einrichten der Laubhütte schon vor dem Versöhnungstag begonnen. Denn am 15. *Tischri*, d. h. fünf Tage nach diesem großen Tag, beginnt das Laubhüttenfest. Dann muß die Hütte für ihre Bewohner fertig sein. Sofort am Ende des *Jom Kippur*, meistens noch am gleichen Abend, fängt die Arbeit an der Laubhütte an. «Sie gehen von einer Kraft zur anderen», heißt es in Vers 8 des Psalms 84. Also wird für die Familie eine kleine Hütte gebaut, eine Art Laube oder Gartenhäuschen. Manchmal ist sie heimisch, gemütlich und auch ziemlich bequem, zuweilen auch unglaublich primitiv. Gelegentlich findet die Hütte auch auf dem Balkon Platz, die Türen bleiben einfach nach draußen offen, an der Rückseite wird eine dritte Wand aufgebaut, und das Ganze krönt ein Dach.

Dieses Dach ist das wichtigste an der ganzen Hütte. Es wird mit Material gedeckt, das in der Natur vorkommt: Zweige, Stroh, Heu oder auch Schilfrohr. Entweder lose aneinandergelegt oder auch zu Deckenmatten verflochten. Soweit es möglich ist, beteiligen sich alle Familienmitglieder an der Vorbereitung und der Einrichtung der *Sukka*. Jeder sollte versuchen, Hand anzulegen, um sie zu schmücken oder gemütlich zu gestalten. Es soll ja eine schöne Hütte werden. Schließlich verbringt man hier eine volle Woche, selbst wenn sie direkt neben dem Haus steht. Die Laubhütte dient als Eßzimmer, Wohnzimmer und auch Empfangszimmer für Gäste. Und wie die Gäste herbeiströmen! Unaufhörliches Kommen und Gehen herrscht in der *Sukka*. Vor allem am Abend feiert das gemütliche Beisammensein Höhepunkte.

Oft genug verdirbt der Regen jedoch die Freude. In Israel ist der Monat *Tischri* dagegen noch trocken. Dort kommt der Regen erst einen Monat später. Die Liturgie des Schlußfestes, das den Reigen der Feiertage im Monat *Tischri* abschließt und unmittelbar nach dem Laubhüttenfest stattfindet, enthält ein Gebet für den Regen. Im Monat

Tischri ist es in Israel, wie schon gesagt, jedoch noch warm und trokken. Die Hitze ist abgeklungen. Auf dem Feld – während der Ernte und auch danach – ist die Hütte vor dem Regen sicher. Aber in den europäischen Ländern vergeht fast kein Sommer, in dem es mehrere Wochen hintereinander nicht regnet, und im Herbst regnet es ganz bestimmt. Man trifft also Vorsichtsmaßnahmen, damit man nicht jeden Augenblick aus der Hütte laufen oder verregnete Speisen essen muß. Deshalb liegt stets eine Plane bereit, oder aber die Hütte ist mit Läden versehen, die mühelos und schnell über das Dach gezogen oder herabgelassen werden können, sobald Regen das gemütliche Beisammensein in der Hütte bedroht.

Solch eine *Sukka* gibt es also schon seit jeher auf der ganzen Welt.

Neben der Laubhütte steht der *Pflanzenstrauß*. Er steht allein, als Symbol, auch ohne die Laubhütte. Das eine ist keine Vorbedingung für das andere. Nicht jeder hat die Möglichkeit, eine Laubhütte zu bauen. Der Pflanzenstrauß bedarf keiner besonderen Einrichtung. Er kann überall im Haus stehen und verwendet werden. Und das ist dann auch der Fall, vor allem beim Gebet und insbesondere beim Morgengebet. Aber auch das ist keine unerläßliche Bedingung. Ist es nicht möglich, eignet sich auch jeder andere Augenblick des Tages. Meistens wird der Pflanzenstrauß mit in die Synagoge genommen.

Er besteht aus einem *Lulaw*, d. h. einem Palmenzweig. Da er größer als die anderen Pflanzen ist und sie überragt, hat er dem ganzen Strauß seinen Namen gegeben. Meistens ist er grün, aber er darf auch schon etwas trocken und vergilbt sein. Rechts säumen ihn drei duftende Myrtenzweige und links zwei Zweige der bescheidenen Bachweide. Den Strauß rundet ein einzelner *Etrog* ab, der wie eine Zitrone aussieht und ebenfalls zur Familie der Zitrusfrüchte gezählt wird. Gewöhnlich spricht man zwar von einem Zedernzapfen, aber eigentlich hat der *Etrog*, eine wohlduftende Frucht, nichts mit der Zeder zu tun. Früher wurde er aus Korfu oder Triest eingeführt, heute kommt er aus Israel.

Jeder, dem seine Symbole lieb und teuer sind, bemüht sich beim Kauf dieser Frucht und Pflanzen um die beste Qualität. Es ist nicht genug, nur seiner Pflicht nachzukommen. Auch das *Wie* spielt eine Rolle.

Beim *Hallel*, den Psaltern 113 bis 118, die während des Laubhüttenfestes jeden Tag gesagt werden, nimmt man dieses Symbol in die Hand. Bei bestimmten Versen macht man damit eine Bewegung in alle Himmelsrichtungen, um das zum Ausdruck zu bringen, was schon weiter oben erklärt wurde, nämlich: «Von Dir – für Dich! Wie dieses, so auch alles auf der ganzen Welt!»

Schließlich wird der Thoraschrank in der Synagoge geöffnet. Die Thorarolle wird herausgenommen und auf das Podium im Zentrum der Synagoge gelegt. Jetzt folgen alle, die einen *Lulaw* besitzen, dem Kantor bei seinem Gang um die Thorarolle. Und zwar einmal jeden Tag, während des Morgengebets. Am siebenten und letzten Tag des Laubhüttenfestes macht man sieben solche Rundgänge. Die während des Rundgangs gesagten Gebete laufen alle auf einen Refrain hinaus: «*Hosanna!*» Deshalb wird dieser letzte Tag des Laubhüttenfestes, an dem das *Hosanna* so oft erklingt, auch als *Hosanna rabba* bezeichnet – denn *rabba* bedeutet viel.

Zusammen mit dem *Lulaw* und der *Sukka* bildet das Laubhüttenfest den Höhepunkt der häuslichen religiösen Freude des jüdischen Lebens.

Das Schlussfest und die Thorafreude

Das Wochenfest ist eines von drei freudigen Festen, den *Schalosch Regalim*, d.h. den drei Wallfahrts- oder Wanderfesten; die beiden anderen sind das Passah- und das Laubhüttenfest. Im alten Israel hatte jeder Mann des Volkes die Pflicht, sich nach Jerusalem zu begeben und dort im Tempel vor den Herrn zu treten (2. Mose 23,14–17; 34,25; 5. Mose 16,16).

Trotzdem ist *Schawuot*, das Wochenfest, heute eigentlich kein freudiges Fest mehr. In den meisten Ländern betrachtet man es fast ausschließlich als Fest der Gesetzgebung und als feierlichen Abschluß des Passahfestes.

Genauso klingt auch das Laubhüttenfest mit einem besonderen Feiertag aus. Und zwar am sofort sich anschließenden, am achten Tag. Auf hebräisch heißt dieser Tag *Schemini*, der achte; in der Bibel wird er jedoch genau wie der siebente Tag des Passahfestes als *Azeret* bezeichnet. Der volle Name dieses Festes ist *Schemini Chag Ha'azeret*. Dieses Schlußfest wird ohne eine besondere, ihm eigene Symbolik begangen.

Inzwischen ist die Laubhütte leer und verlassen. Noch am achten Abend hat man sich in ihr versammelt und eine festliche Mahlzeit gegessen. Und auch am Morgen danach hat man zum letztenmal in ihr gefrühstückt. Aber dann hat man von der Laubhütte Abschied genommen.

Der *Lulaw* wurde schon vorher beiseite gelegt, am siebenten Tag nach den sieben Rundgängen um die Thorarolle in der Synagoge. Für die letzte Verwendung des *Lulaw* wurden noch einige Weidenäste hinzugefügt. Denn früher zur Zeit des Tempels war der letzte Tag ein ganz besonderes Fest, an dem man um den Altar schritt, den Weidenäste schmückten. Dieser Tag war der «Freude des Wasserschöpfens» gewidmet. Den Schilderungen zufolge war es ein Fest von überschwenglicher Freude. Die Feier fand am Ende des Sommers nach der Ernte statt, und sie sollte den hoffnungsvollen Wunsch nach einem frühen, reichlichen Regen zum Ausdruck bringen, der für das Leben in Israel so unentbehrlich ist.

Davon haben sich in der Synagoge noch die Festgedichte erhalten. Während man am ersten Tag des Passahfestes die Bitte um Tau sagt, bittet man am achten Tag des Laubhüttenfestes in einem Gebet um Regen. Dadurch unterscheidet sich die Liturgie des Schlußfestes.

Es kommt aber noch ein neunter Festtag hinzu. Dieser zusätzliche Feiertag entstand, weil man Zweifel in bezug auf das genaue Datum hegte. Inzwischen ist er längst akzeptiert worden und wird von allen Juden in der Diaspora begangen. Und dieser neunte Tag hat sich zu einem ganz besonderen Freudenfest entwickelt: zum *Tag der Gesetzesfreude*.

Eigentlich müßte es Freudenfest der Thora heißen, denn die Übersetzung des Wortes *Thora* mit *Gesetz* stammt aus der griechischen *Septuaginta*, genau wie der Dekalog, d.h. die Zehn Gebote. Zwar hat sich diese Übersetzung im Laufe der Zeit fest eingebürgert. Aber es sollte hier betont werden, daß sie unkorrekt ist. Gesetz für *Thora* ist ein viel zu eng gefaßter Begriff. Zwar umfaßt die Lehre Mose auch Gesetze, darüber hinaus jedoch sehr viel allgemeinere Lehren für das Leben des Menschen. Selbst die geschichtlichen Ereignisse werden nur zum Zweck der Lehre erörtert. Und nur ein Teil ist als Gesetz gedacht. Jener Teil, der die für das Zusammenleben notwendigen Bestimmungen in gesetzlichen Regeln festhält. Meistens wird das Wort Gesetz nur gedankenlos dahergesagt. Wer es jedoch absichtlich verwendet, um damit die *Thora* zu umschreiben oder auch herabzusetzen, sollte wissen, daß er falsch denkt und auch falsch handelt. Im Grunde genommen sollte denn auch stets von der Thorarolle die Rede sein anstelle von Gesetzesrolle. Denn die *Thora* ist kein Gesetzbuch im üblichen noch im weiteren Sinn.

Die Thoralesung, die den Mittelpunkt des synagogalen Dienstes bildet, wird jedes Jahr am letzten Tag des Schlußfestes beendet. Aber, wie es so schön im Psalm 119,96 heißt: «Ich habe gesehen, daß alles ein Ende hat, aber dein Gebot bleibt bestehen.» Das Wort Gottes ist also unendlich. Deshalb wird, sobald die Lesung beendet ist, wieder von vorn begonnen. Und das ist ein Fest. Denn die *Thora* bildet die heilige dauerhafte Grundlage für Israels nationale Existenz. Sie ist sein Boden und seine Lebenskraft. Sein Zeuge, sein Organ. Mit ihr hat Israel die Welt angesprochen, und mit ihr spricht es weiterhin zur Menschheit. Und immer noch ist die *Thora* das Buch des Bundes mit Gott. Dadurch, daß die *Thora* so greifbar ist, hat sich der Glanz vergangener Jahrhunderte wie auch der Hauch der Heiligkeit über die Entfernung hin erhalten. Darüber hinaus ist sie auch die himmlische Urkunde – aus der Ewigkeit, für alle Zeiten. Man wird ihr also nie überdrüssig.

Wird die *Thora* für die Vorlesung von vorn abgerollt, ist das der Anlaß für einen Freudentag Israels. Es ist so, als würden die ideellen Bande neu angeknüpft, so, als werde eine Eheverbindung wieder verjüngt. Und einmal im Jahr findet *Simchat Thora*, die *Freude der Lehre*, statt.

Natürlich ist es eine große Ehre, den letzten Abschnitt vortragen zu dürfen, und eine Auszeichnung, mit dem ersten Abschnitt wieder von vorn zu beginnen. Der so Geehrte ist ein *Chatan Thora*, ein Bräutigam der Lehre, oder auch ein *Chatan Bereschit*, ein Bräutigam des erneuten Anfangs.

Schon am Vorabend von *Simchat Thora* beginnt das Freudenfest. Damit ist Feiern im gewöhnlichen Sinn gemeint. Es gibt dafür keine festen Regeln, und es unterscheidet sich von einem Ort zum anderen. In den meisten Fällen wird der *Chatan Thora* mit seiner Gemahlin von zu Hause abgeholt, oder die Synagogenbeamten empfangen ihn feierlich im Versammlungssaal und führen ihn dann in die Synagoge. Kantor und Gemeinde begrüßen ihn einstimmig, gelegentlich mit Psalm 118, Vers 26: «Gelobt sei, der da kommt im Namen des Herrn! Wir segnen euch, die ihr vom Hause des Herrn seid.»

Für den oder die Bräutigame stehen Plätze vor dem Thoraschrank bereit. Einige Gemeinden besitzen dafür wertvolle antike Sessel. Die Andacht in der hell erleuchteten Synagoge mit ihren frohen Weisen ist ganz auf die Freude abgestimmt. In manchen Synagogen zieht man an diesem Abend mit den Thorarollen in Rundgängen um das Podium, natürlich unter Begleitung passender Bibelverse und Lieder. Mit jedem Rundgang wächst die Freude, die schließlich fast zur Ekstase wird. Der anfangs wiegende Gang mit der Thorarolle im Arm wird zum Tanz, der in freudiger Begeisterung endet. Jetzt wird auch getrunken. Ohne daß sich darauf die Vorschriften des Rituals erstrecken und mehr als sonst. Aber die Heiterkeit artet nie zur Ausgelassenheit aus. Immer bleibt die Freude in den Schranken eines lebhaften religiösen Frohsinns. In der westlichen Welt sind tanzende Rundgänge im allgemeinen weniger üblich.

Während der Lesung oder auch während der ganzen Andacht sitzen die Bräutigame auf ihrem Sessel, eine Thorarolle im Arm, bis sie aufgerufen werden: der eine, um die Thora zu Ende zu lesen; der zweite, um erneut mit der Lesung von vorn zu beginnen. Diesen Aufruf begleiten eine längere Ansprache und viele gute Wünsche für die Bräutigame.

Nach dem Gottesdienst werden die Kinder bewirtet. Die Bräutigame und ihre Frauen verteilen zusammen mit vielen anderen Gemeindemitgliedern Süßigkeiten. Für die Kinder ist das ein großes Vergnügen, das sich jedoch nicht in der Synagoge, sondern beim Eingang, in der Vorhalle abspielt.

Mancher *Chatan Thora* veranstaltet an diesem Tag mit seiner Frau auch einen Empfang. Dazu ist er jedoch nicht verpflichtet.

Der Sabbat, der auf *Simchat Thora* folgt, heißt *Sabbat Bereschit*, d. h. der Sabbat der *Genesis* oder des 1. Buch Mose. Denn am Tag der Gesetzesfreude wurde ja nur ein erster Abschnitt gelesen, der mit *Bereschit*, d. h. am Anfang beginnt. In manchen Synagogen wiederholt man die Zeremonie mit dem *Chatan Thora*, dem Bräutigam. Das ist jedoch nicht vorgeschrieben, und jede Synagoge kann hier ganz nach Gutdünken verfahren. Das Leitmotiv der Liturgie zu diesem Fest ist natürlich die *Thora*. Ebenfalls erinnert man an ihren Lehrer und seinen Tod. Der Tod Mose ist im letzten Kapitel seiner fünf Bücher beschrieben.

Die ganze Freude zur *Thora* kommt im Gottesdienst in der Synagoge wie auch zu Hause zum Ausdruck. Anders und überschwenglicher als am Wochenfest. Aber auch hier wieder als Jubel über die Lehre. Als Jubel des Volkes, das Träger der *Thora* ist und das durch sie immer wieder getröstet, gestärkt und gestützt wurde.

Chanukka – Sein geschichtlicher Ursprung

Chanukka bedeutet Einweihung.

In diesem Zusammenhang bedeutet das Wort jedoch die Weihung des zweiten Tempels von Esra, der nach der Rückkehr aus dem Babylonischen Exil im Jahre 516 vor unserer Zeitrechnung gebaut wurde. Das war der Tempel, der fast 500 Jahre später als «Herodes' Tempel» bezeichnet werden sollte, denn König Herodes, getrieben von Baufieber und einer Vorliebe für Protzerei – in diesem besonderen Fall zwei Worte, hinter denen die gleiche Idee steht –, restaurierte und erneuerte den Tempelkomplex. Dieser gleiche Tempel wurde knapp einhundert Jahre später von den römischen Legionen geplündert, die dem jüdischen Staat im Jahre 70 n. Z. ein gewaltsames Ende bereiteten. Die einzigen Überreste des ganzen Gebäudes sind einige Steinreihen der westlichen Stützmauer für das Tempelplateau, jener Teil, der später als die «Klagemauer» bezeichnet wurde.

Wir sprechen jedoch nicht von der ursprünglichen Weihung dieses zweiten Tempels. Von den Feierlichkeiten anläßlich dieser Gelegenheit ist nichts überliefert. Vielmehr ist hier die Rede von der zweiten Weihung, einer neuen Weihung, die eng mit mehreren Ereignissen von kritischer historischer Bedeutung zusammenhängt.

Kyros der Große hatte sein Königreich der Meder und Perser auf den Ruinen des alten Babylonischen Reiches errichtet. Ungemein großmütig – zweifelsohne jedoch auch aus eigenen praktischen politischen Erwägungen – hatte er den judäischen Gefangenen eine schöne Gelegenheit geboten, ihre nationale Heimstätte auf dem Boden ihrer Väter in Kanaan wieder herzustellen. Zur Bestätigung unterzeichnete er eine Erklärung, die wie folgt beginnt:

«So spricht Cyrus, der König von Persien: Der Herr, der Gott des Himmels, hat mir alle Königreiche der Erde gegeben, und er hat mir befohlen, ihm ein Haus zu Jerusalem in Juda zu bauen» (Esra 1,2).

Als die Macht der Meder und Perser jedoch ungefähr einhundert Jahre später zusammenbrach und ihr Reich von der Karte getilgt wurde, hatte das neue Juda allem Anschein nach sowohl eine innere als auch eine äußere Erneuerung erfahren – obwohl es anfangs kaum mehr als eine verarmte Kolonie mit knapp 50 000 Einwohnern gewesen war. So stark war es denn auch schon geworden, daß es das begehrliche Auge des makedonischen Königs Alexander des Großen anzog, der sich nichts mehr wünschte, als seinen ausgedehnten Herrschaftsbereichen noch einen weiteren Besitz einzuverleiben.

Wir kommen jetzt zu einer Periode, die sich für die Geschichte der menschlichen Zivilisation von folgenschwerer Bedeutung erweisen sollte. Zusammen mit der Macht seiner Waffen brachte Alexander auch die Kultur Hellas' nach Asien. Und hier, in der neuen judäischen Heimat, prallte dieser Neohellenismus mit der biblischen Offenbarung zusammen. Die neu gegründete Stadt Alexandrien entwickelte sich schon bald zu einem lebenssprühenden, stürmischen Kulturzentrum. Seine geistige Gärung entsprang in einem nicht geringen Maß seiner intensiven Auseinandersetzung mit der Frage: Wem sollte es folgen, Athen oder Jerusalem? Der Einsatz war ungeheuer, und es entbrannte ein Kampf, der mehrere Jahrhunderte dauerte. Sein Ergebnis würde entscheidend sein für den weiteren Verlauf der Menschheitsgeschichte. Athen oder Jerusalem. Eine Synthese oder keine Synthese.

Jetzt nähern wir uns den Ereignissen, die zur Geburt des Christentums führten. Gleichzeitig stehen wir jedoch im Mittelpunkt des heftigsten Kulturkampfes, den das traditionelle Thora-Judentum im ganzen Altertum hatte führen müssen. Nie in seiner Geschichte war es mit einem Hellas zusammengestoßen. Genausowenig übrigens seither, zumindest nicht unter vergleichbaren Umständen.

Nach Alexanders Tod im Jahr 323 und der Auflösung seines Reiches hatten die Juden Palästinas zwei weitere Herren. Die ersten waren die Ptolemäer aus Ägypten, die einhundert Jahre später von den syrischen Seleukiden abgelöst wurden.

Dieser Zusammenstoß mit der sich ausbreitenden hellenistischen Kultur erschüttert Israel bis ins innerste Wesen. Eine starke hellenistische Flut baut sich auf, die zur Sturzflut wird. Hellas' Anhänger sind überall anzutreffen, in allen Kreisen und auf allen Ebenen. Sogar im Priesterstamm. Man findet sie unter den Dienern des Tempels, der nunmehr schon wieder seit 300 Jahren benutzt wird. Hier, direkt im Zentrum des Judentums, kommt es zum schicksalsschweren Kampf gegen die hellenistische Zivilisation – eine Schlacht auf Leben und Tod. Es bildet sich eine konservative Partei, die sich die *Chassidim*, d.h. die Frommen, nennt, verpflichtet dem alten Judentum des Gesetzes und den Überlieferungen. Die Hellenisten werden die Feinde des jüdischen Volkes. Den politischen Zielen Syriens ergeben, überreden sie König Antiochos IV. Epiphanes dazu, den Sieg des Hellenismus durch Waffengewalt zu besiegeln und in seinem Verlauf ein für allemal das Judentum zu vernichten. Ein Prozeß des moralischen Zwangs setzt ein. Der Tempel wird dem Zeus geweiht, den Juden jede religiöse Übung untersagt. Damit beginnt eine Periode jüdischen Martyriums.

Eines Tages erheben sich die *Chassidim* jedoch. Das Stichwort dazu gab ein alter Mann, Mattathias, vom Priesterstamm der Hasmonäer, der auch ihr Leiter wird. Wir schreiben jetzt das Jahr 167 vor unserer Zeitrechnung. Schon im Jahr darauf stirbt Mattathias. An seine Stelle tritt Judas, der von Mattathias' fünf tapferen Söhnen als der beste militärische Befehlshaber gilt. Inzwischen ist die Zahl der Rebellen auf eine tausendköpfige Armee angeschwollen.

Judas gelingt es, die Syrer in einer Schlacht nach der anderen zu schlagen. «Ihr Mund soll Gott erheben; sie sollen scharfe Schwerter in ihren Händen halten» (Ps. 149,6) war sein Kriegsruf und der seiner heldenmütigen Anhänger. Er brachte Judas den Beinamen «Makkabi» ein. Warum und wie, ist unbekannt. Ebensowenig ist sicher, wovon sich dieser Name und seine Bedeutung ableiten. Er könnte «Hammer» bedeutet haben im Sinn von Keule oder Knüppel, die im Krieg verwendet werden. In diesem Fall stimmt das Wort jedoch nicht ganz mit der hebräischen Schreibweise überein. Einem anderen Vorschlag zufolge wurde der Name aus den Initialen einer Zeile aus Mose «Lobgesang» gebildet (2. Mose 15,11), die auf deutsch so heißt: «Herr, wer ist dir gleich unter den Göttern!» In diesem Fall schmückten diese Buchstaben eventuell die Banner des makkabäischen Heeres. Diese Erklärung kann aus grammatischen Gründen nicht widerlegt werden. Eine dritte Möglichkeit, allem Anschein jedoch die am wenigsten einleuchtende, sieht in dem Namen die Initialen von Mattathias Kohen (d. h. Priester) ben (Sohn des) Jochanan, zusammen MKBJ. Hier fehlen die Vokale, die notwendig sind, um die Aussprache des Wortes zu erleichtern.

Im Laufe der nächsten drei Jahre vertrieb Judas Makkabi die Syrer aus dem Land, das einst den jüdischen Patriarchen gehört hatte. Im Jahr 163 v. Z., am 25. Tag des *Kislew*, des neunten Monats des jüdischen Kalenders, zog die Armee der Makkabäer in Jerusalem ein und hinauf bis zur Promenade des Tempels. Auf den Tag genau waren vier Jahre vergangen, seit Antiochos das Heiligtum besetzt und es in einen Schrein für den heidnischen Zeus verwandelt hatte.

Die Hauptschlacht war gewonnen. Es sollte jedoch noch 25 Jahre dauern, bis der Kampf mit der vollen – leider vorübergehenden – politischen Unabhängigkeit gekrönt sein würde. Knapp eine Generation später trat an die Stelle des syrischen Jochs die Oberherrschaft Roms. Der Kulturkampf war jedoch gewonnen. Hellas mußte seine Beute fahrenlassen. Jerusalem war gerettet, und das Judentum würde für immer bewahrt bleiben.

Der Tempel wurde unter allgemeinem Frohlocken gereinigt und neu geweiht. Überall wurden Lichter angezündet. Die Speere der Makkabäer, im großen Tempelhof aufgestapelt, wurden mit Lichtern behängt. Ihr Schimmer, der die heilige Stadt erleuchtete, konnte weit im umliegenden Land gesehen werden. Er kündete vom Ruhm des Siegs der Makkabäer.

Noch eine weitere Überlieferung – eine Sage über ein Wunder im Zusammenhang mit diesem Ereignis – erklärt, warum wir Chanukka als das «Lichterfest» begehen. Sobald der Tempel gereinigt war und alle Spuren des heidnischen Götzendienstes getilgt waren, kam der Augenblick, das ewige Licht anzuzünden. Jetzt stellte sich heraus, daß von den noch erhaltenen Krügen mit Weihöl nur ein einziger rituell rein war. Alle anderen waren entweder offen, teilweise aufgebraucht oder Zeus geweiht worden. Das Öl in diesem einen Krug reichte nur für einen Tag. Dank eines Wunders brannte das Licht jedoch acht Tage lang, was für die Weihe reichte und bis genug frisches Olivenöl herbeigeschafft werden konnte.

Zum Andenken daran wurde Chanukka, das Weihefest, für immer eingeführt. Vom 25. Tag des *Kislew* an gedenkt Israel acht Tage lang seines Kulturkampfes gegen den Hellenismus. Und der Sieg der Makkabäer, der die anhaltende Autonomie, die geistige Unabhängigkeit des Judentums gesichert hat, blieb trotz großer Widerstände bis zum heutigen Tag bewahrt.

Die Menora

Zum Chanukkafest wird die Arbeit nicht eingestellt. Das geschieht nur bei den biblischen Festen, wie im Pentateuch vorgeschrieben. Aber das Tempelweihfest – Chanukka – wird durch das Anzünden besonderer Lichter begangen. Am ersten Abend zündet man ein Licht an. Jeden Abend kommt eine weitere kleine Flamme dazu, bis am letzten Abend, dem achten, schließlich alle Lichter brennen.

Es versteht sich von selbst, daß diese Chanukkalichter in einer besonderen Lampe angezündet werden. Zum Beispiel kann sie acht Ölnäpfchen enthalten, die in einer Reihe nebeneinanderliegen. Das Ganze schön dekorativ verarbeitet. Und so sah wahrscheinlich die Chanukkalampe ursprünglich auch aus. Nie wurde sie aus Eisen hergestellt, wohl aber aus Messing, Kupfer oder auch aus Silber. Von dieser Lampe haben sich eine ganze Reihe sehr schöner alter und sogar antiker Exemplare erhalten.

Es war ganz natürlich, daß die Form der antiken *Menora*, des Leuchters aus Stiftshütte und Tempel, nachempfunden war. Denn die Überlieferung setzt ja die acht Gedenktage mit dem goldenen Leuchter in Verbindung.

Die biblische *Menora* wird im 2. Mose 25,31–40 und im 4. Mose 8,4 beschrieben. Weiterhin steht sie in den Visionen des Propheten Scharja (Kapitel 4). Und auf dem Titusbogen in Rom ist sie als Kriegstrophäe des römischen Kaisers Titus zu sehen. Allerdings entspricht die Abbildung dort nicht ganz der biblischen Beschreibung.

Entsprechend der Beschreibung in der *Thora* besteht die *Menora* aus einem mittleren Ast, von dem zu beiden Seiten drei Arme abzweigen, die einen nach oben gekehrten Bogen bilden. Sowohl der mittlere Ast wie die drei seitlichen Arme tragen in einer waagerechten Linie oben je ein Näpfchen für das Olivenöl einschließlich Ausgußschnabel und Docht. Werden die Lichter angezündet, brennen sieben Lichtflammen in einer geraden Linie. Der Leuchter ist so geformt, daß die sechs seitlichen Lichter, drei zu jeder Seite, dem mittleren Licht zustreben. Der Leuchter im Tempel war massiv aus reinem getriebenem Gold, geschmückt mit Kelchen, Knäufen und Blumen in der vorgeschriebenen Form und Zahl.

In der Stiftshütte und im Tempel stand dieser goldene Leuchter in dem Teil, der als das Heilige bezeichnet wurde. In seiner Mitte, dem Vorhang zum Allerheiligsten zugewandt – in dem sich Lade und Bundestafeln befanden, die es im zweiten Tempel schon nicht mehr gab –, stand der *goldene Altar* für das Räucherwerk. Und an der Wand, wahrscheinlich entlang der Längsseite rechts zum Eingang zum Heiligen, stand die *Menora*. Auf der Seite gegenüber stand der *goldene Tisch*, auf dem die *Schaubrote* lagen.

Also ein ganzer Komplex von Symbolen.

Die Bibel und insbesondere der Pentateuch zeichnet sich neben vielen anderen Eigenschaften durch eine bemerkenswerte Eigenart aus: Beschreibt sie Ereignisse und Personen, schildert sie sie wie ein Gemälde. Ohne Erläuterung, ohne Kommentar und ohne jede Begründung. Auch die Sinnbilder werden nicht erklärt, die Symbolik nicht erweitert. Die einzige Ausnahme sind die Gleichnisse der Propheten.

Dadurch bleibt alles frisch und neu und immer wieder aufs neue der geistigen Vorstellungskraft von Leser und Forscher überlassen. Immer wieder müssen wir die Tiefen des Gemäldes bis in seine entlegensten Winkel durchleuchten, das Geschilderte ergründen, betasten und neu nachvollziehen. Die Symbole wurden festgehalten. Es ist die Aufgabe des Lesers, die ganze Symbolik zu verstehen. Das läßt der Phantasie freien Lauf, der denkende Verstand kommt auf seine Kosten. Die Bibel läßt sich also nicht nur *lesen*, sie läßt sich *sehen*.

Auch darin liegt der ewige Zauber der Bibel.

Der heilige Charakter des Tempels mit seinen Symbolen erlaubt jedoch nur wenig Zweifel oder Ungewißheit. Für die Symbole kann man immer wieder neue Erklärungen finden und unterschiedliche Schlußfolgerungen ziehen. Aber die Wahl ist in diesem Fall allem Anschein nach nicht schwer. Mindestens ist sie aus jüdischer Sicht ganz eindeutig.

Seit jeher ist der Altar die erhöhte Ebene, auf der jede Macht und jeder Wille sowohl die geistigen wie die materiellen Gaben, das ganze Eigentum wie die ganze Schönheit dem Dienst der Gottheit dargebracht hat; die Ebene, auf der die Bindung zu Gott gesucht oder auf der versucht wird, sie wiederherzustellen.

Der Leuchter ist ein Lichtbaum, der sich in seiner höchsten Blüte entfaltet. Das Licht strahlt bis zu Gott empor, und ihm strahlen alle anderen Lichter entgegen, um in ihm aufzugehen, mit ihm zu einer Einheit zu verschmelzen. Dieser Leuchter streut sein Licht im Heiligen aus und beleuchtet über den Altar hinweg auch das Brot.

Dem braucht nichts mehr hinzugefügt zu werden.

Das ist die *Menora*, die der Überlieferung gemäß zur Zeit der heldenhaften Makkabäer zum Weihfest des Zweiten Tempels insgesamt acht Tage brannte – obwohl sie nur von einem kleinen Krug Öl gespeist wurde, das unversehrt gefunden worden war.

Deshalb verwundert es auch nicht, daß die Verzierungen der Chanukkalampe der Form des biblischen Leuchters nachempfunden sind. Allerdings müssen am Chanukkaleuchter acht Lichter brennen. Seitdem Kupfer für Ornamentik und Nippsachen so beliebt geworden ist, findet man überall kupferne Leuchter – antike und moderne, große und solche in Miniatur. Sieben- und achtarmige. Die achtarmigen besitzen zu beiden Seiten des mittleren Astes vier seitliche Arme, d. h. insgesamt acht Kerzenhalter. Nur an diesen Endstücken gibt es Halter. Der mittlere Ast trägt kein Licht; er ist jedoch meistens schön verziert. Der achtarmige Leuchter ist die *Menora* für das Chanukkafest.

In dieser *Menora* zündet man gewöhnlich Kerzen an. Denn es war weder in der Vergangenheit noch heute je vorgeschrieben, daß für das Chanukkalicht Öl verwendet werden muß, ganz zu schweigen von Olivenöl. Es steht sogar nirgends, daß die Lampe acht Lichter haben muß. Genausogut kann man acht einzelne Näpfchen oder kleine Lampen nehmen, sie in einer geraden Linie aufstellen und jeden Abend die richtige Zahl anzünden. Es darf durchaus die einfachste Form sein. So mancher hat auf seiner Reise schon die vorgeschriebene Anzahl von Kerzen einfach auf ein Stück Glas oder Holz geklebt. Wichtig ist also nur das Anzünden der Lichter. Die einen bevorzugen alte Chanukkalampen, andere verwenden lieber Olivenöl. Das ist jedoch alles nicht so wichtig. Wesentlich ist das Chanukkalicht selbst.

Die festlichen Lichter

Die Chanukkalichter werden zu Hause und in der Synagoge angezündet. In der Synagoge verwendet man dazu fast überall die *Menora*, den Leuchter mit Kerzen. In vielen Gemeinden hat dieser Leuchter einen festen Platz in der Synagoge, an dem er das ganze Jahr über steht, auch wenn es nicht Chanukka ist, und schmückt das Gotteshaus.

Zum Chanukkafest steht die *Menora* auf dem Podest vor dem Thoraschrank, seitlich rechts davor, wenn man das Gesicht dem Schrank zuwendet. Der Leuchter steht so, daß die Kerzen parallel zu den Seitenwänden der Synagoge verlaufen, d. h. von Westen nach Osten.

Angezündet werden die Lichter selbstverständlich in einer Zeremonie. Zu Beginn der Zeremonie wird dem Kantor eine brennende Kerze gereicht, mit der er das erwartete, freundliche und vertraute und doch immer wieder etwas geheimnisvolle Licht anzünden kann. Davor sagt man Segenssprüche. Der Kantor lobt Gott, «... der uns geheiligt durch seine Gebote und uns befohlen, das Chanukkalicht anzuzünden ...

König der Welt, der du Wunder erwiesen unseren Vätern in jenen Tagen zu dieser Zeit.» Und am ersten Abend folgt dem auch der Dank: «... König der Welt, der du uns hast Leben und Erhaltung gegeben und uns hast diese Zeit erreichen lassen.» Nach dem letzten Wort des Lieds zündet der Kantor das Licht an, und die erste kleine Flamme strahlt. Der Gottesdienst wird fortgesetzt, während die einsame kleine Flamme wie ein Stern im Raum leuchtet.

Am zweiten Abend werden mit der gleichen Zeremonie zwei Lichter angezündet, allerdings erst das neue Licht und dann das Licht vom Tag vorher. Am dritten Abend kommt das dritte Licht hinzu, und so geht es jeden Abend weiter, bis am achten Tag acht Lichter angezündet werden. Denn das Wunder des Lichtes wuchs ja einst auch mit jedem neuen Tag. Und mit ihm erhöht sich auch unser Lichterglanz. Und jedes neue Licht ist das besondere Symbol seines Tages.

Selbstverständlich stehen Liturgie und Gottesdienst im Zeichen des Chanukkafestes, obwohl man an Wochentagen wie üblich arbeitet. Am Sabbat kommen dann besondere Lieder und *Pijutim*, d.h. Gedichte, hinzu. Jeden Tag liest man beim Morgengebet das *Hallel*, Psalm 113 bis 118, oder singt es zum Teil auch. Ebenso liest man jeden Morgen einen Absatz aus der Thorarolle vor. Unter anderem auch den Abschnitt über den Opferdienst zur Tempelweihe, der im 5. Mose 7 beschrieben wird; dabei werden die ehemals zwölf Tage auf heute acht gekürzt. Die sonstige wöchentliche Vorlesung, die auch an diesem Sabbat erfolgt, ist erst bis zum Ende des 1. Buch Mose gelangt. Allerdings würde das Abrollen der Thorarolle vom 1. zum 4. Buch Mose den Gottesdienst zu stark aufhalten und stören, und wenn außerdem noch der Neumond von *Tewet*, dem zehnten Monat, der nur auf Chanukka fallen kann, ein Sabbat ist, liest man aus zwei Thorarollen vor.

Aber das große Ereignis der Chanukkafeier ist das Anzünden der Lichter zu Hause. Wenn möglich, erfolgt es zu Beginn des Abends, gerade wenn es dunkel geworden ist. Am besten ist es, wenn alle Familienmitglieder anwesend sind. Wie zum Beispiel vor dem Abendessen, damit die Lichter leuchten, während sie essen. Sie müssen nicht den ganzen Abend lang brennen. Aber sie müssen mindestens eine halbe Stunde lang brennen, bevor man sie löschen darf. Und das Licht muß gelöscht werden, damit man es am nächsten Abend zusammen mit einem weiteren wieder anzünden kann. Es braucht wohl kaum noch gesagt zu werden, daß das Chanukkalicht nicht zur Zimmerbeleuchtung verwendet werden darf. Denn es ist ja ein Symbol. Deshalb wird der Leuchter so aufgestellt, daß er nicht zur Beleuchtung dienen kann. Gleichzeitig muß auch die übliche Beleuchtung im Zimmer eingeschaltet werden.

An jedem Chanukkaleuchter gibt es neben den acht Näpfchen oder Kerzenhaltern einen neunten, der nach oben, nach vorn oder seitlich herausragt. Das ist der *Schammasch*, der Diener der Lichter. Diese Kerze wird dem Kantor brennend gereicht, damit er mit ihr die anderen anzünden kann. So verfährt er auch, selbst wenn ihm niemand diese Kerze reicht und er sie selbst aus dem Halter nehmen muß. Auch zu Hause zündet man die Lichter mit diesem *Schammasch* an. Ist aus Versehen ein Irrtum unterlaufen und wurde das Licht verwendet, um in seinem Schein etwas genau zu überprüfen, steht dieser Diener vor allen anderen Lichtern und versieht dadurch den unbeabsichtigten Dienst.

Zu Hause zündet nicht nur der Vater das Chanukkalicht an. Auch die kleinen Jungen dürfen es. Es ist ein Ereignis für die Familie, wenn der sechs- oder siebenjährige Kleine schon dazu in der Lage ist, die hebräischen Segenssprüche auswendig zu sagen oder sogar richtig zu singen. Geradezu ein Erlebnis für Eltern und Geschwister. Und natürlich ist sein Licht das schönste! Er wettet auch, daß es am längsten brennt – diese Wette gewinnt er allerdings nicht immer ...

Sobald alle ihre Lichter angezündet haben, folgen die Lieder; auch später nach der Mahlzeit, noch vor dem üblichen Abendsegen. Schöne Worte zu einer schönen Melodie, die in der ganzen jüdischen Welt bekannt ist. Zu Beginn dieses Jahrhunderts habe ich sie einmal zufällig in Tirol, in Meran gehört. Es kam mir vor, als sei ich einem lieben, alten Freund begegnet.

Solange die Festlichter brennen, unterläßt man die üblichen Tätigkeiten. Sogar die Mutter läßt ihre Arbeit ruhen. Die Chanukka-Abende sind mehr als nur ein Abend, an dem die ganze Familie beisammen ist. Mit den Kindern spielt man Gesellschaftsspiele, damit der Abend noch gemütlicher wird.

Seit das Judentum dank Theodor Herzl und dem Zionismus einen neuen Aufschwung erfahren hat, spielt Chanukka wieder eine wichtigere Rolle. Es ist kein anspruchsvolles Fest. Seine Symbole sind schön und einfach, und es besitzt einen großartigen historischen Inhalt, der zur Zeit der nationalen Wiedergeburt im tiefsten Herzen erfaßt und empfunden wird. Deshalb wird Chanukka seit einigen Jahrzehnten inniger und lebhafter gefeiert als früher. Vor allem wurde es ein Fest für die Kinder, zu dem es in Jugendklubs und -verbänden Vorstellungen gibt. Die Heldengeschichte der Makkabäer ist ein unerschöpflicher Stoff, aus dem Vorträge und Amateuraufführungen schöpfen. In der modernen jüdischen Literatur hat sich Chanukka einen wichtigen Platz erobert. Herzls «Diener des Lichts» ist unter seinen schönen Schriften und Essays immer noch ein Juwel der Literatur. Künstler und Kunsthandwerker haben in der *Menora* ein dankbares Motiv gefunden. Ihre Abbildung ist überall anzutreffen, in Kunstartikeln und als Illustration.

Inzwischen ziert die *Menora* auch schon des öfteren einen öffentlichen Platz. Das alles hängt zusammen mit dem Chanukkafest und dem Aufschwung sowie dem Erwachen des jüdischen Lebens, den der Zionismus herbeigeführt hat.

Tu Be'schewat – Das Neujahr der Bäume

In den letzten Jahrzehnten ist ein tiefer Wandel im jüdischen Leben eingetreten. Überall trifft man neue Entwicklungen an. Obwohl sie deutlich erkennbar sind, nimmt nicht jeder sie wahr. Denn allzu viele lassen sich eher von ihrem Verstand als von ihren Gefühlen leiten. Auch das Sehen ist eine Kunst, die nicht jeder beherrscht.

Zwar hat sich die Feier der Sabbat- und Feiertage kaum verändert, genausowenig wie die zeremoniellen Vorschriften für sie. Ihre Form liegt fest und bietet nur wenig Spielraum. Bibel, Talmud und eine jahrhundertealte Tradition haben Stabilität bewirkt. Zwar sind in ihrem Rahmen Belebung und neue Entfaltung möglich, aber hinzugefügt werden kann kaum noch etwas. Zwar gibt es eine ganze Fülle von Symbolen, die noch vertieft werden können, aber es herrscht kein Bedarf an weiteren Sinnbildern. Auf jeden Fall nicht in der Diaspora. Schrift und Überlieferung können in diesem Rahmen zwar noch inniger oder auch oberflächlicher, zwar gelöster oder fester werden – aber die Normen sind festgelegt und bleiben vorhanden.

Aber was nicht vom Ursprung her in der *Thora* wurzelt und von der Tradition noch nicht geistig oder inhaltlich bereichert wurde, kann sich in dieser Hinsicht weiterentwickeln.

Im jüdischen Leben gibt es eine Reihe feierlicher *Gedenktage*, deren Entstehung nicht auf der *Thora* beruht, sowie einige andere, die auch der Talmud kaum behandelt oder erwähnt. Nur solche fielen und fallen ins Auge, die mit einer Zeremonie zusammenhängen und zur festen Feier geworden sind. Wie Chanukka.

Aber es sind einige Tage, die in den meisten Fällen nicht feierlich begangen werden, für die es kein festes Zeremoniell gibt und die weder über Symbole noch einen symbolischen Hintergrund verfügen. Aber auch das ist inzwischen schon eine Sache der Vergangenheit, weil sich alles zusehends herausbildet. Bis vor einiger Zeit waren diese Tage kaum mehr als ein Vermerk im jüdischen Kalender. Jetzt werden sie von alt und jung zur Kenntnis genommen. Vor allem von der Jugend.

Da gibt es zum Beispiel den fünfzehnten *Schewat*. Schewat ist der elfte Monat im jüdischen Jahr. Dieser elfte Monat fällt in die Regenzeit. An diesem Tag sind die ersten Regentage meistens schon längst vorbei. Im gewöhnlichen Jahr liegt dieser fünfzehnte genau zwei Monate vor dem Passahfest, in einem Schaltjahr, das in neunzehn Jahren siebenmal vorkommt, drei Monate vorher. Das Passahfest fällt also in den Monat, in dem die Halme schon Ähren tragen, und das Frühgetreide ist denn auch im allgemeinen schon reif. Demzufolge muß der Boden in diesem Monat *Schewat*, dem elften Monat, bereits neue Wachstumskräfte enthalten und sich der neuen Fruchtbarkeit erschließen. Deshalb heißt der fünfzehnte *Schewat* – auf hebräisch: *Chamischa-assar be'Schewat* – seit jeher das Neujahr der Bäume (Mischna Rosch-ha-Schana 1,1). Es gab auch eine praktische Bedeutung, und zwar im Zusammenhang mit den jährlichen Abgaben des Obstertrags, die Pflicht waren. Es hatte also auch eine gesetzliche Bedeutung, solange das Volk Israel auf nationalem Boden lebte.

Aber in der Zerstreuung hatte solch ein Tag seine Existenzgrundlage verloren. Er stand lediglich im Kalender, damit man sich noch an ihn erinnert. Trotzdem hielt das jüdische Volk an diesem Tag fest und versuchte, ihn auch in der Diaspora irgendwie feierlich zu begehen. In der Synagoge wird das übliche Bittgebet, das *Tachanun*, ausgelassen. Im Familienkreis gedenkt man dieses Tags, indem man den Kindern Süßigkeiten gibt.

Allmählich weitete sich die Feier aus, es bildeten sich Kreise, und eine *Chamischa-assar-Tafel* wurde geschaffen. Abends stand auf dem Tisch eine Obstplatte, beladen mit allen möglichen Obstsorten. Auf ihr durften auch die Sorten nicht fehlen, die früher einmal den Ruhm des Heiligen Landes begründeten: Trauben, Feigen, Granatäpfel, Oliven und

Datteln. Heute werden diese Obstsorten aus Israel eingeführt und mit Vorliebe frisch gekauft. Für die religiöse Andacht gibt es auch eine kurze Liturgie mit hebräischen Auszügen aus der biblischen und nachbiblischen Literatur, die zur Mahlzeit von der Tischrunde gesagt werden.

Trotzdem spielte die Feier im jüdischen Leben der Diaspora keine besondere Rolle. Und ganz bestimmt nicht im Leben des Volkes. Zwar wird der Tag in jüdischen Schulbüchern erwähnt, dic Rede ist dabei jedoch nur von dem besonderen Gottesdienst in der Synagoge, nicht jedoch von der Feier. Zum Beispiel habe ich auf den über 500 Seiten des Buches «Choreb oder Versuche über Jissraels Pflichten in der Zerstreuung» von dem bekannten Rabbiner Samson Raphael Hirsch, das 1838 veröffentlicht wurde, keinen Hinweis auf diesen Tag gefunden – außer dem Datum, an dem das Bittgebet ausfällt.

Auch in dem bedeutenden Werk von Dr. M. Friedländer, «The Jewish Religion», gibt es lediglich einen Hinweis auf den Kalendertag, und die oben erwähnte Anmerkung aus der Mischna wird ganz knapp besprochen. Mehr nicht. Das gilt ebenso für das kleine, doch ausführliche Buch von Ludwig Stern: «*Amudé Hagolah* – Die Vorschriften der Thora – Ein Lehrbuch der Religion für Schule und Familie», das der Verfasser 1924 in Frankfurt am Main veröffentlichte.

Aber wie hat sich dieser Tag verändert! Heute ist es vor allem der Tag der Jugend. In Israel ist es der Tag, an dem feierlich Bäume gepflanzt werden, ein großes Fest vor allem für die Schulkinder. Israel muß neu bewaldet werden. An diesem Tag ziehen also ganze Schulen gesammelt ins Freie, eine nach der anderen, in großen Aufzügen, mit rollenden Trommeln und fliegenden Fahnen, um an den vorbereiteten Orten Stecklinge in den Boden zu pflanzen. Groß und klein beteiligt sich unter dem wachsamen Auge der Lehrer und Lehrerinnen. Das Pflanzen wird durch Ansprachen, Lieder und Spiele abgerundet. Besucher schildern in rührenden Berichten die begeisterten Aufzüge der Jugendlichen im heutigen Israel.

Die Jugendlichen in der Diaspora versuchen es den Altersgenossen in Irsrael nachzumachen. Schon seit langem haben sich Jugendversammlungen und Obsttafeln eingebürgert. Auch will man seine Symbole, und hier und dort werden Stecklinge gepflanzt. Und man trägt Sorge, vor allem Obst aus Israel auf den Tisch zu bringen, weil es mehr als nur einen frischen Geschmack bietet.

In einigen Ländern bieten jüdische Jugendliche das Obst aus Israel auch zum Verkauf an: Apfelsinen, Mandeln und andere Früchte. Die Einnahmen leiten sie dem Jüdischen Nationalfonds zu, der Boden im Land Israel kauft.

Auf diese Weise bildet sich der fünfzehnte *Schewat* zu einem neuen Symbol heraus, gekennzeichnet durch neue Taten. Symbole und Taten verjüngen sich. Davon zeugt vor allem dieser Tag.

Purim – Ursprung und Feier

Purim, das Losfest, war schon immer ein Tag der Freude und Heiterkeit in Israel, und es ist auch weiterhin allgemein beliebt. Ja, so beliebt, daß kein anderes Fest mit ihm wetteifern kann. Für *Purim* werden keine Opfer gefordert, es sei denn solche, die man bereitwillig bringt. Weder wird die Arbeit eingestellt, noch müssen die Geschäfte geschlossen bleiben. Das Fest stört weder im Betrieb noch im Beruf oder Amt. Zwar ist eine festliche Mahlzeit vorgeschrieben, Essen und Trinken ein Gebot. Genau wie die Freude. Und die Wohltätigkeit für die Armen: Mit der festlichen *Purim*-Mahlzeit soll Freude auch in ihre Häuser gebracht werden.

Der historische Anlaß zu diesem Fest steht in der Bibel: in der *Megillat Ester*, der Esther-Schriftrolle. Wie die anderen Schriftrollen wurde auch sie von erfahrener Hand auf Pergament geschrieben. Von diesen Rollen haben sich zahlreiche alte, künstlerisch wertvolle Exemplare erhalten. Beim Lesen sollte man das Folgende vor dem geistigen Auge vorbeiziehen lassen:

Wir befinden uns im persisch-medischen Reich, die große Schöpfung des großen Kyros. Dieser Kyros war der Erlöser, das von Gott erwählte Werkzeug, sein Gesalbter (Jes. 45,1), der den Juden die Befreiung aus der babylonischen Verbannung verkündete: «Der Gott des Himmels ... hat mir befohlen, ihm ein Haus zu Jerusalem in Juda zu bauen. Wer nun unter euch von seinem Volk ist ... er ziehe hinauf nach Jerusalem in Juda ...» (Esra 1,2–3).

Aber nur vereinzelt zogen sie zurück. Sie nahmen den Aufbau des väterlichen Erbes in Angriff. Wie schwer sie kämpfen mußten! Die Wohlhabenderen blieben jedoch in dem Land, in dem sie eine Obdach gefunden hatten. Mindestens anfangs mußten sie die Siedler und Pioniere auf Befehl der Behörden mit Geld oder Waren unterstützen.

Denn die Wegbereiter mußten im alt-neuen Land gewaltige Schwierigkeiten überwinden. Nicht nur wirtschaftliche Probleme bedrückten sie. Ihre politischen Gegner, die Samariter, die Ammoniter und viele andere, gewannen einen größeren Einfluß bei der persisch-medischen Regierung. Allmählich wurde das großartige Wort von Kyros kleiner. Zur gleichen Zeit ging auch die Einwanderung ins Land Israel, damals Judäa, zurück, genau wie die Unterstützung aus dem Land der Verbannung. Das große Reich mit den 127 Provinzen hatte viele Probleme. Eines davon war Judäa.

In welche Lage gerieten nun die Juden, die seinerzeit in Persien-Medien geblieben waren, statt dem Wort Kyros' begeistert zu folgen? Jetzt, da für ihr alt-neues Land und seine Entwicklung zu einem jüdischen nationalen Heim ein anderer Wind wehte? Und besonders die vornehmen und ersten Juden, die «im Tor des Königs» saßen? Welche Partei sollten sie jetzt ergreifen? Die persische oder die jüdische?

Der Midrasch schreckt nicht davor zurück einzugestehen, daß die Juden in Susa (Schuschan) ohne jede Bedenken an den rituell unerlaubten Mahlzeiten bei König Ahasveros – wahrscheinlich ist damit Xerxes gemeint – teilnahmen. Und auch ohne den Midrasch können wir uns bestens ausmalen, wie sie lebten und wie sie sich verhielten. Nach außen hin traten sie überall wie Perser auf und gaben sich königstreuer als der König. Dadurch kamen sie in den Genuß einer gewissen äußerlichen Freiheit, in Wirklichkeit waren sie jedoch Sklaven. Daher konnte Esther später auch ohne zu erröten erklären (Esth. 7,4): «Wären wir nur zu Knechten und Mägden verkauft, so wollte ich schweigen.»

Sie verschwiegen ihre Abstammung also, trugen Masken. «Es war ein jüdischer Mann im Schloß zu Susa, der hieß Mardochai ... ein Benjaminiter.» «Und ... Mardochai saß im Tor des Königs» (Esth. 2,5 und 19). Als nun aus Persien und Medien schöne Jungfrauen an den Hof gebracht wurden, damit der König seine Wahl treffen konnte, und Mardochai seiner Pflegetochter Hadassa (Esther) befahl, ihre Herkunft zu verheimlichen, handelte er nur im Rahmen der allgemeinen Mentalität der Juden im persisch-medinischen Reich und so, wie es unter den dort herrschenden gesellschaftlichen Verhältnissen üblich war.

Aber die Zeiten änderten sich. Es erstand ein Haman. Es half nichts mehr, verheimlichen zu wollen. Die alteingesessenen Perser wußten, wer zu ihnen gehörte. Den Mitgliedern von Mordechais Gruppe, die «im Tor des Königs» saßen, war bekannt, daß er ein Jude war. Und als er dem Befehl des Königs und Hamans, vor ihnen auf die Knie zu fallen, nicht unverzüglich nachkam, war das für diese Menschen unvorstellbar. Ein Jude, der nicht auf die Knie fallen wollte! Das war noch nie dagewesen! Sie waren neugierig, welche Folgen das haben würde. Deshalb erzählten sie es Haman, um festzustellen, ob Mordechai hartnäkkig an seiner Weigerung festhalten würde. Aber Mordechai hatte den historischen Wandel schon erfaßt. Er hatte ihn innerlich verändert. Und als die Prüfung kam, legte er die Maske ab. Er stand aufrecht, ein wahrer Jude, ein neuer Mensch, ein Mann der Tat. Innerlich befreit, in Frieden und Harmonie mit sich selbst.

Und er setzte alles aufs Spiel. Und er siegte.

Das soll den Hintergrund erklären.

Der Konflikt zwischen Haman und Mordechai gefährdete plötzlich das ganze jüdische Volk. Haman, der Mächtige, der Gewaltige, begnügte sich nicht mehr mit Mordechai, er forderte das Leben aller Juden im ganzen Reich seines Königs, von Indien bis Äthiopien. Und er darf frei über es verfügen. Wortwörtlich. Mit einem Los bestimmt Haman das Datum für seine Ausrottung: den 14. *Adar*. *Pur* ist das persische Wort für Los, von hier wurde der Name *Purim* hergeleitet. Die Vorschriften für die Ausrottung werden als Gesetz verabschiedet und in alle Provinzen des Reiches verschickt.

Die Bevölkerung von Susa und die anderer Ortschaften wird von der erregten Stimmung vor einem Pogrom ergriffen. Die Juden dagegen von Angst vor dem Pogrom. Die schöne Hadassa, Mordechais Pflegetochter, die seinerzeit unter den Jungfrauen auserwählt wurde, lebt jetzt als Königin Esther in einem der Königspaläste. Noch immer sind ihre Bande zu Mordechai stark. Mordechai fordert von ihr, sich für ihr Volk einzusetzen und, wenn es sein muß, ihr Leben aufs Spiel zu setzen. Sie gehorcht ihm: Sie bewahrt ihre Seele und gewinnt ihr Volk. Das Schicksal hat eine Wende genommen, unter den Juden herrscht große Freude.

Das Ereignis, wie es im Buch Esther geschildert ist, hat sich in der jüdischen Geschichte unzählige Male wiederholt. Auf diese Weise wurde es bald ein Gemeingut des Volksgeistes. Haman galt als Nachkomme des Amalek, der Erzfeind Israels. Er wurde der Prototyp des Judenhassers, der Vertreter des Antisemiten. *Purim* beweist, wie machtlos dieser Haß ist, und es ist das Symbol der immer wieder gewährten Errettung. Was können Antisemitismus und Pogrome uns schon anhaben? Wir sterben nicht!

Diesem Gefühl entspricht auch die *Purim*feier. Ihr geht ein Fastentag voraus, der *Fastentag Esthers*. Denn auch Esther und die vom Tode bedrohten Juden in Susa wie im ganzen Reich haben gefastet, bevor Esther ihren schweren Gang zum König antrat. Am Abend des Fastentages geht man in die Synagoge, wo die Schriftrolle Esther vorgelesen wird. Damit wird die Erinnerung an dieses Ereignis aufgefrischt. Vorgelesen wird aus Pergamentrollen, und zwar in Anwesenheit der ganzen Gemeinde. Die Stimmung ist eher freudig als gehoben. Der Vorleser sorgt für Abwechslung und trägt die Geschichte so vor, daß die Gemeinde sie miterlebt. Sobald der Name Haman erklingt, klopfen viele auf ihr Pult. Ja, es gibt sogar besondere Hämmerchen, mit denen die Jungen das Klopfen besorgen. Das Hamanklopfen! Ganz ohne besondere Umstände. Auch die Stimmung ist nicht weihevoll. Denn es ist ja *Purim*! Man tröstet sich so gern mit der historischen Gewißheit, daß die Rettung stets nah ist, der Feind immer besiegt wird!

Die *Purim*-Mahlzeit am Tag darauf ist eine festliche Mahlzeit. Auch Wein gehört dazu. Diesmal nicht wie am Sabbat, um die Königin damit zu begrüßen, sondern ganz einfach um zu trinken. Jetzt darf und soll man trinken. Natürlich warnen die Bücher mit den rituellen Vorschriften davor, Trinken nicht in Betrunkenheit oder Zügellosigkeit ausarten zu lassen. Aber Trinken ist Pflicht. Denn es ist ja *Purim*!

Freunde und Bekannte schicken sich gegenseitig Geschenke. Speisen und Getränke. Es gibt auch besonderes *Purim*gebäck: die sogenannten Hamantaschen, mit Mohnsamen gefüllte Teigbeutel.

An diesem Tag soll man jedoch vor allem an die Armen denken. Das ist noch wichtiger als Essen und Trinken. Auch in der Fachliteratur fehlen Ermahnungen in dieser Hinsicht nicht. Wie kann Freude im eigenen Haus herrschen, wenn man die Freude nicht auch ins Haus der Armen trägt? Jeder muß mindestens zwei Armen etwas spenden.

Natürlich ist *Purim* auch die richtige Zeit für alle Arten von Vergnügungen. *Purim*bälle und Umzüge werden veranstaltet. Ein Bild von Haman wird zur Zielscheibe, Mordechai wird verherrlicht und Esther als Königin gehuldigt. So gibt es seit dem Mittelalter schon die sogenannten *Purim*spiele, launenhafte Darstellungen, zum Teil Parodien biblischer Ereignisse und Gestalten. Auf den Straßen sind bunte Kleider und Kostüme wie im Karneval zu sehen.

In Israel werden diese lustigen, bunten Umzüge als *Ad-lo-jada* bezeichnet, bis man nicht mehr weiß (was man tut). Es heißt, zum Fest muß man so viel trinken, bis man zwischen «Gesegnet sei Mordechai» und «Verflucht sei Haman» nicht mehr unterscheiden kann.

Dauerhaften Segen hat *Purim* nicht gebracht. Das persisch-medinische Reich ist untergegangen, aber noch immer gibt es Pogrome. Haman ist noch nicht vom Erdboden verschwunden – aber auch Mordechai lebt weiter.

Das Passahfest – Der Auszug aus Ägypten

Nissan ist der Monat der Wunder. In der *Thora* heißt er der Ährenmonat. Erst sehr viel später erhielt er den Namen Nissan. Aber dieser Name steht bereits in den jüngeren Büchern der Bibel: Nehemia 2,1; Esther 3,7. Nissan wurde der erste Monat im jüdischen Kalender.

Er ist der Monat des *Auszugs aus Ägypten*. Dieser Auszug war das wichtigste Ereignis der jüdischen Geschichte, und zwar bis zum heutigen Tag auch des jüdischen Lebens, insofern es sich durch Symbole, Riten und Zeremonien ausdrückt. Fast alles hängt irgendwie mit dem Auszug aus Ägypten zusammen. Denn damit nahm ja die wunderbare Geschichte des Volkes Israel ihren Anfang.

Vor diesem hervorragenden Datum ist es die Geschichte der Stammväter, ihres Lebens als Vorbild, ihrer Bestrebungen als Ideal. Die Geschichte der ihnen angekündigten Verheißung: Erwartung für sie und Hoffung für ihre Nachkommen. Zuerst ist es die Geschichte der Sippe Jakobs in Kanaan und dann zum Teil in Ägypten. Aber später ist es keine Sippe mehr und auch kein Stamm. Es ist zu einem Millionenvolk angewachsen. Solange es noch in Ägypten lebte, kaum mehr als eine Masse von Millionen Menschen. Millionen Sklaven. Aber nach Ägypten: ein millionenstarkes Volk freier Menschen.

Ein neuer Tag, eine neue Epoche brach an.

Deshalb wurde dieser Monat des Auszugs der erste Monat des Jahres, wie im 2. Mose 12,1 vorgeschrieben.

Im Land unserer Vorfahren war das der Monat, in dem die Felder Farbe bekamen und das Getreide heranreifte. Der Monat, in dem die Natur aus dem Winterschlaf erwacht. Der Frühlingsmonat, in dem alles Leben sichtbar aufblüht, in dem auch die Hoffnung wieder jung wird.

In diesem Monat hielt das Volk Einzug in die Geschichte. Ein junges, soeben geborenes Volk wurde Mitglied der Völkerfamilie. Nicht für Jahrhunderte, allem Anschein nach für immer. Dank diesem wahrscheinlich größten aller Wunder wurde der Monat Nissan der großartigste Monat des Wunderbaren. Und das Fest des Auszugs wurde in diesen Ährenmonat gelegt.

Kein anderes Fest ist so beladen mit Symbolen wie das Passahfest. Zuerst einmal gibt es da das Passah- oder *Pessach*lamm (das «Osterlamm»). *Pessach* bedeutet Vorüberschreiten.

Die letzte der zehn Plagen – die Strafen, die Gott über Ägypten verhängt hatte –, der Tod alles Erstgeborenen, suchte das Land heim. Damit sollte für die Hebräer die Freiheit beginnen. Mitten in der Nacht, bei Vollmond. Also mitten im Monat. Sie mußten bereit sein. Für die neue Zeit, den neuen Tag. Den so plötzlich, so wunderbar geschenkten neuen Tag. Während der Mahlzeit.

Sie mußten ein Lamm essen. Mit seinem Blut sollten sie ihre Türpfosten und Schwellen an der Innenseite bestreichen. Das sollte das Zeichen sein. Außen durften ihre Häuser keine Zeichen aufweisen. Das Verderben kam nicht über sie, es schritt über ihre Behausungen hinweg: *Pessach*, das Überschreitungsfest.

In aller Eile mußten sie ihr *Pessach*, so hieß das Mahl, essen. Das *Pessach*lamm wurde nicht etwa langsam zubereitet, sondern schnell am Spieß gebraten. Nicht etwa sorgfältig in Stücke geschnitten, sondern es blieb ganz; keine Knochen durften gebrochen werden.

Auch war es keine festliche Mahlzeit. Man saß nicht am Tisch, sondern aß stehend, in ängstlicher Erwartung, bereit für die Reise, die Lenden gegürtet, den Wanderstab in der Hand. Von der Mahlzeit durfte nichts übrigbleiben. Denn am nächsten Morgen würden sie nicht mehr hier sein (2. Mose 12). Das ist *Pessach*.

Auch konnten sie keine Beilagen essen. Sie aßen nur ungesäuertes Brot: Matzen. Brot aus Wasser und Mehl. In aller Eile zu einem Teig geknetet und gebacken. Dieses Brot sollte das Wahrzeichen für die Eile werden, deshalb durfte der Teig nicht gären und aufgehen. Es sollte das Brot des Elends sein, das sie in der Sklaverei aßen, als sie nicht einmal Zeit für eine Mahlzeit in Ruhe hatten. Aber es sollte auch ihr erster Bissen als freie Menschen sein, als so plötzlich die Stunde ihrer Befreiung schlug. Also ungesäuertes Brot und das *Pessach*lamm. Auch bittere Kräuter: *Maror*. Denn die Ägypter hatten ihnen ihr Leben schrecklich bitter gemacht.

Jetzt, auf der Schwelle zur Freiheit, sollten sie es noch einmal kosten, als Symbol. Um den Unterschied zwischen Knechtschaft und Freiheit so richtig zu schätzen zu wissen.

Diese eigenartige, hastig verschlungene Mahlzeit war ihr erstes Mahl, das sie als freie Menschen aßen. Das war das *Pessach* des Ährenmonats. Wie schon gesagt, wurde dieser Monat, der später den Namen Nissan erhielt, von jenem Zeitpunkt an zum ersten Monat des Jahres bestimmt. Das Fest, das an dieses historische Ereignis erinnert und auch der Belehrung dienen soll, wurde auf den 15. Nissan angesetzt. Damit wurde aus der Frühlingsfeier der Natur im Ährenmonat auch der Frühling der Geschichte des Volkes Israel.

Der Auszug aus Ägypten wurde für das Volk Israel vor allem anderen zum Leitfaden. Es gibt kaum eine Feier, ein Gebot, weder einen Brauch noch eine Sitte, die nicht irgendwie mit dem Auszug zusammenhängen oder von seinem Geist und Inhalt erfüllt sind. Daß auch alle anderen Feste mit ihm in Verbindung stehen, versteht sich fast von selbst. Denn wie hätten alle anderen Feste geboren werden können, hätte es nicht erst diese Geburt des Volkes gegeben? Auch der Sabbat soll Israel an seinen Auszug aus Ägypten erinnern. Das befiehlt die *Thora* (die Zehn Gebote, 5. Mose 5,15). Und so steht es auch in allen Gebetbüchern und Segenssprüchen zum Sabbatbeginn. Auch die humanen Gesetze in bezug auf Fremde spiegeln die eigene Sklaverei in der Vergangenheit wider (2. Mose 23,9; 5. Mose 10,19). Selbst die Gebetsriemen haben etwas mit der Befreiung aus Ägypten zu tun (2. Mose 13,9 und 16).

Nach dem Auszug, als das Land der Väter wieder besiedelt war und das Heiligtum, später der Tempel, in Jerusalem stand, war das Passahlamm zum Teil Bestandteil des Opferdienstes. Aus ihm entwickelte sich eine festliche Mahlzeit. Zubereitung und Beilagen blieben die gleichen. Aber man aß es nicht mehr im Stehen noch in Reisekleidung. Dieser Opferdienst in Jerusalem war ein außerordentliches Ereignis. Zum *Pessah*mahl versammelten sich die Menschen in festlichen Gruppen. Der Auszug wurde in allen Einzelheiten geschildert. In der Zerstreuung, als der Tempel zerstört war, verlor diese Mahlzeit einen Teil ihrer Bedeutung. Aber *Matza* und *Maror* (die bitteren Kräuter) blieben bis zum heutigen Tag erhalten. Genau wie die Erzählung des Auszugs aus Ägypten an den ersten beiden Abenden des Passahfestes – das *Chag Hamatzot*, das Fest der ungesäuerten Brote, blieb ein frommer Brauch.

Die *Matza* gibt den Ton für das ganze Fest an. Sie verleiht der ersten Monatshälfte vor dem «Fest der ungesäuerten Brote» wie auch dem ganzen jüdischen Familienleben eine ganz besondere Prägung. Heute backt man weder die gesäuerten noch die ungesäuerten Brote zu Hause. Das Backen der *Matzot*, oder Matzen, wird durch zahlreiche Bestimmungen, Vorschriften und eine ganz besondere Technik geregelt. Heute erfolgt es in gut eingerichteten Betrieben unter der Aufsicht des Rabbinats.

Aber nicht nur das Brot muß ungesäuert sein. Kein einziges gegärtes Erzeugnis darf genossen werden. Weder als Speise noch als Getränk. Außerdem darf es im Haus nichts geben, was mit *Chametz*, d. h. Gesäuertem, vermischt ist oder mit ihm in Berührung kam. Alles Geschirr, alle Küchengeräte, die im Laufe des Jahres auch zur Zubereitung von gesäuerten Speisen benutzt wurden, dürfen nicht ohne eine besondere Behandlung zum Passahfest verwendet werden. Entweder müssen sie gemäß den Vorschriften rituell von allen Gärungselementen gesäubert werden, was einer chemischen Reinigung nahekommt, oder sauber gewaschen beiseite gestellt und durch andere; ausschließlich für den Gebrauch zu Passah bestimmte Geräte und Gefäße ersetzt werden.

Deshalb kommen zum jüdischen Passahfest auch mehrere besondere Artikel ins Haus, die alle unter der Aufsicht des Rabbinats behandelt oder zubereitet wurden. Aus dem Abstellraum wird das Passahgeschirr hervorgeholt. Es wird ein Umzug veranstaltet, fast ein neuer Haushalt eingerichtet. Was für ein reger Betrieb, was für eine Attraktion!

Und hinzu kommt der große Frühjahrsputz! Denn das ist die passendste Zeit. Vor allem muß jede Spur von Sauerteig entfernt werden, auch aus den verborgensten Winkeln. Fast sieht es so aus, als werde ein neues Leben begonnen. Neu und rein. Wie der wunderbare Anfang, als Israel durch Gottes Hand mit seinem Auszug aus Ägypten eine freie Nation wurde. Deshalb ist der große Frühjahrsputz gleichzeitig auch ein Sinnbild. Dadurch wird auch das allergewöhnlichste, das alltäglich Notwendige auf eine höhere Ebene gehoben.

Am Tag vor dem Passahfest wird auch das letzte Krümelchen Hefe vertrieben. Schon gleich nach dem Frühstück. Am Abend vorher wird ein Rundgang, fast ein Streifzug durch alle Zimmer gemacht, alle Schränke, Kästen und Schubladen durchsucht. Entdeckt man irgendwo noch etwas Sauerteig, wird er am nächsten Morgen zum Frühstück verwendet. Was danach noch übrigbleibt, wird nach dem großen Hausputz zusammengetragen und verbrannt – in einem kleinen Feuer, dem Passahfeuer, das eigens für diesen Zweck entfacht wird, wenn möglich im Garten oder Innenhof. Früher waren in den großen Städten, in denen diese Möglichkeit fehlte, solche kleinen Feuer auch auf der Straße zu sehen, in denen das *Chametz* verbrannt wurde. Manche Menschen, vor allem jedoch Kinder, machten aus dieser Not eine Tugend und verdienten sich damit etwas Geld, um die Kosten für das Passahfest etwas zu senken.

Nach dem Verbrennen wird offiziell erklärt und festgestellt, daß der gesamte Sauerteig sowie alles, was Hefe enthält, beseitigt wurde.

Natürlich ist man dabei auch schon nachlässig geworden, leider nur bei allzu vielen. Es wäre dumm und auch irreführend, den Eindruck wecken zu wollen, alle jüdischen Familien, die den jüdischen Glauben auch praktizieren, führten alle diese Handlungen gleich einem gottesdienstlichen Akt aus. Sie kennen sie noch vom Elternhaus her, und sie sind ihnen, ohne daß sie ihren tieferen Sinn begreifen, lieb und teuer. Sie haben gelernt, diese Handlungen als etwas Besonderes zu empfinden. Eine gewisse Heiligkeit wohnt ihnen inne, selbst wenn sie sie nicht in Worte kleiden können. Sie haben eine Bedeutung für sie, die nicht auf der Vernunft beruht, sondern auf ihren Gefühlen. Sie möchten auf das Ganze um keinen Preis verzichten, selbst wenn sie eingestehen, daß es für sie kaum mehr als eine Formsache ist.

Das alltägliche Leben mit seiner Routine ist das Gewöhnliche, das ganz Natürliche; aber nur unter normalen Umständen und Bedingungen. Symbole und Formen müssen sich in das Gefüge und Kulturbild des ganzen Lebens einfügen. Dann bringt auch der Rost der Nachlässigkeit sie nicht in Gefahr. Aber in der heiklen Lage der Juden in der Diaspora in bezug auf ihr eigenes Kulturbild mitten in einer fremden Kultur sind Routine und reine Formalität schädlich. Die Generationen von Kindern, die treu nachahmen, was sie bei ihren Eltern gesehen haben, empfinden in den meisten Fällen nur wenig Pietät dafür. Ihr Gemüt wird nicht angerührt. Warum sollte ihr Verstand es also noch billigen?

Häufig sehen die Menschen nicht richtig. Auch haben viele falsch gesehen und verkehrt nachgeahmt, was sie trotzdem als heilig betrachteten. So gab es zum Beispiel ängstliche Menschen, die der Meinung waren, die Handlung sei sinnlos, wenn sie nicht tatsächlich irgendwo etwas Sauerteig finden. Also sorgte die Hausfrau dafür, daß die Suche tatsächlich ein greifbares Ergebnis zeitigte, indem sie hier und dort vorher einige Stückchen Brot versteckte. Sie wurden gefunden, und die Zeremonie konnte durchgeführt werden. Aber unsere heutigen Kinder gewinnen, wenn sie solche Zeremonien sehen, dadurch nichts. Ist es unmöglich, sie auf andere Weise zu belehren, kommt ihnen dieses Ritual wahrscheinlich auch lächerlich vor. Und das ist nur ein Beispiel von vielen. Und doch ist der Glanz des Passahfestes immer noch eindrucksvoll.

Sobald sich der Duft der Reinheit und die Stimmung eines erneuerten Haushalts am Tag vor dem Passahfest in der jüdischen Wohnung verbreitet, warten alle heiter und leicht gespannt auf den ersten *Seder*abend (*Seder* bedeutet Ordnung). Dann erstrahlt das Passahfest im vollen Glanz. Für alle, alt und jung. Und sowohl für jene, die sorgfältig die Zeremonien des jüdischen Lebens befolgen, wie auch für alle anderen, die es damit nicht so genau nehmen. Denn der *Seder* hält immer noch die meisten Juden gefangen.

Der Sedertisch

Es wird Abend am 14. Nissan. Die Synagoge ist bereit für das Fest der ungesäuerten Brote und wartet auf ihre Besucher, meistens die männlichen Angehörigen der Familie. Es ist Zeit für das Abendgebet. Die *Peytanim*, die liturgischen Dichter, haben natürlich auch für diesen Abend passende Gedichte verfaßt. Sie wurden in den Gottesdienst aufgenommen, und sie sprechen vom Festtag und seiner Bedeutung. Vor allem von der Bedeutung dieses Abends, dieser Nacht des Auszugs. Der heiligen Nacht, über der der Schutz Gottes liegt. Den Abend kennzeichnen auch festliche Gedichte.

Im Gegensatz zum Sabbatbeginn oder zu anderen Festen sagt man zum Schluß dieser Abendandacht nicht die Benediktion über den Wein. Heute fehlt der Wein. Dieser Brauch ist nämlich für den Ortsfremden bestimmt, der zugereist ist und deshalb diesen Segensspruch am Sabbat oder den Festtagen nur in der Synagoge hören kann. Am *Seder*abend setzt man jedoch voraus, daß jeder ein Heim hat und ein gedeckter Tisch auf ihn wartet. Soweit es möglich ist, kehren alle, die außerhalb wohnen, an diesem Abend nach Hause. Und stärker noch als sonst steht auch das jüdische Haus Gästen offen. Am *Seder*tisch ist stets ein Platz für Freunde bereit, die nicht nach Hause gehen konnten.

Zu Hause ist der Tisch gedeckt. Alle tragen ihre besten Kleider, die Menschen und die Wohnung. Strahlendes Licht erhellt den Tisch, der mit dem besten, das man besitzt, gedeckt und geschmückt ist. Kommen die Männer aus der Synagoge nach Hause, ist der *Seder* bereit.

Alle feiern symbolisch den Auszug aus Ägypten. Die historische Bedeutung wird erklärt und seine Folgen aufgezählt, untersucht und erwogen und den Anwesenden erneut lebhaft ins Bewußtsein zurückgerufen.

Wie schon gesagt, bedeutet *Seder* lediglich Ordnung. Aber sein erweiterter Begriff beinhaltet den gesamten häuslichen Ehrendienst während der ersten beiden Passahabende. Im engeren Sinn bezeichnet *Seder* die Schüssel, die mitten auf dem Tisch mit allen Beilagen steht, den beredten Zeichen, die an die Geschichte des Auszugs erinnern. In Kürze wird sie aus dem Buch vorgelesen, das diese Erzählung enthält: die *Pessach-Haggada*. Jeder am Tisch hält ein Exemplar in der Hand, damit er der Erzählung folgen kann.

Die *Seder*schüssel muß nur ein großer Teller sein. Als erstes werden die Matzen darauf gelegt. Drei Matzen, jede mit einer schönen Serviette zugedeckt. Sie können auch mit einer einzigen, dreimal gefaltenen Serviette bedeckt werden. Es gibt auch besondere Teller mit drei einzelnen Vertiefungen für sie, das ist jedoch unwesentlich. Hier gibt es keine festen Vorschriften, ausschlaggebend sind Zweckmäßigkeit und Geschmack.

Beim *Seder* ist das Passahbrot weniger Nahrungsmittel als vielmehr ein Symbol, das zum Ritual gehört. Während der ganzen Festwoche ißt man die Matzen dann als tägliches Brot, das ja ungesäuert sein muß. Für diese Zeremonie zu Hause bereitet man deshalb auch oft besondere Matzen zu, die sich durch Form und Dicke von den alltäglichen Matzen unterscheiden.

In der Schüssel, oben auf den Matzen, liegt ein Knochen, an dem fast kein Fleisch ist. Es wurde getrennt über dem Feuer oder im Backofen gebraten. Da seit der Zerstörung des Tempels kein Opferdienst mehr gehalten werden darf, steht auf dem Tisch auch kein Passahlamm. Aber ein vielsagendes Symbol muß vorhanden sein: Das ist unser Knochen.

Außerdem gibt es auch die bitteren Kräuter: *Maror*, bestehend aus einem wirklich bitteren Meerrettich und, etwas weniger bitter, Radieschen und Gartenlauch. Auch eine Beilage steht auf dem Tisch: eine Mischung aus kleingehackten Mandeln, Äpfeln, Rosinen, etwas Zimt, Zucker und einem Schuß Wein. Diese Mischung ist der sogenannte *Charosset.* Ihre lehmartige Farbe soll an den Ton erinnern. Denn so steht es in der Bibel: «... zwangen die Ägypter die Kinder Israel unbarmherzig zum Dienst und machten ihnen das Leben sauer mit schwerer Arbeit in Ton und Ziegeln ...» (2. Mose 1,13–14).

Aber noch mehr liegt in der *Seder*schüssel. Denn als zur Zeit des Tempels in Jerusalem das Passahlamm gegessen wurde, begleiteten es mehrere Gerichte. Auch sie sind vertreten. Ein *Ei* liegt in der Schüssel. Was kann symbolischer bei einem Gericht sein als ein Ei? Außerdem ziert das Ganze noch etwas *Petersilie* oder *Sellerie.* Auch steht eine kleine Schüssel mit *Essig* oder *Salzwasser* auf dem Tisch. Denn unsere Vorfahren tunkten ihre Nahrung im allgemeinen in irgendeine Flüssigkeit.

Gelegentlich wird behauptet, das Ei sei ein Symbol der Trauer. Auch das stimmt. Kommen die Trauernden von der Beerdigung eines lieben Verstorbenen nach Hause, wartet auf sie als erstes Gericht Brot mit Eiern. Auch stimmt es, daß der *Seder*abend immer auf den gleichen Wochentag fällt wie der Vorabend des 9. *Aw*, dieser Unglückstag, an dem Staat und Tempel vernichtet wurden, der deshalb zum Andenken an die Zerstörung Jerusalems als Fastentag begangen wird. Aber das muß nicht unbedingt der Grund für das Ei in der *Seder*schüssel sein. Diese Erklärung ist entstanden durch endlose Kommentare und Erläuterungen zu den Kommentaren.

Und auch Wein steht auf dem Tisch. Nicht ein einziges Glas wie am Sabbat und anderen Feiertagen zur Begrüßung des heiligen Tages. Heute wird tatsächlich Wein getrunken. Denn schließlich feiern wir den Auszug aus Ägypten. Die Geburt der Geschichte unseres Volkes. Unsere Geburt als freies Volk. Dieses Ereignis wird geschildert, und wir wollen es neu miterleben. Für jeden am Tisch gibt es ein Glas oder einen Becher. Für alle Anwesenden: Männer, Frauen und Kinder. An diesem Abend werden vier Becher getrunken. Jeder trinkt, soviel er vertragen kann. Trotzdem artet die Feier nicht zum Trinkgelage aus. Der Wein ist ein Symbol, ein festlich geweihtes Getränk. Die Becher werden unaufhörlich nachgefüllt. Man möchte vor einem vollen Glas sitzen. Am liebsten hat man den Rotwein, zur Not tut es auch Rosinenwein!

Auf dem Tisch steht aber auch noch ein *fünfter Becher*. Auch er wird gefüllt. Er bleibt voll. Niemand trinkt davon. Das ist der Becher für den Propheten Elia.

Man trinkt an diesem Abend also vier Becher Wein. Viermal wird ein jüdischer Toast vorgebracht. Warum gerade vier?

Im 2. Mose 6,6–7 heißt es: «Ich ... will euch wegführen von den Lasten, die euch die Ägypter auflegen, und will euch erretten von eurem Frondienst und will euch erlösen mit ausgerecktem Arm und durch große Gerichte; ich will euch annehmen zu meinem Volk und will euer Gott sein ...»

Damit ist das Ziel des Auszugs aus Ägypten in einigen Begriffen umrissen. In vier oder fünf, je nachdem, wie man zählt. Diese und ähnliche, wichtige wie auch unbedeutende Fragen bleiben offen, bis sich die Lösung von selbst anbietet. Oder auch nicht. Oder, wie es im Talmud heißt: «Bis Elia kommt».

Auf diese Weise wurde auch die Frage der Anzahl der Becher gelöst. Der fünfte Becher ist für den Propheten Elia bestimmt. Obwohl es dieser Erklärung nicht an Geist ermangelt, ist sie eigentlich ziemlich nüchtern.

Im Volk wird das poetischer ausgemalt:

Einst, wenn der Tag der Erlösung naht, geht Elia voraus, um ihn anzukündigen. «Siehe – so singt der letzte der Propheten (Mal. 3,23) –, ich will euch senden den Propheten Elia, ehe der große und schreckliche Tag des Herrn kommt.»

Und ist heute nicht die Nacht des göttlichen Schutzes, die einst die heilige Nacht der Erlösung war? Wäre es also nicht natürlich, daß Elia möglicherweise kommt? Ausgerechnet heute abend, wenn ganz Israel, so zerstreut das Volk auch leben mag, auf der ganzen Welt beim *Seder* beisammensitzt, sich an die Erlösung erinnert und sie feiert? Darum steht der Wein für Elia bereit. Und etwas später wird ihm während der Zeremonie auch einen Augenblick lang die Tür weit geöffnet.

So dichtet, hofft und seufzt die Volksseele.

Wir sitzen jetzt alle am *Seder*tisch. Der Vater des Hauses leitet den Abend. Am zweiten *Seder*abend kann er diese Ehre ganz oder teilweise einem anderen Tischgast übertragen. In Klammern sollte erklärt werden, daß man in der Diaspora zwei *Seder*abende abhält, in Israel jedoch nur den ersten.

Zuerst wird der Feiertag mit dem *Kiddusch*, der Benediktion über Wein, begrüßt – genau wie am Sabbat und an Feiertagen. Aber heute hebt nicht nur der Hausherr den Becher zur Ehre Gottes und des Feiertags an, auch alle anderen Tischgenossen halten einen eigenen vollen Becher und trinken mit. Nach dem Segensspruch folgt feierlich der erste Trunk der Freiheit. *Der* Trunk der Freiheit.

Unsere Vorfahren saßen nicht am Tisch wie wir. Ihre Tafel war sehr viel niedriger. Zum Essen legten sie sich bequem hin, im allgemeinen auf die linke Seite, weil sie Becher und Speisen mit der rechten Hand nahmen. Nur die Sklaven durften sich nicht hinlegen. Das war das Vorrecht des freien Menschen.

Wenn wir also den Trunk der Freiheit genießen, beugen wir uns etwas nach links und stützen uns auf dem linken Arm. Dem Vater wurde sogar eine Art Sofa zubereitet mit zwei schönen Kissen oder mit schön gestickten Decken aus Seide. Sie werden als die «Lahn» bezeichnet, Deutsch-Jiddisch für Lehne.

Und jetzt beginnt der eigentliche *Seder*. Der Hausherr verteilt die Zutaten aus der *Seder*schüssel an alle Anwesenden. So essen sie zum Beispiel alle etwas Petersilie oder Sellerie und tunken sie genau wie die Vorfahren in Essig oder Salzwasser. Aber vorher werden dem Hausherrn die Hände gewaschen. Es ist keine symbolische Handlung, deshalb wird auch kein Segensspruch gesagt. Heute abend ist der Vater ein König. Deshalb bringt man ihm Schüssel und Kanne. Und er steht nicht etwa auf, sondern läßt sich bedienen.

Vor allem bei den Ostjuden war es üblich, daß der Hausherr, der den *Seder* leitet, an diesem Abend sein Sterbegewand anzog, das auch das Obergewand des Priesters war. Der Gedanke an den Tod ist hier weit entfernt. Im Gegenteil, es soll feierlich zugehen.

Jetzt bricht der Hausherr ein Stück der mittleren Matze ab und legt es auf die Seite; das ist der *Afikoman*, d. h. die Nachspeise, die nach der Mahlzeit verteilt wird. Aber nicht nur die Nachspeise ist symbolisch gemeint, das gleiche gilt auch für das Fleisch des Passahlamms. Alles, was einst im Tempel üblich war, darf nicht außerhalb des Heiligtums nachvollzogen werden. Deshalb gibt es kein Lamm, sondern nur den symbolischen Knochen. Auch darf kein Fleisch so gebraten werden wie damals das Lamm. Deshalb auch das symbolische Stückchen Matze. Es muß gut versteckt werden, und man darf es zum Schluß nicht vergessen. Der Hausherr legt es zwischen die Kissen der «Lahn».

Jetzt folgt die Erzählung vom Auszug.

Der Hausherr hat den Knochen und das Ei von der *Seder*schüssel genommen. Denn sie sind die Boten der Freiheit und passen nicht zu dem, was jetzt vorgetragen wird. Die Schüssel wird hochgehoben, und alle stützen sie mit den Worten:

«Dies ist das Brot des Elends, das unsere Vorfahren im Lande Mizrajim (Ägypten) gegessen haben.»

Dieser Teil aus der Pessach-Haggada, der Ostererzählung, wird nicht auf hebräisch gesagt, sondern auf aramäisch, das die Umgangssprache der Juden Babyloniens war. Also sehr alt und ehrwürdig.

Aber noch mehr wird gesagt, wenn alle die *Seder*schüssel hochheben. Das ist auch der Augenblick, in dem Menschen, die vielleicht auf den *Seder* verzichten müssen, ins Haus gerufen und an den Tisch geladen werden.

«Wer hungrig ist, komme und esse mit uns; wer bedürftig ist, komme und feiere das Passahfest mit uns.»

Dann bringen die Juden der Diaspora ihre alte, unvergängliche Hoffnung zum Ausdruck: «Dieses Jahr hier, nächstes Jahr in Israel. Dieses Jahr Knechte, nächstes Jahr freie Menschen.»

Die *Seder*schüssel steht wieder auf dem Tisch. Der erste Becher wird getrunken, der erste Toast ausgebracht. Die Gläser werden nachgefüllt.

Jetzt ist eine Kinderstimme zu hören. Der Jüngste fragt: *«Ma nischtana ...?»* Das sind die ersten Worte der bekannten Fragen: «Warum unterscheidet sich diese Nacht von allen anderen Nächten? In allen anderen Nächten können wir Gesäuertes und Ungesäuertes essen, in dieser Nacht nur Ungesäuertes. In allen anderen Nächten können wir allerlei Kräuter essen, in dieser Nacht nur bittere Kräuter. In allen anderen Nächten müssen wir kein einziges Mal eintunken, in dieser Nacht zweimal. In allen anderen Nächten können wir frei sitzend oder angelehnt essen, in dieser Nacht sitzen wir alle angelehnt.»

Das Kind stellt die Fragen der *Haggada* auf hebräisch. Es hat sie vorher heimlich gelernt, denn es soll eine Überraschung sein. Nur die Mutter war eingeweiht. Wie stolz sind die Eltern auf es!

Der Kleine stellt die Fragen für alle Anwesenden. Ist kein kleines Kind anwesend, fragt ein älteres. Oder ein Erwachsener. Und dann beginnt die Erzählung.

Die *Haggada* ist aufgeschlagen. Man liest aus ihr vor, oder sie dient als Leitfaden. Häufig wird sie leider automatisch dahergesagt. Wer könnte das verhindern? Sie ist kein Gebetbuch. Auch keine erbauliche Lektüre im eigentlichen Sinn.

Im 2. Mose 13,8 heißt es: «Ihr sollt euren Söhnen sagen an demselben Tage: Das halten wir um dessentwillen, was uns der Herr getan hat, als wir aus Ägypten zogen.»

Deshalb findet der *Seder* an diesem Abend statt. Die Erzählung, die *Haggada*, ist gewachsen, zu einem Buch hat sie sich entwickelt. Dieser Auszug aus Ägypten war der Faden, mit dem viele Gebilde gewirkt wurden. Glatte oder mit Illustrationen. Naive und künstlerische. Nüchterne und märchenhafte. Oberflächliche und tiefgehende.

Die *Haggada* ist vielschichtig. Man kann darüber hinweglesen, etwas herauslesen oder hineinlesen. Je nach Wissen und Geschmack. Man kann die alten Kommentare auskramen oder selbst neue hinzufügen. Ganz entsprechend der eigenen Veranlagung. Und je nachdem, wie sie gehandhabt wird, hört sich die Erzählung anders an.

Noch drei weitere Male befiehlt uns die *Thora*, die Geschichte unseren Kindern zu erzählen. Im 2. Mose 12,16–27: «Und wenn eure Kinder zu euch sagen werden: Was habt ihr da für einen Brauch?, sollt ihr sagen ...» Ähnlich im gleichen Buch 3,14. Und schließlich auch im 5. Mose 6,20: «Wenn dich nun dein Sohn morgen fragen wird: Was sind das für Vermahnungen, Gebote und Rechte, die euch der Herr, unser Gott, geboten hat?, so sollst du deinem Sohn sagen: Wir waren Knechte des Pharao in Ägypten, und der Herr führte uns aus Ägypten mit mächtiger Hand...»

Mit diesen Worten gibt der Vater Antwort auf die Fragen.

Aber schon bald weichen wir ab. Wir erwähnen unsere heilige Pflicht, uns an die Erlösung aus Ägypten zu erinnern und von dem wunderbaren Ereignis zu erzählen. Je mehr, desto lobenswerter. Auch die gelehrtesten Männer, die Weisen, fühlen sich darüber nicht erhaben und vertiefen sich an diesem Abend in Erinnerungen.

Und noch weiter weichen wir vom Thema ab. Wir erörtern die Tatsache, daß die Thora viermal befiehlt: «Ihr sollt euren Söhnen sagen ...» Jedesmal ist das Gebot in andere Worte gefaßt. Und auch die Antwort unterscheidet sich jedesmal leicht. Welche Möglichkeiten für den Homiletiker, den Prediger, den Dichter! Jeden, der das Wort gern als Quelle verwendet, um daraus Weisheit zu schöpfen und damit andere zu laben! Und davon wurde denn auch eifrig Gebrauch gemacht. Die *Haggada* wird zur *Aggadah* (der erzählende, nicht religionsgesetzliche Teil des Talmuds), zur moralisierenden Betrachtung, zur freien, gelegentlich symbolischen, aber immer von der dichterischen Weisheit getragenen Handhabung der Bibeltexte. Das zuletztgenannte zielt dem Augenschein nach auf Erläuterung, Exegese ab, ist meistens jedoch ein Einfügen schöngeistiger Gedanken. Denn ewige Worte haben ja auch ewigen Wert.

Dem schließen sich pädagogische Vorträge an.

Die aggadische Handhabung der Texte zeigt deutlich, daß die *Thora* bei dieser merkwürdigen Problemstellung vier verschiedene Kinder im Auge hatte: einen guten, forschenden, frommen Fragesteller; einen abfälligen, höhnischen Sarkastiker; ein unschuldiges, durchschnittliches Kind und schließlich ein einfältiges, gedankenloses Kind, das nicht weiß, was es fragen soll. Es gibt *eine* Antwort, für die keine Frage notwendig ist. Die drei Fragen sind den drei Charakteren angepaßt. Ihre Form versteht sich von selbst. Der Ton, in dem sie gestellt oder der in sie hineingedacht wird, sorgt für das übrige. Und alles paßt ausgezeichnet zusammen. Auf die Fragen werden die richtigen Antworten gegeben, die in den Bibelversen stehen. Manchmal etwas durcheinander. Aber auch das stört nicht weiter. Alles ist scharfsinnig, voller Geist und Weisheit. «Gewöhne einen Knaben an seinen Weg» (Spr. 22,6) wird in diesem schönen Spiel anschaulich illustriert. Diesen pädagogischen Unterricht erhalten wir am *Seder*abend so ganz nebenbei.

Dem folgen andere Bibelverse, die ähnlich analysiert werden. Dann kommt die Sprache auf die zehn Plagen Ägyptens. Wie könnte es anders sein? Auch sie werden auf den Seziertisch der *Aggadah* gelegt.

Unheilvolle Worte spricht man aber nicht gern aus. Man versucht, sie so schnell wie möglich abzuschütteln. Denn selbst wenn andere zur eigenen Person etwas Gutes, Glückliches wollen, «klopft» man den bösen Einfluß schnell «ab». Das ist wahrscheinlich auch die Absicht hinter dem Brauch, jedesmal einen Tropfen Wein aus dem Glas zu entfernen, sobald die Plagen aufgezählt werden. Das ist keine ernsthafte

Handlung, sondern nur ein hartnäckiger Brauch. Vielleicht auch der Gemütsruhe wegen.

Diesen Katastrophen, die unsere Rettung förderten, stehen Gottes Wohltaten an uns gegenüber. Jede einzelne, so singen wir im Chor, wäre allein schon ausreichend gewesen.

Schließlich kommen wir zu den Symbolen unseres Festes, die in der *Seder*schüssel liegen. Nachdem sie erklärt wurden, heben wir den Becher ohne zu trinken hoch, singen die beiden ersten *Hallel*-Psalter (113 und 114) und schließen mit Lob und Dank für die Errettung sowie mit einem Gebet um die endgültige Erlösung von Leib und Seele.

Jetzt trinken wir den zweiten Becher.

Gleich folgt auch die Mahlzeit. Vorher brechen wir wie zu jedem Sabbat oder festlichen Mahl das Brot, heute das ungesäuerte Brot. Aber vor dem Essen waschen sich alle Anwesenden die Hände. Jetzt ist es eine rituelle Handlung mit einem Segensspruch. Als erstes essen wir *Maror*, die bitteren Kräuter. Wir stippen es, zum zweitenmal am heutigen Abend, ins *Charosset*, die lehmfarbene Zulage. Und wir halten uns das bittere Sklavenleben vor Augen, das mit dem Auszug aus Ägypten zu Ende ging.

Und jetzt essen wir die Mahlzeit. An ihrem Ende holt der Vater die Nachspeise, den *Afikoman*, hervor, jenes Stück Matze, das er vor der Mahlzeit auf die Seite gelegt hatte, und verteilt es unter den Anwesenden. Häufig passiert es jedoch, daß er ihn nicht findet, weil eines der jüngeren Kinder, wahrscheinlich das jüngste, ihm heimlich entwendet hat. Er erhält ihn nur zurück, wenn er einen kleinen Preis dafür zahlt. Hatte der Vater wirklich nichts gemerkt ...? Dieses Spiel hat sich allem Anschein nach bei vielen eingebürgert. Es wurde begonnen als Mittel, die kleineren Kinder wachzuhalten und ihre Aufmerksamkeit zu fesseln. Wahrscheinlich auch, um diese Nachspeise nicht zu vergessen. Denn sie symbolisiert ja das Fleisch des Passahopfers.

Nach der Mahlzeit wird das dritte Glas gefüllt. Man sagt das Tischgebet. Jeder hat ein volles Glas Wein. Über Wein wird des öfteren, aber nicht immer, das Tischgebet gesagt. Wie am Sabbat und an Feiertagen, auf Hochzeiten und Beschneidungszeremonien. Der Wein gehört zur feierlichen Stimmung des *Seder*, zur Mahlzeit. Nach dem Dankgebet trinken alle.

Damit geht die Mahlzeit zu Ende.

Und jetzt geht der *Seder* weiter. Die Tür wird weit geöffnet. Denn heute ist die Nacht, in der der Schutz Gottes auf uns liegt. Wer könnte uns also etwas Böses antun? Wer würde uns überfallen?

In den meisten Ländern ist das eine Geste, für die kein besonderer Mut erforderlich ist. Aber im Mittelalter kam es oft vor, daß gerade am *Seder*abend Diebe und Mörder gerade auf diesen Augenblick in der Nähe lauerten, um die Feiernden zu überfallen. Und für Israel hat das Mittelalter lange angehalten und ist auch in unserem Jahrhundert noch nicht zu Ende. Aber auch früher, in Zeiten, in denen man sich der Gefahr bewußt war und praktisch mit ihr rechnen konnte, öffnete man die Tür in der Nacht der Erlösung. Wer anders als der Prophet Elia könnte schon eintreten?

Auch heute noch, wenn einer der Tischgenossen am *Seder*abend die Tür öffnet, überläuft uns so etwas wie ein mystischer Schauer. Dann wird das vierte Glas gefüllt, während wir das *Hallel* nun zu Ende singen, d. h. die Psalter 115 bis 118 und danach Psalm 136. Geschlossen wird mit dem schönen *Nischmat:* «der Odem alles Lebenden lobe Gott, den Herrn!», das auch in dem Morgengebet für den Sabbat und die Feiertage vorkommt. Und ganz zum Schluß sagt man noch einen abschließenden Segensspruch. Als Schlußwort kommen einige Schöpfungen der *Peytanim*, der liturgischen Dichter. Alle heben das Glas zum letztenmal und wünschen sich geseitig: «Leschana Haba be'Jeruscholajim!» – Nächstes Jahr in Jerusalem! Nach weiteren Segenssprüchen leeren wir das vierte Glas.

Eigentlich ist der *Seder* damit beendet, und wir könnten unser Büchlein schließen. In der *Haggada* stehen aber noch einige Volkslieder, die nicht vergessen werden. Es sind eigenartige, sehr alte Kettenreime. Das letzte dieser Lieder ist auf aramäisch und handelt von einem Lämmchen: *«Chad Gadja»*. Es beginnt mit den Worten «Ein Lämmchen, ein Lämmchen! Es kaufte sich mein Vater, zwei *Suse* galt der Kauf ...» (*Suse* waren kleine Münzen, die ungefähr ein Viertel des antiken Schekels wert waren.)

«Da kam voll Tück' und Hader die Katz und fraß es auf,
das Lämmchen, das Lämmchen, das Vater kaufte für zwei *Suse*.
Ein Hund, den es verdrossen, daß floß unschuldig Blut,
kam pfeilschnell hergeschossen, zerriß die Katz in Wut.
Die Katz, die fraß das Lämmchen, das Vater kaufte für zwei
Suse, das Lämmchen, das Lämmchen ...»

Und dann kam ein Stock ... ein Feuer ... Wasser. Der Reim wird jedesmal länger. Zuletzt kommt Gott.

«Gott richtet Welt und Wesen,
die Guten wie die Bösen.
Dem Würger gab er Tod zum Lohn,
weil er gewürgt des Menschen Sohn,
der hingeführt zur Schlächterbank,
den Ochsen, der das Wasser trank,
das ausgelöscht den Feuerbrand,
in dem der Stock den Rächer fand,
der Stock, der ohne Recht und Fug,
den Hud tot auf der Stelle schlug,
der in der Wut die Katz zerriß,
die das unschuldige Lämmchen biß,
das Lämmchen meinem Vater war,
er kauft es für zwei *Suse* bar,
ein Lämmchen, ein Lämmchen!»

Für viele ist das arme Lämmchen das Volk Israel, das in Stücke zerrissen wird und das seine Feinde verschlingen, die sich jedoch gegenseitig vernichten. Bis Gott dem ein Ende setzt.

Der *Seder* ist nun endgültig zu Ende gegangen.

Das Omerzählen

Das biblische Passahfest feiert nicht nur den Auszug aus Ägypten. Es ist auch ein landwirtschaftliches Erntedankfest für die Erstlingsfrüchte im Land Israel. Im Ährenmonat, den wir jetzt als Nissan kennen, beginnt die Ernte. Die erste Gerste ist reif und wird gemäht. Aber noch bevor von dem neuen Getreide Brot gebacken oder auch nur geröstete Ähren auf dem Feld gegessen werden durften, mußten die ersten Früchte als Gabe in den Tempel gebracht werden. Das befiehlt uns die *Thora* im 3. Mose 23,9–14.

Form und Menge dieser Gabe, die dem Priester überreicht wurde, war ein *Omer*, d. h. eine Garbe. In Mehl gewogen, entspricht das ungefähr dreieinhalb Pfund. Diese Garbe wurde natürlich in einer feierlichen Zeremonie überreicht, und zwar begleitet von weiteren Opfern. Auch das Schneiden der Garbe war und ist eine feierliche Handlung. Sie findet statt, wenn es nach dem ersten Tag des Festes der ungesäuerten Brote Abend wird. An den siebenTagen, die die *Thora* für das Passahfest vorschreibt, darf nur am ersten und siebenten Tag nicht gearbeitet werden 3. Mose 23,7–8). An den dazwischenliegenden Tagen, die auf hebräisch *Chol Hamoed* heißen, bleiben alle Vorschriften in bezug auf die ungesäuerten Brote sowie das Verbot von *Chametz* (Sauerteig) in Kraft. Aber das Verbot der Arbeit gilt nur für den ersten und den siebenten Tag. In dieser Hinsicht gleichen sie ungefähr einem Sabbat.

Und der erste Feiertag wird denn auch als Sabbat bezeichnet. Am Tag nach diesem Sabbat des Passahfestes, wie er in der *Thora* heißt, wird die *Omer*gabe in einer feierlichen Zeremonie dargeboten. Nach diesem feierlichen Akt fängt man zu zählen an, und zwar die Tage und Wochen. Sieben Wochen mit insgesamt 49 Tagen. Am Ende der Zählung, am 50. Tag, gibt es ein weiteres Fest.

Inzwischen ist die Erntezeit vorangeschritten, und der Weizen ist reif. Auch davon wurde dem Tempel einst eine Gabe erbracht. Zwei Brote aus Weizenmehl, jetzt wieder mit Hefe, jedes aus einer Garbe gebacken. Auch in diesem Fall wurden zur gleichen Zeit noch weitere Opfer erbracht. Das Fest, das nach sieben Wochen am fünfzigsten Tag stattfindet, wurde sinngemäß als *Wochen*fest bezeichnet. Auch Pfingsten hat übrigens seinen Namen nach dem griechischen Wort *pentecoste* erhalten, und es fällt ebenfalls auf den 50. Tag nach Ostern. Zum Wochenfest ist sowohl das *Omer*zählen wie das Einholen der Getreideernte beendet.

Für das Wochenfest hat die Bibel keinen anderen Tag festgesetzt als eben diesen fünfzigsten, der vom 16. Nissan gezählt werden muß. Anders wäre es gar nicht möglich gewesen. Wie schon weiter oben zu den Erläuterungen über den Kalender erklärt, hat ein Monat so viele Tage, wie der Mond für seinen vollständigen Lauf um die Erde braucht, nämlich 29,5 Tage. Aus ganz einleuchtenden Gründen kann nun jedoch ein Monat nicht mitten an einem Tag beginnen. Und dieses Problem stellte sich auch für das *Omer*zählen. Wären die Monate auf 29 oder 30 Tage angesetzt worden, wäre das Wochenfest nicht immer auf das richtige Datum gefallen. Die Bibel hat also den fünfzigsten Tag nach dem Tag des Garbenopfers bestimmt. Diese Zählung zeigt deutlich, wie eng in der *Thora* das Passah- und Wochenfest als landwirtschaftliche Erntedankfeste im Land Israel miteinander zusammenhängen.

Der Kalender wurde vor undenklichen Zeiten festgelegt. Das Wochenfest fällt entsprechend der Berechnung weiter oben auf den 6. *Siwan*. Eigentlich auf den 6. und 7. *Siwan*. In der Diaspora wurde nämlich jahrhundertelang jedem Fest ein weiterer Tag hinzugefügt, um sicher zu sein, daß der vorgeschriebene Feiertag tatsächlich am richtigen Tag eingehalten wurde. Deshalb feiern die Juden in der Zerstreuung das Passahfest acht, das Wochenfest zwei und das Laubhütten- einschließlich dem Schlußfest neun Tage lang. In Israel dagegen sind diese Feste um jeweils einen Tag kürzer.

In der Zerstreuung haben diese Feste ihren landwirtschaftlichen Charakter verloren. Nur das Passahfest hat sich sein Wesen als Frühlingsfest der jüdischen Volksbefreiung bewahrt. Und das Wochenfest ist heute ausschließlich das Fest der Offenbarung auf dem Sinai. Gemäß dem 2. Mose 19 fand sie zu Beginn des dritten Monats nach dem Auszug aus Ägypten statt. Entsprechend der Tradition heißt es am 6. Tag dieses Monats, am 6. *Siwan*. Die Zählung schlägt also eine Brücke zwischen Offenbarung und Geburt des Volkes.

Man zählt die Tage bis heute, und man bezeichnet es als das *Omer*zählen. Warum, dürfte eigentlich klar sein.

Wie schon oben gesagt, fängt man damit am zweiten *Seder*abend an. Das ist der erste Tag, der gezählt wird. Feierlich, im Stehen, wie immer mit einem Segensspruch, der jeder religiösen Pflicht vorausgeht. Dazu sagt man die Formel: Heute ist ein Tag seit dem *Omer*. Am zweiten Abend, wenn möglich nach Einbruch der Nacht, zählt man: Heute sind es zwei Tage seit dem *Omer*. Am siebenten Abend heißt es: Heute sind es sieben Tage, das ist eine Woche seit dem *Omer*. Am achten Abend: Heute sind es acht Tage, das sind eine Woche und ein Tag seit dem *Omer*.

So werden sieben Wochen und 49 Tage lang Tage und Wochen gezählt. Dabei lernt man auch, den unendlichen Wert von Wochen und Tagen zu schätzen, wie auch die historische Bedeutung dieser Zeit für das jüdische Jahr zu begreifen.

Auch in der Synagoge findet jeden Abend das *Omer*zählen statt. Beim Abendgebet. In der *Omer*zeit findet die Andacht im allgemeinen nach dem Einbruch der Nacht statt. Außer am Freitagabend: dann hält man sie wie immer zu Beginn des Sabbats vor Einbruch der Nacht.

Eigentlich ist das *Omer*zählen aber nicht an der Synagoge gebunden, ja nicht einmal an einen Gottesdienst oder eine Betstunde. Man kann überall und jederzeit, auch am Abend und die ganze Nacht hindurch, *Omer*zählen. Sogar noch am Tag, falls man es am Abend vergessen hat. Dann sagt man nur den Segensspruch nicht, weil man der Pflicht nicht zur richtigen Zeit nachgekommen ist. Aber man darf vor allem keinen einzigen Tag auslassen. Denn dann fehlt ein Glied, und die Kette der Tage ist unterbrochen. Deshalb gibt es viele, die in ihrem Haus ein Zeichen anbringen, das sie an das Zählen erinnert. Vor allem für den Freitagabend, weil dann in der Synagoge nicht gezählt wird. In der Synagoge, wo man übrigens nie etwas vergißt oder übergeht, gibt es Vorrichtungen, in die man zu verschiedenen Anlässen kleine Tafeln einschiebt. Sie enthalten die Überschriften der Fragmente, die gelegentlich in die Liturgie eingeschoben werden. Zur *Omer*zeit findet man dort auch *Omer*tabellen, kalenderartige Blätter, von denen man jeden Abend das Zählen der weiteren Tags ablesen kann. Solche *Omer*tafeln hängen einige auch bei sich zu Hause auf. Es gibt davon sehr alte, kunstvoll bearbeitete Exemplare. Sie zeugen von der Liebe und Sorgfalt, mit dem dieser Brauch gehegt wird.

Natürlich hat sich für dieses feierliche Zählen auch eine eigene Liturgie herausgebildet. Sie ist nicht besonders bedeutsam. Nach dem Zählen sagt man ein kurzes Gebet. Auch liest man den Psalm 67. Und dieser Psalm besteht im Original nach Vers 1, dem Titel, aus genau 49 Worten.

Passahfest – Omerzeit – Wochenfest

Auch die rabbinische Literatur und der Talmud betrachten das Wochenfest als so sehr mit dem Passahfest verbunden, daß sie es außer mit seinem biblischen Namen *Chag Schawout*, d. h. Wochenfest, ebenfalls mit *Atzeret*, d. h. Abschluß, anführen. Einfach als *Atzeret*, nicht als *Chag ha'Atzeret*, siebenter Tag des Passahfestes, wie *Schemini Chag ha'Atzeret*, der Tag des Schlußfestes, mit dem das Laubhüttenfest zu Ende geht.

Die Wochen zwischen dem Passah- und dem Wochenfest waren wahrscheinlich in biblischen Zeiten und auch noch danach, zur Zeit des Tempels, als Israel wie ein normales Volk lebte, frohe Wochen im jüdischen Leben.

Der Frühling war ins Land eingezogen und die Ernte in vollem Schwung. Die Natur im Land Israel singt ihr Morgenlied; dazu schlagen die Mäher mit der Sichel im Takt, und die Binderinnen binden fröhlich die Garben wie Kränze zum Erntefest. Das ist die Zeit, in der es unschuldige dörfliche Idylle wie die in Bethlehem gab, mit Noëmi, Ruth und Boas als Hauptakteuren.

Das ist auch die Jahreszeit, die einer langen Hitzeperiode vorausgeht, wenn die Dürre eines langen Sommers nur durch reichlichen nächtlichen Tau gemildert werden kann. Und dieser Tau ist denn auch Gegenstand vieler Hoffnungen.

Das alles findet seinen Widerhall in der Synagoge. Die Bitte um Tau ist ein wichtiger Bestandteil des Festgebets am ersten Passahtag. Die *Peytanim*, die liturgischen Dichter, haben sich diesen Stoff und diese Gelegenheit nicht entgehen lassen.

Fällt der Sabbat mitten in die Passahwoche, wird die Lesung des *Hohelieds* eingeschoben. Ist das nicht der Fall, verlegt man diese Lesung auf den Sabbat des siebenten oder achten Festtags.

Die Talmudweisen haben es gewagt, das Hohelied, trotz seines unverkennbar erotischen Charakters, in die Reihe der heiligen Bücher einzureihen. Der große Rabbi Akiba, der die Seele des Bar-Kochba-Aufstands war, des letzten Freiheitskampfes gegen Rom (131–135), und der als erster Material für die Mischna sammelte, sagte: Alle Bücher sind heilig, doch das Hohelied ist das Allerheiligste (Mischna Jadajim 3,5). Es ist also ein Hochzeitslied über den Bund Gottes mit Israel, der mit dem Auszug aus Ägypten besiegelt wurde. Kein Satz und keine Anspielung im ganzen Buch, für die diese Allegorie nicht in einer meistens sehr poetischen Form zum Ausdruck kommt. Deshalb behauptet das Hohelied auch heute noch, da das Passahfest nur noch als Fest des Auszugs gefeiert wird, in der Synagoge seinen Platz.

Darüber hinaus war es eine Inspiration für die *Peytanim*, die liturgischen Dichter. Genauso wie für die Verfasser der Bitten um Tau und Regen.

Diese Passahsammlung enthält mehrere wirklich schöne Gedichte. Herrliche Frühlingsblüten, die den Duft des Landes ausströmen. Genau wie das Hohelied Salomos.

Das Buch Ruth wird am zweiten Tag des Wochenfestes in der Synagoge gelesen. Denn die Erzählung spielt im Zeitraum zwischen Gersten- und Weizenernte. Die glückliche Verbindung zu den Jahreszeiten, zur Erde und Landwirtschaft im Land der Vorfahren hat die Synagoge also keineswegs aufgegeben.

Trotzdem ist die *Omer*zeit im jüdischen Leben kein großes Freudenfest.

Während der römischen Herrschaft starben zur *Omer*zeit zahlreiche Schüler von Rabbi Akiba, einem großartigen Gelehrten jener Zeit. Schon damals senkte sich über den frohen Jahresbeginn dunkle Trauer. Später hat die Verbannung die Freude noch stärker getrübt. Unzählige Verfolgungen haben gerade die *Omer*zeit dunkel überschattet. Vor allem das Mittelalter hat blutige Spuren hinterlassen. Unter anderem trugen die Menschenmassen, die im ersten und zweiten Kreuzzug mitzogen, Entsetzen und Verderben in die jüdischen Gemeinden Lothringens und des Rheins. Seither schwebt eine melancholische Stimmung über den Tagen und Wochen, die zwischen Passah- und Wochenfest gezählt werden.

Dichter und zeitgenössische Verfasser haben die Leiden jener Zeit in Trauerliedern festgehalten und der Nachwelt hinterlassen.

Wieder einmal war die Synagoge die Schule des Volkes, in der die nationale Trauer im Gesang zum Ausdruck gebracht wurde. Und immer noch wird. Von diesen Elegien wurde so manche in die Sabbatliturgie für die *Omer*zeit aufgenommen. Sie werden in Moll gesungen, eine Tonart, die übrigens in allen Melodien vorherrscht.

Aber auch als sich der dunkle Nebel des Mittelalters lichtete, wurde der Trauerflor aus dem jüdischen Leben nicht entfernt. Denn auch die jüngere und sogar die jüngste Geschichte haben immer neuen Stoff für die Klagelieder geliefert. Die *Omer*zeit ist also so etwas wie eine Zeit der Trauer. Während sie andauert, feiert man keine besonderen Feste. Es werden keine Ehen geschlossen. Man trauert, und auch die äußere Erscheinung sieht weniger gepflegt aus: man gibt sich weniger Mühe bei der Pflege von Haar und Bart.

Allerdings gilt das nicht für die Tage, die noch in den Monat *Nissan* fallen. Denn im *Nissan* überwiegt die Freude noch die Betrübnis der *Omer*tage. Genausowenig gilt das für die letzten drei Tage, die schon das Licht des bevorstehenden Wochenfestes erhellt. Denn die drei Tage vor der Offenbarung waren Tage der Vorbereitung, Absonderung und Weihe (2. Mose 19,11-16). Deshalb heißen diese drei Tage im jüdischen Festkalender *Scheloschet Jemé Hagbala*, d. h. die drei Tage der Umfriedung.

Und noch einen Tag gibt es während der *Omer*zeit, der von der Trauer ausgenommen ist: der 33. Tag der *Omer*zählung, oder hebräisch: *Lag be'Omer*. Schon seit vielen Jahrhunderten. Gemäß der Überlieferung hörte das Sterben unter Rabbi Akibas Schülern an diesem Tag auf, und damit schwand auch die Angst. Seither ist der *Lag be'Omer* kein Tag der Trauer, sondern ein halber Feiertag, den man besonders in Israel feierlich begeht.

Und damit geht diese Kette von Tagen mit den 49 Gliedern, von denen sieben größer als die anderen sind, zu Ende; das Wochenfest bildet den Abschluß des Passahfestes.

Im Gegensatz zum Fest der ungesäuerten Brote, in dem es von Symbolen nur so wimmelt, gibt es für *Schawuot* praktisch keine. Aber es ist ein Ruhetag, an dem man nicht arbeitet, und man begeht es als *Jom tov*, d. h. als Feiertag. Unter den Bedingungen der Diaspora merkt man natürlich nichts von seinem Charakter als einem typischen landwirtschaftlichen Fest. Als einziges würde darauf hinweisen, daß *Schawuot* einem *Blumenfest* nahekommt. Haus und Synagoge sind voller Blumen. Sie sollen wohl auch der *Thora* als Festgewand dienen, die Israel damals gegeben wurde, und zugleich die Freude über die Ernte zum Ausdruck bringen.

Die ganze Synagoge wird mit Blumen geschmückt, vor allem jedoch der Thoraschrank, in dem die heiligen Gesetzesrollen aufbewahrt werden, und die *Bima*, das Podest, auf dem der Vorleser aus der *Thora* liest. Aber keine Vorschriften noch besondere Riten schreiben das ausdrücklich vor. Denn am Wochenfest soll die Synagoge vor allem das Licht vom Sinai widerspiegeln.

Gegenstand der Thoralesung sind Vorbereitung und Offenbarung der *Zehn Gebote* oder des Dekalogs (2. Mose 19 und 20). In der jüdischen Literatur heißen sie auch die *Zehn Gottesworte* oder die *Zehn Gottessprüche*. Nicht alle zehn sind Gebote, die meisten sind Verbote. Die *Thora*, ihre Entstehung, ihr Wesen und Inhalt, ihre Bedeutung und Wirkung bilden die Grundlage für den überwiegenden Teil der Festgedichte.

Darüber wird auch «gelernt». Am Vorabend, wenn die sieben Wochen verstrichen sind; wenn die Nacht anbricht, nach dem Abendgebet. Und später auch zu Hause, wenn die Feier mit Wein und Segensspruch eingeweiht wurde. In den Lehrsälen versammeln sich die Menschen in Gruppen und lesen gemeinsam Abschnitte aus der *Thora* und anderen Bibelschriften. Meistens Fragmente, die direkt oder indirekt mit der Offenbarung auf dem Sinai zusammenhängen.

Die Besucher im Lehrsaal studieren die Mischna, hören einen gottesdienstlichen Vortrag, singen eine Hymne und kehren erst spät in der Nach nach Hause zurück. Früh am Morgen kommen sie wieder in die Synagoge zum Gottesdienst, der voll ist mit Gedanken über die Thora. So mancher setzt die nächtliche Lehrübung auch bis zum frühen Morgen fort und bleibt gleich zum Morgengebet in der Synagoge.

Auf diese Weise hat sich das Wochenfest zum Fest der Gesetzgebung entwickelt. Und das ist sein einziges Kennzeichen.

DIE FASTENTAGE

Fasten

Kummer ist häufig der Grund, warum jemand fastet. Ein Schmerz wird so tief empfunden, daß er denjenigen, den er heimsucht, völlig lähmt, innerlich verzehrt und doch vollkommen ausfüllt. Seine Energie, sein Lebenswille sind gebrochen. Er denkt an nichts anderes als an sein Leid und dessen Ursache. Dieser Gedanke nimmt seine ganze Aufmerksamkeit in Anspruch und stumpft alle Gefühle für körperliche Bedürfnisse ab. «Mein Herz ist geschlagen ... daß ich sogar vergesse, mein Brot zu essen» sagt der Dichter in Psalm 102,5 über diesen Zustand tiefster Betrübnis. Man verschmäht es, etwas zu essen. Fast empfindet man es als Störung des heiliggehaltenen, intensiven Gefühls, das keinerlei Ablenkung duldet. Alles, was darüber hinausgeht, betrachtet man als überflüssig; man verachtet es, hält es für Unsinn. Selbst wenn Essen und Trinken nicht völlig eingestellt werden, erfolgen diese Handlungen doch halb mechanisch. Der Leidende selbst rührt keinen Finger dazu. Speise und Trank müssen ihm angeboten werden, und er muß ermutigt und dazu überredet werden, überhaupt etwas anzunehmen. So machte es das Volk mit David, als Abners Tod ihn so schwer betrübte (2. Sam 3,35)

Aber es ist nicht die Lustlosigkeit des Schwermütigen, dessen Seele so krank ist, daß auch Trost und gutes Zureden nicht mehr helfen. Er weigert sich, Nahrung zu akzeptieren, und wehrt sich gegen jeden Versuch, mit dem man ihn dazu überreden will.

Im ersten Fall ist die Apathie glücklicherweise nur vorübergehend. Früher oder später fordert die Natur ihr Recht. Der so schmerzlich Getroffene meint zunächst, die Welt stehe mit seinem Unglück still, und er kann sich nicht vorstellen, daß die Sonne auch weiterhin scheint und daß der Wind nicht zu wehen aufhört. Und daß sich die Menschen weitertreiben lassen. Aber die Welt dreht sich weiter, und sie reißt ihn mit ihrer Bewegung mit. Bald sieht er ein, daß er mitgehen muß. Und so paßt er sich erst instinktiv und dann bewußt ihr wieder an, um sein Gleichgewicht zu bewahren.

Dann hat das Fasten ein Ende.

Das Fasten kann auch Ausdruck von Angst, seelischer Beklemmung oder auch Furcht vor einer tatsächlich drohenden Gefahr sein. Physische Gefahr oder geistige Not. Oder beides gleichzeitig. Man leidet, man klagt. Und man wendet sich an den himmlischen Vater und betet. Mit und durch das Fasten fleht man um Gottes Beistand, daß Er das Unheil abwendet. Fastentag und Betstunde gehören zusammen.

«Blast die Posaune zu Zion, sagt ein heiliges Fasten an ...» (Joel 2,15). Oder:

«... und ließen ein Fasten ausrufen und zogen alle, groß und klein, den Sack zur Buße an» (Jona 3,5).

Nur zwei Zitate aus den zahlreichen, die in der Bibel vom Fasten sprechen. So verfuhren die Vorfahren. Und so handelt auch der Mensch von heute. Formell oder auch anders.

Die Bibel erwähnt nicht nur den großen Versöhnungstag als Buß- und Fastentag. Die hebräische Fassung des Pentateuch spricht im Abschnitt zum *Jom Kippur* mehr von Kasteien als vom Fasten (3. Mose 16,29 und 23,27 sowie andere Stellen). Trotzdem war das Fasten gemeint, das schon zu biblischen Zeiten gebräuchlich war. Das geht klar aus Jesaja (Kapitel 58) hervor, wo das rein formalistische, inhaltsleere Fasten scharf angegriffen wird.

Schon die Bibel erwähnt Fastentage als nationale Trauertage. Sie wurden eingeführt und akzeptiert, nachdem das erste Staatsgefüge zusammenbrach. Die größten Unheilstage, die Ablauf und Umfang der nationalen Heimsuchung veranschaulichen, gelten seither als Trauertage. An diesen Fastentagen vereinigte sich die Reue mit der Buße. Und zwar waren es:

– der Tag, an dem König Nebukadnezar, der Babylonier, die Belagerung von Jerusalem aufnahm: am 10. *Tewet*;

– der Tag, an dem die Babylonier eine Bresche in die Mauern Jerusalems schlugen: am 9. *Tammus*;

– der Tag, an dem Jerusalem und der Tempel fielen: am 9. (und 10.) *Aw*;

– der Tag, an dem der Statthalter Gedalja ermordet wurde, woraufhin auch der armselige Rest der Bevölkerung das Land aufgeben mußte: am 2. *Tischri.*

Als der Prophet Sacharja zu einem späteren Zeitpunkt Israel Heil verkündet, verspricht er, daß sich diese Trauertage einst in Freudentage umwandeln werden: «So spricht der Herr Zebaoth: die Fasten des vierten, fünften, siebenten und zehnten Monats sollen dem Hause Juda zur Freude und Wonne und zu fröhlichen Festzeiten werden» (Sach. 8,19). Sacharja zählt diese Tage nicht in ihrer chronologischen Reihenfolge auf, sondern in der Abfolge der Kalendermonate. Also waren sie auch damals schon feste Fastentage.

Das wurde vor über einem halben Jahrtausend vor unserer Zeitrechnung geschrieben. Ungefähr 600 Jahre später, im Jahr 70 unserer Zeitrechnung, wiederholte sich die Geschichte Israels mit all ihren Leiden. Wieder waren der vierte und der fünfte Monat Zeugen der letzten Zukkungen des Staatslebens von Israel, als es sich in seinem heldenhaften Kampf gegen Rom befand. Am 17. *Tammus* fiel der größte Teil der Hauptstadt erst den Babyloniern und sehr viel später auch Titus Vespasianus in die Hände. Noch drei Wochen kämpfte eine tapfere Schar, die sich weder dem Schwert noch dem Hunger ergeben wollte, und verteidigte die Tempelstadt. Am 9. *Aw* war auch ihr Schicksal besiegelt. Das war das Ende. Die Struktur des Staates Israel wurde niedergerissen. Der Zweite Tempel ging in Flammen auf.

Seither sind diese vier unglücklichen Daten im Kalender nationale Trauertage, Bußtage. Der Fastentag im *Tewet* fällt natürlich auf den 10. Tag dieses Monats. Man nimmt an, daß Gedaljas Sterbetag auf den 3. *Tischri* fällt, weil der 1. und 2. dieses Monats das Neujahr ist. Der Fastentag um die Zerstörung Jerusalems und des Tempels und um ihre Folgen ist der 9. *Aw*. Dabei war vor allem das zweite Ereignis von ausschlaggebender Bedeutung. Deshalb ist auch der 17. *Tammus* ein Trauertag.

Inzwischen ist noch ein fünfter allgemeiner Fastentag dazugekommen.

Die Einwohner Judas waren in ihrer überwiegenden Mehrheit schon das erste Mal in die Gefangenschaft nach Babylonien geschickt. Als das Babylonische Reich verfiel und das Persisch-Medische aufstieg, verkündete Kyros der Große die Erlösung des ganzen Hauses Juda. Aber nur etwa 50 000 Menschen suchten die Freiheit im Land der Väter. Die meisten Juden blieben in Babylonien. Dort bedrohte Haman sie später mit der Vernichtung. Esther, die schöne Jüdin, die dank einer Laune des Königs – wahrscheinlich Xerxes – Königin wurde, rettete ihr Volk. Vorher fastete sie. Sie fastete im *Nissan*. Das Fest, das an diese Rettung erinnert, *Purim*, das Losfest, fiel in den Monat *Adar*. Als die Rettung des Volkes als Feiertag verewigt und im Kalender aufgenommen wurde, wurde auch der *Fastentag Esthers* für alle Zeiten verzeichnet. Genau vor *Purim*. Die *Purim*feiern beginnen am 14. *Adar*, der Fastentag Esther fällt auf den 13. dieses Monats.

Das sind die fünf allgemeinen Festtage. Die nationalen Trauertage. Der große Versöhnungstag wird nicht dazugezählt. Wie schon weiter oben erklärt, hat dieser Tag einen ganz anderen Sinn und steht für sich allein da.

Die Geschichte hat dem jüdischen Volk in den späteren Jahrhunderten keine Atempause eingeräumt, sondern hat seine Befürchtungen um Unheil für das ganze Volk wachgehalten. Der 9. *Aw* insbesondere war ein schwerer Tag, der immer finsterer wurde. Auch der Bar-Kochba-Aufstand, der letzte große Befreiungskrieg gegen Rom, dessen Seele Rabbi Akiba war und der so erfolgreich begonnen hatte, ging am 9. *Aw* im Jahr 135 unserer Zeitrechnung mit der vollständigen Niederlage und Vernichtung des ganzen Heeres zu Ende. Ein 9. *Aw* war auch die letzte Frist, zu der die Juden im Jahr 1492 Spanien verlassen konnten. Das Land, in dem 400 Jahre lang die Seiten des jüdischen Lebens mit «Goldenes Zeitalter» betitelt waren.

Es war also unmöglich, insbesondere diesen Tag zu vergessen. Aber auch die anderen allgemeinen Fastentage gingen nicht verloren. Jerusalem und das Land der Väter lebten fort im Judentum. Das Gelübde, das die Vorfahren einst an den Flüssen Babylons abgaben (Ps. 137,6–7), galt auch für die späteren Generationen: «Meine Zunge soll an meinem Gaumen kleben, wenn ich deiner nicht gedenke, wenn ich nicht lasse Jerusalem meine höchste Freude sein.»

Fastentage und allgemeine Trauerzeiten

An den fünf großen Trauertagen fastet man, und das bedeutet für den gewöhnlichen Fastentag weder essen noch trinken. Den ganzen Tag lang. Also von Sonnenuntergang bis Sonnenuntergang. Solch ein langer Tag wird allerdings nur für den finstersten dieser Fastentage, den 9. *Aw*, vorgeschrieben. Für die anderenTage wurde das Fasten etwas leichter gemacht, nämlich nur von Sonnenaufgang bis Sonnenuntergang. Am Abend oder nachts darf man also noch Speise und Getränke genießen. Außerdem darf an diesen Tagen gearbeitet werden.

Das Besondere dieser Tage kommt natürlich in den Gebeten und im synagogalen Dienst zum Ausdruck und wird dadurch auch beeinflußt. Denn ein Fastentag bedeutet nicht nur Qual für den Magen, nicht nur körperliche Züchtigung. Ein Fastentag ist auch ein Trauertag. Und für einen Trauertag gibt es Ursachen. Darüber hinaus ist die Trauer stets mit Reue und Buße verbunden.

Warum Reue? Wozu Buße? Schließlich kann man heute nicht mehr die Ursachen ungeschehen machen, die vor vielen Jahrhunderten zum Ende der politischen Unabhängigkeit Israels und zur Zerstörung seiner Heiligtümer geführt haben. Es ist doch unmöglich, für die Versäumnisse und Fehler unserer Vorfahren zu büßen, ihre Irrtümer und Mängel zu bereuen! Aber wir können Vergleiche anstellen. Wir können in uns einkehren und prüfen, ob wir nicht die gleichen Sünden begehen, ob wir uns nicht der gleichen Fehler, der gleichen Vergehen schuldig machen. Ebenso müssen wir bedenken und uns bewußt sein, daß wir im Schmelztiegel der Leiden und Prüfungen geläutert werden sollen. Und noch gehören die Katastrophen, die stets über unser Volk hereinbrechen können, nicht der Vergangenheit an. Noch lodert die Flamme unter dem Schmelztiegel immer wieder auf.

So wandern die Gedanken ganz von selbst zur Not der Verbannung, die ja auch heute noch kein Ende gefunden hat. Weiter zu den ersichtlichen und den tieferen Ursachen, die zu dieser Diaspora geführt haben und dafür verantwortlich sind, daß sie andauert. Dieser Zweck am Reue- und Bußetag würde nicht allein durch Enthalten von Essen und Trinken völlig zum Ausdruck kommen, und auch die Arbeit könnte uns ohne weiteres davon ablenken. Da schaffen Synagoge und der Gottesdienst Abhilfe.

In das tägliche Hauptgebet, das Achtzehngebet oder das Gebet der achtzehn Bitten, wird eine passende Bitte eingeschoben: «Erhöre uns Gott, erhöre uns an unserem Fasten- und Bußetag, denn in großer Not sind wir. Wende dich nicht zu unserer Gesetzlosigkeit, verbirg nicht dein Angesicht vor uns, und entziehe uns nicht die Gnade, uns unsere Bitte zu gewähren. Sei unserem Flehen nahe, damit Deine Liebe uns tröstet. Erhöre uns gemäß des Wortes: ‹Es wird sein, bevor sie rufen, antworte ich, sie sprechen noch, und ich erhöre schon› (Jes. 65,24). Denn Du, Gott, bist es, der in Zeiten der Not antwortet, Erlöser und Retter in der Zeit der Not und der Drangsal.»

Im Morgengottesdienst werden auch Bußgebete, die *Selichoth*, gesagt. Sie weisen den gleichen Stil auf wie zu den schrecklichen Tagen, in denen die Leiden der jahrhundertelangen Zerstreuung, vor allem die des Mittelalters, das Hauptthema sind.

Morgens und mittags wird die *Thora* bis zu der Stelle abgerollt, die nach der Sünde des Goldenen Kalbs die Fürbitte Mose und die Gnade Gottes beschreibt. Auch aus den Propheten wird vorgelesen. «Suchet den Herrn, solange er zu finden ist; rufet ihn an, solange er nahe ist. Der Gottlose lasse von seinem Wege und der Übeltäter von seinen Gedanken und bekehre sich zum Herrn, so wird er sich seiner erbarmen, und zu unserem Gott, denn bei ihm ist viel Vergebung» (Jes. 55,6).

Das alles gilt vor allem für die vier leichteren Fastentage. Am 9. *Aw* wird jedoch mehr getan. Auf diesem Tag lastet eine dunkle Wolke, die sich schon lange vorher bemerkbar macht und sein Herannahen finster verkündet.

Genau drei Wochen liegen zwischen dem 17. *Tammus* und dem 9. *Aw*. Das sind *die drei Wochen*. Drei finstere Wochen: die Erinnerung an drei Wochen der Furcht, als die Unverzagten in Jerusalem im Kampf gegen die Römer ihre letzten Kräfte einsetzten. «... gefangen in Elend ... findet keine Ruhe; ... seine Verfolger ... bedrängen es» (Klagel. 1,3) Auf aramäsich heißen sie die «drei Wochen der Bestrafung». Das ist ganz deutlich. Es ist eine allgemeine Trauerzeit, strenger als die während der *Omer*tage. Dann zieht man keine neuen Kleider zum erstenmal an. Denn das wirkt belebend und weckt ein freudiges Gefühl. Außerdem müßte dann ein Segensspruch, eine Danksagung an Gott gesagt werden: «Gelobt seist du, Ewiger, unser Gott, König der Welt, der du uns hast Leben und Erhaltung gegeben und uns hast diese Zeit erreichen lassen.» Das würde sich doch etwas merkwürdig ausnehmen. Wer könnte sich schon zu einer Zeit der nationalen Sorge freuen?

Aus dem gleichen Grund ißt man während dieser «drei Wochen» auch kein Frühobst. Jede persönliche Freude tritt vor der nationalen Trauer zurück. Man verzichtet auf jede Feier. Es finden keine Hochzeiten statt. Man macht weder selbst Musik, noch spielt man sie. Auch die äußere Erscheinung wird nicht gepflegt. Man läßt das Haar wachsen, der Bart wird nicht entfernt. Bei einigen sogar drei Wochen lang. Hier sind die Bräuche unterschiedlich.

Zu Beginn des Monats *Aw* vertieft sich die Trauer. Das beeinflußt sogar die Mahlzeiten. Während der *neun Tage* kommen weder Fleisch noch Fleischgerichte auf den Tisch. Auch keine Speisen, die tierisches Fett enthalten. Man ißt nur die sogenannten milchigen Speisen. Natürlich trinkt man auch keinen Wein. Denn Wein und Fleisch gelten als typische Bestandteile festlicher Mahlzeiten. Außerdem knüpft dieser Brauch an die historische Tatsache an, daß in den drei Wochen, als Staat und Tempel kurz vor dem Untergang standen, weder Tier- noch Weinopfer auf den Altar gebracht wurden und die Menschen unter Hunger und Durst litten.

Auch das Baden wird unterlassen, wenn es nur dem Vergnügen dient. Aber Hygiene und Gesundheit dürfen selbstverständlich nicht geopfert werden, und zwar nie, in keinem Fall.

Diese drei Wochen lasten wie ein dunkler Schatten auf dem Gottesdienst in der Synagoge. Die Niedergeschlagenheit zeigt sich auch in der Art,wie die Gebete gesagt werden. Und in der Woche des *Tischa be-Aw*, des neunten *Aw*, müssen sogar die Thorarollen auf ihren Schmuck verzichten. Denn auch die *Thora* trauert.

Wie schon gesagt, sind die Bräuche in den einzelnen Gemeinden und Ländern verschieden. Die Liturgie für diesen Tag enthält Klagelieder, die von mittelalterlichen Dichtern verfaßt wurden. Die deutschen Juden haben auch Trauergesänge aus dem späten Mittelalter. Sie schildern die entsetzliche Not der jüdischen Gemeinden in Deutschland, die während der Kreuzzüge zerstört und deren Mitglieder grausam ermordet wurden, wie unter anderem die in Speyer, Worms und Mainz. Auf dem Kreuzzug von 1463 gegen die Türken mußten auch die Juden von Lemberg und Krakau Schweres erleiden.

Diese Bräuche sind zwar nicht direkt vorgeschrieben, aber sie haben sich aufgrund rabbinischer Entscheidungen entwickelt. Die jahrhundertelange Not hat die Trauer darüber hinaus zunehmend betont. Die Bräuche sind auch nicht zuletzt deshalb verschieden, weil nicht alle Gemeinden überall gleich schwer litten.

Es soll hier nochmals darauf verwiesen werden, daß dieses Buch nur das Leben der thora- und traditionstreuen Juden schildert, das vom Religionskodex geregelt wird. Es versteht sich von selbst, daß nicht alle Juden diese Trauerzeiten mitempfinden und ihre Riten befolgen. Und es gibt auch solche, die sie zwar befolgen, die jedoch trotzdem nicht die ihnen zugrundeliegenden Ereignisse voll erfassen.

Im allgemeinen haben diese finsteren Tage das jüdische Volksleben zutiefst gekennzeichnet. Das gilt besonders für den 9. *Aw*. Sogar die Sabbattage, die ihm vorausgehen, sind nicht ganz frei von seinem Einfluß.

Der neunte Aw

Die Herrlichkeit des Sabbats überwiegt stets die Trübsal von Schmerz und Reue. Zwar steht der Sabbat während der drei Wochen im Zeichen der allgemeinen nationalen Trauer. Aber nicht völlig. Gewisse kleine und größere Verzichte, die dieser Zeit des Jahres ihre trübsinnige Stimmung verleihen, gelten nur für die Wochentage, nicht für den Sabbat. Aber selbst die Sabbatfeier ist etwas bedrückt. Im Gottesdienst sind mehrere Melodien auf die Trauerzeit abgestimmt. Schon die bekannte Hymne, mit der der Sabbat begrüßt wird: «Komm, mein Freund, der Braut entgegen, den Sabbat laßt uns empfangen!», singt der Kantor in Moll. In die Liturgie werden einige *Pijutim*, Gedichte, eingeschoben, die das traurige Schicksal Israels beklagen und beweinen und die auch als Trauergesänge vorgetragen werden.

Aus der Thorarolle wird der fällige Wochenabschnitt vorgelesen. Aber die Abschnitte aus den Propheten, die *Haftarot*, beziehen sich in den drei Wochen auf die Trauerzeit und nicht wie sonst auf den Inhalt der Lesung. An den ersten beiden Sabbattagen wird aus dem Propheten Jeremia gelesen. Am ersten Sabbat Kapitel 1 und die ersten drei Verse von Kapitel 2. Am zweiten Sabbat wird dieses Kapitel dann bis Vers 28 gelesen. Man schließt mit dem etwas weniger schwermütigen Vers 4 aus dem nächsten Kapitel: «Lieber Vater, du Vertrauter meiner Jugend!» Der dritte Sabbat ist der letzte vor dem 9. *Aw*. An ihm wird das erste Kapitel aus Jesaja bis Vers 28 gelesen. Dieser Sabbat heißt nach dem ersten hebräischen Wort des prophetischen Abschnitts *Schabbat Chason;* im Volksmund wird er jedoch als der *schwarze Sabbat* bezeichnet. Diese *Haftara* wird zur gleichen Melodie wie die Klagelieder gesungen. In den Gottesdienst wurden auch mehrere liturgische Passagen mit einem traurigen Inhalt und einem dumpfen Klang eingeschoben.

Der schwarze Sabbat kann sich nicht von den Wolken befreien, die in diesen Tagen das Leben des jüdischen Volkes überschatten. An den ersten beiden Sabbattagen gelten die Bräuche der drei Wochen nicht. Für den dritten Sabbat gibt es jedoch eine Reihe von Enthaltungen. Man spürt förmlich, wie sich der neunte *Aw* finster im Hintergrund abzeichnet und die Stimmung bedrückt. Trotzdem ist sein Einfluß nicht so groß, daß er auch die Sabbatmahlzeiten beherrscht. Wein gibt es für die Einweihung. Auch der Genuß von Fleisch und Fleischgerichten ist an diesem Sabbat erlaubt.

Aber die Stimmung wird schon vom herannahenden Fastentag beeinflußt. Man ist auf ihn vorberietet. Er ist völlig glanzlos und finster. Alle Enthaltungen des großen Versöhnungstags gelten auch für den 9. *Aw*. Allerdings, wie schon weiter oben erwähnt, mit einer ganz anderen Absicht. An diesem Tag sollen vor allem der nationale Schmerz und die Volkstrauer in aller Schärfe und Klarheit zum Ausdruck kommen und tief ins Bewußtsein eindringen. Dieser Fastentag soll uns dazu zwingen, uns auf unser Verhalten als Juden angesichts der Vergangenheit und unsere Pflichten für die Zukunft zu besinnen.

Unsere Gedanken müssen von Trauer erfüllt sein. Nichts darf sie davon ablenken. Auch nicht Beschäftigungen intellektueller Art. Deshalb wird an diesem Tag sogar das Thorastudium unterlassen. Was das bedeutet, wird nur jener verstehen, der weiß, wie hoch der Unterricht der Lehre in Israel geschätzt wird. Gemäß 1,1 (Mischna und Jerusalemer Talmud) «wiegt sie alles auf». Aber an diesem Tag wird sie vernachlässigt. Zwar darf die Bibel gelesen werden. Auch die Schriften des Talmuds und auch spätere und sogar moderne Werke. Aber eben nur gelesen, nicht studiert. Und dann auch nur das, was zu diesem Tag paßt: das Buch Hiob, die Klagelieder, Auszüge aus Jeremia, passende halachische Abhandlungen und aggadische Exkurse des Talmuds. Und ähnliche Literatur. Aber nur lesen, nicht studieren. Sie soll das Gemüt rühren, darf aber keinen intellektuellen oder geistigen Genuß verschaffen und dadurch eine unerwünschte Ablenkung werden.

Dieser Fastentag dauert von Sonnenuntergang bis Sonnenuntergang. Er beginnt schon früh amTag vorher, noch vor Einbruch der Dämmerung. Natürlich bereitet man sich auf ihn so vor, daß man das lange Fasten ertragen kann. Aber auch gut vorbereitet kann der Tag, vor allem in einem heißen Sommer, immer noch lang werden und vom Magen seinen Beitrag fordern. Vor allem auch deshalb, weil sich der Geist nicht frei erheben darf. Das Fasten ist nicht als Hungersport beabsichtigt. Deshalb versucht man, sich etwas dagegen zu wappnen. Deshalb ißt und trinkt man noch etwas, kurz bevor er beginnt. Aber nur als gekochte Speise, als *ein* Gericht. Diese Mahlzeit ist die sogenannte *Se'uda Mafseket*, das Abschiedsmahl. Im allgemeinen ißt man ein Ei. Das ist einfach und bequem. Auch gilt das Ei als Trauerspeise. Es ist jedoch nicht völlig geklärt, ob es ein Trauersymbol wurde, weil man es bei traurigen Anlässen aß, oder umgekehrt, ob es als Trauerspeise galt und deshalb vor dem Fasten gegessen wurde. Im zweiten Fall müßte auch geklärt werden, warum gerade das Ei zum Sinnbild der Trauer geworden ist. Was bisher darüber gesagt wurde, ist nicht einleuchtend genug.

Schon für diese Abschiedsmahlzeit vor dem Fasten zieht man die Lederschuhe aus. Genau wie am Versöhnungstag trägt man auch am 9. *Aw* keine Schuhe aus Leder, was bereits weiter oben erklärt wurde. Es ist so, als setze man sich in «Sack und Asche», als «wälze man sich im Staube» (Mischa 1,10). Allerdings nicht wortwörtlich. Man setzt sich auf den Fußboden oder einen niedrigen Hocker. Auch sitzen die Familienmitglieder nicht zusammen, sondern jeder für sich, zerstreut im ganzen Raum. Sogar das Tischgebet nach der Mahlzeit wird nicht gemeinsam gesagt. Das ist ein sehr bedeutsames und starkes Symbol der Trauer, weil ja das gemeinschaftliche Zeremoniell im jüdischen Leben im allgemeinen stark betont wird.

Ohne Segenswünsche, außer einem «guten Fasten», und sogar ohne jeden Gruß geht man in die Synagoge. Heute ist sie nicht hell erleuchtet. Nur das notwendige Licht brennt. Keiner legt den *Tallith* um die Schultern. Weder die Gemeindemitglieder noch der Kantor. Vor dem Thoraschrank hängt kein Vorhang, und auf Podest und Pult fehlen die sonst üblichen Decken. Mit gedämpfer Stimme betet der Kantor das gewöhnliche Abendgebet. Nach dem Gebet setzt er sich auf den Treppenabsatz vor dem Thoraschrank und trägt die fünf Kapitel der Klagelieder vor. Er singt die Melodie, die durch die gewöhnlichen Tonzeichen gekennzeichnet ist, traurig und wehklagend. Nach der gleichen Melodie wurde auch am vergangenen, dem schwarzen Sabbat eine *Haftara* vorgetragen. Auf die biblischen Klagelieder folgen weitere Trauergesänge, die *Kinoth*, die verschiedene Dichter im Mittelalter verfaßt haben. Die Gemeinde hört diesen Vorträgen stumm zu; viele setzen sich auf den Fußboden oder niedrige Fußbänke. Der Gottesdienst endet mit einigen tröstlichen Versen aus den Propheten (Sach. 1,16–17) Dann steht man auf und verläßt grußlos das Gotteshaus.

Gelegentlich fällt der 9. *Aw* auf einen Sonntag, so daß der Tag vorher, der Tag der Vorbereitung, ein Sabbat ist. Er unterscheidet sich kaum von einem *Schabbat Chason*, dem letzten Sabbat vor dem Fastentag. Es gibt keine Abschiedsmahlzeit, man sitzt nicht auf dem Fußboden, und auch das Ei wird ausgelassen. Die Lederschuhe werden ausgezogen, wenn es Nacht geworden ist und das Abendgebet beginnt. Nur der Vorbeter zieht sie schon früher aus. An diesem Sabbatnachmittag gibt es kein Studium der Lehre, der *Thora*, mehr.

Fällt der 9. *Aw* auf einen Sabbat, was sogar verhältnismäßig oft vorkommt, wird der Fastentag auf den Sonntag, den 10. *Aw*, verschoben. Die Sabbatfeier wird dadurch nicht beeinträchtigt. Es ist *Schabbat Chason* mit der ihm entsprechenden Atmosphäre.

Die Morgenandacht gleicht dem Abendgottesdienst. Man trägt keinen *Tallith*, und auch die *Tefillin*, die Gebetsriemen, werden nicht angelegt. Denn auch dieses Symbol ist ja eine Zierde. Der Kantor trägt die Gebete wiederum im gedämpften Trauerton vor. Das gilt auch für die Vorlesung aus der *Thora*, für die ein besonderer Abschnitt vorgesehen ist (5. Mose 4,25–40). Auch die drei Personen, die aufgerufen werden, sagen sie im gleichen Tonfall. Sie verlassen das Podest, ohne einen Segensspruch entgegenzunehmen, noch ohne eine solche Bitte für einen Dritten sagen zu lassen. Der Abschnitt aus den Propheten, die *Haftara*, unterscheidet sich auch von dem, der zu den übrigen allgemeinen Fastentagen gelesen wird. Er stammt aus Jeremia (8,13–19, 23)

Sobald die Thorarolle zurück in den Schrank gegeben wurde, setzen sich Kantor und viele Gemeindemitglieder wieder auf den Fußboden. Jetzt werden mehrere Klagelieder angestimmt, bei denen neben dem Kantor und den Lehrern auch andere Besucher ohne ein Ehrenamt abwechselnd die Führung übernehmen. Nicht alle *Kinoth* kennzeichnet eine besonders schöne Lyrik. Aber die größten Dichter aus der spanischen Blütezeit kommten heute zu Wort: Juda Halevi und Ibn Gabirol

(Avicebron). Unter den bekannten Elegien ist Halevis Lied von Zion eine der schönsten.

Die Klagelieder enden mit den gleichen tröstlichen Worten wie am Abend vorher.

Damit ist der Vormittag fast schon vorbei. Nach dem Gottesdienst nimmt man seine laufende Tätigkeit wieder auf. Und nachmittags versammelt man sich wieder im Bethaus. Dann scheint es, als sei der dunkle Schatten verflogen. Der Vorhang hängt wieder vor dem Thoraschrank. Podest und Pult schmücken wieder Decken. Kantor und Gemeindemitglieder legen den *Tallith* und die Gebetsriemen, die *Tefillin*, wieder an, und die Gebete werden wieder im üblichen Tonfall vorgetragen. In das Hauptgebet wird eine Bitte um Trost für Zion und um den Wiederaufbau Jerusalems eingefügt. Zur Thoralesung – es sind die gleichen Auszüge und *Haftarot* wie an den anderen allgemeinen Fastentagen – werden die zum Morgendienst Aufgerufenen nochmals zum Podest gebeten. Jetzt begleiten sie jedoch Segenswünsche, und sie können sie auch für andere Personen erbitten.

Der Nebel verzieht sich. Es wird Nacht, der Fastentag ist beendet. Das Leben geht weiter und erhält wieder Farbe.

Jetzt folgen die sieben Wochen des Trostes. An den kommenden sieben Sabbattagen stammen alle *Haftarot* aus dem Propheten des Trostes, Jesaja, beginnend mit Kapitel 40. Der erste Sabbat nach dem 9. *Aw* ist der *Schabbat Nachamu*, der Sabbat des Trostes, nach den ersten Worten seiner *Haftara*: «Tröstet, tröstet mein Volk!» (Jes. 40,1).

Am Ende dieser sieben Wochen begrüßt uns das jüdische Neujahr.

DIE SPEISEVORSCHRIFTEN

Koscher

Jetzt wird ein Bereich erörtert, der im jüdsichen Leben einen bedeutenden Platz einnimmt. Zwar hat die nichtjüdische Welt eine vage Vorstellung von diesem Gebet, aber seine Besonderheiten und Auswirkungen sind ihr zum Teil völlig unbekannt. Damit sind die Speisevorschriften gemeint. Nicht im Labor, in der Küche.

Wie alle anderen Bereiche kann auch dieses Thema auf zwei verschiedene Arten diskutiert werden. Hier sollte vielleicht wiederholt werden, was schon früher in diesem Zusammenhang gesagt wurde. Es ist möglich, das Thema allgemein anschaulich als Ganzes darzustellen, sein Wesen zu definieren und seinen Wert zu erwägen und zu beurteilen. Anschließend kann man vom Allgemeinen zum Besonderen übergehen. Von der Endsumme zu den einzelnen Zahlen. So kann man im Rahmen des allgemeinen Grundsatzes die Bedeutung jedes Elements einzeln hervorheben; zeigen, wie es mit dem Wesen des Ganzen übereinstimmt; darauf hinweisen, wie Anwendungen und Erscheinungen eine logische Folge der Idee sind, und in den Einzelheiten die äußersten Konsequenzen des bis zu Ende durchdachten Prinzips verfolgen. Auf diese Weise kann man analysieren und definieren.

Oder man kann, anders herum, von den Besonderheiten ausgehen. Jedes Element vorlegen, wenden und von allen Seiten betrachten. Danach alle Einzelteile miteinander verbinden, zueinander in Beziehung setzen und zu einem Ganzen zusammenfügen. Man kann die einzelnen

Teile als Glieder betrachten, als Nerven, Sehnen, Muskeln, Muskelbündel, Fleisch und Haut eines Körpers. Und mit all diesen Teilen den Körper aufbauen. Auf diese Weise kommt man von den einzelnen Teilen zu einem komplizierten Gebilde. Und man kann, wenn alle Besonderheiten behandelt wurden, folgern, was ihnen gemeinsam ist. Und damit ihr eigenes Wesen und ihr ganzes Wesen, ihre eigene Wirkung und ihre Wirkung im ganzen beschreiben.

Der Verfasser gesteht, daß ihm die zweite Methode nicht allzu geläufig ist. Er zieht es vor, die Dinge, alle Dinge, zuerst einmal als Einheit zu betrachten. Auf jeden Fall versucht er, sie so zu sehen und aus ihnen zu lernen. Und sie auch anderen zur Belehrung so darzustellen. Aber in diesem Fall müssen seiner Ansicht nach die Dinge, die seines Wissens zufolge völlig unbekannt sind, als erste veranschaulicht werden. Einzelheiten und besondere Erscheinungen sollten übrigens immer in einem Anschauungsunterricht vorgestellt werden. Die Rede ist hier also von Unterricht. Denn etwas soll ja erklärt werden, was man so häufig beobachtet und trotzdem nur aus der Ferne wahrnimmt. Es gibt praktisch keinen anderen Weg als die systematische Diskussion der Dinge.

In den Großstädten und auch in kleineren Orten mit einer größeren jüdischen Bevölkerung sieht man an den Schaufenstern der Lebensmittelgeschäfte oft die Aufschrift כשר (koscher). Das Wort hört sich geheimnisvoll an. Mit der Zeit erfährt man, daß es sich auf die angebotenen Lebensmittel bezieht. Da man schon ganz allgemein weiß, daß den Juden nicht der Genuß aller Nahrungsmittel gestattet ist, versteht man die Bedeutung des hebräischen Wortes: Die hier angebotenen Lebensmittel und Getränke kann ein Jude unbesorgt kaufen. Das ist die richtige Schlußfolgerung.

Das hebräische Wort wird als *kascher* ausgesprochen, mit der Betonung auf der zweiten Silbe. Bei den deutschen Juden heißt es *koscher*, ebenfalls mit der Betonung auf der zweiten Silbe, und im Volksmund einfach «koscher». Und so spricht es fast jeder aus.

Diese drei hebräischen Buchstaben bedeuten also, daß bestimmte Nahrungsmittel aus ritueller Sicht für den Verbrauch zugelassen sind.

Das bezieht sich vor allem auf tierische Nahrungsmittel, die der Mensch ißt.

Der Bibel zufolge aß der Mensch anfangs nur Erzeugnisse der Pflanzenwelt. «Und Gott sprach: Sehet da, ich habe euch gegeben alle Pflanzen, die Samen bringen, zu eurer Speise» (1. Mose 1,29). Erst nach der

Sintflut wurde den Nachfahren Noahs der Genuß tierischer Nahrungsmittel erlaubt: «Alles, was sich regt und lebt, das sei eure Speise; wie das grüne Kraut habe ich's euch alles gegeben» (1. Mose 9,3). Die Absicht ist hier ganz eindeutig: Wie *früher* das grüne Kraut, gebe ich euch *jetzt* alles. Doch sofort folgt eine Einschränkung. Zwar sind tierische Nahrungsmittel erlaubt, zuvor muß jedoch das Lebensblut daraus entfernt werden. Das steht gleich im nächsten Satz, 1. Mose 9,4.

Gemäß der jüdischen Auffassung, der traditionellen Einstellung aus frühester Zeit bis zum heutigen Tag, mußte das für den menschlichen Verbrauch bestimmte Tier zu diesem Zweck getötet werden. Denn den Menschen der Vorzeit hätte es wahrscheinlich nicht gestört, aus einem Tier, das ihm zufällig über den Weg lief, ein Stück Fleisch herauszuschneiden, um damit seinen Hunger zu stillen. Dann hätte er das Tier einfach liegen- oder davonlaufen lassen. So wie man auf dem Feld oder im Garten das benötigte Gemüse oder Obst schneidet und den Rest stehenläßt, damit es weiterwächst. Das wird ihm also hier, nachdem ihm das Tier zur Ernährung gegeben wird, im gleichen Atemzug verboten. Zwar darf er das Fleisch essen, aber kein Fleisch, das Blut enthält. Das Blut ist nämlich die Vorbedingung für Leben. Also ist Fleisch erlaubt, aber kein Fleisch mit dem lebenswichtigen Blut.

Und das ist schon die erste Speisevorschrift. Eine Speisevorschrift, die schon den Nachfahren lange vor Abraham gegeben wurde. Nach der Offenbarung im Sinai gab es dann ausführliche Vorschriften zu der aus der Tierwelt bezogenen Nahrung. Vorschriften, die die Grundlage der jüdischen Speisevorschriften bildeten und bis zum heutigen Tag bilden.

Eine Folge davon war die nach diesen Vorschriften aufgestellte Einteilung der Tierwelt. Diese Einteilung, ihre Kategorien und ihre einzelnen Merkmale sollen jetzt näher diskutiert werden.

Reine und unreine Tiere – Blut

Im 3. Mose 11 und 14 stuft die Bibel die Tiere, deren Genuß erlaubt oder verboten ist, in Arten ein. Die Arten, die sie für den Genuß verbieten, nennt sie «unrein» und sagt dazu: «... diese sollt ihr verabscheuen, ... ein Greuel sind sie ...» Inzwischen dürfte schon jeder wissen, daß «unrein» nicht etwa «schmutzig» oder «widerlich» bedeutet, sondern «rituell verboten». Außerdem ist das Wort zweifelsohne ein sehr starker Ausdruck für «religiös unzulässig». In diesem Sinn sind die für den Genuß verbotenen Tierarten *unreine Tiere*. Die anderen sind *reine Tiere*. Die *Thora* gebraucht diese Begriffe schon in der Geschichte über die Sintflut, in der sie berichtet, wie viele Tiere jeder Art Noah in die Arche nehmen sollte (1. Mose 7). Ebenso erzählt sie, daß Noah nach seiner Rettung ein Opfer mit «reinen Tieren» brachte (1. Mose 8,20). Entweder wurde mit dieser Bezeichnung vorgegriffen, oder dieser Unterschied wurde schon seit frühester Zeit gemacht, und die Menschen nahmen ihn als selbstverständlich an. Nur von den reinen Tieren durften später in der Stiftshütte und im Tempel Opfer auf den Altar gebracht werden. Die anderen Arten wurden als *tamé*, d. h. unrein, bezeichnet, die damit nichts im Tempel zu suchen hatten.

Zu den als Nahrung zugelassenen Tieren gehören Säugetiere, Vögel, Fische und sogar Insekten.

Die «reinen» Säugetiere sind Wiederkäuer, deren Hufe voll gespalten sind. Es ist unwesentlich, ob sie zahm sind oder wild leben, wenn auch die zweitgenannten, selbst wenn sie die erforderliche Eigenschaft der Reinheit besaßen, nicht als Opfer akzeptiert wurden. Alle anderen Tiere, die diese beiden Bedingungen – wiederkäuend und mit durchgespaltenen Hufen – nicht erfüllen, dürfen nicht gegessen werden, weil sie «unrein» sind. Diese beiden Eigenschaften gehören untrennbar zusammen. Um das deutlich zu machen, führt die *Thora* sogar zwei Beispiele an: das Schwein, das zwar durchgespaltene Hufe hat, aber kein Wiederkäuer ist, und das Kamel, das zwar wiederkäut, aber keine ganz durchspaltenen Hufe besitzt (3. Mose 11,4–7; 5. Mose 14,7–8). Beide sind als Nahrung verboten.

Leider hat die *Thora* nichts über die Merkmale von Vögeln gesagt, die sie ungenießbar machen. Zwar führt sie 24 Arten auf, die nicht gegessen werden dürfen. Natürlich hat schon der Talmud versucht, die gemeinsamen Kennzeichen dieser Vogelarten herauszufinden. Aber schon damals konnte man nicht mehr alle verbotenen Vögel identifizieren. Und auch heute ist das nicht mehr möglich. Was konnte man also tun? Es gibt eine Reihe von Vogelarten, die wir – auch bei ihrem hebräischen Namen – sehr gut kennen und die mit absoluter Sicherheit nicht zu den Arten gehören, die die *Thora als tamé*, d. h. unrein, einstuft. Sie sind aus ritueller Sicht erlaubt. Daher rührt auch die Regel, nur solche Vogelarten zu essen, von denen man mit Sicherheit weiß, daß sie nicht zu den in der *Thora* aufgeführten Arten gehören. Die Liste ist nicht sehr lang, sie enthält nur sieben oder acht Arten. Unter anderem das alltägliche Geflügel wie Gänse, Enten, Hühner und Tauben. Auch Fasane und Truthähne. Und noch einige Arten, die man als Nahrungsmittel jedoch praktisch nie in Betracht zieht. Wird dem einen oder anderen Rabbinat auf diesem Gebiet doch gelegentlich eine Frage gestellt, ist sie eher akademischer Art und ohne praktische Bedeutung für das jüdische Leben.

Dagegen zählt die *Thora* die Merkmale der Wassertiere auf. Alle, die zugleich Flossen und Schuppen haben, sind für den Genuß erlaubt; alle anderen sind verboten. «... und diese sollt ihr verabscheuen ...» (3. Mose 11,9–10 und 5. Mose 14,9–10). Auch alle Fische, bei denen es in bezug auf ihre Merkmale Zweifel gibt, werden mit einem Verbot belegt. Denn sogar die besten Sachverständigen haben auf diesem Gebiet allem Anschein nach ihre Zweifel. Da die *Thora* ihre Absichten so deutlich bekanntgibt, gilt für thora- und traditionstreue Juden in solchen Zweifelsfällen: *in dubiis abstine*, d. h. ist Grund zum Zweifeln vorhanden, ißt man sie lieber nicht.

Insekten und Würmer sind ausnahmslos verboten. Nur vier Heuschreckenarten hat die *Thora* von dem Verbot ausgenommen (3. Mose 11,22). Praktisch hat das jedoch keine Bedeutung, denn diese vier Heuschreckenarten kennt man heute nicht mehr.

Im allgemeinen ißt man Insekten und Würmer nicht als Speise, obwohl das in einigen Ländern doch üblich ist. Aber in der jüdischen Küche, wo die jüdische Lehre «die Zucht des Vaters und das Gebot der Mutter» (Spr. 1,8) von fernen Vorfahren ehrerbietig übernommen und eingehalten hat, untersucht man das Gemüse beim Reinigen und vor dem Kochen sorgfältig, damit nicht etwa kleine Insekten mitgekocht werden. Die Hygiene ist hier eng mit dem religiösen Gebot verbunden. Zusammen entscheiden sie, wie genau die Untersuchung durchgeführt wird. Das gleiche gilt auch für Obst und Trockenobst sowie alles, in das sich Insekten einnisten können. Was für die Küche gesagt wurde, gilt auch für den Tisch und alles, was auf ihn gestellt wird, ohne vorher in der Küche gekocht zu werden. Der entsprechend der rituellen Vorschriften lebende Jude öffnet alles und schaut buchstäblich in alles hinein: in seine Feigen, Datteln und dergleichen, bevor er sie ißt.

Produkte, die vom lebenden Tier stammen, dürfen nur dann gegessen werden, wenn auch das Fleisch dieser Tiere als Speise erlaubt ist.

Also nur die Milch von «reinen» Tieren und nur die Eier von «reinem» Geflügel. Eigentlich ist das selbstverständlich. Es ist die logsiche Konsequenz.

Das Ei, das an sich erlaubt ist, darf jedoch nicht gegessen werden, sobald es einen Tropfen Blut enthält. Die Hausfrau hat hier ihre besondere Methode, um das zu überprüfen.

Der Genuß von Blut ist widerlich. Es gibt kein größeres Greuel. Nicht weniger als zehnmal warnt die Thora vor dem Genuß von Blut (u. a. im 5. Mose 12,23). Denn Blut ist Leben. Das ist schon der Gedanke hinter dem Gebot für die Nachfahren Noahs gleich nach der Sintflut, wenn dem Menschen tierische Nahrung erlaubt wird: «Allein esset das Fleisch nicht mit seinem Blut, in dem sein Leben ist!» (1. Mose 9,4). Dieser Grundatz gilt seit Noah, und er hat sich bis heute behauptet und liegt den Speisevorschriften zugrunde, die den Genuß tierischer Nahrung im jüdischen Leben regeln und bestimmen.

Die Schechita

Wer Fleisch essen will, muß zunächst das Tier, das ihm als Nahrung dienen soll, schlachten. Schlachten heißt nicht einfach töten. Nicht ohne weiteres auf irgendeine Art das Leben nehmen. Wie schon weiter oben gesagt, wurde den Nachfahren Noahs verboten, Fleisch aus dem lebenden Tier zu reißen (1. Mose 9,4). Auch die wildlebenden Tiere, die man jagen muß, um sie zu fangen, müssen geschlachtet werden. Ihr Blut durfte nicht auf den Altar kommen, durfte nicht als Opfer gebracht werden. Es muß auf lose Erde oder Asche fließen, dann damit bedeckt und verscharrt werden (3. Mose 17,13). Das gleiche gilt auch für Vogelblut.

Nicht nur der Genuß von Blut ist widerlich. Auch sein Anblick; der Umgang mit ihm muß soweit wie möglich vermieden werden. Wenn es irgendwie möglich ist, sollte das sogar ganz verhindert werden. Der vertraute Umgang mit Blut kann zur Roheit, zur Grausamkeit ausarten. Also schlachten. Schmerzlos, ohne Qual, ohne Grausamkeit.

So schlachten, damit das Lebensblut ungehindert aus dem Tier fließen kann; auf solch eine Weise, daß das für den Verbrauch bestimmte Fleisch keinerlei Blut mehr enthält.

Das sind die beiden Forderungen, auf der die *Schechita*, die Schächtung, beruht. Alle rituellen Schlachtvorschriften basieren auf diesen Forderungen. Und diese Vorschriften erstrecken sich demzufolge auf:

das Instrument, mit dem geschlachtet wird;
die Person, die die Schlachtung vornimmt,
und die Schnittstelle und -methode.

Das Instrument ist ein Schlachtmesser.

Es ist verhältnismäßig lang, denn es darf nicht nur stechen. Von vornherein muß die Möglichkeit ausgeschlossen werden, daß das Tier mit einem Messerstich verletzt wird.

Richtig scharf: es darf keine Säge sein. In seiner gesamten Länge darf es keine, wenn auch noch so geringfügige Stelle aufweisen, die auch nur von weitem einer Säge ähnlich ist. Die Messerschneide muß völlig ohne Scharten sein. Der Fachmann, der zur höchsten Geschicklichkeit geschulte Experte, führt in höchster Konzentration den Fingernagel an der Schneide entlang: Der Nagel darf nirgends hängenbleiben.

Das Messer muß schneiden! Es darf nicht sägen, nicht hacken, nicht die geringste Fleischfaser des Schlachttieres einreißen.

Ein völlig glattes Messer, denn das Schlachten muß blitzschnell vor sich gehen, Anfang und Ende fast zusammenfallen.

Nicht jeder darf mit dem Schlachtmesser hantieren. Das Instrument wird nicht etwa dem ersten besten anvertraut. Der Mann, der die Schlachtung durchführt, wurde dafür besonders ausgebildet. Er untersteht der Aufsicht durch das Rabbinat. In der Prüfung mußte er beweisen, daß er das Messer zu schleifen wie auch schnell und geschickt damit umzugehen versteht und damit allen Vorschriften gerecht wird. Darauf wird er wiederholt geprüft, mindestens einmal im Jahr. Immer wieder muß er aufs neue beweisen, daß seine Hand noch fest ist, daß seine Finger und Nägel noch empfindlich sind und daß seine Gewandtheit mit dem Messer nicht nachgelassen hat. Jeden Augenblick kann er unerwartet zur Prüfung gerufen werden. Wenn unerwartet ein befugter Vertreter des Rabbinats beim Schlachten erscheint, ist der Schächter verpflichtet, ihm ungefragt sein Schächtmesser zur Untersuchung zu überreichen. Darüber hinaus ist der Schächter als ein frommer Jude bekannt, als ein Mann, dem die Aufgabe heilig, göttlich ist. Er darf schlachten. Nur er. Unter dieser Aufsicht und mit diesen Garantien.

Das Schächten erfolgt durch einen in einem Zug blitzschnell ausgeführten Halsschnitt, der die Weichteile bis zur Wirbelsäule durchschneidet. Ein Schnitt, kein Druck. Infolge des Nervenschocks und der plötzlichen Stockung der Blutzufuhr zum Gehirn wird das Tier augenblicklich bewußtlos. Beim Schächten wird das Tier also gleichzeitig betäubt, was auch Gutachten tierärztlicher Experten bestätigt haben. Für die sorgfältige Durchführung ist der Schächter mit seinem Gewissen und in seiner heiligen Überzeugung verantwortlich.

Zwar führt er eine Schlachtung durch, aber die Schlachtung ist ein ritueller Akt. Eine Handlung, die religiösen Charakter trägt. Und bevor er das Messer zum Schnitt ansetzt, weiht er die Handlung. Er spricht ein heiliges Wort. Er denkt an Gott, den Gebieter, den Herrn der Welt, der uns durch seine Vorschriften auferlegt hat, das Leben zu heiligen, und damit auch diese Forderungen. Dann schlachtet er. Blitzschnell, wortwörtlich im Handumdrehen.

Nach dem Schlachten legt der Schächter das Messer nicht sofort auf die Seite. Er reinigt und untersucht es. Mit dem Fingernagel überprüft er, ob es sich im gleichen Zustand wie vor dem Schlachten befindet. Weist es eine Scharte auf, auch nur die allerkleinste, ist es so, also sei sie schon vor dem Schlachten vorhanden gewesen.

Die Strafe ist streng: Hat der Schächter irgendeine Vorschrift vernachlässigt, irgendeine Bedingung nicht eingehalten, gleichgültig aus welchem Grund, wird das Fleisch rituell nicht zum Essen zugelassen. Es ist nicht koscher. Und damit gleicht es dem Fleisch eines Aases oder eines nicht nach den jüdischen rituellen Vorschriften geschlachteten Tieres.

Vor dem Schlachten wird das Tier hingelegt, eine unumgängliche Vorbedingung für den Halsschnitt. Denn die rituelle Schlachtmethode stellt die Forderung, alles zu vermeiden, was einer rohen Behandlung gleichkäme oder das Tier verletzen könnte. Auch aufgrund einer Verletzung, die vor dem Schlachten zugefügt wurde, ist das Fleisch rituell nicht zulässig. Das Tier darf nicht hingeworfen, es muß hingelegt werden. Dafür gibt es keine besonderen rituellen Vorschriften. Die Vorbereitungen müssen in jeder Hinsicht dem Geist der *Schechita* gerecht werden, des Schächtens, das eine Schlachtmethode ist, deren Absicht deutlich ist und deren Ergebnis unbedingt gewährleistet werden muß. Für den thoratreuen Juden ist diese *Schechita* tatsächlich mosaisch, und zwar im engeren und wortwörtlichen Sinn dieses Ausdrucks. Sie ist ihm einleuchtende Offenbarung.

Bedika, die Untersuchung

Nach der vorschriftsmäßigen *Schechita* ist das Fleisch noch keineswegs fertig für den Verbrauch. Zuerst muß das Tier jetzt untersucht werden. Diese Fleischbeschau – die Vorschrift und die Untersuchungsmethode – geht weit in die Vorzeit zurück. Zwar gibt die *Thora* keine direkten Anweisungen zur Untersuchung des Fleisches von geschlachteten Tieren und damit auch keinen Hinweis auf die mögliche Untersuchungsmethode. Aber die Überlieferung geht bis zur *Thora* zurück, schließt an sie an. Gemäß der Tradition erstreckt sich der Ausdruck *Newela*, wo immer er in der *Thora* steht, nicht nur auf Aas, also auf ein Tier, das ohne geschlachtet zu werden starb, sondern auch auf das nicht rituell, nicht durch Schächten geschlachtete Tier. «Ihr sollt kein Aas essen!», so beginnt der letzte Vers im Kapitel über die Speisevorschriften im 5. Mose (14,21). Neben *Newela*, d. h. Aas, steht in vielen Bibelversen das Wort *Terefa*, d. h. das »Zerrissene», als verbotene Speise, wie z. B. im 3. Mose 7,24; 17,15; 22,8 und in Hesekiel 4,14 und 44, 31. *Terefa* bezeichnet an erster Stelle das, was auf dem Feld von Raubtieren getötet, verletzt oder verstümmelt wurde (1. Mose 31,39 und 2. Mose 22,30).

Bei einem zerrissenen Tier wie Vieh oder Geflügel, das von einem Raubtier angefallen wurde, aber seinen Verletzungen nicht erlag, besteht die Gefahr, daß durch die Klauen des angreifenden Tiers Gift in der Wunde des Opfers zurückgeblieben ist. Auch dadurch wird das Tier *terefa*. Entsprechend den ältesten Überlieferungen erstreckt sich der Ausdruck darüber hinaus auch auf jene Fälle, in denen Bazillen eine Läsion herbeigeführt haben, so daß der Organismus des als Nahrung bestimmten Tiers derart angegriffen wurde, daß es in absehbarer Zeit daran eingeht. Diese Zeit wird großzügig berechnet: fast ein Jahr. Das gilt auch für jede innere oder äußere Verletzung und eiternde Wunde sowie jede lebensgefährliche Entzündung, ungeachtet davon, welcher Körperteil in Mitleidenschaft gezogen wurde. Nach diesem Grundsatz handelt die jüdisch-rituelle Fleischbeschau.

Sie heißt auf hebräisch *Bedika*, d. h. Untersuchung. Der Schächter, der für die *Schechita* zuständig war, führt auch die Untersuchung durch, d. h. er ist gleichzeitig der Fleischbeschauer. Dazu wurde er theoretisch und praktisch ausgebildet, und er weiß, wonach er Ausschau halten muß. Als erstes überprüft er die Lunge sehr sorgfältig. Er weiß, wie eine gesunde Lunge aussieht; er kennt alle Abweichungen, die möglich sind, und er kann im allgemeinen die harmlosen Symptome von den gefährlichen unterscheiden. Auch das ist eine durch die Jahrhunderte gesammelte Erfahrung.

Die Wissenschaftler schätzen die Gesundheitslehre des Talmuds hoch ein. Sie ist die Grundlage bei der Untersuchung aller Erscheinungen, die darauf hinweisen, daß das Tier möglicherweise nicht gesund war. Deshalb wird alles Verdächtige untersucht. Allerdings ist der Schächter und Fleischbeschauer kein Tierarzt. In den jüdischen Gemeinden war und ist es üblich, solche und ähnliche Aufgaben einem Menschen zu übertragen, der zwar auf keine vollständige wissenschaftliche Ausbildung zurückgreifen kann, aber genug praktische Erfahrung besitzt, um in allen eindeutigen Fällen entscheiden zu können und in Zweifelsfällen die Entscheidung den zuständigen Behörden zu überlassen. Außerdem sind es Männer, denen ihr religiöses Gewissen die Normen vorschreibt, und sie kaum etwas begutachten würden, das nicht über jeden Zweifel erhaben ist. Von ihrem Ja oder Nein hängt unter Umständen vieles ab. Erklären sie etwas für untauglich, bezieht sich das nicht nur auf den Teil des Tieres, der eine gefährliche Abweichung aufweist. Ihre Entscheidung von *Terefa* bedeutet in jedem Fall, daß das ganze Tier aus jüdisch-ritueller Sicht nicht zum Genuß als menschliche Nahrung zugelassen wird. Aus hygienischer Sicht ist es durchaus möglich, den einen Teil als untauglich zu erklären, während der Rest ruhig für den menschlichen Verbrauch zugelassen wird. Rituell ist das nicht möglich. Die Wissenschaft hat Mittel, um Krankheitskeime zu vernichten und das schon angegriffene Fleisch für den Verbrauch tauglich zu machen. Rituell ist das ausgeschlossen. In bezug auf Krankheitserscheinungen wenden sich die Rabbiner dankbar an die Wissenschaft. Was sie für gefährlich erachtet, begutachten sie nicht. Aber sie verfahren nach dem Grundsatz, daß es keine halbe Untauglichkeit gibt. Die rituelle Untersuchung hat stets einen weiteren Sinn und ist gründlicher. Und die Männer, die sich mit Leib und Seele den rituellen Interessen verschrieben haben, treffen ihre Entscheidungen nach bestem Wissen und Gewissen.

Wie alt diese Fleischbeschau in Israel ist, kann auf das Jahrhundert genau nicht bestimmt werden. Aber der Segen, den sie dem jüdischen Volk gebracht hat, ist unschätzbar. Denn kein Volk der Welt war so ungeheuren Schwierigkeiten, so großen Gefahren und vor allem so bodenlosem sozialem Elend ausgesetzt wie das jüdische. Wenn es trotzdem körperlich gesund geblieben ist, ist das nicht mindestens zum Teil auf die rituelle Untersuchung des zum Essen bestimmten Fleisches zurückzuführen? Hygienische Maßnahmen als Verfügung angeordnet; Gesundheitsfürsorge durch polizeiliche Strafbestimmungen durchgesetzt, der starke Arm der Behörden unterstützt durch diensteifrige Beamte – das alles zusammen hätte nicht soviel Achtung für die einfache, für die Gesundheit des Volkes eingeführte und geregelte Fleischbeschau zur Folge gehabt wie die natürliche Achtung, die das jüdische Volk der *Bedika*, d. h. der Untersuchung gegenüber erwiesen hat. Ununterbrochen unterwegs, vertrieben, gehetzt, zerstreut, hat es trotz allem im Ganzen gesehen, ohne daß ihm Geld- oder Gefängnisstrafen auferlegt werden mußten, die *Bedika* mit allen ihren Konsequenzen durchgeführt und ihre Vorschriften befolgt, so daß es mit Hesekiel sagen konnte: «... ich habe von meiner Jugend an bis auf diese Zeit niemals Fleisch von einem gefallenen oder zerrissenen Tier gegessen ...» Denn es war ja als Ritual heilig. Nicht nur für die Beamten, die es beaufsichtigen, sondern auch für jeden Mann und jede Frau, die diese umsichtige Fürsorge als eine der höchsten gottesdienstlichen Aufgaben betrachteten. Religiöse Inbrunst und fromme Zurückhaltung haben Erfolg auch dort, wo die Umsicht der besten Verwaltungsbehörden versagt.

Der verrenkte Muskel

Das Fleisch des Tiers, das rituell geschächtet wurde und somit keine *Newela*, nicht verendet ist, und dessen Befund in der Untersuchung außerdem negativ, d. h. nicht *terefa* war, dieses Fleisch ist immer noch nicht koscher. Noch kann der Schlachter es der jüdischen Hausfrau nicht verkaufen, die es in ihrer Küche zu einer rituell erlaubten Speise vorbereitet.

Selbstverständlich wird das Fleisch der begutachteten Tiere mit einem Stempel oder irgendeinem anderen Kennzeichen versehen, das deutlich zu sehen ist und eine Unterscheidung erlaubt. Das ist aber noch längst nicht alles.

Da gibt es noch den verrenkten Muskel am Hüftgelenk. Er muß entfernt werden. Die *Thora* ist ja unsere Lebensgrundlage. Und allen ist die Geschichte von Jakobs Kampf am Jabbok bekannt (1. Mose

32,25–33). Er befand sich auf dem Rückweg von Mesopotamien nach Kanaan, nach Hause. Aber noch hielt er sich in Gilad auf, auf transjordanischem Gebiet. Er wartete auf seinen Bruder Esau, der aufmarschierte. Als Jakob vom Herannahen seines Bruders hörte, überkam ihn ein banges Vorgefühl. Er machte sich auf alle Eventualitäten gefaßt. Auch auf den Kampf mit Esau, falls es sein mußte. Darum hatte er seine Gefolgschaft und seinen Besitz in zwei Lager geteilt. Das eine war für den Kampf bestimmt und sollte, wenn es nicht anders ging, geopfert werden, während das zweite inzwischen entkommen konnte. Gleichzeitig hatte er seinem Bruder ein fürstliches Geschenk geschickt, um seinen Zorn zu besänftigen und eine Versöhnung herbeizuführen. Und zum Schluß hatte er gebetet. Ein passendes Gebet. Nachdem er alle diese Vorsichtsmaßnahmen getroffen hatte, führt er die Seinen auf das andere Ufer des Jabbok. Er blieb allein zurück. Mitten in der Nacht griff ihn jemand an und schlug auf das Hüftgelenk. Jakob verteidigte sich, stand seinen Mann und schlug zurück. Hart. Der Kampf dauerte lange, bis zur Morgendämmerung. Da gab der Angreifer den Kampf auf. Er wollte gehen und bat, Jakob möge ihn freilassen: «... denn die Morgenröte bricht an». Aber Jakob ließ ihn nicht los. Er verlangte ein Lösegeld! Einen Segen! Diesen Segen erhielt er: den Namen Israel (Hebräisch für Gottesstreiter).

Jakob hatte gesiegt, war aber verletzt worden. Die Morgenröte löste ein heller Tag ab. Die Sonne strahlte, als Jakob an einem Ort vorbeikam, den er Pniel (Gottes Anlitz) nannte. Aber er hinkte. Wegen des Schlags des Angreifers in der dunklen Nacht, der ihn zwar nicht hatte besiegen können, ja der ihn sogar vor der Morgenröte hatte segnen müssen, aber der ihn, wenn auch nur vorübergehend, verletzt hatte. Jakob hatte den Kampf gewonnen, aber nach diesem Sieg hinkte er. Seine Beute war sein neuer Name: Isreal. «Daher essen die Kinder Israel nicht das Muskelstück auf dem Gelenk der Hüfte bis auf den heutigen Tag» (1. Mose 32,33).

In jener Nacht erhielt der ringende Jakob die Antwort auf sein Gebet. In dieser Antwort kann man, wenn man will, den Werdegang der Weltgeschichte sehen. Es ist der Kampf zwischen Macht und Geist. Das Ringen in der Nacht. Die Gewalt der Finsternis, die der Morgenröte weichen muß. Der Triumph, der nicht die Vernichtung des Besiegten anstrebt, sondern nur seinen Segen. Segen: d.h. Achtung, Anerkennung!

Es wäre verlockend, die einzelnen Bestandteile der Zählung im Licht dieser Interpretierung ausführlich zu diskutieren. Aber begnügen wir uns damit, sie flüchtig anzuschneiden. Israel hat ihre Symbolik bewahrt. Denn es heißt ja: «bis auf den heutigen Tag». Sie wurde in die Speisevorschriften für alle Zeiten aufgenommen. Das Mahl ist Belehrung geworden. Der Name und der historische Segen hängen eng miteinander zusammen. Der Name ist ein Segen, er spendet Trost auf dem langen, mühsamen Weg. Er verkörpert Stolz, gibt Kraft und Sicherheit, bis im Osten der Tag heraufkommt.

So hat das Judentum diese Stelle gedeutet und sie in die Riten des Alltags aufgenommen. Wieder sind Vorbehalte angebracht. Natürlich ist dem Verfasser bekannt, daß nur sehr wenige Menschen bei der Entfernung des Muskelstücks am Hüftgelenk an die Symbolik denken. Das weiß er sogar besser als andere. Wahrscheinlich gibt es auch Juden, die diese Symbolik nicht einmal anerkennen, sie ablehnen. Die sagen, das Wort genüge ihnen dem Buchstaben nach und ist heilig. Auch ohne die Symbolik. Die nur Gesetzestreue und Befolgen verlangen. Treues Befolgen, auch wenn es Enthalten vorschreibt, Mäßigkeit fordert, die körperlichen Bedürfnisse regelt, die Gelüste zügelt. Auch wenn wir, wie in so manchen Fällen, den besonderen Grund oder den symbolischen Sinn nicht genau kennen.

Solche Treue ist wertvoll. Für den einzelnen ist sie erzieherisch, für das Volk weit mehr als nur das. Selbst wenn die Symbolik nicht immer erwünscht oder verstanden, ja nicht einmal vermutet wird.

Demzufolge wird dieses Muskelstück in Israel nicht gegessen, wie auch nirgends dort, wo die *Kaschruth*, die rituellen Speisevorschriften, befolgt wird. Wo dieser Muskel liegt, weiß jeder Fachmann. Wie weit er reicht und wohin seine Verzweigungen führen, ist jedoch eine Entscheidung, die nicht alle mit unfehlbarer Sicherheit zu treffen wagen. Ein fachkundiger Schlachter verschneidet nur ungern solch ein schönes Stück Fleisch, und die Hausfrau möchte auch lieber ein unversehrtes Stück kaufen. Das Gewissen soll über den Ritus wachen. Durch den rituellen Akt kann jedoch das Gewissen auf die Probe gestellt und in Versuchung gebracht werden. Gelegentlich schläfert auch die Ungewißheit, auf was genau sich das Verbot nun erstreckt und wieviel oder wiewenig nun angebracht ist, das Gewissen ein.

Diese Überlegungen sowie die Tatsache, daß das Abtrennen dieses Muskels schwierig ist, haben in vielen Ländern dazu geführt, daß der hintere Teil eines Säugetiers überhaupt nicht gegessen wird. Auch hier verfuhr man also nach dem Grundsatz, im Zweifelsfall lieber auf den Genuß zu verzichten. Ist es denn wirklich notwendig, so argumentiere man, alles zu essen, was vielleicht nicht verboten ist? Ist das etwa eine Frage auf Leben und Tod? Ist es so schlimm, auf Speisen zu verzichten, die vielleicht doch erlaubt sind? Also Selbstzucht auch im Erlaubten. Gerade darin beweist sich Erhärten des Willens, Festigung der Persönlichkeit. Das ist höchste Heiligung des Lebens.

In wieder anderen Ländern ist man davon überzeugt, über die erforderlichen Fachleute zu verfügen, um das Muskelstück am Hüftgelenk vorschriftsgemäß zu entfernen. Diese Fachleute gelten als religiös absolut zuverlässig und führen ihre Arbeit unter der Aufsicht des Rabbinats durch. Dort essen auch streng religiöse Juden das Fleisch des Hinterviertels. Sonst kommen für die streng das jüdische Ritual befolgenden Menschen nur die Vorderviertel in Frage, nachdem das Tier vorschriftsmäßig geschächtet und nach der Untersuchung rituell freigegeben wurde.

Aber selbst das Fleisch der Vorderviertel wird nicht so ohne weiteres für seine Verwendung in der jüdischen Küche verkauft. Zuvor muß der Schlachter noch einige Handlungen vornehmen, damit das Fleisch für den Verbraucher *koscher* ist.

Koscher machen

Die rituelle Aufgabe des Schlachters beginnt, wenn er das schon koschere Fleisch in Empfang nimmt. Koscher ist es in dem Sinn, daß es weder *newela*, verendet, noch *terefa*, zerrissen, ist. Trotzdem darf es noch nicht gegessen werden. Denn noch haften Fettpolster und Talgschichten an ihm, die der Schlachter entfernen muß. Zur Zeit von Stiftshütte und Tempel war das Fett jener Teil von Klein- und Rindvieh, der bei einem Opfer für den Altar bestimmt war. Verschiedene Passagen im Pentateuch, die von diesen Opfertieren sprechen, beschreiben dieses Fett wiederholt, vor allem in den ersten Kapiteln des 3. Mose. Dieses Fett darf der Mensch nicht essen. Es ist strengstens verboten, genau wie das Blut. Mit ihm wird dieses als *Chelev* bezeichnete tierische Fett jedesmal in einem Atemzug erwähnt. Denn: «Alles Fett ist für den Herrn» (3. Mose 3,16).

Im nächsten Vers heißt es weiter: «Das sei eine ewige Ordnung für eure Nachkommen, überall wo ihr wohnt, daß ihr weder Fett noch Blut esset» (3,17). Auch die angedrohten Strafen hören sich ähnlich an. «Denn wer das Fett ißt von solchen Tieren, von denen man dem Herrn Feueropfer bringt, der wird ausgerottet werden aus seinem Volk» (3. Mose 7,25). Und die nächsten beiden Verse: «Ihr sollt auch kein Blut essen, weder von Vieh noch von Vögeln, überall, wo ihr wohnt. Jeder, der Blut ißt, wird ausgerottet werden aus seinem Volk» (ebd. 26 und 27). «Ausrottung» ist keine Strafe, deren Vollzug einem irdischen Richter übertragen wird. Zu dieser Vollstreckung ist ausschließlich der Höchste Richter befugt.

Deshalb muß der jüdische Schlachter, der koschere Ware verkauft, dazu in der Lage sein, alles tierische Fett zwischen oder an dem Fleisch vorschriftsgemäß zu entfernen. Tatsächlich vollkommen herausschneiden. Das muß er praktisch lernen und Proben seines Könnens vorzeigen. Es muß wegen seiner sorgfältigen Arbeit bekannt sein und religiöses Vertrauen genießen. Zum *Chelev*, dem tierischen Fett, werden auch die Fettablagerungen des großen Netzes und der Nieren gezählt. Das zuletztgenannte ist auch dann verboten, wenn das Hinterviertel nach Abtrennen des Muskels am Hüftstück für den Verbrauch erlaubt ist. Daneben gibt es noch mehrere andere, weniger greifbare, kleine Teile, die auch *Chelev* sind. Erlaubt ist dagegen im allgemeinen das Fett, das die Därme umgibt. Der jüdische Schlachter hat die Aufgabe und Pflicht, darüber zu wachen, damit niemand an der treuen Befolgung dieser Vorschriften durch alle jüdischen Generationen hindurch zweifelt, gleichgültig, wo sie lebten.

Selbst nach dem Schächten ist das Fleisch noch nicht völlig ausgeblutet. Denn die Adern liegen ja in seinem Inneren und laufen nicht ganz aus. In vielen Gefäßen ist das Blut gestockt. Und wichtige Adern sind nach dem Schächten noch mit dem Lebensblut gefüllt. Und das muß entfernt werden. Denn: «Ihr soll kein Blut essen ...» (3. Mose 7,26). Also müssen diese Adern mit dem gestockten Blut entfernt werden. Auch das eine Aufgabe des jüdischen Schlachters. Auch hier muß er sein Können unter Beweis stellen und ein Jude sein, dem man auch in dieser Hinsicht voll vertrauen kann. Dieses Heraustrennen von Adern und Häuten wird in der Umgangssprache mit dem Wort *Porschen* bezeichnet, auf hebräisch *Nikur*, was Stechen, Ausstechen und in diesem besonderen Fall Koschermachen bedeutet. Das Wort Porschen wurde wahrscheinlich vom hebräischen Stamm *Parasch*, absondern, trennen, hergeleitet. Der jüdische Schlachter, der koscheres Fleisch verkauft, muß sich auf die Kunst des Porschens verstehen und sie ausüben. Denn dazu gehört eine gewisse Fingerfertigkeit, auf jeden Fall eine große Geschicklichkeit und Erfahrung, damit die Fleischstücke nach dem Porschen nicht verschnitten, aber trotzdem alle Vorschriften streng befolgt werden.

Damit hat der Schlachter seine Aufgaben in bezug auf die koschere Zubereitung von Fleisch beendet. Für das weitere ist die Hausfrau verantwortlich. Und zwar bevor sie mit dem eigentlichen Kochen oder Braten des Fleisches beginnt. Denn noch immer wurde das Blut nicht völlig entfernt. Es muß bis zum letzten aus dem Fleisch verschwunden sein, bevor sie es in die Pfanne oder den Topf geben kann. Deshalb legt sie es zuerst in Wasser, und zwar so, daß es ganz davon bedeckt wird. Auf diese Weise wird das Fleisch weich, und das Blut löst sich, das noch dran klebt oder eingedrungen ist. Insgesamt wird das Fleisch eine halbe Stunde im Wasser geweicht. Das ist aber erst der Anfang. Nach dieser halben Stunde wird das Fleisch noch einmal im Wasser gewaschen und zum Ablaufen auf ein durchlöchertes Holzbrett gelegt, das schräg steht, damit das Wasser gut ablaufen kann. Das ist das Auswässern. Dabei wird das Fleisch mehr oder weniger trocken. Jetzt bestreut die Hausfrau es mit einfachem Küchensalz, das weder zu fein noch zu grobkörnig sein sollte. Jedes Stück einzeln und auf allen Seiten, so reichlich, daß es wie bereift aussieht. Das ist das Salzen. Das Salz verfehlt seine Wirkung auf das Fleisch nicht. Es treibt wirksam alles Blut heraus, das es noch enthält. Eine ganze Stunde wirkt das Salz auf das Fleisch ein. Als letzte rituelle Handlung begießt und spült die Köchin das Fleisch mit Wasser, damit alle Blut- und Salzreste entfernt werden. Das ist das Begießen.

Jetzt ist das Fleisch koscher und damit rituell erlaubt und darf zum Essen vorbereitet werden.

Eigentlich war das Fleisch schon koscher, als der Schlächter und Fleischbeschauer es stempelte oder kennzeichnete. Aber noch nicht für den direkten Verbrauch. Das war erst eine erste Stufe. Dem schlossen sich die rituellen Vorbereitungen des Schlachters an. Und die Hausfrau vollendet das Ritual. Der Volksmund bezeichnet Einwässern, Auswässern und Salzen mit dem Sammelbegriff «koscher machen». Die jüdische Küche ist wie eine Werkstätte vor dem Altar. Daher wird der rituelle Tisch im jüdischen Haus gern mit dem Altar im Tempel verglichen.

Der jüdische Tisch und der Altar!

Selbstverständlich gelten für diesen Vergleich Einschränkungen. Denn wie der Leser schon gesehen hat, darf nichts, was ausdrücklich für den Altar bestimmt ist, auf dem Tisch eines Juden erscheinen. Jene Teile der Schafe und Rinder, die einst für ein «Brandopfer für Gott» bestimmt waren, sind nachdrücklich für den menschlichen Genuß verboten. *Chelev*, das Beste, mußte stets für den Altar beiseite gestellt werden, genauso wie der Erstgeborene und die ersten Früchte stets Gott versprochen waren. Diese Gaben waren eine Widmung, eine Weihung des übrigen. Der Altar empfing sie zur alleinigen Verwendung von Gott, damit Teile, die der Mensch essen würde, mit intensiverer, größerer Freude genossen werden konnten. Auf diese Weise geweiht, wurde die Handlung des Essens aus dem Zusammenhang eines einfachen tierischen Genusses gelöst.

Ebenso nahm der Altar auch das Blut auf als Ersatz für den ganzen Menschen, der wegen seiner Sünden sein Leben verwirkt hatte oder den es danach verlangte, den Dialog mit dem himmlischen Vater wiederherzustellen, der aus dem einen oder anderen Grund unterbrochen worden war. Denn das ist ja auch die Bedeutung des hebräischen Wortes *Korban*: ein Mittel der Annäherung. Eine andere mögliche Erklärung für das Blutopfer auf dem Altar war die, daß es die nachdrücklichste, wirksamste Methode war, um den Menschen einzuschärfen, daß Blut unter keinen Umständen als Nahrung dienen durfte. Welche Gründe es dafür auch gegeben haben mag, diese Teile eines Tieres gehören auf den Altar. Auf keinen Fall werden sie in einem jüdischen Haus aufgetragen.

Deshalb ist es nicht dieser Vergleich, auf den ich mich bezogen habe – die Trennung dessen, was Gott gehört, von dem, was uns erlaubt ist, gibt weder die Bedeutung noch die Essenz des Konzepts wieder. Der Tisch gleicht einem Altar, weil sein Wesen wie der Altar geweiht sein sollte. Er soll uns lehren, daß wir essen, um zu leben, und wir leben, um im Dienst des Allerhöchsten zu wirken. Zu diesem Zweck müssen wir uns einer Lenkung von oben bewußt sein, müssen sozusagen die Zügel in Gottes Hand wissen. Und praktisch nicht zuletzt in den Bereichen, in denen die tierischen Funktionen des Menschen am leichtesten und deutlichsten zum Ausdruck kommen.

Besonders im Hinblick auf die Verwendung von tierischer Nahrung werden wir auf diese Zügel aufmerksam gemacht. Bevor wir uns an ihnen erfreuen können, verweisen uns biblische Gebote oder andere in der Überlieferung verwurzelte Einschränkungen darauf hin, kurz einzuhalten, nachzudenken und uns zu erinnern.

Selbst wenn alle Zutaten der Mahlzeit entsprechend der Speisevorschriften vorbereitet wurden und gekocht oder weiter zubereitet werden können, müssen immer noch einige Forderungen berücksichtigt werden. Und hier beginnt die Aufgabe der jüdischen Küche. Diese zusätzlichen rituellen Gebote im Hinblick auf das jüdische Haus sind von dem biblischen Gebot abgeleitet: «Du sollst das Böcklein nicht kochen in seiner Mutter Milch.»

Ich beabsichtige hier nicht, die ursprünglichen Gründe oder die tatsächlichen, poetischen oder gar ethischen Gründe für dieses Gebot zu diskutieren. Was sie betrifft, hat die objektive Bibelerklärung keineswegs das letzte Wort gesprochen. Die *halachische* Erklärung hat dagegen schon vor langer Zeit ihren Standpunkt eingenommen, und für sie ist das Thema abgeschlossen. Die *Halacha* bildet inzwischen das Fundament für eine Reihe von jahrhundertealten rituellen Vorschriften, die man an und für sich nicht im geschriebenen Gesetz findet.

Die *Thora* wiederholt das Gebot dreimal mit den gleichen Worten. Zum erstenmal steht es im 2. Mose 23,19 als letzter Punkt einer wichtigen Gruppe von Gesetzen, die gegeben wurden, kurz nachdem sich Gott Israel auf dem Berg Sinai offenbart hatte. Zum zweitenmal steht es im 2. Mose 34,26, nachdem Mose wegen der Sünde des Goldenen Kalbs die ersten beiden Gesetzestafeln zerschmettert hatte. Danach wurde ein zweiter Satz Tafeln angefertigt, und der Bund soll erneuert werden. Hier beschließt der gleiche Satz einen Gedankengang, der die zuvor zitierte Passage konsequent fortsetzt. Zum drittenmal erscheint das Gebot als letzter Satz in der Zusammenfassung der Speisevorschriften, wohin es selbstverständlich paßt (5. Mose 4,21). Die Überlieferung hat das Gebot als ein Verbot gegen den gleichzeitigen Genuß von Fleisch und Milch interpretiert; insbesondere dürfen Fleisch und Milch nicht bei der gleichen Mahlzeit zusammen gegessen werden, und auch die Vorbereitung einer Milch- mit einer Fleischspeise zusammen oder umgekehrt ist verboten, ebenso wie das Mischen von Fleisch- und Milchspeisen.

Im weitesten Sinn des Wortes darf Fleisch, ein durchaus erlaubtes

Nahrungsmittel, nicht in Milch gekocht werden, ebenfalls ein völlig unanfechtbares Nahrungsmittel. Das Wort «Böcklein» wird erweitert, um alle Fleischarten einzuschließen, so daß sich eine allgemeinere Diskussion erübrigt. Das gleiche gilt für das Wort «Milch», das die Milch aller Tiere einschließt, die Fleisch für unseren Verbrauch liefern.

Die Verwendung dieser beiden von der *Halacha* erlaubten Nahrungsmittel ist somit bestimmten Bedingungen unterworfen. Sie dürfen nicht zusammen gekocht und – selbstverständlich – nicht zusammen gegessen werden. Denn warum sollte man eine Speise kochen, wenn man sie hinterher nicht zu essen beabsichtigt? Aus reinem künstlerischen oder kulinarischen Vergnügen? Oder aus irgendeinem geschäftlichen Zweck oder zu einem anderen Nutzen? Aber selbst das ist nicht erlaubt. Das dreifache Gebot bezieht sich auf alle erwähnten Verwendungsarten und sagt einfach und knapp: «Du sollst das Böcklein nicht kochen in seiner Mutter Milch.»

Das ist ein Beispiel für die sogenannte *Halacha*-Erklärung oder den *Midrasch*. In einem vorhergehenden Kapitel habe ich bereits die Bedeutung von *Midrasch* erklärt. Dort habe ich ebenfalls die Bedeutung des Wortes *Halacha* gegeben. *Midrasch* ist jene eigenartige Art von Exegese, die oft die Bedeutung einer Bibelpassage entdeckt, indem sie von einer äußeren Situation abgeleitete Begründungen verwendet und diese Passage in diesem Licht neu interpretiert. Der *halachische Midrasch* verfährt oft nach der gleichen Methode, um eine ausführliche Erklärung für bereits akzeptierte Regeln des täglichen Verhaltens zu liefern.

Unser Leben und unsere Sitten sind das Ergebnis einer sehr langen, alten Tradition, die unverändert vom Vater an den Sohn weitergereicht wurde. In diesem Licht betrachtet, ist die Überlieferung genauso wertvoll wie die Heilige Schrift, genauso ehrwürdig wie das Gesetz der fünf Bücher Mose. Das Gesetz, wie es in der Thora oder der *Thora sche-be Ktaw* steht, bildet nur den schriftlichen Teil. Zusammen mit der Überlieferung, dem mündlichen Gesetz, oder der *Thora sche-be'al-Pe*, bildet es die vollständige Thora. Trotzdem verankern wir selbst unsere altehrwürdigen und als solche unveränderlichen Überlieferungen gern im geschriebenen Wort, in einem der Gesetzesartikel, so daß sie auf einem noch festeren juristischen Fundament ruhen. Aber in diesem Fall ist das Gesetz nicht das Hauptmotiv – die Quelle – der Überlieferung: auch ohne das Wort wäre das Statut vorhanden und besäße die gleiche bindende Kraft.

Zweifelsohne hat diese Einstellung, diese Anwendung der Heiligen Schrift, viel dazu beigetragen, den Verlauf des jüdischen Lebens im Laufe der Jahrhunderte zu lenken und zu bestimmen. Aber auch so ist es keine Übertreibung, wenn ich sage, daß die jüdische Küche nicht viel anders aussähe, als sie heute aussieht, wenn der *halachische Midrasch* nicht das Verbot von *Basar we Chalaw*, d. h. Fleisch und Milch, mit den Bibelpassagen in Verbindung gebracht hätte, die vom Böcklein und der Milch seiner Mutter sprechen. So groß ist die Achtung vor der Überlieferung, so stark und machtvoll, so bindend ihre Autorität.

Demzufolge verwaltet die jüdische Hausfrau praktisch zwei Küchen. Es gibt einen vollständigen Satz von Töpfen und Tiegeln zur Vorbereitung von Fleischspeisen – einschließlich jenen, die Tierfett enthalten – und einen Satz für Milchspeisen und allem anderen, das Milchzutaten enthält. Diese beiden Sätze dürfen weder zusammen verwendet noch gemischt werden. Das gilt auch für Porzellan, Bestecke und alles andere, was man beim Essen verwendet. Alles wird konsequent zu Ende geführt. Selbstverständlich gibt es auch Nahrungsmittel oder Getränke, die weder Milch- noch Fleischzutaten enthalten. Sie können in einem Satz «neutraler» Haushaltsgeräte vorbereitet und gegessen werden. Das ändert im Grunde genommen aber kaum etwas, denn eine doppelt ausgerüstete Küche und ein ebenso ausgestattetes Eßzimmer sind immer noch notwendig.

Und für *Pesach* (Passah), dem Fest der ungesäuerten Brote, benötigen wir, wie wir schon gesehen haben, einen weiteren Satz von Haushaltsgeräten. Die Überwachung dieser Küche und die richtige rituelle Betreuung ihrer Einrichtung ist Aufgabe der jüdischen Hausfrau.

Schwer?

Dem Uneingeweihten mag es als eine ungemein komplizierte, ja fast unmögliche Aufgabe erscheinen. Nicht jedoch der jüdischen Mutter, die nie eine andere Ordnung kannte. Für sie ist es ganz natürlich und läuft ihr glatt und ohne Haken von der Hand – oder fast ohne Zwischenfälle. Es kann Unfälle geben, und einfache und klare Regeln bestimmen, was zu tun ist, um eine unbeabsichtigte Verwechslung oder Übersehen in der *koscheren* Küche zu berichtigen. Deshalb muß die Hausfrau achtgeben. Aber ist es im Leben nicht auch so? Wird denn nicht auch von uns erwartet, daß wir aufmerksam sind und die Zügel beachten, die Einhalt gebietende Hand von oben? Das ist es doch, was unserem Leben seinen Sinn gibt und dazu beiträgt, es zu heiligen.

Fisch und Geflügel

Fisch ist kein Fleisch. Daher gelten die Vorschriften für Fleisch und seine Zubereitung sowie jene, die seinen Genuß einschränken und das Vermischen von Fleisch und Milch oder von Fleischgerichten mit Milchspeisen untersagen, nicht für Fisch und seine Zubereitung.

Für den Fisch gibt es keine *Schechita*, kein Schächten. Der Fischfang, d. h. das Herausholen des Fisches aus dem Wasser, seinem Lebenselement, führt bei ihm zum gleichen Ergebnis wie das Schächten beim Säugetier: Bewußtlosigkeit und anschließend Tod. «Kann man so viele Schafe und Rinder schlachten, daß es für sie genug sei? Oder kann man alle Fische des Meeres einfangen, daß es für sie genug sei ...? (4. Mose 11,22). Damit bringen Mose Worte diesen Gedanken schon voll zum Ausdruck.

Beim Fisch sind nur die Flossen und Schuppen ein Zeichen der «Reinheit». Im Wasser. Falls sie ihre Schuppen im Wasser lassen, wenn sie herausgenommen werden, gelten sie als rituell rein und dürfen gegessen werden. Allem Anschein nach gibt es solche Fischarten tatsächlich. Besitzen sie jedoch keine Schuppen, auch im Wasser, sondern nur Flossen, dann sind es «unreine» Fische, d. h. rituell nicht erlaubt. Gibt es in bezug auf dieses Merkmal Zweifel, wird dieser Fisch nicht auf den jüdischen Tisch gebracht. Natürlich spricht die Überlieferung hier ein entscheidendes Wort mit.

Da Fisch nicht geschächtet wird, kann er auch nicht zur *Newela*, d. h. zum Aas werden. Denn *Newela* ist ein Tier, das ohne rituelle *Schechita* gestorben und folglich für den Verbrauch verboten ist. Deshalb sind für den Fisch auch alle Maßnahmen überflüssig, mit denen beim Säugetier das Blut so gründlich wie möglich entfernt wird. Und da ein Fisch kein Fleisch ist, kann bei ihm auch nicht die Rede sein vom Trennen von Fleisch und Milch, alle Vorschriften in dieser Hinsicht sind also für den Fisch ohne Bedeutung. Fisch kann daher sowohl als Fleisch- wie als Milchgericht zubereitet und gegessen werden.

Beim Geflügel ist das jedoch anders.

Ob nun das Fleisch dieser Arten mit dem von Säugetieren gleichgesetzt werden kann und ob für es folglich die Vorschriften für Fleisch und Milch gelten, mag zwar eine theoretische Frage sein; in der Praxis gibt es keinen Unterschied. Aufgrund der Theorie im halachischen Midrasch kann zwar bestritten werden, ob Geflügel unter den Begriff

«Fleisch und Milch» fällt. Denn während das Böcklein gegebenenfalls noch als Beispiel für erlaubtes Fleisch herangezogen werden kann, wäre es schon weitaus schwieriger, die vom Geflügel stammenden Erzeugnisse, also ihre Eier, als «die Milch ihrer Mutter» zu bezeichnen. Ob sich nun die Thoravorschriften über Fleisch und Milch auch auf Geflügel erstrecken, steht somit zur Diskussion. Und diese Frage diskutiert der Talmud denn auch eingehend. Aber im praktischen Leben steht diese Frage – ob der Midrasch die feste Lebensregel, die *Halacha*, zur Thoravorschrift erhebt oder nicht – keineswegs zur Debatte.

In der jüdischen Küche und auf dem jüdischen Tisch macht man also keinen Unterschied zwischen dem Fleisch von Säugetieren und dem von Geflügel. Es ist Fleisch wie jedes andere auch. Stirbt es nicht durch die rituelle *Schechita*, ist es *newela*. Schon allein dadurch wird es jedem anderen Fleisch gleichgestellt. Darum darf durchaus angenommen werden, daß Geflügel auch aus der Sicht der *Thora* stillschweigend in die allgemeine Kategorie von Fleisch eingestuft wird. Heißt es nicht zu Beginn des letzten Bibelverses, der im 5. Mose von den Speisevorschriften spricht (14,21): «Ihr sollt kein Aas essen!»? Und der gleiche Absatz schließt mit den Worten: «Du sollst das Böcklein nicht kochen in der Milch seiner Mutter!»

In der Praxis wird Geflügel im jüdischen Haushalt genauso behandelt wie jedes andere Fleisch. Es muß geporscht, eingewässert, gesalzen und koscher gemacht werden, um alles Blut, das noch in ihm enthalten ist, zu entfernen.

Geflügel besitzt kein als *Chelev* bezeichnetes Fett wie auch keinen Muskel im Hüftstück. Und doch müssen Huhn, Ente, Gans, Taube und alle anderen Geflügelarten, die «rein» sind, einer Fleischbeschau unterzogen werden. Sie erfolgt teilweise durch den *Schochet*, den Schächter des Tiers, aber, wie gesagt, nur teilweise. Er beschaut sich das Geflügel nur, solange es noch lebt, um zu sehen, ob das zur *Schechita* vorgelegte Tier ihm aus irgendeinem Grund ungesund erscheint. Er sieht davon ab, wenn er bezweifelt, daß das Tier für den Verbrauch geeignet ist.

Aber eine Fleischbeschau des Inneren führt er nicht aus. Nach dem vorschriftsmäßigen Schächten kennzeichnet er den Vogel. Zum Beispiel mit einer Bleiplombe am Fuß. Damit hat er seine Aufgabe erfüllt. Dieses Kennzeichen bedeutet nur, daß das Tier lebend für gesund und koscher befunden und vorschriftsmäßig geschlachtet wurde. Aber auch, daß die Fleischbeschau noch stattfinden muß.

Die *Bedika*, die Untersuchung, kann von einem jüdischen Geflügelhändler durchgeführt werden. Falls es einen gibt und er sich des notwendigen religiösen Vertrauens erfreut. Da sich diese Menschen jedoch bei jedem Tier, das sie untersuchen, in einem Konflikt zwischen ihrem Geldbeutel und ihrem Gewissn befinden, schenkt das Rabbinat ihnen sein Vertrauen nur mit größter Vorsicht und ist beim Ausstellen der Urkunde «Unter der Aufsicht des Rabbinats» sehr wählerisch.

In der Praxis hat es sich als fast undurchführbar erwiesen, dem Schächter neben der Prüfung der Säugetiere auch noch die rituelle Untersuchung von Geflügel aufzubürden. Denn der Geflügelverkauf war und ist ganz anders organisiert als der der anderen Fleischarten. Es wäre übertrieben, vom Schlachter zu verlangen, jede einzelne Taube und jedes Huhn nach dem Schächten auch noch gründlich zu untersuchen.

Diese Untersuchung überläßt man deshalb dem Käufer oder, genauer gesagt, der Hausfrau. Außer in solchen Gemeinden, in denen es einen jüdischen Geflügelhändler gibt, der das erforderliche religiöse Vertrauen besitzt wie auch die Urkunde, die die Aufsicht durch das Rabbinat bestätigt. Sonst ist das die Aufgabe der Hausfrau. Sie muß wissen, wie man Geflügel öffnet, und in der Lage sein zu beurteilen, ob die Innereien normal sind und ob alles koscher ist. Stellt sie jedoch eine Abweichung fest, muß sie nicht wissen, daß es *terefa* ist. In diesem Fall muß sie die Entscheidung dem Rabbinat überlassen. Selbstverständlich kann sie zu Hause auch einen anderen mit dem Öffnen des Geflügels beauftragen. Es muß aber unter ihrer Aufsicht geschehen. Sie muß es überprüfen und beurteilen. Sie muß es billigen, wenn alles in Ordnung ist, und sich an den Rabbiner wenden, wenn es nicht der Fall ist. Dann muß er entscheiden.

Außerdem muß die Hausfrau ihr Geflügel auch poschieren, d. h. die Halsadern entfernen und das Fleisch wie jede andere Fleischart koscher machen. Dabei muß sie wissen, wie die eßbaren Teile der Innereien zu behandeln sind, damit alles Blut aus ihnen entfernt wird. Auch muß sie das Herz vorher öffnen und vorschriftsmäßig und praktisch zuerst die Leber braten.

Das zeigt, welche umfassenden Aufgaben die jüdische Hausfrau wahrnehmen muß. Dank dieser Aufgaben steht sie mitten in der religiösen Praxis des jüdischen Lebens.

Der Tisch: ein Altar; das Haus: ein Tempel. Das sollen keine leeren Phrasen sein, sondern inhaltsreiche Begriffe. Die auch als solche akzeptiert werden. Und Begriffe sollen Taten werden. So bilden Begriff und Tat eine Einheit. Das eröffnet großartige und faszinierende Horizonte. Immer wieder neue, deren Ende nicht abzusehen ist.

Im Tempel gehört alles zu einer höheren Ordnung. Alles ist geweiht, alle Geräte sind geheiligt. Und über allem steht der Altar. Danach muß auch das Haus streben. Und alles, was für den Tisch bestimmt ist, soll sich den Altar zum Vorbild nehmen.

Wird ein Heim gegründet und zieht man in es ein, wird es geweiht. Am Pfosten der Eigangstür und an allen anderen Türpfosten, die in einen Wohnraum führen, werden die heiligenden «Zeichen», die *Mesua*, angebracht. Sie trägt das Wort «Allmächtiger»: *Schaddai*. Er schaut zu und fragt sich, ob sein Geist hier eine ständige Bleibe hat.

Eingeweiht wird das Haus mit einer Andacht; man öffnet die Bibel und «studiert» die Heilige Schrift. Unmittelbar das Wort der *Thora* oder die Mischna und andere Schriften. Die Psalter enthalten Gedanken für viele Gelegenheiten. Die jüdische Stimmung wird mit einer frommen, festlichen Zusammenkunft ins Haus gebracht.

Das geschieht so immer und überall, auch wenn man in der gleichen Stadt umzieht, in eine neue Wohnung einzieht.

Auch Eß- und Küchengeschirr werden vor dem Gebrauch geweiht. Nicht nur gewaschen und gesäubert. Es wird in ein Bad getaucht. In einen Brunnen, einen Fluß, auf jeden Fall in natürlich fließendes Wasser. Auch in ein Bad, aber nicht das gewöhnliche. Es ist ein geweihtes Bad, so eingerichtet, daß es den Brunnen, den Fluß, das fließende Wasser ersetzen kann. Solch ein Bad, die *Mikwe*, gibt es in jeder gut organisierten Gemeinde. Es wird nach festen Regeln gebaut und eingerichtet, hat vorgeschriebene Dimensionen und wird auf bestimmte Art gefüllt und bedient. Ein Bad, das als *Mikwe* dienen soll, hat nichts Zufälliges, denn es dient ja der Weihe, der Heiligung.

Dieses Bad erfüllt auch im jüdischen Eheleben eine wichtige Aufgabe. Das sei hier jedoch nur am Rand bemerkt. Davon soll später noch die Rede sein.

In einem solchen Bad weiht die Hausfrau alle Küchen- und Tischgeräte, die für die Zubereitung von Speisen bestimmt sind. Sie heiligt die

Gegenstände, die unserem Körper seine Nahrung zuführen. Unserem tierischen Körper, der auf so wunderbare Art vom göttlichen Geist erfüllt ist.

Wurde das Heim gegründet und der Einzug ins Haus hat stattgefunden und ist die Küche eingerichtet und die Schränke wurden mit Eßgeschirr und Tischgeräten gefüllt, bringt die Hausfrau sie als erstes in das Bad. Alles wird ins Wasser getaucht. Da dieses Eintauchen ein gottesdienstlicher Akt ist, sagt sie auch einen Segensspruch. Sie dankt und lobt Gott. Dafür, daß er unser Leben zu etwas Besonderem macht, daß er es auf eine höhere Ebene erhebt und es geheiligt hat. Dieses Leben, das wir Seinen Vorschriften gemäß und nach Seinem Willen als höchstes Ziel anstreben und das wir durch jede große und kleine Handlung, indem wir Gott gedenken, heilighalten. Auch durch diese Weihung der Küchen- und Tischgeräte unserer Wohnung, dieser einfachen, für die Ernährung unseres Körpers verwendeten Utensilien. Erst nach dieser Weihe gebrauchen wir sie. Und so verfahren wir jedesmal, wenn wir uns neues Geschirr anschaffen.

Also auch das ein Mittel, um das Haus zu einem Tempel zu gestalten. Natürlich liegt diese Heiligung nicht in der bloßen Form. Herbeigeführt wird sie durch die Tat, unser Verhalten im Leben und unsere Lebensführung. Wir sind uns dessen bewußt und sollten es auch so empfinden. Immer und an erster Stelle. Denn auch dieses Mittel ist eine Lehre für die Lebensheiligung. Eine Lehre, die nicht oft genug wiederholt werden kann. Die Lehre, die durch tatkräftige Symbole nahegebracht wird. Solche aktiven Symbole können nie zu oft zur Belehrung herangeholt werden. Mindestens solange sie nicht in Aberglauben, in eine Art Talisman verwandelt oder einfach eine nachlässige Praxis geworden sind. Denn auch das kommt vor. Leider. Und das ist ziemlich verhängnisvoll. Das liegt jedoch am Menschen, nicht an den Symbolen. Solange die Form ein Inhalt füllt und die Handlung die richtige Belehrung einschließt, wirken sie heilsam. Und sie haben diese segensreiche Wirkung bis heute nicht verloren.

Die jüdische Hausfrau und Mutter hat es immer verstanden, sich in ihrem häuslichen Tempel wie eine Priesterin zu fühlen und sich am Altar des Gottesdienstes in ihrem Heim wie eine Dienerin zu verhalten. Und sich Achtung zu verschaffen. Sie wußte, daß dieser Titel sie schmückt, und sie blieb dieser Auszeichnung würdig. Sie schuf die geweihte Stimmung im jüdischen Heim, das für das jüdische Familienleben und zugleich für das Judentum, wie es überliefert wurde, zur unantastbaren Hochburg wurde.

Das alles hat sich bis heute erhalten. Wo die jüdische Frau ihre Berufung verstanden hat, ihrer Aufgabe gerecht wird und ihren Titel in Ehren trägt, kann das Judentum auch die schwersten Zeiten überstehen. Ist das Haus ein Tempel, kann es auch Sturmanfälle abwehren. Ein anderes stolzes Wort sagt: «Mein Haus ist meine Burg.» Dieses Bild ist dem Kampf entnommen. Im Tempel waltet dagegen Gott. Jede Hütte ist ein Tempel: Nichts kann sie verwüsten, sie ist unantastbar.

Nicht der Kampf ist dort die Grundlage. Die Losung heißt Heiligung. Heilighaltung des Lebens. Auch der Nahrung. Vor allem der Nahrung. Und darüber hinaus von allem, was der Mensch mit dem Tier gemeinsam hat. Vor allen tierischen Bedürfnissen, deren Befriedigung so leicht das Tierische in den Vordergrund rückt und seine Wirkung ausübt. Diese Äußerungen sind es insbesondere, die das Streben nach Heiligung betonen müssen. Und unter anderem ist das die Aufgabe der Speisevorschriften. Dieser Aufgabe werden sie gerecht.

Es wurde und wird behauptet, diese Vorschriften seien nichts weiter als hygienische Maßnahmen. Zweifelsohne sind sie nicht antihygienisch. Das wäre auch sinnlos. Zum Thema «Hygiene und Speisevorschriften» kann viel gesagt und geschrieben werden. Dazu hat sich schon eine umfangreiche Literatur entwickelt. Im Rahmen dieses Buches soll sie jedoch nicht diskutiert werden. Außerdem dürfte es selbstverständlich sein, daß die von höherer Hand befohlene und geregelte Lebensheiligung aufs engste mit der Hygiene zusammenhängt. Denn diese Heiligung bedeutet: genießen. Aber: ein heiligendes Genießen von allem, was die Erde zu bieten hat. Deshalb soll man sich gleichzeitig vor der Vertierung hüten. Das schließt die Gesundheitspflege ein, und zwar die Pflege sowohl der körperlichen wie der geistigen Gesundheit. Was Gehorsam gegenüber der höheren Gewalt bedeutet – und Selbstdisziplin. Und Selbstbeherrschung sowie Mäßigung sind treue Gehilfinnen unserer Gesundheit. In jeder Hinsicht.

Die Einheit von Körper und Seele, ihre Verbindung, sind immer noch ein Rätsel. Wir wissen, daß unser körperliches Befinden den Geist beeinflußt und unsere Gemütsverfassung auf den Körper einwirkt. Gift tötet den Körper und vertreibt den Geist. Alkohol kann Leib und Seele verwüsten. Aber wir kennen das Geheimnis dieser Wechselwirkung nicht. Wir wissen nicht, was es ist, das das Gleichgewicht bewahrt, was das richtige Verhältnis schafft und es aufrechterhält. Der Schöpfer weiß es. Sein Geheimnis ist es. Und mit diesem Wissen begnügt sich der Gottgläubige.

Nun stellt sich die Frage, ob diese Dinge, wenn sie göttlich sind, sich nicht auf jedes Volk, jede Rasse, jeden Glauben beziehen. Ob sich der Jude, der der Ansicht ist, er müsse für diese Vorschriften dankbar sein, nicht nur einbildet, über sein Geschick walte eine besondere Vorsehung? Ist das dann für die anderen unwesentlich?

Ich habe den Eindruck, ein weiser Mensch würde die Frage nicht so stellen. Wie schon des öfteren betont, ist der Jude weder besser noch schlechter als andere. Er ist anders. Wie auch die anderen weder besser noch schlechter sind, sondern ganz einfach anders. Es gibt eine Menschheit. Nur *eine*. Es gibt Völkerfamilien, individuelle Völker. Man kann sie als Rasse bezeichnen, ganz wie man will. Sie sind es, die die Menschheit differenzieren. Alle beteiligen sich am Gesamtbau, an seiner Entwicklung. Jeder entsprechend seiner Veranlagung, seinen Fähigkeiten.

Das jüdische Volk ist vor allem das Volk des Geistes. Mit Stolz dürfen wir sagen: des heiligen Geistes. Das ist unsere Berufung und gleichzeitig die Voraussetzung unserer Existenz. Diesem Bewußtsein für seine Realität und Sendung verdankt das jüdische Volk, daß es überlebt hat. Verlieren wir diese Berufung, hätten wir unser Existenzrecht verwirkt.

Auch die Speisevorschriften wurden in diesem Geist aufgestellt. Sie sollen uns eine fortwährende Mahnung sein.

DAS ZEICHEN DES BUNDES

Dieses Thema führt uns zurück an die Wiege der jüdischen Religion. Das Zeichen des Bundes ist ein Begriff von großer Tragweite, der mehrere Ideen und Konzepte umfaßt. Er wird verwendet im Hinblick auf die Juden im allgemeinen, gleichzeitig bezieht er sich auch auf die jüdische Religion. Er kann eine körperliche oder geistige Bedeutung haben oder auch beide zusammen auf einmal. Es gibt keine einfache und klare Erklärung, und es ist schwierig, das Konzept in seine einzelnen Bestandteile zu zerlegen. Zwischen den verschiedenen Interpretationen, die sich gegenseitig befruchten und kontrollieren, besteht eine fortlaufende Interaktion. Aber ungeachtet dessen, welchen Aspekt dieses kollektiven Konzeptes wir wählen oder betonen, gehen alle auf den Ursprung der jüdischen Religion zurück: auf Abraham. Mit Abraham beginnt die Geschichte der jüdischen Religion, welche Ansichten wir auch immer vertreten oder welche Interpretationen wir befürworten mögen. Hier sind ihre Wurzeln, selbst wenn der Name zu einem späteren Zeitpunkt hinzukam, selbst wenn das Wort und seine Bedeutung nicht mit Abraham selbst zusammenhängen und nur in einem übertragenen, vorausgreifenden Sinn auf den jüdischen Patriarchen angewandt werden können.

Der Stamm war jedoch der Stamm Abrahams ... und das gilt auch für die Idee. Abraham stellte in seiner Welt eine einsame Gestalt dar. Allein mit der Wahrheit, die seine Schöpfung war, der Frucht seiner Inspiration. Andere Völker hatten jahrhundertelang Fragen gestellt, gesucht und gekämpft. Sie tasteten im dunkeln, vergeblich nach diesem Augenblick der Erleuchtung suchend, der den Gott Abrahams offenbart hatte: den *einzigen* Gott, Schöpfer von Himmel und Erde, wo alles – Schöpfung, Menschheit und Geschichte – eins waren. Er, Abraham, hatte ihn entdeckt ..., und seine Entdeckung wurde seine Andacht. «Denn als einen einzelnen berief ich ihn, um ihn zu segnen und zu mehren» (Jes. 51,2). Er wurde der Patriarch. Patriarch und Lehrer. Nicht um Thesen und Dogmen zu lehren, sondern um Seele und Segen zu sein. Schon dort, wo die Bibel Abraham vorstellt, steht es: «... und du sollst ein Segen sein» (1. Mose 12,1). Das sollte seine Bestimmung werden.

Abraham und seine Anhänger und Nachkommen sollen eine eigene, abgeschlossene Einheit werden, eine in sich gekehrte Nation, Träger eines gemeinsamen Prinzips. Hier ist die Idee, die sie leiten wird; der Ruf, der sie stützen wird; die Bürde, die sie binden wird. Sie werden die Idee in Ehren halten, sie bewahren und heiligen, und die eine Generation wird sie an die nächste weiterreichen.

Zu diesem Zweck schloß Abraham einen Vertrag. In menschlichen Begriffen – den einzigen, die uns zur Verfügung stehen – würden wir sagen, er unterzeichnete einen Vertrag mit Gott, den Bund zwischen Gott und Abraham. *Den* Bund. Den *Brith Avraham*!

Der Bund wurde nicht nur unterzeichnet, sondern auch besiegelt. Nur ist das Siegel kein Dokument, kein Emblem, weder eine Fahne noch ein Abzeichen. Noch irgendein Gerät, das im täglichen Leben als ständige oder gelegentliche Mahnung vorgezeigt wird; das entweder getragen oder zu Hause gelassen werden kann. Dieser Bund ist an Abrahams Volk besiegelt; er wird in das Fleisch seiner Nachkommen geschnitten. Bis ans Ende aller Generationen.

Wo?

Jetzt ist es wohl kaum noch notwendig, das überall vorherrschende Prinzip zu erklären, das die jüdische Lebensanschauung durchströmt, seinen wesentlichen Zweck und seine wesentliche Beziehung. «Ihr sollt heilig sein, denn ich bin heilig, der Herr, euer Gott» (3. Mose 19,2). Diesem Aufruf soll das Leben gewidmet sein. Zu leben, das Leben zu akzeptieren, es zu genießen und es voll zu nutzen – aber es zu heiligen. Mit all seiner Liebe und seinen Sorgen, mit all seinen Segnungen und Gefahren, mit all seinem Glück und Kummer. In schweren Zeiten und in Zeiten des Wohlstands. Heiligung all unserer Handlungen und unseres Verhaltens, alles, dessen wir uns erfreuen dürfen, ob wichtig oder unwichtig, ob groß oder klein. Zu allen Zeiten und für immer.

Fortpflanzung ist ein Grundgesetz der Natur, ein grundlegender, allen Wesen gemeinsamer Drang. Gottes Befehl bei der Schöpfung: «Seid fruchtbar und mehret euch» (1. Mose 1,22 und 28) muß im gleichen Licht wie seine eigenen Schöpfungsakte betrachtet werden, wenn er sagt: «Es werde Licht!» und: «Es werde eine Feste zwischen den Wassern» und er «nannte die Feste Himmel», gefolgt von: «Es lasse die Erde aufgehen Gras und Kraut, das Samen bringe, und fruchtbare Bäume auf Erden, die ein jeder nach seiner Art Früchte tragen, in denen ihr Same ist.» Das ist nicht nur ein Befehl und Segen, sondern ein Gebot, eine «kategorische Forderung», tief in allem eingepflanzt, das sich selbst fortzupflanzen in der Lage ist. Es muß, und deshalb will es. Aber beim Menschen muß dieser schöpferische Drang, diese «Libido», gelenkt, gezügelt und geheiligt werden. Die tierischen Instinkte müssen kultiviert und verfeinert werden, damit sie der edelste Ausdruck seiner Natur werden.

Tierisches Verhalten im Menschen kann schlimmer sein als «bestialisches», es wird Wollust. Menschliches Verhalten kann viehischer sein als das eines Tieres, weil der Mensch mit Fähigkeiten ausgestattet ist, über die kein anderer lebender Organismus verfügt. Und genau *wegen* dieses sehr komplizierten Instruments, das wir Intellekt nennen, kann er seine niedrigsten Instinkte auf eine sehr viel tierischere Art befriedigen – und tut es auch –, als es ein Tier tun würde oder überhaupt könnte.

Das alles hat jedoch noch eine andere Seite. Die Aktivität des Menschen auf dem Gebiet der Fortpflanzung ist weniger der Überwachung und Kontrolle unterworfen als die meisten seiner anderen Beschäftigungen. Seine gesellschaftlichen Aktivitäten können von der Außenwelt auf die eine oder andere Weise beobachtet werden, deshalb ist er früher oder später dem Tadel oder der Mißbilligung seiner Mitmenschen ausgesetzt. Die Gesellschaft greift ein und bringt ihre scharfe Kritik zum Ausdruck oder gibt sogar ein Urteil ab. Auch dies trägt bei zu einer Erhöhung und Heiligung der menschlichen Gesellschaft.

Hier haben wir es jedoch mit einem Bereich zu tun, der im allgemeinen völlig in die private Sphäre gehört. Die Gesellschaft kann sie nicht überwachen und tadeln, außer wenn es sich um eine öffentliche Angelegenheit handelt und wir es mit einem Akt absichtlicher gesellschaftlicher Verderbtheit zu tun haben. Abgesehen davon, daß der menschliche Fortpflanzungsakt einer des edelsten und heiligsten ist, ist er auch der intimste aller unserer Tätigkeiten.

Abraham entdeckt seinen Gott. Er beschließt, daß er von jetzt an sein Leben leiten wird, daß er jetzt auf Gottes Wegen wandeln wird.

Er wird der Patriarch werden, der Mentor und Lehrer, und seine Nachkommen werden fortfahren und die Aufgabe weitertragen durch alle Generationen. Auch sie werden dieses Prinzip von der Heiligung des Lebens akzeptieren und bewahren; es ist ihr Schicksal – und ihre Auszeichnung –, dieses Konzept unter den Menschen zu verwirklichen. Dazu hat sich Abraham bereit erklärt, das ist der Sinn des Bundes, des *Brith Avraham*. Und das Zeichen dieses Bundes wird in ihre Körper geschnitten.

Wo?

Dort, wo es als heiliges und intimes Zeichen für die Weihung des Lebens dienen wird; dort, wo es für immer daran erinnern wird, daß selbst der grundlegendste tierische Akt der Fortpflanzung auf einen göttlichen Befehl zurückgeht; dort, wo es als lebenslange Warnung dient vor den Gefahren der Ausartung und Verderbtheit. «Wandle vor mir und sei fromm. Und ich will meinen Bund zwischen mir und dir schließen ... Das ist aber mein Bund, den ihr halten sollt zwischen mir und euch und deinem Geschlecht nach dir: Alles, was männlich ist unter euch, soll beschnitten werden ... Das soll das Zeichen sein des Bundes zwischen mir und euch» (1. Mose 17,1–2, 9–11).

Das macht die *Beschneidung* oder den «Bund der Beschneidung» – auf hebräisch *Brith Milah* – zu dem einzigartigen und dauerhaften Symbol für die Heiligung des Lebens, das er ist.

Der achte Tag

Die Geburt entscheidet über die Abstammung. Jedes Kind, das eine jüdische Mutter auf die Welt bringt – männlich oder weiblich –, ist ein Kind des Judentums, des jüdischen Volkes. Es besitzt die jüdische Nationalität. In diesem Fall ist mit «Nationalität» kein juristischer Begriff noch ein staatsrechtlicher Ausdruck gemeint, genausowenig wie eine Staatsangehörigkeit, durch Wohnsitz erworben oder durch gesetzliche Formalitäten erlangt. Hier wird das Wort in seiner ursprünglichen Bedeutung verstanden: als Tatbestand der Geburt.

Diese Nationalität verliert der geborene Jude nie. Er – oder sie – kann sie nicht ungeschehen machen. Er kann sie nicht ablehnen, nicht aufkündigen. Bei keiner Instanz oder Behörde. Denn eine solche gibt es nicht, nirgends auf der ganzen Welt. Nicht einmal verleugnen kann er sie. Sowenig wie er seine Geburt verleugnen kann. Beides sind Tatsachen, unabhängig davon, ob man sie nun akzeptiert oder nicht. Auch ganz unabhängig von jeder späteren Tat oder Handlung. Erst der Tod macht die Tatsache der Geburt rückgängig. Nur der Tod hebt diese jüdische Nationalität auf.

Eine jüdische Frau, die ein Kind auf die Welt bringt – ehelich oder außerhalb der Ehe und gleichgültig, wer der Vater ist –, kann, wenn sie will, die Beschneidung ihres Kindes verhindern. Damit ändert sie jedoch nichts an der Tatsache, daß er als Jude geboren wurde. Auch sie selbst verliert ihre jüdische Nationalität nicht. Auch dann nicht, wenn sie in einer nichtjüdischen Konfession aufgenommen wird. Und auch ihr Kind verliert diese Nationalität nicht, sogar dann nicht, wenn es nach ihrem Religionswechsel geboren wird. Wer also von einer jüdischen Mutter stammt – die durch ihre eigene Geburt als Jüdin eine jüdische Mutter ist –, männlichen Geschlechts ist und aus irgendeinem Grund unbeschnitten bleibt, ist trotzdem ein Jude. Ein unbeschnittener Jude.

Weiter unten werden wir sehen, daß es vorkommen kann, daß ein in jeder Hinsicht jüdischer Junge nicht beschnitten wird, nicht beschnitten werden darf. Er bleibt ein unbeschnittener Jude. Das sind jedoch Ausnahmen.

Durch die Beschneidung wird das Kind in den Bund Abrahams aufgenommen. Dadurch wird der geborene Jude Sohn und Mitglied des Volks des Bundes, geheiligt durch die *Milah*, das Zeichen des Bundes.

Nicht sofort nach der Geburt wird der Körper mit dem Zeichen versehen. Aber schon kurz danach. «Und am achten Tag soll man ihn beschneiden» (3. Mose 13,3). Das ist das Gebot aus der Gesetzgebung vom Sinai, für alle Zeiten.

Gewöhnlich wird sie am achten Tag vorgenommen. Zuerst muß jedoch festgestellt, wissenschaftlich festgestellt werden, daß das Kind gesund ist und der kleine Eingriff es nicht gefährdet, noch ihm Schaden zufügt. Ist das Kind nach Ansicht des Arztes noch zu schwach oder hat es keine gesunde Hautfarbe oder Kreislaufbeschwerden oder rät der Facharzt aus irgendwelchen anderen Gründen zu einem Aufschub, findet die Beschneidung solange nicht statt, wie der Arzt sie nicht erlaubt.

Aber nicht immer wird ein Aufschub aus Gesundheitsgründen gefordert. Auch diverse Umstände im Leben können ihn herbeiführen. So hat zum Beispiel der Verfasser in den ersten Tagen des Ersten Weltkriegs solch einen Fall erlebt. Eine junge Mutter hatte in Haarlem Zwillinge auf die Welt gebracht, während ihr Mann mobilisiert worden war. Da sie erst kurz vorher in diese Stadt gezogen war, hatte sie dort weder Verwandte noch Bekannte. Zwar waren die beiden Jungen gesund, die junge Mutter jedoch krank und sehr schwach. Obwohl die Entscheidung nicht gerade leicht war, hielten der *Mohel*, der Beschneider, und der Verfasser es für angeraten, dieser kranken Mutter nicht auch noch die Pflege zweier gerade beschnittener Kinder aufzubürden. Die Beschneidung wurde also für kurze Zeit aufgeschoben, bis sie unter normalen Bedingungen stattfinden konnte. Solche besonderen Umstände, wie sie im Jahr 1914 auftraten, waren in späteren Jahren häufig und in zunehmendem Umfang Anlaß für den Aufschub einer Beschneidung.

Jedesmal, wenn der Verfasser sich an diese Begebenheit erinnert, muß er an den Bericht im Buch Josua (5,2–8) denken. Die Israeliten, die nach dem Auszug aus Ägypten 40 Jahre durch die Wüste wanderten, waren nicht beschnitten. Dieses Versäumnis, an dem die äußeren Umstände schuld waren, wurde in Gilgal nachgeholt.

Wird die Beschneidung durch solche Gründe oder Schwierigkeiten nicht behindert, findet sie normalerweise am achten Tag nach der Geburt statt. Tagsüber, nicht am Abend.

Bestehen Zweifel daran, ob es tatsächlich der achte Tag ist, wird die Beschneidung nicht früher, sondern erst am Tag darauf, am neunten, durchgeführt. Solche Zweifel können entstehen, wenn das Kind während der Dämmerung oder abends geboren wurde und niemand genau auf die Stunde der Geburt geachtet hat.

Aber im allgemeinen ist der achte Tag der Tag der Beschneidung, selbst wenn er auf einen Sabbat oder einen biblischen Feiertag fällt. Vorausgesetzt, es ist ganz sicher der achte Tag. Nicht, wenn es sich um eine aufgeschobene Beschneidung handelt. Und auch nicht im Zweifelsfall, wenn die Beschneidung auf den neunten Tag verschoben wird.

Zweifelt man daran, ob das Kind nun am Freitag oder Sabbat auf die Welt gekommen ist, findet die *Milah*, d. h. die Beschneidung, erst am Sonntag statt. Ist dieser Sonntag ein *Jom Tow*, d. h. ein Feiertag, dann am Montag, dem elften Tag. Ist auch dieser ein Feiertag, dann erst am Dienstag, dem zwölften Tag nach der Geburt. Damit sind alle Möglichkeiten bei einem Zweifelsfall erschöpft. Denn es gibt keinen *Jom*

Tow, der länger als zwei Tage hintereinander dauert. An den mittleren Tagen von Passah- und Laubhüttenfest ist die Beschneidung erlaubt.

In der noch nicht weit zurückliegenden Vergangenheit wurde das Kind zur Beschneidung in die Synagoge gebracht. Auch heute wird in einer Reihe von Ländern und Gemeinden die für das Judentum so wichtige Handlung vorwiegend im «Haus der Zusammenkunft», in dem sich die Gemeinde versammelt, das Bethaus, Mittelpunkt und Schule des jüdischen Lebens ist, durchgeführt. Früher waren die Wohnverhältnisse meistens auch so beschaffen, daß sich die Synagoge besser dafür eignete.

Auch im modernen Israel wird die Beschneidung oft in der Synagoge durchgeführt. In Ländern mit einem kälteren Klima ist das nicht mehr üblich. Man möchte das Kind nicht den Gefahren einer Beförderung in der kalten, feuchten Luft aussetzen. Mit dem Fortschritt in Hygiene und Wissenschaft und mit der Entwicklung der Asepsis haben auch die Vorsichtsmaßnahmen, die bei einer Beschneidung getroffen werden müssen, selbstverständlich und erfreulicherweise Schritt gehalten.

Die Beschneidung und der Mohel

Im Grunde genommen ist die Beschneidung ein ganz einfacher Eingriff. Trotzdem herrscht während seiner Durchführung eine gewisse Spannung. Das ist auch verständlich.

Für Abraham, dem die Pflicht der *Milah*, der Beschneidung, als erstem auferlegt wurde und der sie vollführte, muß es eine Tat des Mutes und ein starker Beweis seiner Opferbereitschaft und bedingungslosen Fügens in Gottes Willen gewesen sein. Er war der erste. Und Isaak, sein Sohn, wurde geboren, als er und seine Frau schon betagt waren. Es war sein einziges Kind von Sara, in das alle Hoffnungen gesetzt wurden und das alle Erwartungen und Verheißungen für die Zukunft des Hauses Abraham verkörperte. In seinem Alter war die Geburt Isaaks eigentlich unmöglich. Deshalb jubelte Sara triumphierend: «Wer hätte wohl von Abraham gesagt, daß Sara Kinder stille!» (1. Mose 21,7). Und doch war es Wirklichkeit, wurde Isaak geboren. Abraham mußte den Befehl ausführen, das Gebot befolgen. Er selbst: «... beschnitt ihn am achten Tag, wie ihm Gott geboten hatte. Hundert Jahre war Abraham alt, als ihm sein Sohn Isaak geboren wurde» (1. Mose 21,4–5). Deutlich ist aus den Zeilen zu herauszulesen, daß es für den Hundertjährigen keine Kleinigkeit gewesen sein muß, diesen lang erhofften und so spät geborenen Sohn Saras eigenhändig zu beschneiden.

Diese mit Vorsatz so formulierte Auskunft betont zweifelsohne die große Bedeutung, die die Beschneidung selbst hatte. Sowie den überaus großen Wert, den die *Thora* der Durchführung der Beschneidung zur rechten Zeit, nämlich am achten Tag, beimißt.

Praktisch betrachtet konnte Abraham nicht wissen, wie wenig gefährlich diese Handlung ist. Denn auf diesem Gebiet gab es keinerlei Erfahrung. Die Beweise dafür wurden erst im Laufe der Zeit erbracht.

Wir leben im zwanzigsten Jahrhundert, viele Generationen später. Seit Abraham wurden Abertausende in den Bund der Beschneidung aufgenommen. Wären von Anfang an jene Fälle verzeichnet worden, die unglücklich ausgingen, würde sich wahrscheinlich zeigen, daß ihre Zahl außerordentlich niedrig ist. Auch solche, die nur ganz geringe nachteilige Folgen hatten, würden kaum über einen winzigen Prozentsatz der Riesenzahl hinausgehen. Wir zittern nicht mehr, sind nicht mehr beunruhigt, wenn eine Beschneidung bevorsteht. Uns erfüllen ganz andere Gedanken als die an einen Fehlgriff. Die Vorstellung einer solchen Möglichkeit oder einer eventuellen Gefahr drängt sich uns nicht einmal auf. Wir führen gefährlichere Handlungen durch, ohne an ihre Gefahr zu denken. In dieser Hinsicht können wir völlig beruhigt sein. Der Eingriff ist gefahrlos.

Und doch ist eine gewisse Spannung im Raum ganz natürlich. In einigen Fällen ist die Mutter noch bettlägerig und wohnt daher der Handlung nicht bei. Selbst wenn sie anwesend ist, weiß sie, daß man ihrem Kind sogleich eine kleine Wunde beibringen wird. Ihre Unruhe ist also nur allzu verständlich.

Meistens ist der Vater anwesend. In manchen Fällen nimmt er die Beschneidung seines Kindes selbst vor. Im religiösen Sinn ist das die schönste Form dieser Handlung. Dann ist auch die Spannung größer. Sie wird hervorgerufen nicht nur durch fromme Gefühle, sondern auch durch den Ernst des Eingriffs. Aber der Vater darf sie nur ausführen, wenn er über die theoretischen Kenntnisse und die praktische Erfahrung verfügt. Wenn ihn die zuständigen Behörden und Instanzen dazu als berechtigt erklärt haben. Sonst übernimmt ein anderer diese Aufgabe für ihn: der *Mohel*, d. h. der Beschneider.

Der *Mohel* ist als solcher kein Beamter der Gemeinde oder der jüdischen Gemeinde in einer Region. Zwar kann er ein Amtsträger aus anderen Gründen sein, als Beschneider ist er es jedoch nicht. Auch ein Chirurg ist er nicht. Wohl kann ein Arzt auch Beschneider sein, aber der *Mohel* muß kein Arzt sein. Jeder Mann aus dem Volk Israel, der sich zur Erfüllung des heiligen Gebots der Beschneidung berufen fühlt, kann mit der Ausübung dieser Aufgabe beauftragt werden. Aber berufen muß er sich dazu fühlen! Schon die Forderungen in bezug auf die religiösen Eigenschaften setzen das voraus, die der *Mohel* besitzen muß. Sprechen sein Name und Ruf für ihn, ist er für die Aufgabe geeignet. Selbstverständlich muß er die rituellen Vorschriften kennen. Er muß seine Kenntnisse in einer Prüfung vor dem zuständigen Rabbinat beweisen. Vor einem Ausschuß von Ärzten und Fachleuten muß er seine theoretische und fachliche Eignung beweisen, die er unter sachverständiger Leitung während seiner Ausbildung erhalten hat. Erst wenn er alle Bedingungen erfüllt hat, erhält er eine Urkunde, in der seine Befugnis beglaubigt wird.

Dann führt er als *Mohel* überall dort die Beschneidung durch, wo er von einem Vater oder dessen Bevollmächtigten dazu aufgefordert wird. Aber nicht nur aufgefordert, sondern auch damit beehrt. Denn es ist eine ehrenvolle Aufgabe, eine *Mizwa*, eine religiöse Pflicht, in ihrer schönsten Form von hohem Wert und großer Heiligkeit. Der *Mohel* stellt sich völlig uneigennützig zur Verfügung, und ihm wird die höchste Ehre erwiesen. In jeder Gesellschaftsschicht und Berufsgruppe gibt es Männer, die bereit sind, sich von ihren anderen Tätigkeiten freizumachen, und die Zeit finden, stets diese Aufgabe zu erfüllen. Es gibt Beschneider, deren Beschneidungen sich schon zu vierstelligen Zahlen addieren.

Solchen Männern wird diese Handlung anvertraut, ihren Händen; ihre Heiligkeit wird ihnen von ihrem Herzen diktiert.

Immer und überall haben sich zahlreiche Männer für die Beschneidung ausbilden lassen und der Gemeinde als *Mohel* gedient. Und auch heute gibt es in jeder jüdischen Gemeinde solche opferbereiten Männer. Die Beschneider scheuen keine Mühe und unternehmen sogar mehrere Tage lang währende Reisen, um diese Pflicht zu erfüllen, und vernachlässigen darüber ihre Arbeit. In Gemeinden, die keinen *Mohel* am Ort haben, findet die rechtzeitige Beschneidung am Sabbat und an Feiertagen wie dem Versöhnungstag statt.

Natürlich machen sich die *Mohalim* nicht gegenseitig Konkurrenz.

Zwar vollzieht jeder Beschneider gern jede *Brith Milah*, die in seinen Bereich fällt, aber er lehnt die Ehre des Auftrags ab, wenn ein Kollege aus irgendwelchen Gründen ein größeres Recht darauf hat. Dann kann auch der Vater den ersten *Mohel* nicht übergehen. Das kommt im allgemeinen auch nicht vor. Geschieht es doch einmal, wird es als Beleidigung empfunden. Ein *Mohel* wird nicht beleidigt, er wird geehrt. Übrigens betrachtet jeder Vater es als eine ehrenvolle Auszeichnung, daß der *Mohel* ihm und seiner Familie dient. Oft wird er ein Freund der Familie und für die Kinder eine Art Onkel. Mit seinen Rechten und Pflichten. Gelegentlich kommt es auch vor, daß ein Jude im Besitz eines Buches oder Gebetbuches ist, das mit der Widmung seines *Mohels* versehen ist: ein Geschenk zu seiner *Bar-Mizwa*-Feier oder Hochzeit.

Als diese Beziehungen noch üblicher waren, bildeten sie ein starkes, fast patriarchalisches Band und zeugten von der warmen Innigkeit des jüdischen gesellschaftlichen Lebens. Die Juden führten einen unermüdlichen Daseinskampf, in aller Gemütsruhe, mit ihren so von Poesie durchdrungenen Bräuchen. Das hat die Zeit mit ihrem hastigen Tempo und ihrer nüchternen Prosa stark verändert. Die Folgen sind Zerbröckeln und Erkalten des jüdischen Lebens. Auch durch Assimilierung geht Wertvolles verloren.

Einst saß der Prophet Elia niedergeschlagen, fast verzweifelt am Berg Horeb und klagte: «... denn Israel hat deinen Bund verlassen» (1. Kön. 19,10). Der Tradition gemäß meinte er damit den Bund Abrahams. Soweit ist es jedoch noch nicht gekommen. Das kann der *Mohel* bezeugen. Dafür sollten ihm die Juden sehr dankbar sein. Er ist seines Amtes würdig, kennt seine Pflicht und versteht sich auf ihre Kunst.

Wie schon gesagt ist es lediglich ein einfacher Eingriff. Aber nie wird eine Vorsichtsmaßnahme der Wissenschaft und Technik versäumt, wenn es um Verletzungen und die Wundversorgung geht. Wenn die Tradition irgendwo mit der Zeit geht, dann nirgends stärker als auf diesem Gebiet.

Die Bibel spricht vom steinernen Messer, mit dem die Beschneidung durchgeführt wurde (Jos. 5,2). Die Instrumente des *Mohels* sind heute jenen eines Arztes nicht unähnlich und genauso zweckmäßig. Sogar das Blut wird heute mit einem keimfreien Glasröhrchen abgesogen. Anfangs war die Verwendung dieser Röhrchen unter den Juden umstritten. Trotzdem wurde es eingeführt und hat sich behauptet.

Der Beschneider kommt selbstverständlich in feierlichem Anzug zur

Zeremonie. Außerdem hüllt er sich in seinen *Tallith* ein, jenes viereckige gestreifte Gewand mit den *Zizith*, den Schaufäden. Heute verzichtet der *Mohel* im Namen der Hygiene auf seine festliche Kleidung und tauscht sein schwarzes Jackett für die Dauer der Beschneidung gegen einen weißen Doktorkittel ein. Den *Tallith* faltet er zu einem Streifen zusammen und legt ihn so über den Kittel, daß er nicht stört.

Alle Teile seiner Instrumente können gekocht werden. Die Zutaten, die für den Eingriff benötigt werden, unterzieht er vor dem Gebrauch ebenfalls einer Desinfektion. Natürlich reinigt sich der Beschneider vor dem Eingriff gründlich die Hände; hat er einen Assistenten, tut er das gleiche. Ein Beschneider, der diese Vorschriften nicht einhält, würde mit dem Entzug seiner Zulassung bestraft, genau wie wenn er die rituellen Bestimmungen verletzte.

Die Ausrüstung des *Mohels* umfaßt nur einige Instrumente. Dazu gehört ein kleines, selbstverständlich scharf geschliffenes Messer. Damit entfernt er die *Orla*, d. h. die Vorhaut. Das eigentliche Glied, die Eichel oder Glans penis, darf nicht berührt werden. Eine Art Klemme mit flachen Seiten schützt die Eichel. Sobald die Vorhaut entfernt ist, wird das Häutchen unter der Oberhaut in zwei Teile geteilt und mit ihr zusammen hinter den Rand der Eichel gelegt. Mit Hilfe des Glasröhrchens wird die kleine Wunde ausgesogen. Das ist schon der ganze Eingriff. Meistens wird er schneller durchgeführt, als er hier beschrieben wurde. Mit hygienischer Sorgfalt und sachgemäß wird ein Verband angelegt. Innerhalb weniger Tage ist die Wunde verheilt.

So verläuft eine Beschneidung normalerweise. Aber der Beschneider ist auch auf kleine Abweichungen vorbereitet. Sonst zieht er einen Arzt hinzu. In manchen Fällen, wie wenn das Kind wegen unvermeidlicher Ursachen schon etwas älter ist, darf die Beschneidung ohne ärztliche Hilfe nicht stattfinden. Wie dem auch sei, der *Mohel* verhält sich nie leichtfertig.

Seit jeher führten die Beschneider über die von ihnen durchgeführten Beschneidungen ein Register. So etwas wie eine Eintragung ins Standesamt, als es diese Einrichtung noch nicht gab. Es haben sich sehr alte und schöne *Mohel*bücher erhalten. Auch zierliche *Mohel*kästchen mit den Beschneidungsinstrumenten haben sich aus längst vergangenen Zeiten erhalten.

Während der achte Tag herankommt, herrscht schon eine feierliche Vorfreude. Die *Mizwa*, d. h. die Pflicht, und die Handlung mit ihrem ganzen Ernst und ihrer Weihe bringen Stimmung, gespannte Erwartung und Rührung in Haus und Herz. Die Vorbereitungen für diesen Tag werden getroffen. Meistens spricht man schon vor der Geburt des Kindes mit einem *Mohel.* Nach der Geburt eines Sohnes bittet man ihn, diese ehrenvolle Aufgabe der Beschneidung zu übernehmen. Gibt es schon einen Sohn in der Familie, der bereits beschnitten wurde, spricht man nicht mit irgendeinem *Mohel*, sondern mit dem gleichen, der die erste Beschneidung durchführte. So wird der *Mohel* in den meisten Fällen schon im voraus gesucht, gefunden und bestellt.

Aber noch jemand wird als Hauptperson für das feierliche Ereignis hinzugezogen: Der *Sandak* oder Pate (vom griechischen Wort Synteknos hergeleitet). Das ist der Mann, auf dessen Schoß das Kind bei der Beschneidung liegt, wenn es als Sohn Israels mit dem Zeichen des Bundes gezeichnet, in den Bund Abrahams, das Volk des Bundes als Mitglied aufgenommen wird. Also der Mann, dessen Knie den Altar darstellen, auf dem die heilige Handlung vollzogen wird. Das ist keine geringfügige Auszeichnung, und sie gilt als ein Privileg. Als erste für diese Ehre kommen logischerweise die Großväter in Betracht. Die Großväter, die ihre Enkel auf dem von ihnen gebildeten Altar zur Weihe mit dem unvergänglichen Siegel von Israels immer erneuerten Geschlechtern darbieten. Nicht immer können es die Großväter sein. Das ist auch nicht nötig. Es ist eine freie Wahl, und jedem kann diese Ehre erwiesen werden.

Manche Menschen können nicht selbst als *Mohel* tätig sein, und sie übernehmen deshalb gern die Aufgabe eines *Sandaks*, sie suchen einen Anlaß dafür. Wird ihnen in einer armen Familie die Möglichkeit geboten, die Aufgabe des *Sandaks* zu übernehmen und etwas zu tun, um die Sorgen der Mutter zu lindern, lassen sie es sich auch gern Geld kosten.

In der Umgangssprache heißt der Sandak *Gevatter*, also Pate. Eigentlich waren *Sandak* und Gevatter jedoch nicht ein und dieselbe Person. Ursprünglich nahm der Gevatter das Kind am Eingang des Zimmers, in dem die Beschneidung stattfinden sollte, entgegen und überreichte es dem *Sandak*. Im Laufe der Zeit wurde der Gevatter überflüssig, und seine Rolle fiel mit der des *Sandaks* zusammen.

Eine Frau nimmt das Kind aus seiner Wiege, seinem Bett, aus dem Zimmer der Mutter, und bringt es dorthin, wo die *Milah* stattfindet. Sie ist die *Gevatterin*. Als erster fällt diese Aufgabe wiederum der Großmutter zu. Es kann aber auch jede andere Frau sein.

Auch mit dem Gevatter und der Gevatterin spricht man sich schon im voraus ab. Aber natürlich müssen sie auf die Geburt und die Geschlechtsbestimmung des Kindes warten.

Häufig beginnt die Feier schon am Abend vorher. In dem Haus mit dem Neugeborenen versammeln sich die Menschen, lesen Bibelabschnitte sowie Abschnitte aus Mischna und Talmud, die die Beschneidung diskutieren. Gleichzeitig werden auch passende Gebete für die Erholung der Mutter gesagt, für das Wohlbefinden des Kindes und das Glück der Eltern. Für diese häusliche Andachtsübung gibt es Anleitungen wie z. B. das 1814 von Anton Schmid aus Wien herausgegebene kleine Buch «Sod Haschem», d. h. das Geheimnis des Herrn. Meistens schließt sich auch der *Mohel* der Gesellschaft an und übernimmt an diesem Abend die Leitung.

Es ist noch nicht so lange her, als diese Zusammenkünfte üblich waren. Auch wurden eine größere oder kleinere Mahlzeit sowie Tee, Obst und Süßigkeiten gereicht. Der Abend endete mit dem Nachtgebet im Zimmer von Mutter und Kind. Außer mit Frömmigkeit und Wärme hing das alles auch mit einer bestimmten Mystik zusammen, die von der Kabbala hergeleitet und von den *Chassidim*, den ganz frommen Juden Osteuropas, aufrechterhalten und fortgesetzt wird.

Der Abend vor der Beschneidung hatte einen eigenen Namen. Im Volksmund hieß er «Nacht der Wache». Der Ursprung dieses Namens ist unbekannt, und man hat versucht, ihn durch diverse Etymologien zu erklären. Tatsächlich ist es jedoch die «Nacht des *Wa'ad*», d. h. des Treffens. Heute finden solche abendlichen Zusammenkünfte fast nicht mehr statt. Wir haben keine Zeit, keine freien Abende mehr. Wir sind froh, wenn wir dem Tag alles geben können, was ihm zusteht.

Der Tag der Beschneidung beginnt mit einem Besuch in der Synagoge und einem Gottesdienst. Die Synagoge nimmt Anteil. Alle dort Anwesenden nehmen Anteil. Wo es möglich ist, sind auch der *Mohel*, der Vater und der *Sandak* anwesend. Es brennen mehr Lichter als sonst. An Wochentagen werden keine besonderen Gebete, keine *Pijutim*, eingefügt. Andere bestimmte Teile werden ausgelassen, wie das *Tachanum*, das Bittgebet, dessen wichtigster Teil Psalm 6 ist. Denn dieses sehr innige, aber traurige und fast bittere Gebet wird im Rahmen des gemeinsamen Gebetes als eine persönliche Bitte begriffen. Kein anderer Psalm gehört dazu. Während des allgemeinen Gottesdienstes sagt jeder ihn still vor sich hin. Heute fehlt dieses Bittgebet jedoch, denn das Ereignis ist ja ein freudiges und gehört ganz besonders der ganzen Gemeinde.

Bestimmte liturgische Passagen werden jetzt – auch an Wochentagen – auf eine besondere Art mit einer eigenen, festen Melodie gesungen. Sind der *Mohel* und der *Sandak* anwesend, tragen sie im Wechselgesang das «Lied am Meer» (2. Mose 15,1–19) mit den beiden vorherigen Versen (4,30–31) sowie die Einleitung und den Schluß vor, mit denen das Lied im Gebetbuch versehen ist.

Ein Midraschdichter hat das Wort in einer gewagten Allegorie, die diesen Brauch illustriert und sinngemäß bereichert: Israel zieht aus Ägypten aus. Es steht am Roten Meer. Der Pharao bereut es, dem Volk den Auszug erlaubt zu haben, und er jagt ihm mächtige Heerscharen nach. Das befreite Israel sieht sich im Rücken bedroht, während sein Weg nach vorn abgeschnitten ist. Alle geraten in Angst. Sie murren und klagen. Auf Gottes Geheiß hebt Moses seinen Stab über das Meer, damit sich das Wasser vor ihm teilt. Aber das Meer antwortet ihm mit dem Tosen seiner Wellen. Es gehorcht nicht. Da läßt Moses die Bahre, auf der die sterbliche Hülle Josephs befördert wird, an das Meeresufer bringen. Wird nicht das Meer weichen müssen, wenn es ihn sieht, der tugendsam war, jeder Versuchung widerstand und selbst unter dem ägyptischen Zwang zum Assimilieren Hebräer blieb? Aber immer noch antwortet das Meer mit dem wütenden Peitschen seiner Wellen.

Da erinnert sich Moses, wie sogar er auf seinem Weg nach Ägypten in Lebensgefahr geriet. Und wie seine Frau Zippora ihn rettete, indem sie eilig seinen Sohn beschnitt. Er hatte ihn unbeschnitten aus Midian mitgenommen, als er nach Ägypten zog, um dort der Erlöser seines Volkes zu werden (2. Mose 4, 24–26). Deshalb denkt er jetzt, Gott werde auch ihn, den Er zum Retter bestimmt hat, nicht verschonen, nicht einmal auf dem Weg in die Errettung. Sondern nur um der Beschneidung willen. Und Moses läßt die *Milah* für das Volk am Meer sprechen, um um Durchzug zu bitten. Die Wogen legen sich. Das Meer teilt sich in der Mitte. Für den Bund der Beschneidung.

Dieses Lied am Meer wird also bei der Morgenandacht vom *Mohel* und dem *Sandak* gesungen. Das Lied besingt den unermeßlichen Wert des Aktes, den der Dichter verewigt hat.

Sind beide Männer abwesend oder ist nur einer oder nur der Vater anwesend, wird das Lied auf die überlieferte Weise vorgetragen. Dabei tritt der Kantor an die Stelle der Abwesenden. Jedesmal, wenn in der Liturgie dann wieder ein Abschnitt die Erlösung aus Ägypten und den Zug durch das Schilfmeer, d. h. das Rote Meer, erwähnt, singt der Kantor dazu eine alte, überlieferte Melodie.

Am Montag und Donnerstag wird aus der *Thora* vorgelesen. Dann werden die drei Hauptpersonen oder welche von ihnen nun anwesend ist zur Vorlesung der Lehre aufgerufen. Der Vater wird im allgemeinen am Sabbat nach der Geburt seines Sohnes nach vorn zur *Thora* gerufen und bittet für Kind und Frau um einen Segensspruch.

Fällt die Beschneidung auf einen Sabbat, kommen auch die neuhebräischen Dichter mit ihren *Pijutim* zu Wort, die in die Liturgie eingefügt werden. Für die Beschneidung gibt es in manchen Gemeinden sowohl für den Sabbat wie für die Wochentage einen besonderen Vorhang vor dem Thoraschrank, der nur bei dieser Gelegenheit verwendet wird.

So feiert man in der Synagoge das Fest der Beschneidung. Bald nach dem Gottesdienst findet die *Milah* zu Hause statt. So schnell es die Umstände erlauben. Denn besonders bei diesem Gebot ist die eilige Erfüllung unserer Pflicht außerordentlich wichtig.

Die Zeremonie

Jetzt wartet das Haus auf das Ereignis. Es wurde vorbereitet, um ihm würdig zu sein. In dem für die Beschneidung bestimmten Zimmer stehen zwei Stühle bereit. Nahe am Fenster, wo das Licht am hellsten ist. Denn der *Mohel*, der Beschneider, soll sie im vollen Licht durchführen können. Um die festliche Stimmung zu steigern, brennen im allgemeinen auch alle anderen Lichter im Raum. Früher wurden auch zwei besondere Kerzen angezündet. Zwei große Kerzen, mit denen zwei Gäste die Zeremonie zu beiden Seiten beleuchteten. Diese Kerzen halten zu dürfen war ebenfalls eine Ehre. Im Volksmund und im Getto hießen sie *Jidschkerzen* oder *Jidschen*. Das wurde natürlich von «jüdisch» hergeleitet und bedeutete die Aufnahme in den Bund Abrahams als volle Juden.

Auf einem der beiden Stühle nimmt der Gevatter Platz. Der andere

Stuhl rechts von ihm ist mit den schönsten Kissen des Hauses geschmückt.

Mehrere Synagogen besitzen besonders schöne Stühle für die Beschneidung wie auch die dazugehörigen Kissen. Häufig sind es sehr alte Sessel. Sie stammen aus der Zeit, als die Beschneidung in der Synagoge noch die Regel war. Diese Sessel waren im allgemeinen auch für die *Chatanei Thora*, die Bräutigame der Lehre, am Fest der Gesetzesfreude bestimmt. Dafür werden sie auch heute noch benutzt. Auch die Kissen wurden eigens für Feiertage hergestellt, und sie sind mit passenden Sprüchen bestickt. Diese Stühle heißen die *Jidsch-Stühle*, die Kissen die *Jidsch-Kissen*.

Der Sessel auf der rechten Seite ist für den Propheten Elia bestimmt. Maleachi, der letzte der zwölf Propheten, hat ihn bei seinem Namen genannt und gesagt, er werde einst die messianische Zeit verkünden (Mal. 3,23). Die Zeit, wenn «das Land wird voll Erkenntnis des Herrn sein, wie Wasser das Meer bedeckt» (Jes. 11,9). Warum sollte Elia also nicht bei jeder Beschneidung anwesend sein, jedesmal, wenn das Zeichen des Bundes an einem Samen Abrahams angebracht wird? Denn das war der Anfang. Er war der einsame, der erste, der die Gottheit spürte, kannte und ihr diente. Der die Erkenntnis Gottes mit sich führte und ins Gelobte Land brachte. Der sie zu seinen Lebzeiten unter seinen Zeitgenossen verbreitete. Der das Bündnis, *diesen* Bund einging. Diesen Bund, den seine Nachkommen akzeptieren mußten und akzeptierten, und den sie bis ans Ende aller Zeiten wiederholen sollten. Die als Volk Träger des Zeichen des Bundes, der Idee des Bundes sind, den Abraham mit sich trug und dessen restlose Verwirklichung der messianischen Zeit vorbehalten bleibt.

Elia wird Zeuge sein. Er beobachtet Fortsetzung und Ausdauer. Elia wird Zeuge sein! Denn wir haben ihn ja niedergeschlagen und mutlos gesehen, als er klagte, Israel habe den Bund verlassen (1. Kön. 19,10). So sieht er ein, daß er zu pessimistisch war und Israel zu Unrecht verdächtigte und anklagte. Und er wird beruhigt allen künftigen Zeiten entgegensehen können.

Elia wird ein guter Zeuge sein. Er unterstützt den *Mohel*, umhegt wohltätig das Kind und schafft um diese feierliche Handlung des bedingungslosen Gehorsams, um diese ständig wiederholte Erneuerung des Bundes Abrahams eine Atmosphäre von Segen, Behüten und Heiligung.

Auf diese Weise wird der Gedanke an Elia mit der Beschneidung in Beziehung gesetzt und bewahrt. Und in diesem poetisch-symbolischen Licht ist der Stuhl Elias zu verstehen.

Jetzt kann das Kind gebracht werden: Der *Mohel* ist bereit. Seine Instrumente, vorschriftsmäßig und entsprechend den wissenschaftlichen Anforderungen behandelt, liegen bereit. Auf einem Tisch liegen alle Zutaten, die benötigt werden oder werden könnten, und eine Gelegenheit zum Waschen.

Der *Mohel*, der vor dem Stuhl Elias steht, sagt ein kurzes Gebet. Dann macht er ein Zeichen, daß er das Kind erwartet.

Es wird hereingebracht. Natürlich ist es so schön wie möglich angezogen. Die Gevatterin trägt es würdevoll auf dem Arm. Wenn sich die Tür des Beschneidungsraumes öffnet, sagen alle Anwesenden: «*Baruch Haba*», «Gelobt sei, der da kommt», die beiden ersten Worte der Grußformel aus Psalm 118, Vers 26.

Der *Sandak*, oder Gevatter, nimmt das Kind entgegen und reicht es dem *Mohel*, der es auf die Kissen des Stuhls Elias legt. Er öffnet die Kleider des Kinds und entblößt die zu behandelnde Stelle. Dabei sagt er passende Bibelverse und Wünsche.

Inzwischen hat sich der *Sandak* auf den ihn bestimmten Stuhl links gesetzt. Nach den ersten Vorbereitungen hebt der *Mohel* das Kind samt Kissen hoch und legt es dem *Sandak* auf die Knie, auf den Altar, auf dem sofort die Beschneidung stattfindet. Das Köpfchen des Kinds liegt zur Brust des *Sandaks* hin. Die Beinchen hält er in einem praktischen Griff, den man ihm gezeigt hat. Nachdem *Mohel* und Kind, nicht zur Weihe, sondern als hygienische Maßnahme, gewaschen sind, erfolgt die Beschneidung.

Dabei sagt der *Mohel* den Segensspruch, der diese gottesdienstliche Handlung begleitet: «Gelobt seist du, Ewiger, unser Gott, König der Welt, der du uns geheiligt durch deine Gebote und uns die Beschneidung befohlen.» Die Vorhaut wird abgeschnitten, und der Vater antwortet mit seinem Segensspruch: «Gelobt seist du, Ewiger, unser Gott, König der Welt, der du uns geheiligt durch deine Gebote und uns befohlen, den Sohn in den Bund unseres Vaters Abraham aufzunehmen.» Dazu sprechen die Anwesenden: «Wie er in den Bund eingeführt worden, so möge er in die Thora, in die Ehe und in die Ausübung guter Werke eingeführt werden.»

Inzwischen hat der *Mohel* das nach der Entfernung der Vorhaut freigelegte Häutchen mit der Unterhaut hinter den Rand der Eichel gelegt, so daß sie vollkommen entblößt ist. Mit dem Glasröhrchen hat er die Wunde ausgesaugt und damit den Eingriff beendet. Mit den einfachsten bekannten Mitteln wird die im allgemeinen geringfügige Blutung gestillt. Dann wird ein Verband angelegt, wozu alles Benötigte schon im voraus vorbereitet wurde.

Wie schon gesagt, nimmt der Eingriff weniger Zeit in Anspruch, als man zum Lesen seiner Beschreibung braucht.

Die Nachbehandlung besteht in der Pflege der kleinen Wunde. Dabei muß darauf geachtet werden, daß die Haut, die hinter dem Rand der Eichel liegt, sie nicht erneut bedeckt.

Das Kind wird frisch gewickelt und wieder angezogen. Der *Sandak* steht auf mit dem Kind im Arm, die Kissen werden wieder zurück auf den Stuhl Elias gelegt.

Über einem Becher Wein sagt der *Mohel* einen letzten Segensspruch, erbittet Gottes Segen für das Kind und gibt ihm feierlich seinen hebräischen Namen, den er in Israel tragen wird. Er gibt dem Kind einige Tropfen Wein und sagt dann die Formel aus Hesekiel (16,6): «Ich sprach zu dir, als du so in deinem Blute dalagst, du sollst leben!» Schließlich legt er die Hand auf den Kopf des Kindes und wiederholt mit allen Anwesenden den schon zuvor gesagten Segenswunsch. Auch der *Sandak* trinkt Wein aus dem Becher. Die Gevatterin bringt das Kind zurück zur Mutter. Die Zeremonie ist beendet.

Feierlichkeiten – Wirkung

Die Handlung wurde vollzogen. Damit ist auch die Spannung, falls sie überhaupt spürbar war, verflogen. Alle entspannen sich: der *Mohel*, der *Sandak*, die Anwesenden und der Vater. Und vor allem die Mutter, die ihr Kind aus dem Armen der Gevatterin zurückerhalten hat. Und auch das Kind hat sich inzwischen beruhigt.

Aber noch ist die Feier nicht zu Ende. Schließlich ist es ein Fest, das Fest der Beschneidung. Jetzt setzen sich alle zu einer festlichen Mahlzeit an den Tisch. Eine *Se'udat Mizwa*, ein Mahl zur Feier des göttlichen Gebotes. Je nach den Umständen, den Auffassungen, Gefühlen und Verhältnissen der Eltern ist es eine umfangreiche oder bescheidene festliche Mahlzeit. Manche halten ein großes Bankett so wie Abraham «am Tage, da Isaak entwöhnt wurde» (1. Mose 21,8). Andere, die es sich nicht erlauben können, begnügen sich mit weniger.

Wie bei anderen feierlichen Gelegenheiten wird auch bei dieser Mahlzeit das Brot gebrochen. Zum Schluß, nach dem gemeinsamen Tischgebet, wird auch Wein getrunken. Auf jeden Fall. Auch während der Mahlzeit kann er schon getrunken werden. Daß die festliche Tafel in strahlend helles Licht getaucht ist, versteht sich von selbst. Die großen, häufig silbernen Sabbatleuchter waren und sind auch heute noch für die Steigerung des festlichen Glanzes und der Stimmung sehr geeignet.

Der *Mohel* ist das Haupt, der König am Tisch. Es entwickelt sich eine gemütliche Zusammenkunft, die sich voll entfaltet mit den Ansprachen und Toasten, gewürzt mit Thoraworten und -gedanken. Sie prägen diese Mahlzeit, die *Se'udat Mizwa*, erst richtig. Das gemeinsame Tischgebet – es ist das übliche festliche Tischlied des Psalms 126 – wird gesungen. Hier übernimmt der *Mohel* im allgemeinen die Rolle des Kantors. Heute enthält die Feier ein besonderes Element. Ein *Pijut*, das Gedicht eines neuhebräischen Dichters, wurde eingefügt. Das ist bei keinem anderen Ereignis, bei keiner anderen Feier im Dankgebet nach der Mahlzeit der Fall. Natürlich besingt das Gedicht das Ereignis, Bedeutung und Wert des Bundes Abraham, und gleichzeitig ist es eine Bitte um die Erholung des Kindes, sein körperliches und geistiges Wohlbefinden, das Glück der Eltern im allgemeinen und dieses Kindes im besonderen. Auch sieht es Glückwünsche für den *Mohel* und seinen Stand vor. Vor dem Tischgebet wird ein Glas mit Wein gefüllt. Nach dem Gebet wird nach einem passenden Segensspruch das ganze Glas geleert. Auch die Mutter trinkt davon.

Damit gehen Festmahl und Feier zu Ende. Nach ein paar Tagen kontrolliert der *Mohel* die Wunde. Und schon drei oder vier Tage später ist das ganze Ereignis schon eine Sache der Vergangenheit.

So verläuft das Ereignis also mit seiner Zeremonie, der Feier und den Riten. Auch sein Wesen wurde näher untersucht, wie auch die Bedeutung des Bundes der Beschneidung erklärt. Seine Wirkung war in allen Zeiten großartig und gewaltig. Nicht zuletzt diesem Bund verdankt das jüdische Volk in seiner leiderfüllten Zersplitterung seine Rettung und Einheit. Dieses Zeichen war und ist das Zeichen seines Bundes. Es darf wahrheitsgemäß behauptet werden, daß das jüdische Volk es nie gewagt hat, diesem Zeichen des Bundes untreu zu werden. Es ist kein

Banner, kein Wimpel, keine Kokarde noch eine Eidesformel. Am Körper wird das Zeichen des Bundes angebracht. Beim unschuldigen Kind. Unbewußt hat es das Zeichen empfangen. Als Erwachsener und sich seiner Bedeutung bewußt, hat es das Zeichen seines Bundes stolz getragen. Das Kind ist zum Mann herangereift. Ist Vater geworden und hat seine Kinder freudig und stolz mit dem gleichen Zeichen versehen. Dem ewigen Zeichen des Bundes. Oder dem Zeichen des ewigen, unvergänglichen Bundes. Unter den Menschen Israels als *eine* alles umfassende Einheit, als *eine* Familie, *ein* Stamm, *ein* Volk. Und des Bundes zwischen Gott und Israel.

Es hat diesen Bund über alles heiliggehalten und bewahrt. Ebenso ist der Sabbat ein Bund zwischen Gott und Israel (2. Mose 31,16). Zwar gibt es im Laufe der Geschichte Berichte über die schändliche und massenhafte Verleugnung des Sabbats, der Bund der Beschneidung wurde dagegen stets in Ehren gehalten. Die Propheten mußten gegen eine Vielfalt von Abweichungen, gegen Götzendienst und die Entweihung des Sabbats kämpfen (Jes. 58,13; Jer. 17,21,27). Esra und Nehemia verurteilten die Ehe mit Andersgläubigen und die Entweihung des Sabbats (Neh. 13,14–27). Nirgends finden wir jedoch den Vorwurf der Nichteinhaltung des Bundes der Beschneidung.

Schon Jakobs Söhne betrachteten die Vorstellung, ihre Schwester Dina mit einem unbeschnittenen Mann zu vermählen, als eine Schande (1. Mose 34,14). Im erhöhten Maß hat das Volk Israel es als untragbar, als widerwärtig, als Schandfleck und Verrat empfunden, das jüdische Kind unbeschnitten zu lassen. Als Verrat am Volksbündnis, am Volk. Und als Verrat am wehrlosen Kind. Dieses Kind, als Erwachsener Mitglied der Gesellschaft, würde in den Augen und Gedanken der Welt ein Jude sein. In Israel jedoch, obwohl ein Jude, als vom Stamm getrennt betrachtet. Nach außen hin ein Jude. Nach innen hin weder Jude noch Nichtjude. Ein Bastard.

Ist das Kind einmal erwachsen, obliegt ihm die Beschneidung jetzt als Pflicht, und er muß nachholen, was die Eltern versäumten. Es ist durchaus vorgekommen, daß sich erwachsene Männer beschneiden ließen, weil die Eltern es unterlassen hatten.

In den Zeiten grausamster Verfolgung haben jüdische Eltern den größten Gefahren getrotzt, um die Beschneidung an ihren Söhnen vollziehen zu lassen. Und sie, die in den Tagen der Not völlig machtlos waren, haben sich, sobald die Lage es erlaubte, bei der ersten Möglichkeit durch die *Milah* in den Bund und damit das Judentum aufnehmen lassen. Dabei soll nur an die Marranen erinnert werden.

Es soll keineswegs verneint werden, daß frühere Generationen es besser verstanden haben, um der *Milah* willen auch schreckliche Opfer zu bringen, als die an Freiheit und Wohlstand gewöhnte heutige Generation zu ertragen vermag. Wir sind uns dessen bewußt und beschönigen es nicht, daß in der heutigen Zeit zum Abfall vom jüdischen Glauben und der Zersetzung des jüdischen Lebens auch Fälle der Verleugnung des Zeichens des Bundes hinzukommen. Es sind nicht einmal Einzelfälle. Und doch bleibt es wahr und unumstritten, daß sich das Zeichen des Bundes in Israel, insgesamt betrachtet, so felsenfest wie das Naturgesetz der Schöpfung behauptet.

DER ERSTGEBORENE

Allgemeine Gesetze über den Erstgeborenen

Durch die Erstlingsgabe wird der Ertrag des Bodens geweiht. Diese Gabe weiht den Besitz der Früchte.

Aber auch das lebende Inventar muß das Symbol dieser Heiligung empfangen.

Der edelste Segen der Menschheit ist der menschliche Sproß. Und auch er muß geweiht werden.

Das sagt schon die Bibel: «... alle Erstgeburt ist mein» (2. Mose 34,19). Dem schließt sich sofort eine genaue Aufzählung an: «... alle männliche Erstgeburt von deinem Vieh, es sei Stier oder Schaf. Aber den Erstling des Esels sollst du mit einem Schaf auslösen» (ebd. 34,20). Etwas weiter (34,26) können wir lesen: «Das Beste von den ersten Früchten deines Ackers sollst du in das Haus des Herrn, deines Gottes, bringen.»

Was hier unter «Erstgeburt» verstanden wird, ist vielleicht etwas kompliziert ausgedrückt, dürfte dem aufmerksamen Leser jedoch klar sein. Gemeint ist das männliche Erstgeborene, das aus dem Mutterschoß kommt; also die männliche Frucht, deren Geburt zur ersten Mutterschaft geführt hat.

Das ist der *Bechor*, der Auserwählte. Der Erstling, der seinem Besitzer nicht gehört. Er ist Gott geweiht, um alles heiligend zu erheben. Deshalb gehört er dem Tempel, ist für den Altar bestimmt. Ist es die Erstgeburt eines Tieres von einer Art, die geopfert werden darf, also eines «reinen» Tieres, muß es tatsächlich geopfert werden. Der *Bechor*, der nicht geopfert werden darf, muß «ausgelöst» werden. Auslösen heißt: durch etwas anderes ersetzen; durch Geld oder ein anderes Tier, das geopfert werden darf, also loskaufen. Und das, nämlich Ersetzen durch ein anderes Tier, ist bei der Erstgeburt des Esels der Fall. Für den Esel gilt als einziges der «unreinen» Tiere die Vorschrift des Erstlings. Sein *Bechor* darf nicht geopfert werden, er muß ausgelöst werden. An seine Stelle tritt ein Lamm. Sonst wird das Tier seinem Besitzer abgesprochen. Er darf nichts damit anfangen, keinen Nutzen aus ihm ziehen. Er muß es töten und begraben.

Es fällt auf, daß gerade der Esel unter den «unreinen» Tierarten einen so außerordentlichen Platz einnimmt. Bei näherer Betrachtung leuchtet das jedoch ein. Allem Anschein nach besaß Israel zur Zeit seines Auszugs aus Ägypten kein anderes unreines und kein anderes Lasttier als eben nur den Esel. Die Stammväter besaßen dagegen auch Kamele. Schon Abrahams Knecht reiste auf Kamelen nach Mesopotamien (1. Mose 24,10). Als Jakob von dort aufbrach und vor Laban flüchtete, lud er seine Frauen und Kinder auf Kamele (1. Mose 31,17). Dagegen zogen Josephs Brüder mit Eseln nach Ägypten, als sie während der Hungersnot dort Getreide einkauften (1. Mose 42,26 ff.). Und als Jakobs Familie nach Ägypten zog, ging die Karawane zu Fuß oder saß auf Eseln (1. Mose 46,5). Hier ist nicht die Rede von Kamelen. Die Ismaeliten, die durch Transjordanien kamen und die alte Heeresstraße entlang Kanaan zogen, um ihre Waren auf den Märkten Ägyptens anzubieten, besaßen jedoch Kamele (1. Mose 37,25). Aber die ganze *Thora* erwähnt außer im ersten Buch kaum je Kamele. In allen anderen Büchern werden sie lediglich noch insgesamt dreimal erwähnt. Davon zweimal im Kapitel über die Speisevorschriften, wo das Kamel mit seinen besonderen Eigenschaften als Beispiel für eine Tierart angeführt wird, dessen Fleisch für den Verbrauch verboten ist: Zwar ist das Kamel ein Wiederkäuer, aber es hat keine gespaltenen Hufe, und deshalb ist es als Nahrung verboten (3. Mose 11,4 und 5. Mose 14,7).

Zum drittenmal wird das Kamel unter dem Viehbestand der Ägypter genannt, die von einer schweren Viehpest heimgesucht werden (2. Mose 9,3). Sonst wird das Kamel nach der Geschichte der Stammväter in der *Thora* nicht erwähnt. Auch nicht in der Beute, die Israel kurz vor seinem Einzug in Kanaan bei seinem Sieg über die Midianiter macht (4. Mose 31,25).

Daraus können wir folgern, daß Israels lebendes Inventar in der Wüste lediglich aus Eseln bestand. Undenkbar sind Pferde, das besondere Eigentum Ägyptens. Genausowenig wie andere «unreine» Tiere. Das erklärt also die außerordentliche Stellung des erstgeborenen Eselfüllens in den Vorschriften zur Erstgeburt deutlich.

Die Weihe der Erstgeburt beruht in der *Thora* auch auf einer historischen Motivierung: Zu den Plagen, die Ägypten heimsuchten und mit denen Israels Auszug erzwungen wurde, gehörte auch das «Erschlagen der Erstgeborenen». Mensch wie Tier. Auch darin hat Gott sich als der alleinige Besitzer offenbart. Ihm gehört alles. Also muß alles für ihn durch die Weihe der Erstgeburt geheiligt werden. Deshalb muß der erstgeborene Sohn «ausgelöst» werden. Deshalb gehört die männliche Erstgeburt des Tieres dem Altar (2. Mose 13,15). In diesem Zusammenhang erscheint auch die Vorschrift über die Erstgeburt des Esels (ebd. Vers 13).

Der auf dem Altar geopferte *Bechor* des «reinen» Tiers wird anschließend dem Priester geschenkt. Es ist Bestandteil der Abgaben (5. Mose 12,6), die dem Priester zustanden (4. Mose 18,15). Es geht in seinen Besitz über. Aber nur dann, wenn es für den Altar geeignet ist. Nur über dem Altar wird es sein Eigentum. Nicht unmittelbar von dem Mann, in dessen Viehbestand es geboren wurde. Auch ein «reines» Tier kann übrigens ungeeignet als Opfer sein. Denn ein Opfer muß unversehrt und gesund sein. Es darf keinerlei Fehler, keine bleibenden, unheilbaren Gebrechen aufweisen (3. Mose 22,20 ff.). Sonst wird es von vorneherein als untauglich abgelehnt. «Bring es doch deinem Fürsten!» rief der letzte Prophet (Mal. 1,8) in heller Entrüstung, als er bemerkte, daß das Wertlose in seiner verdorbenen Zeit gerade noch gut genug für Gott war. Ein erster Wurf mit einem Fehler gehörte also von vorneherein seinem Besitzer, dem Viehbestand, in dem er geboren wurde.

Heute gibt es jedoch weder Tempel noch Altar. Und obwohl der *Kohen* weiter als direkter Nachkomme des Hohepriesters Aaron in unserer Mitte lebt, hat er keinen Anspruch auf die Erstgeburt von Klein- und Rindvieh. Aber sie gehört auch nicht dem jüdischen Mann, in dessen Viehbestand dieser Erstling geboren wurde. Er darf in keiner Weise Nutzen aus ihm ziehen.

«Du sollst nicht ackern mit dem Erstling deiner Rinder und nicht scheren die Erstlinge deiner Schafe» (5. Mose 15,19). Nur wenn das

Tier ein unheilbares Gebrechen hat, bleibt es im Besitz desjenigen, in dessen Viehbestand es geboren wurde (ebd., Vers 21).

Eine solche Erstgeburt ist für den jüdischen Bauer oder Viehhändler eine Bürde und zugleich eine große Verantwortung. Ein ständiges Problem. Wenn er die Verantwortung dafür ernst nimmt, sorgt er dafür, daß er sie nicht tragen muß. Er verkauft das junge trächtige Tier, die künftige Mutter, die Erstgebärende, zur rechten Zeit. Damit umgeht er das Gesetz nicht. Unter den heutigen Bedingungen ist es vorzuziehen, sich einer Pflicht durch geeignete Schritte zu entziehen, wenn man sie nicht erfüllen kann, und keine Verantwortung zu übernehmen, die man nicht tragen kann.

Diese Maßnahmen sind das einzige und etwas Befremdliche, mit dem sich heute die Vorschrift über die Erstgeburt von Vieh im jüdischen Leben bemerkbar macht. Wird dieser Schritt versäumt, läuft das Tier frei und ungebunden herum. Meistens auf dem Friedhof, auf dem ohnehin nichts für den Gebrauch des lebenden Menschen bestimmt ist. Aber das kommt ausgesprochen selten vor.

Trotzdem bemüht sich Israel, auch in der Zerstreuung das Thorawort so gut wie möglich zu befolgen. Das Volk will beweisen, wie zäh es am Wort festhält und wie tief bei ihm der Glaube verankert ist, es einst wieder erfüllen zu können. Es gibt die Hoffnung nicht auf. Das ist auch die Bedeutung dieser Vorschriften, die nur selten angewandt werden.

Aber der erstgeborene Sohn lebt täglich in unserer Mitte, mit allen Zeremonien, die ihn umgeben.

Der erstgeborene Sohn

Seit je verkörperte der erstgeborene Sohn zweifelsohne die Heiligung der ganzen Familie und ihrer Nachkommen. Er war die «Hebe» für Gott. Mit dieser «Abgabe» wurde alles durch die Berufung zur Heiligung des Lebens geprägt und bestrahlt. Von ihm erwartete man die Beseelung des religiösen Lebens der sich mehrenden und wachsenden Familie. Ganz von allein wurde er Leiter und Vertreter. Nach außen hin, im öffentlichen, gottesdienstlichen Leben der Gemeinde, galt er als der Vertreter seiner Familie. Das war seine Berufung, darauf wurde er vorbereitet, und dafür hielt er sich bereit. Ihn beauftragte man mit dem religiösen Dienst. Er war also der Diensthabende. Der Diensthabende ist der Amtsträger, der *Kohen*, ein Wort, das wir gewöhnlich mit «Priester» übersetzen. Kurz vor der Offenbarung im Sinai ist die Rede von solchen «Priestern», während vorher nie ein organisierter Gottesdienst erwähnt wie auch weder ein Ort noch ein Rahmen dafür angegeben wurden. «Auch die Priester, die sonst zum Herrn nahen dürfen, sollen sich heiligen ...» (2. Mose 19,22). «Die Priester und das Volk» (ebd. Vers 24) dürfen die Grenze im Sinai nicht überschreiten.

Nach der Offenbarung, nachdem der Bund geschlossen wurde und symbolisch Blut versprengt und Opfer dargebracht werden müssen, sind es «die jungen Männer aus den Kindern Israel», die von Mose dazu beauftragt werden (2. Mose 24,5).

Allem Anschein nach sind die jungen Männer die gleichen wie die Priester: die erstgeborenen Söhne, die *Bechorim*. Das ist die jüdische Interpretation dieser Ereignisse. Der Talmud lehrt uns, daß die erstgeborenen Söhne vor dem Bau der Stiftshütte den Gottesdienst versahen.

Später wurde der Dienst im Heiligtum dem Stamm Levi anvertraut. Als das Volk mit dem Goldenen Kalb sündigte, hatte sich dieser Stamm besonders ausgezeichnet. Seine Angehörigen hatten sich als Vertreter der Sache Gottes hervorgetan. Sie hatten den Ruf Mose: «Her zu mir, wer dem Herrn angehört!» (2. Mose 32,26) vernommen und verstanden und hatten das Lager von Israel auf Mose Befehl erbarmungslos vom Götzendienst gereinigt. Das machte sie zur Unterscheidung würdig, so daß sie fortan ihr ganzes Leben direkt, völlig und bedingungslos in den Dienst des Herrn stellen durften. Durch diese Unterscheidung wurden sie auserwählt. Das Amt im Heiligtum wurde ihre Berufung, ihre in alle Ewigkeit währende Pflicht und Aufgabe (4. Mose 3,7).

Nach dem beschämenden Zwischenfall mit dem Goldenen Kalb wurde die Stiftshütte gebaut und die Leitung des Gottesdienstes in die Hände Aarons und seiner Söhne gelegt. Aaron, der Levit, war Hohepriester, seine Söhne einfache Priester (2. Mose 28,1). Nach der Einweihung der Stiftshütte – oder des heiligen Zeltes – und bevor Israel den Sinai verließ, wurden die restlichen Zweige und Sippen des Stammes Levi und seiner Söhne für die Erfüllung ihrer priesterlichen Aufgaben im Heiligtum zugeteilt (4. Mose 3,5).

Die Leviten akzeptierten die ihnen anvertraute Aufgabe und traten beim Gottesdienst nun an die Stelle der erstgeborenen Söhne: «Siehe, ich habe die Leviten genommen aus den Kindern Israel statt aller Erstgeburt, die den Mutterschoß durchbricht in Israel, so daß die Leviten mir gehören sollen» (4. Mose 3,12).

Das änderte natürlich nichts an der Tatsache der Erstgeburt. Der Erstgeborene ist und bleibt der *Bechor*. Im Gottesdienst tritt jedoch ein anderer an seine Stelle. Deshalb muß eine «Auslösung» stattfinden, die denn auch durchgeführt wird. Ein Austausch findet statt, oder ein Stellvertreter wird ernannt: für jeden erstgeborenen Sohn einen Sohn der Leviten.

Die Leviten wurden gezählt. Es gab mehr Erstgeborene im Alter von einem Monat oder darüber als Söhne von Leviten in diesem Alter. (Die Kinder gelten nämlich im allgemeinen erst im Alter von einem Monat als lebensfähig. Sie wurden deshalb erst von diesem Alter an gezählt.) Die erstgeborenen Söhne, die nicht gegen einen Sohn der Leviten ausgetauscht werden konnten, mußten ausgelöst werden. Und zwar mit Geld. Der Betrag wurde auf fünf Lot Silber oder fünf Silber*schekalim* pro Kopf angesetzt. Das Lösegeld wurde Aaron und seinen Söhnen zur Verfügung gestellt.

Dabei blieb es für alle Zeiten.

Und so ist es bis heute im Volk Israel, das die *Thora* wort- und sinngetreu bewahrt. Das unbeirrbar an ihren Vorschriften festhielt, selbst nachdem die unabhängige politische Existenz einschließlich Tempel und Gottesdienst zerstört worden war und zahlreiche Vorschriften ihren beredten und greifbar lebendigen Inhalt eingebüßt hatten.

Zwar gibt es keinen Altar mehr. Aber er ist nicht ganz verschwunden. Das Symbol ist nicht verblaßt. Es ist ganz einfach nicht mehr greifbar. In seinem Wesen lebt der Begriff von Tempel und Altar auch heute noch weiter. Genau wie damals. Genausowenig wurde die Berufung zur Heiligung des Lebens aufgehoben oder verändert.

Der erstgeborene Sohn war und ist eine «Abgabe». Er ist dem Altar geweiht, gehört dem Priester. Von ihm muß er «losgekauft» werden. Nicht mehr durch einen stellvertretenden Levitensohn. Das geschah nur ein einziges Mal in der Geschichte, damals, als statt der *Bechorim* die Leviten den Priestern als Helfer für den Gottesdienst im Heiligtum zugeteilt wurden. Damals wurde die «Auslösung» über die überzähligen Erstgeborenen unverzüglich geregelt. Und gleichzeitig und für alle Zeiten auch die Auslösung aller Erstgeborenen, die später noch das Licht der Welt erblicken sollten. Diese Vorschrift wird bereits vorausgreifend vor dem Auszug aus Ägypten erwähnt (2. Mose 13,13 und 15). In der Einleitung zu Vers 11 heißt es: «Wenn dich nun der Herr ins Land der Kanaaniter gebracht hat ...»

Und auf die gleiche Weise wird auch heute der erstgeborene Sohn im Volk Israel ausgelöst.

Der erstgeborene Sohn muß nicht der älteste Sohn sein. Hier soll nochmals betont werden, daß der *Bechor* der erstgeborene Sohn jener Frau ist, durch dessen Geburt die Frau zur Erstgebärenden wird. Der *Bechor* bezieht sich in seinem Wesen lediglich auf die männliche Erstgeburt. Ist das erstgeborene Kind eine Tochter, gibt es keinen *Bechor*. Auch dann nicht, wenn das erste männliche Kind nicht lebensfähig war und, wenn auch nicht sofort, gestorben ist.

Der erstgeborene Sohn, der dem Stamm Levi geboren wird, muß natürlich nicht ausgelöst werden. Genausowenig findet auch beim erstgeborenen *Kohen* eine Auslösung des Sohns, *Pidjon ha-Ben*, statt. Der *Bechor* einer levitischen Mutter oder einer Mutter, die von den Aroniden abstammt, unterliegt ebenfalls nicht der Vorschrift über die Auslösung. Das ist sogar dann der Fall, wenn der Vater des Kindes selbst weder *Kohen* noch Levit ist und sein Sohn deshalb auch nicht als *Kohen* noch Levit, sondern nur als Sohn Israels eingetragen wird. Auch hier gibt es kein *Pidjon*, keine Auslösung. Denn hier entscheiden Geburt und Abstammung der Mutter.

Die fünf Lot Silber, die die *Thora* als Lösegeld bestimmt hat, werden in jedem Land in einem annähernden Betrag der jeweils gültigen Währung umgerechnet. Denn obwohl man mit dieser Handlung nur an ein historisches Ereignis erinnert, möchte man sie doch so eng wie möglich mit der damaligen Wirklichkeit verbinden. Wenn möglich, werden silberne Münzen als Lösegeld verwendet. Schuldscheine kommen keinesfalls in Frage.

Die Auslösung

Die Zeremonie des *Pidjon ha-Ben*, der Auslösung, ist ausgesprochen einfach, für die keine großen Vorbereitungen getroffen werden müssen. Jeder *Kohen* kann sie durchführen oder durchführen lassen. Denn der Vater löst sein Kind aus. Er kauft es zurück, und zwar aus dem Besitz des Stammes Aarons. Diese Auslösung kann er mit Hilfe jedes beliebigen *Kohen*, der sich dazu bereit erklärt, durchführen. Deshalb wendet sich der Vater an einen Nachkommen Aarons mit der Bitte, bei der Zeremonie des *Pidjon ha-Ben* als *Kohen* zu wirken. Mit andern Worten: Er gibt ihm die Ehre, eine religiöse Pflicht, eine *Mizwa* zu erfüllen, indem er das Gebot erfüllt. Der Akt findet am einunddreißigsten Lebenstag des Kindes statt. Ist es ein Sabbat oder biblischer Feiertag, findet die Zeremonie am Tag darauf statt. Wurde aus irgendeinem Grund noch nicht die Beschneidung vollzogen, findet die Zeremonie der Auslösung trotzdem zur rechten Zeit statt.

Nach dieser Zeremonie wird den Teilnehmern eine Mahlzeit serviert, die meistens sehr einfach ist; gelegentlich ist sie auch üppiger. Auf jeden Fall begleitet eine Mahlzeit die Erfüllung dieser Thorapflicht, die sogenannte *Se'udat Mizwa*. Bevor sie beginnt, wird sie geweiht. Die Teilnehmer waschen sich die Hände, das Brot wird gebrochen, und auch die passenden Segenssprüche fehlen nicht. Sobald alle zur Feier geladenen Gäste ein in Salz gestipptes Stückchen Brot gegessen haben, beginnt die Auslösung. Im allgemeinen bringt die Mutter den *Bechor* ins Zimmer. Der Vater legt ihn dem *Kohen* in die Arme und sagt ihm: «Das ist mein erstgeborener Sohn, der erste, der kam aus seiner Mutter Schoß.»

Der *Kohen* teilt dem Vater mit, für die Auslösung seines erstgeborenen Sohnes schulde er fünf *Selaim*, d. h. antike Silbermünzen, und fragt ihn, ob er es vorziehe, das Geld zu behalten oder damit seinen Sohn auszulösen. Darauf wird der Vater selbstverständlich erwidern, er ziehe sein Kind vor und gebe gern das Geld, das er dem *Kohen* bei diesen Worten aushändigt. Der *Kohen* sagt daraufhin den passenden Segensspruch, der die Erfüllung dieser religiösen Pflicht begleitet und in diesem Fall wie folgt lautet: «Gelobt seist du, Ewiger, unser Gott, König der Welt, der du uns Leben und Erhaltung gegeben und uns diese Zeit hast erreichen lassen!»

Jetzt erklärt der *Kohen* formell, daß die Auslösung stattgefunden hat. Dann legt er seine Hand segnend auf den Kopf des Kindes, wünscht ihm alles Gute und sagt den Priestersegen.

Damit ist die Zeremonie selbst beendet. Sie sollte vom Thoragedanken begleitet und in einer gehobenen Stimmung stattgefunden haben. Sie schließt mit dem gemeinsamen Tischgebet unter der Leitung des *Kohen*.

Vater und Priester müssen die Erklärung nicht unbedingt auf hebräisch sagen. Sie müssen sie jedoch kennen und verstehen, was sie sagen.

Das Lösegeld gehört dem Priester, dem *Kohen*. Es ist sein persönliches

Eigentum. Er muß es nicht irgendeiner Kasse zuleiten. Er kann damit nach eigenem Gutdünken verfahren. Nur darf er es nicht dem Vater zurückgeben. Ist der Vater arm, der das Geld kaum entbehren kann, gibt es viele andere Wege und Mittel, ihn dafür und darüber hinaus zu entschädigen. Der *Kohen* muß jedoch sorgfältig darauf achten, daß die Auslösung nicht zu einer lächerlichen Formalität herabgesetzt wird.

Von jetzt an unterscheidet sich der erstgeborene Sohn in keiner Hinsicht mehr von seinen Geschwistern. Er hat keine Sonderrechte und auch keine besonderen Pflichten. Ganz ausnahmsweise kann es vorkommen, daß er die Aufgabe der Leviten übernimmt und die Hände des Priesters wäscht, bevor dieser den *Duchan*, das Podest, besteigt, um die Gemeinde in der Synagoge zu segnen. Das ist aber nur dann der Fall, wenn in der Synagoge kein Angehöriger des Stammes Levi anwesend ist. Darüber hinaus müssen die *Bechorim* einen besonderen Fastentag einhalten: den Fastentag der Erstgeborenen. Am Tag vor dem Passahfest, vor dem Fest des Auszugs aus Ägypten.

Das «Erschlagen der Erstgeborenen» brach den Widerstand Pharaos. Israels Erstgeborene wurden jedoch nicht dem Tod preisgegeben. Deshalb wurden sie damals Gott geweiht (2. Mose 13,15). Zum Andenken an diese historische Tatsache feiern Israels Erstgeborene aber kein freudiges Fest, noch jubeln sie über ihre Rettung, damit sie nicht etwa – selbst unwillkürlich – über den Untergang der Söhne Ägyptens frohlocken. Statt dessen gedenken sie der Drohung, die auch über den Häusern Israels schwebte, und an die Gefahr, die auch Israels erstgeborene Söhne zu vernichten drohte. Deshalb gedenken sie dieses Ereignisses mit einem Fastentag. So als wollten sie erkennen und eingestehen, daß die damalige Rettung nicht etwa eine Belohnung für irgendwelche Verdienste war, sondern nur der Beweis für Gottes Gnade. Eine Gnade, die sie auch weiterhin für sich erhoffen.

Der Fastentag der Erstgeborenen gilt für alle Erstgeborenen. Nicht nur für die Erstgeburt der Mutter, sondern auch für die des Vaters. Heiratet zum Beispiel ein junger Mann in erster Ehe eine Witwe, die schon einen Jungen zur Welt brachte und ihrem zweiten Mann einen Sohn schenkt, so daß ihr Gatte zum erstenmal Vater wird, ist dieses Kind der *Bechor* seines Vaters, nicht jedoch seiner Mutter. Dieser *Bechor* wird nicht ausgelöst.

Dieser Fastentag der Erstgeborenen, *Ta'anit Bechorim*, wurde seit je treu als wichtiger Fastentag eingehalten. Das geht sogar soweit, daß für das junge Kind, das seine Pflicht noch nicht selbst erfüllen kann, ein Stellvertreter fastet, und zwar sein Vater. Ist auch der Vater ein *Bechor*, fastet die Mutter für das Kind. Solch eine Übertragung der Erfüllung einer religiösen Pflicht ist bemerkenswert – und auch vielsagend.

Dieser Fastentag der *Bechorim* wurde, wie schon gesagt, vom jüdischen Volk seit je eingehalten. Auch von solchen Juden, die keineswegs gemäß der *Thora* und der jüdischen Tradition leben. Sogar von Juden, die zum Teil nicht einmal am Versöhnungstag fasten, diesen Fastentag der Erstgeborenen jedoch im jüdischen Kalender suchen und sich bemühen, ihn nicht zu versäumen.

Der Verfasser hat Mütter gekannt, die ihn aufsuchten und von ihm wissen wollten, was sie tun konnten, wenn sie den Fastentag für ihren Erstgeborenen vergessen hatten. Diese Mütter nahmen es mit den Vorschriften des jüdischen Gottesdienstes meistens nicht so genau, ja sie kamen mit ihnen kaum in Berührung. In diesen Fällen ist der Beweggrund kaum mehr als Aberglaube und Angst.

Das ist keine Gottesfurcht und keine Heiligung des Lebens. Angst und Aberglaube sind keine Zierde irgendeiner Religion. Und ganz bestimmt sind sie keine Pfeiler des Judentums. Würden wir solch einem Gehorsam Wert beimessen, würden wir nur uns selbst etwas vormachen.

DIE EHE

Die Verlobung

Eingangs soll nochmals betont werden, daß die technischen Ausdrücke in bezug auf das jüdische Leben vorsichtig verwendet werden sollten. Denn sobald von der jüdischen Gemeinschaft die Rede ist, ist Vorsicht geboten bei der Übertragung der sonst geläufigen Vorstellungen. Denn die jüdische Gemeinschaft besitzt eine eigene, in sich geschlossene Kultur, und sie verwendet eigene Begriffe, Vorstellungen und Ausdrücke. In vieler Hinsicht decken sie sich jedoch mit dem Gedankengut anderer Kulturen.

Alle Zivilisationen besitzen ähnliche Komponenten. Die ganze Menschheit hat eine ganze Reihe gemeinsamer Züge. Erfreulicherweise nicht gerade wenig. Aber aus der gleichen Quelle entspringen unterschiedliche Strömungen mit zahlreichen Abweichungen. Und eine bestimmte Idee wird von verschiedenen Seiten unterschiedlich wahrgenommen und empfunden und dementsprechend anders dargestellt, ausgedrückt und bezeichnet. Dann stimmen die Namen nicht mehr überein, und häufig widersprechen sich die Vorstellungen. Deshalb sollte in jedem einzelnen Bereich Vorsicht walten, die insbesondere erwünscht ist, wenn man zum Thema Eheschließung kommt.

Die Verlobung. Das Wort sagt uns etwas. Es bringt eine Absicht zum Ausdruck. Sie ist eine gewisse Vereinbarung, meistens eine Erklärung zweier Parteien, ein Versprechen, das zwei Menschen sich gegenseitig geben. Sie setzen die Öffentlichkeit davon in Kenntnis. Ohne daß eine öffentliche Behörde dabei eingreift, ohne daß eine amtliche Dienststelle dabei mitwirkt. Die Entscheidung zur Verlobung wird grundsätzlich ohne Zeugen getroffen, sie wird ohne sie eine Tatsache. Die Verlobung ist kein Rechtsgeschäft, noch zieht sie rechtliche Wirkungen nach sich. Auf jeden Fall gilt sie in der Gesetzgebung des Abendlandes nicht als solche.

Die Verlobung ist kein Bündnis wie die Ehe und kann daher auch nicht aufgelöst werden. Sie wird, wenn es sein muß, rückgängig gemacht, und zwar nur aufgrund des Willens und der Entscheidung beider Beteiligten. Sogar eines Beteiligten, ohne jede Schwierigkeit.

Dann gibt es das Aufgebot. Das ist schon eine andere Sache. Beim Aufgebot haben die Behörden bereits ein Wort mitzusprechen. Das Aufgebot schafft ein Bündnis und hat rechtliche Folgen. Deshalb unterliegt es gesetzlichen Bestimmungen.

Die jüdische Verlobung ist dagegen keine Verlobung im üblichen Sinn des Wortes. Das bezieht sich jedoch nur auf die jüdische Verlobung, wie sie im wirklich jüdischen Leben stattfindet. Verloben sich ein Jude und eine Jüdin im täglichen Leben in einem modernen Land, gleicht es aufs Haar genau der Verlobung jedes anderen Paares, es hat den gleichen Charakter und die gleichen Folgen – oder, besser gesagt, die Folgen existieren nicht. Diese Art der Verlobung ist jedoch lediglich eine Anpassung an die allgemeinen gesellschaftlichen Normen. Dagegen ist eine echt jüdische Verlobung, wie sie in der Umgangssprache und in der Literatur erwähnt ist, ein Bündnis mit weitreichenden rechtlichen Folgen. Sie entspricht schon eher dem Aufgebot als dem, was man im allgemeinen unter Verlobung versteht.

Die jüdische Verlobung heißt *Erusin*, d. h. Anloben. In der Bibel steht das dazugehörende Zeitwort *aras* wiederholt in einer ganz bestimmten Form. Damit keine falschen Vorstellungen geweckt, noch ein falscher Begriff vermittelt wird, sollte das Wort eigentlich nie mit «Verloben» übersetzt werden. Hier ein Beispiel aus dem 5. Mose 20,7. Das Land wird von fremden Feinden bedroht. Das Volksheer zieht an die Grenzen. Dort verlesen die Amtleute eine Kundgebung: Bestimmte Personen dürfen nach Hause gehen.

Zu den vom Wehrdienst Zurückgestellten gehören:

«Wer ein neues Haus gebaut hat und hat's noch nicht eingeweiht; wer einen Weinberg gepflanzt hat und hat seine Früchte noch nicht genossen; wer mit einem Mädchen (jetzt folgt das besagte Zeitwort) verlobt ist und hat es noch nicht heimgeholt.»

Ebenfalls im 5. Mose 28,30 werden die gleichen drei Fälle in einer Strafandrohung in einer anderen Abfolge angeführt. In Hosea 2,21–22 wird das Zeitwort sinngemäß und anschaulich dreimal in der übertragenen Form für die erneuerte innige Beziehung Gottes zu seinem heimgekehrten Volk verwendet: «Ich will mich mit dir verloben für alle Ewigkeit, ich will mich mit dir verloben in Gerechtigkeit und Recht, in Gnade und Barmherzigkeit. Ja, in Treu will ich mich mit dir verloben, und du wirst den Herrn erkennen.»

Die Übersetzung des hebräischen Wortes als «verloben» gibt hier eine unklare Vorstellung und entspricht nicht dem prägnanten Sinn des hebräischen Originals. Das gleiche gilt für die zehn Bibelpassagen, in denen dieses Zeitwort vorkommt.

Dieses Buch ist allerdings nicht der geeignete Rahmen, um mehrere Übersetzungen nachzuschlagen und kritisch zu überprüfen. Angemerkt sei lediglich, daß einige Übersetzungen das Wort «Aufgebot» gebrauchen, das sehr viel eher dem Urtext entspricht.

Die herkömmliche Verlobung ist also nicht gemeint.

Aber auch im jüdischen Leben gibt es etwas, was der Verlobung im allgemeinen Sinn des Wortes nahekommt, und zwar auf dem Gebiet der Heiratsvermittlung. Sie wird *Schidduch* genannt, ein Wort, das dem biblischen Hebräisch fremd ist. Im Grunde genommen sind das die Verhandlungen um eine mögliche Ehe und die vorläufige Entscheidung dazu. In früheren Zeiten ging eine solche Verlobung auch mit einem gewissen vertraglichen Akt einher. Heute ist das nur noch in bestimmten Gegenden und Familien, vorwiegend ostjüdischer Herkunft, der Fall.

Dazu wird eine Urkunde aufgesetzt und unterschrieben. Sie enthält Bestimmungen, die *Tenaïm*, die bei einer Entlobung erfüllt werden müssen. Es ist so etwas wie eine vorbehaltliche Verbindung. Deshalb ist selbst der *Schidduch* mehr als eine gewöhnliche Verlobung, die sich nur in einer Anzeige oder mit der Post verschickten Mitteilung ausdrückt. Anläßlich der Zusammenkunft beider Familien zur Unterzeichnung der *Tenaïm* findet selbstverständlich eine kleine Feier statt, die auch eine bestimmte Zeremonie begleitet. Aber Behörden, nicht einmal jüdische, werden nicht bemüht. Diese gelegentlich stattfindende Zeremonie wird noch im Rahmen des allgemeinen Themas weiter beschrieben.

Die *Erusin*, die echt jüdische Verlobung, eigentlich das Anloben, die dem Aufgebot ziemlich nahekommt, findet heute nie als getrennte Handlung statt. Sie wurde völlig in die Trauung integriert. Und die Trauung wird durch jüdische Behörden vollzogen.

Die Einigung

Der Bund zweier Menschen durch die Ehe ist im Grunde genommen nichts weiter als das Wiederfinden und Wiederherstellen einer Einheit. So sieht es die biblische Darstellung der Geschichte von der Schöpfung (1. Mose 2,18–24). Adam gibt den Lebewesen, die um ihn sind, einen Namen. Was bedeutet Namensgebung aber eigentlich? Was ist ein Name, ein richtiger, ein wesentlicher Name? Solch ein Name faßt, wurde er exakt und bis zu Ende durchdacht, die Merkmale dessen in einem Wort zusammen, das er bezeichnen soll. Er ist die denkbar kürzeste und gleichzeitig vollständig abgerundete Umschreibung einer Sache, eines Gegenstands oder Wesens. Er ist seine Definition. In einem einzigen Wort. Das ist ein Name! Mit der Namensgebung wird demzufolge das Charakteristische eines Wesens unmittelbar erfaßt, in einem Griff zusammengefaßt. Als nun Adam den Lebewesen einen Namen gab, befand sich neben ihm kein anderes Ich. Und doch: Die andere Hälfte existierte bereits, war schon vorhanden. Bei seiner Erschaffung wurde sie zur gleichen Zeit wie er geformt. Dann wurden die beiden Hälften in zwei getrennten Körpern voneinander geschieden. Aber sie gehörten zusammen, und zwar von Anfang an. Und sie finden sich wieder! Adam erkennt sie sofort: «Das ist doch Bein von meinem Bein und Fleisch von meinem Fleisch» (1. Mose 2,23). Sie gehört zu mir!

Sie war es also, die er bei der Namensgebung suchte. Sie ist die «Gehilfin, die um ihn ist», die er zuerst nicht findet, letzten Endes aber doch gefunden hat. Gefunden in dem Wesen, das zur gleichen Zeit wie er geboren wurde und mit dem er jetzt, als ein Geschöpf für sich, wieder vereint ist: «Darum wird ein Mann seinen Vater und seine Mutter verlassen und seinem Weibe anhangen, und sie werden sein *ein* Fleisch» (ebd. 24). Hier soll offenbleiben, ob die Entstehung der Ehefrau aus einer Rippe grammatisch und exegetisch richtig ist. Überall in der Bibel, wo dieses hebräische Wort vorkommt, bedeutet es Seite, Kante. Nur in diesem einen Fall wäre es Rippe. Für die Vorstellung ist das unerheblich. Sie wird sofort einleuchtender, wenn man sich diesen biblischen Ur-Adam, Ur-Menschen, als Doppelwesen vorstellt, als Mann-Weib. Es wird getrennt. Eine Seite wird entfernt, und ein anderes Geschöpf entsteht. Die ursprüngliche Einheit wird zu einem neuen Ganzen, zu einer Zwei-Einigkeit. So steht es auch im Talmud, Berachot 61 a.

Das ist die biblische Vorstellung. Und auch die jüdische ist unverändert so geblieben.

Ein Weiser sagt im Talmud (Babylonischer Talmud, Kidduschin, 2 b), der Mann sucht eine Lebensgefährtin, um in ihr das wiederzufinden, was er verloren hat.

Denn allein, sagt ein anderer Weiser (Babylonischer Talmud, Jebamot, 62 b), lebt er freudlos, ohne Segen, ohne Glück. Später wurde dem noch hinzugefügt: ohne *Thora*, schutzlos. Und ein Vierter ergänzte: ohne Harmonie.

Die Ehe ist die Bestimmung des Menschen. Die Voraussetzung, um die Berufung des Menschen zu erfüllen. Denn der Mensch hat die Aufgabe, die Menschheit zu gründen, instand zu halten, zu erweitern und zur höchsten Blüte zu bringen.

«... die Erde ... er hat sie nicht geschaffen, daß sie leer sein soll, sondern sie bereitet, daß man auf ihr wohnen solle ...» (Jes. 45,18). Das ist das heilige Wort, das diesen jüdischen Überlegungen über die Menschheit so gern als Leitmotiv dient.

Die Zelle der Gesellschaft, in der die Menschheit mit ihrer Aufgabe und Berufung geboren werden muß, ist die Familie. Folglich ist die Gründung einer Familie die Pflicht all jener, die der Menschheit angehören. Und deshalb: «Es ist nicht gut, daß der Mensch allein sei» (1. Mose 2,18). Deshalb begreift die jüdische Tradition die Worte des Segens für die Menschheit: «Seid fruchtbar und mehret euch!» (1. Mose 1,28) nicht nur als kategorischen Befehl, nicht nur als Segen, sondern auch als Pflicht, als *Mizwa*. Als erste unter allen Geboten, die die Bücher der *Thora* enthalten. Diese Pflicht beinhaltet auch eine große Verantwortung.

Deshalb muß eine passende Verbindung, ein schönes, ein würdiges Zusammenleben angestrebt werden. Sonst kann das Bündnis nicht gedeihen. Entwickelt sich keine Einheit zwischen Mann und Frau, zehrt an der Verbindung ein dunkles Feuer, das beide verzehrt. Das ist ein hebräisches Wortspiel: Die Worte *Isch*, d. h. Mann, und *Ischa*, d. h.

Frau, enthalten die Buchstaben Jod und He, die zusammen das Wort *Jah* bilden, das Gott bedeutet. Nimmt man diese beiden Buchstaben heraus, bleibt von den beiden Wörtern nur noch *Esch* übrig. *Esch* ist auf deutsch Feuer. Das ist nur die äußere Form. Wesentlich ist der Sinn dieses Gedankens.

Ist die Verbindung glücklich, strahlt über der Vereinigung von Mann und Frau Gottes Ruhm. Die *Schechina*, die Anwesenheit Gottes, krönt die Harmonie (Babylonischer Talmud, Sota, 17a).

Zur Zeit des Talmuds und auch später, wo immer der jüdische Lebenswille kräftig pulsiert, wurden und werden früh geschlossene Ehen bevorzugt. Nicht nur, um der Pflicht, dem Gebot: «Seid fruchtbar und mehret euch!» zu gehorchen. Man war und ist zutiefst davon überzeugt, daß diese *Mizwa* auch ein kategorisches Gebot ist und daß dieser natürliche Geschlechtstrieb Unheil in sich bergen kann. Er kann zur Animalität führen. Ein glückliches eheliches Zusammenleben kann dagegen die Sittlichkeit und das reine Menschenleben im höchsten Maß fördern. Das für die Ehe erwünschte Alter wird jedoch im Durchschnitt auf mindestens achtzehn Jahre angesetzt (Mischna, Traktat Awot 5,21).

Auf jeden Fall muß der Mann eine Beschäftigung haben, um eine Familie zu ernähren. In der Kundgebung über die Rückstellung vom Wehrdienst wird als Grund an erster Stelle der Bau eines Hauses, dann das Pflanzen eines Weingartens und erst dann das Heimholen einer Ehefrau erwähnt (5. Mose 20,5–6). Das wurde als notwendig festgestellt, und daraus wurde die erwünschte Reihenfolge erhoben, als Forderung gestellt (Babylonischer Talmud, Sota, 44a).

Früher hat man in den ostjüdischen Zentren versucht, durch einen Kompromiß beide Forderungen – die frühe Ehe und den Broterwerb – zu vereinen. Das junge Ehepaar lebte ein ganzes Jahr lang auf Kosten des Vaters der Braut. Das war Bestandteil der Aussteuer und Mitgift. Der Schwiegersohn, der sich bis zur Ehe im allgemeinen ausschließlich dem Thorastudium – vor allem Talmud und Kodizes – gewidmet hatte, mußte im Laufes dieses Jahres eine Ausbildung erwerben, damit er in irgendeinem Zweig des Handels- oder Betriebslebens arbeiten konnte. Im allgemeinen schaffte er es. Erst dann wurde er selbständig und konnte ein eigenes Haus bauen. Diese Sitte gehört übrigens noch nicht völlig der Vergangenheit an.

Ein *Schidduch* ist ein Heiratsantrag, eine vorläufige Vereinbarung, die im Volksmund inzwischen schon die Bedeutung einer Heirat erhalten hat. Bei diesem *Schidduch*, dieser Heiratsvermittlung, und der damit verbundenen Tätigkeit findet so manche betagte, würdige Frau, so mancher ältere Mann eine willkommene Beschäftigung. Mit völlig freundlichen und uneigennützigen Absichten und nur der *Mizwa* wegen! Natürlich ist auch der *Schadchan*, der berufsmäßige Heiratsvermittler, tätig. Er fand und findet überall, in vielen Kreisen und Gemeinden, reiche Möglichkeiten für seinen Betätigungsbereich. Davon zeugen die Anzeigen in jüdischen Tages- und Wochenzeitungen in vielen Ländern.

Die Eheschließung eines Sohnes, einer Tochter bedeutet: Erleben, wie die Nachkommen ihrer höchsten Bestimmung entgegengehen; gleichzeitig auch einen Zeitpunkt, zu dem angenommen werden darf, daß die großen Gefahren, die ein junges Leben bedrohen, bedeutend zurückgegangen sind, wenn auch nicht ganz verschwunden. Das war die Einstellung im jüdischen Leben. Diese Ansicht vertrat man vor allem in breiten Kreisen der osteuropäischen Juden. In diesem Zusammenhang und im Sinn dieser Einstellung waren die Väter oft unterwegs, um die Mittel zu erwerben, die notwendig waren für die Hochzeit, die Aussteuer und Mitgift. Sie griffen zu Schritten, die den Juden Westeuropas kaum verständlich waren. Denn diese Väter unternahmen weite Reisen und bettelten das Notwendige oft auf einer langen Wanderung zusammen! Das hielten sie für ihre Pflicht als Eltern. Die westlichen Juden betrachteten das mit einem gewissen Erstaunen, aber wer hätte diese Familienväter deswegen verachtet?!

In jüdischen Gemeinden betrachteten wohlhabende Menschen es seit je als besondere Wohltat und demzufolge als ein außerordentliches Privileg, unvermögende Mädchen aus eigenen Mitteln zu verheiraten oder sie für die Hochzeit mit allem Notwendigen auszustatten. Vor allem die finanziellen Schwierigkeiten zu lindern, die Waisen entstanden, wenn sie heirateten. Der Talmud wertet diese guten Taten als edelste Handlungen, die den Menschen schon zu seinen Lebzeiten mit Genugtuung erfüllen und gleichzeitig eine Kapitalanalge für sein Leben nach dem Tod darstellen.

Manche jüdische Gemeinden richteten zu diesem Zweck Stiftungen ein oder legten Gelder auf andere Arten auf die Seite.

Viele, die nicht gerade reich sind, möchten sich ebenfalls an diesen guten Werken beteiligen. Deshalb wurden auch hier und dort Vereine gegründet, sie sogenannten *Kalla-Chewra*, d. h. Einrichtungen zugunsten der Bräute. Die Mitgliedsbeiträge und mögliche Schenkungen bildeten zusammen das Kapital, mit dem unvermögende Bräute mit allem für die Hochzeit Notwendigen ausgestattet wurden.

Das gibt eine annähernde Vorstellung darüber, welche Stellung die Ehe in der Geschichte der jüdischen Lebensanschauung eingenommen hat und einnimmt.

Ein Ereignis für die ganze Gemeinde

Es liegt auf der Hand, daß der jüdischen Einstellung keine lange Verlobungszeit entspricht. Denn erwünscht war ja eine frühe Eheschließung. War die Heiratsvermittlung, der *Schidduch*, erfolgreich, werden unverzüglich die Vorbereitungen für eine baldige Hochzeit getroffen. Und zwar sowohl nach dem *Schidduch*, der jedoch nur dem allgemeinen Begriff der Verlobung entspricht, wie nach den *Tenaïm*, den Bedingungen, die zwar schon eine festere Grundlage darstellen, aber noch keine rechtliche Wirkung haben. Es versteht sich deshalb von selbst, daß eine echt jüdische Verlobung, die *Erusin*, erst recht die vollständige Eheschließung zur Folge hat, und zwar so schnell wie möglich. Eine solche Anlobung ohne den anschließenden Trauring würde in der Zeit, in der sie anhält, ein merkwürdiger, zweideutiger Zustand sein. Verbunden, gesetzlich verbunden, mit allen sich daraus herleitenden Folgen, und doch nicht verheiratet! Das wurde immer als verwerflich und noch Schlimmeres empfunden. Wer sich durch *Erusin* mit einer Frau verbindet, sie jedoch auf die Trauung warten läßt, wird vom Dichter der Sprüche (13,12) wie folgt gerügt: «Hoffnung, die sich verzögert, ängstet das Herz ...» Wer jedoch nach dem Aufgebot die vollständige Eheschließung vollziehen läßt, bestätigt damit den zweiten Teil dieses Verses: «... wenn aber kommt, was man begehrt, das ist ein Baum des Lebens.» So drückt der weise Salomo seine Mißbilligung über den zweideutigen Zustand und seine Zufriedenheit über die erwünschten Verhältnisse aus.

Als normal galt die sich unmittelbar an die Verlobung anschließende Trauung, die sich zur Regel entwickelte. Wer heute einer jüdischen Trauung beiwohnt, bemerkt nicht einmal, daß die traditionelle Verlobung und die Eheschließung direkt nacheinander in einer offiziellen Handlung stattfinden. Es sei denn, er ist mit den gesetzlichen Bestimmungen vertraut, mit den Normen des jüdischen Rechts und den Formen der Zeremonie, oder daß er vorher auf bestimmte Bräuche aufmerksam gemacht wurde. Darauf wird weiter unten noch näher eingegangen.

In jedem Fall findet am Hochzeitstag auch die Verlobung, oder das Aufgebot, statt.

Die Hochzeit. Ein großartiges Ereignis.

Wer wäre daran nicht interessiert? Wer würde daran nicht teilnehmen wollen? Es ist doch merkwürdig: Ein Brautpaar, das ins Rathaus geht, zieht die allgemeine Aufmerksamkeit auf sich. Einem Brautzug folgt allgemeines Interesse, im allgemeinen auch herzliche Anteilnahme. Auch diejenigen, die gar nichts damit zu tun haben, bleiben einen Augenblick stehen, um ihm zuzuschauen. Das «Brautpaar des Tages» erfreut sich allgemeinen Interesses.

Diese Anzeichen der Aufmerksamkeit sind natürlich kein Beweis für die Anteilnahme und noch weniger des wirklichen Miterlebens. Aber man sollte nicht so zynisch oder nüchtern sein, um anzunehmen, daß das reine Neugier ist. Nicht immer muß der Anblick einer Hochzeitsgesellschaft nur Bewunderung oder kritische Prüfung des Brautkleids beinhalten, um es dann Bekannten ausführlich beschreiben zu können. Ganz abgesehen von der Neugier sind sich die Zuschauer wohl im allgemeinen dessen bewußt, daß hier ein wichtiges Ereignis stattfindet, daß eine bedeutende Entscheidung getroffen wurde. Hier geschieht etwas mit zwei Menschen, das für sie und ihre Familie von tiefgreifender Bedeutung ist. Und auch für die Gesellschaft, in der sie leben. Selbst wenn diese Gedanken nicht analysiert werden und nicht zu ähnlichen Überlegungen führen, werden sie wahrscheinlich, wenn auch nur instinktiv, so empfunden.

Viele bemühen sich, dem Brautpaar seinen Hochzeitstag zu einem so schönen, eindrucksvollen und unvergeßlichen Tag wie möglich zu machen. Viele nahestehende Menschen und auch solche, die ihm ferner stehen.

Teilnahme ist immer und überall wohltuend. Das versteht ein jeder. Wir gehören nun einmal einer Gemeinschaft an und sind aufeinander angewiesen. Wir benötigen diese Teilnahme. In Schmerz und Leid können wir sie nicht entbehren. Kurzfristig betrachtet erscheint die Teilnahme manchmal als eine Bürde. Aber auf die Dauer gesehen ist das dann keineswegs so. In unserer Freude möchten wir die Äußerungen des Miterlebens der anderen noch weniger entbehren. Würde man uns an einem Freudentag allein lassen, würde niemand kommen und sich keine Menschenseele um uns kümmern, würde unsere Freude in bitteren Ärger, in Herzeleid umschlagen.

Beim Anblick von Kummer leidet jeder mit. Und jeder neigt dazu, dieses Mitleid zu äußern, es zu zeigen. Das ist ein leicht erklärlicher und zweifelsohne schöner Charakterzug des Menschen. Das glückliche Gefühl, das man beim Anblick von glücklichen Menschen empfindet, ist unwiderlegbar noch edler. Denn das Glück des Nächsten löst nicht unbedingt bei jedem Menschen glückliche Gefühle aus, wie der Kummer Mitleid weckt. Die Sprache kennt denn auch nicht den Ausdruck «Mitglück». Wahrscheinlich ist es nicht einmal zu pessimistisch, wenn man sagt und annimmt, daß die Entfernung von Glück zu Neid gar nicht so groß ist. Darum ist herzliche Freude über das Glück eines anderen so sehr viel großzügiger. Und darum überkommt uns angesichts des Beweises aufrichtiger Freude anderer an unserem Glück ein so wunderbares Gefühl.

Darauf verstanden sich unsere Vorfahren stets gut. Und sie haben es gezeigt. In talmudischer Zeit nahm jeder an der Freude von Braut und Bräutigam teil. Sie war überschwenglich, in einigen oder sogar vielen Fällen zweifelsohne auch übertrieben. Vor allem die Braut begleiteten auf ihrem Weg zur Trauung Musik, Tanz und Gesang. Auch an Lob wurde nicht gespart, selbst wenn man es dabei mit der Wahrheit nicht allzu genau nahm. Darüber gingen die Meinungen auseinander.

Zur Zeit Herodes' waren Hillel und Schammai die großen geistigen Kräfte des Judentums. Nach Ansicht der steifen, strengen Schule von Schammai ging diese Überschwenglichkeit zu weit. Sie vertrat das Prinzip: Zwar darf die Braut besungen werden, das Lob muß jedoch der Wahrheit entsprechen. Die Schule von Hillel fand nichts Tadelnswertes daran, daß jede Braut als lieblich und gewinnend dargestellt wurde. Ihre Anhänger betrachteten die menschliche Natur nachsichtiger. Ihrer Ansicht nach wußten die Menschen ohnehin, wie sehr die Tatsachen unter diesen Umständen beschönigt und aufgebauscht werden.

Im Altertum lag also mehr Nachdruck auf der Teilnahme und dem Mitempfinden als heute. Festliche Stimmung und Freude waren Pflicht, eine *Mizwa*, die allgemein großzügig erfüllt wurde. Die Weisen unterbrachen ihr Studium, begrüßten den Brautzug, schlossen sich ihm an und nahmen am Festgelage teil. Dieses Unterbrechen des Studiums war vielsagend! Könige hielten es nicht für unter ihrer Würde, von ihrem Thron herabzusteigen, um das Brautpaar mit ihrer Anwesenheit zu ehren, das übrigens als König und Königin galt.

Dieses Verhalten wird ausdrücklich Agrippa I. als eine seiner schönsten Handlungen gutgeschrieben (Babylonischer Talmud, Ketubot, 17a). Und Isebel, König Ahabs Gemahlin, die vor keiner Gewalt und Bosheit zurückschreckte, wird in der aggadischen Literatur lobende Achtung deswegen gezollt, weil sie jeden Brautzug händeklatschend begrüßte. Darum, sagt diese Aggadah, fraßen die Hunde, die ihren Leichnam zerfetzten, ihre Handflächen nicht (Awot, Rabbi Elieser 17).

Die Bedeutung, die die jüdische Lehre der Freude angesichts von Glücklichen, insbesondere der Freude von Braut und Bräutigam – der *Simchat Chatan ve-Kalla* – beimißt, kann kaum nachdrücklicher zum Ausdruck gebracht werden.

Die Lehre ist geblieben. Nicht nur sie, auch ihre Anwesenheit, obwohl die Überschwenglichkeit gedämpft wurde und die Feierlichkeit fast völlig aus der Öffentlichkeit verschwunden ist. Mindestens in den meisten europäischen Ländern. In Zentren mit einer großen jüdischen Bevölkerung, vor allem aber in Israel, ist noch vieles davon auf der Straße zu beobachten.

Aber überall wird stets dafür gesorgt, daß die Armen ihren Anteil an der Freude erhalten. Nie dürfen sie vergessen werden. Ganz bestimmt nicht in Glück und Freude. Am allerwenigsten am Freudentag von Braut und Bräutigam.

Der Hochzeitstag ist allerdings nicht nur reine Freude. Er ist auch ernst. Im wesentlichen ernst. Fast scheint es banal, das überhaupt zu sagen. Trotzdem muß darauf hingewiesen werden, weil dieses Wissen, diese Erkenntnis im Ritual verankert ist und man versucht hat, das in greifbaren Symbolen verständlich zu machen.

Denn am Hochzeitstag fasten Braut und Bräutigam, bis die feierliche Handlung, mit der sie ins Ehebündnis treten, vollzogen wird. Fasten bedeutet, nichts zu essen, noch zu trinken. Dieses Fasten beginnt nicht schon am Vorabend bei Sonnenuntergang, sondern morgens bei Tagesanbruch. Dieses Fasten soll eine Mahnung sein, das Leben zu heiligen. Das Ziel des Lebens nicht in materiellen Dingen zu suchen, sondern in einer höheren Bestimmung. Die Gedanken dieses Menschenpaares sollen gerade an diesem Tag auf den großen Versöhnungstag gelenkt werden. Denn ihr gemeinsames Leben, ihr Leben beginnt hier. Damit sie tief in sich einkehren und geläutert werden. Bald gereinigt nebeneinanderstehen und so zu einer Einheit werden. Kurz vor der Trauung fügen Braut und Bräutigam in einer gemeinsamen Betstunde beim täglichen Mittagsgebet nach dem gedämpft gesagten Hauptgebet, dem Achtzehngebet, das *Vidui*, das Sündenbekenntnis ein. Diese beiden Gebete nehmen in der Andacht am Versöhnungstag einen sehr wichtigen Platz ein. Das Mittagsgebet der Brautleute ist das gleiche wie das, das unmittelbar dem *Jom Kippur* vorausgeht, und wie es von Ernst und Heiligkeit durchdrungen.

Im jüdischen Jahr gibt es Tage, an denen keine Hochzeiten stattfinden. Das ist sogar mehrere Wochen hintereinander der Fall. In der Trauerperiode der *Omer*zählung, d.h. zwischen dem Passah- und dem Wochenfest, sowie zwischen dem Fastentag von *Tammus* und dem des *Aw*, d.h. den Drei Wochen. Denn in Tagen nationaler Trauer kann es keine persönliche Freude geben.

Andererseits gibt es wieder Tage, an denen nicht gefastet werden darf, denn das Fasten ist vor allem Ausdruck des Schmerzes und der Trauer. Der Beweis dafür sind die Fastentage, die Tage der nationalen Trauer sind. Und feierliche Gedenktage wie zum Beispiel *Chanukka* eignen sich nicht zum Fasten. Demzufolge wird an nationalen Freudentagen kein persönliches *Ta'anit*, d.h. Fasten, gehalten. Und auch das Brautpaar fastet an solchen Tagen nicht. Das ist selbstverständlich und direkt aus den weiter oben angeführten Bestimmungen hergeleitet.

Es sollte noch hinzugefügt werden, daß dieses Fasten nicht sehr beliebt ist. Überhaupt nicht. Niemand verlangt danach. Selten nur ist es ein Bedürfnis, das aus dem Herzen kommt. Dieser Fastentag wird nicht gern und nicht mit der richtigen Einstellung akzeptiert. Auch nicht von denjenigen, die streng gemäß *Thora* und Tradition leben und es gewöhnt sind, alle Zeremonien und Riten genau einzuhalten. Beim Festlegen des Hochzeitstags wird daher nach Möglichkeit ein Datum gewählt, an dem das Gesetz das Fasten verbietet. Ist es irgendwie möglich und kann auch mit den restlichen Bedingungen in Einklang gebracht werden, wird diese Gelegenheit bereitwillig ergriffen. Hier wird mit dem Ritualkodex ziemlich formell umgegangen. Aus formeller, d. h. juristischer Sicht ist das an und für sich in Ordnung. Aber der Sinn der Übung geht dabei verloren, Tat und Zweck werden verdreht.

Das geschieht in diesem Bereich wiederholt. Zum Beispiel ist eine der Äußerungen der nationalen Trauerperioden das Vernachlässigen von Haar- und Bartwuchs. Findet während solch einer Periode jedoch eine Beschneidung statt, dürfen der Vater des Kindes, der *Mohel* (Beschneider) und der *Sandak* (Gevatter) Haar und Bart pflegen. Wer nun die Gelegenheit sucht, an Trauertagen bei einer Beschneidung als Gevatter zu wirken, findet sie vor allem in großen Gemeinden ohne viel Mühen und Kosten. Auf diese Weise kann er sich der Verpflichtung entziehen, die ihm der Ritus sonst auferlegt. Und gleichzeitig die Unannehmlichkeit vermeiden, die nun einmal ein unrasiertes Gesicht im Umgang mit den Menschen mit sich bringt.

Ein Kodex ist jedoch ein Kodex. Und auch ein Religionskodex profitiert von der Kasuistik. Fast immer ist eine formelle, dialektische, juristische Behandlung des Materials in der Kasuistik unvermeidlich. Es ist verständlich, daß die Menschen gelegentlich auf solche formalistischen Interpretationen zurückgreifen. Trotzdem dürfen wir solche Erscheinungen nicht stillschweigend akzeptieren und sollten nicht zögern, darauf zu reagieren. Man muß schon blind sein, sich mit einer derart formalistischen «Frömmigkeit» zufriedenzugeben und sein Heil darin zu finden. Diese Frömmelei kann keinen Menschen zur wahren Heiligung des Lebens führen.

Der Hochzeitstag ist also ein Tag voller Ernst und Heiligkeit. Das eine ist dann so natürlich wie das andere. Das neue Leben dieses Menschenpaares muß geweiht werden. Nicht durch weihevolle Bräuche, die ein Dritter für sie befolgt, noch durch sakramentale Worte, die ein anderer an sie richtet oder die für sie gesprochen wurden. Sie müssen sich selbst weihen. Wenn es Symbole gibt, die ihnen das verdeutlichen, dann werden auch mindestens einige von ihnen aufgenommen.

Fasten und *Vidui* sollen ihnen den Gedanken an *Jom Kippur* nahebringen, sie in die warnende und mahnende Stimmung des großen Versöhnungstags versetzen.

Noch eine andere Weihe gibt es. Eine Weihe, die in unserer Zeit wahrscheinlich noch weniger verstanden und geschätzt wird. Es ist nicht die Weihe des Hochzeitstags, nicht die zeremonielle Feier der Eheschließung. Sondern die Weihe des Ehelebens selbst.

Das Eheleben, das Leben im Bund der Ehe, ist kein durch eine gesetzliche Handlung bestätigtes Konkubinat. Das eheliche Zusammenleben ist keine durch Bestimmungen geregelte animalische Befriedigung der Sinneslust.

Wie kann nun dieser Bund, dieses Zusammenleben geweiht werden?

Die jüdische Lehre und Tradition suchten dazu einen Weg, den sie in dem Einführen von Perioden der Absonderung fanden, in der weihevollen Vorbereitung des Hochzeitstags und der ständig wiederholten, stets von neuem auferlegten und angewandten Heiligung des Ehelebens.

Das ist das *rituelle Bad.*

Jede jüdische Gemeinde, auch die kleinste, in der *Thora* und Tradition treu befolgt werden, besitzt solch ein Bad oder darf es in einer benachbarten Gemeinde benutzen.

Es dient der Weihe, der Heiligung. Ein Bad für die hygienische Reinigung kann jeder beliebig nach seinen Möglichkeiten einrichten. Dieses Bad ist jedoch ein Bad der Weihe. Es wird entsprechend genau festgelegter Vorschriften eingerichtet. Gemäß den Vorschriften der Gemeinde. In diesem Sinn ist es ein Volksbad!

Die Benutzung dieses Bads unterscheidet sich grundlegend von einer körperlichen Waschung, obwohl ihm auch eine solche Einrichtung angeschlossen ist und obwohl ihm zu Hause oder anderenorts eine sorgfältige Reinigung vorausgehen muß. Auf das Untertauchen kommt es an. Dieses Untertauchen ist ein Akt, der zu den Sitten der jüdischen Gemeinde dazukommt. Er hebt ihn über die gewöhnliche, alltägliche Körperwaschung hinaus; er hat einen höheren Sinn, eine nationale Färbung, kommt einer gottesdienstlichen Handlung gleich. Dieses heiligende Untertauchen dient der sittlichen und religiösen Erhebung des Ehelebens. Die rituelle Waschung wird durch die vorher gesagte Benediktion geweiht.

Kurz vor ihrem Hochzeitstag geht die Braut in dieses Bad. Aber es ist nicht nur für die Braut bestimmt. Auch als verheiratete Frau braucht sie es immer wieder. Denn wenn ihr körperlicher Zustand es verbietet, findet eine sehr strenge, fast völlige Absonderung der Ehepartner gemäß der jüdischen Vorschriften statt. Das gemeinsame Leben darf erst dann wieder aufgenommen werden, wenn die Ursache der Absonderung ganz bestimmt verschwunden ist. Und auch dann erst nach dem Untertauchen in dem Bad, in der *Mikwe.*

Wie bedeutungsschwer und wirkungsvoll das alles seit jeher für die jüdische Gemeinde war und welchen Einfluß das ausgeübt hat und weiterhin ausübt, damit diese Aspekte des Lebens frisch bewahrt bleiben, ist damit wohl verständlich. Zweifelsohne hat das auch erheblich dazu beigetragen, den jüdischen Familiensinn zu festigen.

Die Trauung

Der Hochzeitstag!

Mit Trauung ist im allgemeinen das Einsegnen der Ehe gemeint. Man spricht im Zusammenhang mit der Einsegnung auch von der religiösen Trauung. Diese Ausdrücke wurden jedoch anderen Bräuchen entliehen. Echt jüdisch sind sie nicht, denn die entsprechen nicht den rein jüdischen Grundbegriffen. Sie sind nicht Bestandteil der jüdischen Gedankenwelt.

Es ist auch nicht klar, was man im jüdischen Sinn unter Einsegnung verstehen sollte. Gewiß, bei der Feier werden durchaus Wünsche geäußert. Und zwar vor wie nach der Trauung. Und nicht nur von Amtsträgern oder anderen dazu befugten Personen. Dafür gibt es keine Behörden, niemand wurde damit beauftragt. Alle bringen dem Brautpaar ihre Wünsche.

Bei der Trauung werden durchaus weihevolle Worte gesagt, wie auch Segenssprüche gesungen. Aber auch diese heiligenden Worte sind keine «Einsegnung». Sie bilden nicht einmal den Kern der Handlung; sie dienen nicht der Vollziehung des Aktes der Trauung, verleihen ihm keine Rechtsgültigkeit. Sie sind feierliche Begleitung. Das ist viel, aber noch längst nicht alles.

In der jüdischen Welt sind alle Ausdrücke, die aus der Kirchensprache stammen, lediglich Lehnworte. Vorstände, Verwaltungen und Räte von Synagogen sind Gremien, deren Dienstbezeichnungen von der christlichen Umwelt für jene Bereiche übernommen wurden, denen sie entsprechen. Man spricht von einer religiösen Beschneidung, die aber in bezug auf die Synagoge sehr wenig mit einem Gotteshaus zu tun hat; von einer religiösen Scheidung, obwohl die Synagoge daran gar nicht beteiligt ist. Das Wort «religiös», d. h. kirchlich, wurde übernommen, es hat sich dann jedoch mit der Verpflanzung in den jüdischen Sprachgebrauch im Inhalt verändert. Der jüdische Glaube wurde eine nach

Ländern organisierte jüdische Gemeinschaft, und die jüdische religiöse Gemeinde ist die örtliche Organisation jüdischer Bevölkerungsgruppen. Selbstverständlich ist diese Organisation dem Rahmen von Staat und Stadt angepaßt. Daran knüpft auch die Terminologie an.

Es sollte darauf hingewiesen werden, daß daraus falsche Vorstellungen erwachsen können. Ist zum Beispiel bei einer Trauung von einer «Einsegnung» die Rede und wird derjenige, der die Zeremonie leitet, als «Einsegner» bezeichnet und trägt auch offiziell diesen Titel, dann liegt das Mißverständnis auf der Hand. Für die Beteiligten; aber noch stärker für den Außenstehenden, der das jüdische Leben beobachtet. Deshalb wurde dieser kleine Exkurs eingeschoben.

Im wesentlichen ist die jüdische Trauung eine jüdisch-zivilrechtliche Handlung. Nicht mehr und nicht weniger. Nicht mehr, weil sie nichts Sakramentales beinhaltet. Weihe ist kein Sakrament. Weil niemand von oben zu einer tatsächlichen Sanktion bevollmächtigt wurde. Wir können Wünsche haben, Bitten äußern. Innige Wünsche und leidenschaftliche Bitten. Das ist alles. Wir können auch miteinander vereinbaren, das alles mit der Sammelbezeichnung «Einsegnen» zusammenzufassen. An sich sollte das weder gefährlich noch störend oder schädlich sein.

Damit wurde allerdings nicht das für die jüdische Trauung typische Merkmal dargelegt, nämlich ihr zivilrechtlicher Charakter.

Nicht weniger. Damit wollen wir sagen, daß sowohl Juden wie Nichtjuden die völlig falsche Meinung vertreten, die «kirchliche», d. h. die «religiöse Einsegnung» sei gemäß der jüdischen Auffassung lediglich eine rituelle Handlung, die über die standesamtliche Trauung hinausgeht. Das ist aber nicht der Fall.

In jedem geordneten Rechtsstaat gibt es Gesetze, die für alle Bürger bindend sind. Die Juden haben sich immer und überall bereitwillig und vorbehaltlos an sie gehalten. Dem großen Lehrer Samuel, der im dritten Jahrhundert einer jener war, die die Grundlagen für das monumentale Werk des Babylonischen Talmuds legten, wird der Ausspruch zugeschrieben, der zur *Halacha*, zur religionsgesetzlichen Norm, oder Richtlinie, wurde: *Dina demalchuta Dina*, d. h. die Gesetze des Staates sind für die Juden verbindlich. Das gilt für alle Juden in der Zerstreuung. Als Staatsbürger unterliegen wir dem Gesetz des Staates. Demzufolge heiraten ein Jude und eine Jüdin als Bürger und Bürgerin so, wie im jeweiligen Landesgesetz vorgesehen. Anschließend – nicht früher, denn auch das schreibt das Landesgesetz vor – schließen sie ihre Ehe gemäß den Vorschriften des jüdischen Rechts. Ein Jude und eine Jüdin, die nicht entsprechend des jüdischen Rechts getraut wurden, sind aus der Sicht des jüdischen Gesetzes nicht miteinander verheiratet. Leben sie trotzdem zusammen, ist es eine wilde Ehe, ein Konkubinat. Haben sie Kinder, dann sind es – in den Augen des jüdischen Gesetzes – uneheliche Kinder.

In diesem Bereich ist die Unwissenheit groß. Nicht nur Assimilationssucht und Gleichgültigkeit, auch Unachtsamkeit und Gedankenlosigkeit fordern hier ihre Opfer. Sogar unter solchen Juden und Jüdinnen, die stolz sind auf ihre Abstammung und dem jüdischen Volk, seiner Existenz und Zukunft wie auch dem Judentum im allgemeinen bereitwillig Opfer jeder Art bringen. Die jedoch – da sie die jüdische Trauung als nichts weiter als eine Zeremonie oder eine rituell-feierliche «religiöse Einsegnung» betrachten – ohne besondere Gewissensbisse darauf verzichten, wenn sich irgend etwas störend dazwischenschiebt. So kann sich auch die Terminologie schädlich auswirken.

Das jüdische Recht kennt drei Rechtsmittel bei der Schließung einer gesetzlichen Ehe: Übertragung eines Gegenstands, der einen gewissen Wert hat, kurz *Kessef*, d. h. Geld; *Schetar*, d. h. Urkunde, und *Biah*, d. h. Zusammenwohnen. Ursprünglich hieß es dabei: entweder ... oder ... oder. Daraus wurde: ... und ... und.

Die Verlobung, das jüdische Anloben, das unter *Erusin* diskutiert wurde, wird durch die beiden ersten Rechtsgeschäfte erledigt. Das dritte ist das Zusammenwohnen, das Zusammenleben unter *einem* Dach. In der Bibel heißt das *lakach Ischah* oder *nassa Ischa*, d. h. eine Frau nehmen oder ehelichen. Allmählich entstanden andere Bezeichnungen und Ausdrücke. Die *Erusin*, die Anlobung, Verbindung, wurde *Kidduschin*, heiligende Bestimmung, und die Eheschließung heißt *Nissuin*, ein Wort, das vom schon erwähnten biblischen *nassa* hergeleitet wurde.

Alle drei rechtlichen Handlungen finden in Anwesenheit der Behörde statt, d. h. ihrer Funktionäre und Beamten. Braut und Bräutigam treten gemeinsam unter die *Chuppah*, den Baldachin oder Brauthimmel. Wortwörtlich ist das die Bedeckung. Gelegentlich nennt man die ganze Trauungszeremonie *Chuppah*. Oder auch *Kidduschin* oder *Chuppa ve-* (und) *Kidduschin*. So heißt es sogar offiziell in einem der Segenswünsche, obwohl die Reihenfolge genau umgekehrt verläuft.

Es gibt also Funktionäre, in deren Anwesenheit die Trauung vollzogen wird. Die Hauptpersonen sind jedoch die Zeugen. Zwei Zeugen. Ohne sie kann nichts vollbracht werden. Zur Not kann man auf den «Einsegner» verzichten. Aber ohne Zeugen findet keine Trauung statt. Im allgemeinen gelten für sie die gleichen Bestimmungen, die im jüdischen Recht stets für Zeugen gelten: Sie dürfen weder miteinander noch mit Braut oder Bräutigam verwandt sein. Außerdem müssen es jüdische Männer sein, deren Ruf und religiöse Lebensführung unbescholten sind. Die Leitung der Feier übernimmt der «Einsegner». Meistens ist er der Lehrer der Gemeinde. Er heißt *Ba'al Kidduschin*, Herr der heiligenden Zeremonie, was ungefähr dem Standesbeamten entspricht.

Wo findet die jüdische Trauung statt? Muß es in der Synagoge sein? Aus dem weiter oben Gesagten geht eindeutig hervor, daß das nicht notwendig ist. In den meisten Fällen wird sie nicht in ihr vollzogen. Gibt es ein jüdisches Gemeindehaus, ist das der richtige Ort. Aber die Trauung kann eigentlich überall stattfinden. In einem Saal, zu Hause oder, was besonders im modernen Israel häufig der Fall ist, sogar im Freien. An jedem Ort, der mit dem Ereignis, seiner Bedeutung und Feierlichkeit nicht im Widerspruch steht. Folglich auch in der Synagoge. Aber nicht unbedingt wegen des vermeintlich religiösen Charakters dieses Ereignisses. Es gibt auch, nicht einmal zu Unrecht, Menschen, die eine Trauung in der Synagoge glatt ablehnen. Doch ist es verständlich, daß man dem wichtigen Ereignis einen schönen Rahmen geben und die geeignete Stimmung dafür schaffen möchte. In gewöhnlichen Räumen ist das oft sehr schwierig. Darüber hinaus ziehen manche die Synagoge vor, weil sie das Haus des Gebets ist.

Und so ist die Synagoge letzten Endes doch der geeignete Ort für die Zeremonie dieses übrigens ausgesprochen einfachen jüdisch-zivilrechtlichen Aktes.

Die Zeremonie

Die Synagoge nimmt durchaus gern an der Hochzeitsfreude teil. Seit jeher stand die «Schul» ja im Mittelpunkt des jüdischen Lebens. Überall in Israel war sie die Mutter des ganzen Volkes. An ihrer Brust weinten ihre Kinder, wenn sie Leid und Schmerz erlitten hatten. Durch sie wurden sie gestärkt, bei ihr fanden sie Trost, die von den unzähligen kollektiven Katastrophen und einzelnen Schicksalsschlägen heimgesucht wurden. Sie flößte ihnen neuen Lebensmut ein. Von ihr empfingen sie die vor Freude strahlende Wärme zur Heiligung ihres Glücks und ihrer Freude. Sie verlieh ihnen ein Gefühl der Erhabenheit.

Sie erwartet den Bräutigam denn auch freudig bei sich, wenn er an seinem Hochzeitstag zum Morgengebet kommt. Ihn und die Seinen. Ihm zu Ehren wird die Synagoge auch festlich geschmückt. In manchen Gemeinden werden auch zusätzliche Lichter angezündet. Sieben kleine Flammen in einem Leuchter. Sieben: das ist viel und unendlich. Man möchte ihm damit Licht wünschen. Licht und Freude, immer und überall.

Das tägliche Bittgebet, *Tachanun*, dessen wichtigster Teil der sechste Psalm ist, sagt der Bräutigam an diesem Tag nicht. Denn am Sabbat und an Feiertagen, an feierlichen Gedenk- und nationalen Freudentagen wird es ausgelassen. Die Anwesenden in der Synagoge richten sich an diesem Tag nach dem Bräutigam. Sein Freudentag gibt den Ton heute an. Deshalb fehlt das Bittgebet.

Fällt der Hochzeitstag auf einen Montag oder Donnerstag, wenn die Thorarolle aufgerollt, gelesen und in die Höhe gehoben wird, wird natürlich der Bräutigam zur Vorlesung aufgerufen. Dann wird seinem Namen der Titel *ha-Chatan*, d. h. der Bräutigam, beigefügt.

Auf diese Weise fing der Tag für den Bräutigam an und fängt häufig immer noch so an. Aber nicht immer. Bei weitem nicht. Es wäre töricht und falsch, diesen Anschein erwecken zu wollen. Deshalb betont der Verfasser diesen Punkt immer wieder. Die Morgenandacht gehört nicht zur Trauung. Ist jedoch der Bräutigam anwesend, steht diese Betstunde unter dem Zeichen seiner freudebringenden Gegenwart.

Das gleiche gilt für das Mittagsgebet. In vielen Ländern findet die Trauung mittags statt. Das muß aber nicht sein. In manchen jüdischen Gemeinden zieht man die Abendstunden vor. Die Trauung soll im Mondschein vollzogen werden. In diesem Fall wird die Ehe im Freien geschlossen, wenn möglich bei Vollmond. Auch das ist ein Symbol. Für die Fülle des Lebens, die volle Entfaltung des Glücks und der Göttlichkeit. Natürlich spielt hier die Mystik eine gewisse Rolle.

In den Ländern westlicher Kultur geht der *Chuppah* die standesamtliche Trauung im Rathaus voraus. Meistens finden beide am gleichen Tag statt. In der Praxis richtet sich der Zeitpunkt der jüdischen Trauung nach ihr.

Die Feier wird in den meisten Fällen mit dem Mittagsgebet eingeleitet. Denn in jedem Fall wird die Trauung vor einer vollzählig anwesenden jüdischen Gemeinde vollzogen. Dazu muß ein *Minjan* anwesend sein: mindestens zehn jüdische, religiös volljährige Männer. Hat nicht Boas für seine Heirat mit Ruth zehn Männer unter den Ältesten der Stadt aufgefordert, sich hinzusetzen (Ruth 4,2)? Ist ein *Minjan* anwesend, kann auch eine gemeinsame Andacht stattfinden. Nach der Mittagsstunde wird es Zeit für das Minchagebet. Bei einer Trauung erhält es einen festlichen Charakter, und als Einleitung verbreitet es die notwendige Stimmung und hebt sie. Wie schon gesagt, sagt das Brautpaar leise das Achtzehngebet, das zusammen mit dem Sündenbekenntnis am Mittag vor dem großen Versöhnungstag gesagt wird. Während dieser Zeit hält sich die Braut mit der Mutter oder sonstigen weiblichen Verwandten in einem anderen Raum auf. In manchen Gemeinden bleibt das Brautpaar zusammen mit denen, die sie später zur *Chuppah* führen. Das sind jedoch keine direkten Vorschriften für die religiöse Zeremonie. Auch andere ähnliche Handlungen, die ein Außenstehender möglicherweise als Bestandteil des Ritus betrachtet, sind ebenfalls gelegentlich nur eine Frage der Ordnung und des Dekorums. Sonst nichts.

In bestimmten Ländern und Gegenden ist der Brauch der «*Mahn* und *Chuppah*» üblich, wobei die *Mahn* als erste kommt. Ursprung, Ableitung und Bedeutung des Wortes *Mahn* sind unklar. Die unzähligen Hypothesen, die dazu aufgestellt wurden, beweisen nur, daß keine einzige befriedigend ist. Es ist also vernünftiger, unsere Unkenntnis einzugestehen. Zwar ist uns bekannt, wie sich diese Zeremonie abspielt. Es ist eine Art Vorspiel, das die Trauung einleitet. Man tauscht die Brautgeschenke aus. Besondere, typisch jüdische Geschenke. Der Bräutigam überreicht seiner künftigen Frau ein Gebetbuch, aus dem sie gleich zum erstenmal das Minchagebet vorliest. Sie schenkt ihrem künftigen Mann einen *Tallith*, das religiöse Gewand, das gleich die *Chuppah*, das gemeinsame Dach über ihnen, bilden wird. Diese sinnvollen Geschenke werden meistens vom *Messader* oder *Ba'al Kidduschin*, dem amtierenden Zeremonienmeister, überreicht. Mit seiner Zustimmung kann auch ein anderer damit beauftragt werden. Dafür stehen in einiger Entfernung zwei kleine Tische bereit. Mit weißen Dekken. Auf ihnen Leuchter mit brennenden Kerzen. Die Braut sitzt mit den Müttern oder anderen weiblichen Verwandten, die die Mütter gegebenenfalls ersetzen, an einem der Tische, der Bräutigam mit den Vätern oder anderen Verwandten am zweiten Tisch. Auch können bestimmte Verwandte oder Freunde und Freundinnen damit beehrt werden, als «Mahnführer», eine Art Begleiter, zu fungieren.

Die Form dieses Vorspiels mit seinen Geschenken, die dabei ausgetauscht werden, regt den mit der Leitung Beauftragten oder Beehrten zu Ansprachen an. Auch die Natur der Geschenke regt zu feierlicher Betrachtung, zu einem Wort ernster Mahnung an.

Hier erliegt der Verfasser der Versuchung, das unklare Wort «Mahn» doch etymologisch zu diskutieren. Aller Voraussicht nach handelt es sich um ein jiddisches Wort. Die Etymologie bietet sich fast von selbst an: Der Redner läßt sich in dieser schönen Stunde kaum die Gelegenheit entgehen, die gewöhnlich jungen Brautleute, jeden einzeln, an ihre jüdischen Pflichten zu erinnern. Man kann sich lebhaft vorstellen, wie diese Ansprachen zu ausführlichen Lektionen auswuchsen, auch auf dem Gebiet des rituellen Ehelebens. Und wie die ganze Handlung im jüdischen Volksmund als die «Mahn» bezeichnet wurde. Halb im Ernst und halb im Spaß deshalb: die große Belehrung, das Mahnwort.

Sobald die Unterhaltung an jedem Tisch getrennt zu Ende geführt ist, führen die Begleiter die Brautleute zueinander. Dann wird noch ein Wort an beide zusammen gerichtet. Dazu gehören selbstverständlich auch gute Wünsche und ein Segensspruch für eine fruchtbare Ehe. Das Symbol dafür ist auch vorhanden: ein Schüsselchen mit Weizenkörnern.

Der Redner zitiert Bibelpassagen und schließt mit dem ersten Segen über die Menschheit: «Seid fruchtbar und mehret euch!» (1. Mose 1,28; 9,1 und 7), sowie den Vers (14) aus Psalm 147: «Er schafft deinen Grenzen Frieden und sättigt dich mit dem besten Weizen.» Dem fügt er noch andere weihevolle Worte hinzu, die ihm Herz und Geist eingeben. Während er die Brautleute mit diesen Sprüche segnet, bestreut er sie mit einigen Körnern des bereitstehenden Weizens.

Damit ist diese kleine Zeremonie beendet. Wo dieser Brauch eingehalten wird, hält man ihn in den Morgenstunden ab, noch vor der standesamtlichen Trauung, falls sie am gleichen Tag und nicht vorher vollzogen wird. Heute haben die Menschen jedoch nicht mehr soviel Zeit. Wird die «Mahn» getrennt abgehalten, was hier und dort auch schon einmal vorkommt, nimmt sie meistens nur wenig Zeit in Anspruch, direkt vor dem Mittagsgebet oder der *Chuppah*.

Aber selbst das wird inzwischen als zu lang empfunden, vor allem in großen Gemeinden, in denen des öfteren mehrere *Kidduschin* am gleichen Tag stattfinden. Deshalb wird die *Mahn* meistens in abgekürzter Form am Ende der Zeremonie in die Feier der *Chuppah* eingeschoben.

Chuppah

Am Ort, an dem die Hochzeit stattfinden soll, wurde ein Baldachin aufgestellt, die *Chuppah*. Eine der Bedeutungen des Wortes *Chuppah* ist Heiligtum, und als solches ist es das Symbol für das Dach des neuen Hauses, das das Paar zu gründen beabsichtigt. Darüber hinaus wird damit auch die Eheschließung selbst bezeichnet.

Braut und Bräutigam werden von ihren Paten in einer feierlichen Prozession zur *Chuppah* geleitet. Der Talmud bezeichnet diese Paten – im allgemeinen sind es die Eltern des Paares – als *Schuschbinim*; im allgemeinen werden sie jedoch als «Unterführer» bezeichnet. Dieser jiddische Ausdruck beschreibt ihre Aufgabe, «Braut und Bräutigam unter die Chuppah zu führen», wortwörtlich.

Zwei weitere wichtige Teilnehmer sind die Zeugen. Ihre Aufgabe ist es, die Unterzeichnung des Ehevertrags durch den Bräutigam zu überwachen. Häufig wurde der Vertrag bereits kurz vor der Zeremonie unterzeichnet, um den einmal begonnenen Ablauf nicht zu stören. Die Zeugen unterschreiben ebenfalls, um zu bestätigen, daß Braut und Bräutigam vor ihnen erschienen sind und daß alle Bedingungen einer rechtsgültigen Heirat erfüllt wurden.

Wie andere alte Formeln ist auch der Text des Ehevertrags, der *Ketubba*, auf Aramäisch, der Umgangssprache in Israel in den Jahrhunderten nach dem babylonischen Exil. Im – größtenteils festgelegten – Wortlaut ist Platz ausgespart zum Eintragen von Namen, Datum und anderer Einzelheiten, die sich ändern. Am wichtigsten ist jedoch, daß die *Ketubba* auch ausdrücklich die allgemeinen und besonderen Verpflichtungen des Ehemannes gegenüber seiner zukünftigen Frau anführt, zum Beispiel, falls er vor ihr stirbt.

Die Zeugen haben sich auch davon überzeugt, daß der Ring vorhanden ist. Denn eine der wichtigsten Bedingungen für eine rechtsgültige Heirat verlangt, daß der Ehemann seiner Frau *Kessef* gibt, das hebräische Wort für Silber. Heute wird damit jeder Gegenstand in einem bestimmten bescheidenen Wert (mehr als 50 Pfennig) bezeichnet. Jahrhundertelang ist dieser Gegenstand schon der Ring gewesen, nicht ein aufwendiges Schmuckstück, mit Edelsteinen besetzt, sondern ein einfacher, unverzierter goldener Trauring.

Eröffnet wird die Zeremonie vom *Baal Kidduschin*, im allgemeinen dem Rabbiner, der einige einleitende Worte spricht. Sie sind ernst oder warnend, aber auch herzlich und ermutigend. Jetzt wird ein Becher mit Wein gefüllt. Das ist jedoch noch nicht der Beginn der eigentlichen Eheschließung, denn gemäß dem jüdischen Gesetz müssen ihr die *Erusin*, d.h. die Anlobung, vorausgehen. Der *Baal Kidduschin* oder sein Helfer nimmt den Becher in die Hand und sagt die Benediktion über Wein, auf die der Segen zur Anlobung folgt. Braut und Bräutigam werden aufgefordert, einen Schluck Wein zu trinken. Der dem Bräutigam am nächsten stehende Pate hält ihm den Becher hin, und anschließend reicht die Patin auch der Braut den Becher. Beide trinken aus dem gleichen Becher als Sinnbild dafür, daß sie von jetzt an den Kelch des Lebens gemeinsam leeren. Nach der einleitenden Weihung zieht der Zeuge den Ring hervor. Der Bräutigam steckt ihn der Braut mit ungefähr den folgenden Worten auf Hebräisch an den Zeigefinger der rechten Hand: «Mit diesem Ring bist du mir anvertraut nach dem Gesetz Mose und Israel.» Und damit ist der erste Teil der Zeremonie, die Anlobung, vorüber.

Jetzt folgt die eigentliche Eheschließung, die *Nissuin*, die als endgültige Bestätigung gilt und das Zusammenleben versinnbildlicht, den Einzug der Braut in das Haus ihres Gatten und ihren künftigen gemeinsamen Lebensweg. Jetzt wird oft eine kurze Pause eingelegt, um die beiden Zeremonien zeitlich voneinander zu trennen. In dieser Pause wird die *Ketubba* laut vorgelesen. Die Unterbrechung kann verlängert werden durch den Gesang eines oder mehrerer Psalter, wenn möglich des *Chasans*, des Kantors, den oft auch ein kleiner Chor begleitet. Die am häufigsten während der Eheschließung gesungenen Psalter sind 100, 128 und 150. Manchmal sind sie über die Zeremonie verteilt als Einleitung, Pause und Schluß. Die Entscheidung darüber liegt, wie so viele andere Einzelheiten der Zeremonie, bei jenen, die die Hochzeit veranstalten. Sie gehören nicht zu einem vorgeschriebenen Teil der Eheschließungsriten, sondern hängen größtenteils von den Neigungen des Paares und der Gruppe oder Gemeinde ab, der sie angehören. Die *Kehila*, d.h. die jüdische Gemeinde, der sie angehören, entscheiden sich unter Umständen dafür, die Zeremonie aufwendiger zu gestalten, um die Finanzen der Gemeinde zu verbessern.

Die Pause ist vorüber, und jetzt kommen die *Nissuin*. Obwohl mit den *Erusin* bereits eine offizielle, formelle Bindung geschaffen wurde, ist das Zusammenleben noch verboten. Das kam deutlich in dem Segen über die Anlobung zum Ausdruck, um wiederum den heiligen Charakter der Heirat zu betonen, bevor die Vereinigung auch endgültig und unwiderruflich vollzogen wird. Heutzutage finden Anlobung und Eheschließung praktisch in einer Zeremonie statt. Das war jedoch keineswegs immer der Fall. Aus juristischer Sicht muß es auch heute noch eine zeitliche Trennung geben, damit der Segen über die Anlobung Wert und Bedeutung behält.

Die *Nissuin*-Zeremonie besteht nicht aus Ansprachen, sondern aus Benediktionen. Insgesamt gibt es sechs davon. Da jedoch kein Ritual ohne Wein möglich ist, wird die Benediktion über Wein nochmals wiederholt. Damit sind es insgesamt sieben Benediktionen, die *Schewa Berachot*. Für die Hochzeitsteilnehmer bedeuten sie die Weihung der Eheschließung, tatsächlich bedeuten sie jedoch nicht mehr als der geweihte Beginn ihres Vollzugs. Den Vollzug versinnbildlicht der *Jihud*, d. h. die Absonderung: Das soeben verheiratete Paar zieht sich in einen stillen Raum zurück, in dem es kurz allein bleibt, um die erste Mahlzeit gemeinsam zu essen. Früher wurde die Eheschließung zu diesem Zeitpunkt vollzogen, und damit brachte sie die tatsächliche Bedeutung von *Chuppah* zum Ausdruck, nämlich Zusammenleben.

Die *Schewa Berachot* müssen nicht vom *Baal Kidduschin* gesagt werden. Viele singen sie lieber, weshalb die Dienste eines Kantors notwendig sind. Es gibt aber noch weitere Möglichkeiten. Eine besonders liebenswerte Überlieferung ist es, eine Reihe von engen Verwandten und Freunden dadurch auszuzeichnen, daß sie gebeten werden, eine oder mehrere Benediktionen zu sagen.

Die sechs Benediktionen, die auf den Segen über Wein folgen, führen uns zurück zur Schöpfung des Menschen im Paradies (1. Mose 27–28) und Gottes Befehl an Adam und Eva, über die Erde zu herrschen; ihr zu dienen, indem sie «fruchtbar sind und sich mehren und die Erde füllen» als Menschen, die zu seinem Bild geschaffen wurden. Das war die heilige und freudige Aufgabe, die Gott seinem ersten Menschenpaar auferlegte, so wie er sie allen weiteren Generationen einschließlich dem Paar auferlegt hat, das soeben vereint wurde. Eine alte Sage im Talmud berichtet, daß Gott persönlich Pate stand bei der Vereinigung von Adam und Eva im Paradies. Möge er auch diesem neuvermählten Paar dabei behilflich sein, in seinem künftigen Leben wahres Glück und Reichtum zu finden.

Der Inhalt dieses Gebetes um Glück für das Paar wird sofort erweitert, um die jüdische Nation als ganzes einzuschließen. Wie könnte es in Israel anders sein? Schließlich sind die Neuvermählten der Mikrokosmos der jüdischen Nation; ihre Freude ist die der ganzen Gemeinde. Gemäß sowohl der Bibel als auch der jüdischen Weltanschauung steht die *Simchat Chatan ve-Kalla*, die Freude von Bräutigam und Braut, für alles Glück. Deshalb verwendet Jesaja bei seiner Beschreibung von Zions Freude, wenn es nicht mehr kinderlos und verbannt, sondern wieder eine volkreiche, zu neuem Leben erweckte und verjüngte Nation sein wird, den Vergleich vom Glück der Braut und des Bräutigams. «Man soll dich nicht mehr nennen ‹Verlassene› und dein Land nicht mehr ‹Einsame› ... denn, wie ein junger Mann eine Jungfrau freit, so wird dich dein Erbauer freien, und wie sich ein Bräutigam freut über die Braut, so wird sich dein Gott über dich freuen» (Jes. 62,4–5).

Gott ist der Schöpfer der Freude. Nur er kann diesen Zustand gesegneten, absoluten und unvergleichlichen Glücks und Friedens für die ganze Menschheit schaffen. Aus diesem Grund darf eine Bitte um Glück und Frieden in den Benediktionen nicht fehlen. Und sie fehlt auch nicht: Tatsächlich geht sie dem Gebet um das Wohl des neuvermählten Paares voraus. Denn wie könnte Israel wahres Glück erfahren, solange es noch in der Verbannung leidet? Aus diesem Grund gipfeln die *Schewa Berachot* im Versprechen des Propheten Jeremia: «So spricht der Herr: An diesem Ort, von dem ihr sagt: ‹Er ist wüst, ohne Menschen und Vieh›, in den Städten Judas und auf den Gassen Jerusalems, die so verwüstet sind, daß niemand mehr darin ist, weder Menschen noch Vieh, wird man dennoch wieder hören den Jubel der Freude und Wonne, die Stimme des Bräutigams und der Braut» (Jer. 33,10–11). Und die Benediktionen enden mit: «Gesegnet seist du, o Herr, der du den Bräutigam sich mit der Braut freuen läßt.» Danach wird dem Paar wieder der gleiche Becher gereicht, damit sie einen zweiten Schluck Wein trinken.

Jetzt ertönt der Klang von zerbrechendem Glas. Es wurde vor den Bräutigam gestellt, und er zertritt es mit dem Fuß. Dieses Ritual hat nichts mit der eigentlichen Eheschließung zu tun. Auch würde die Heirat ohne es nicht weniger rechtsgültig sein. Sein Fehlen wäre dennoch zu bedauern, denn es ist eine alte Sitte mit einer tieferen Bedeutung, als es sich die meisten Menschen überhaupt vorstellen.

Für dieses Ritual gibt es viele Erklärungen, heilige und profane. Vor allem profane Erklärungen gibt es zahllose. Besonders eine dieser Erklärungen, die sowohl von nicht intellektuellen Juden und Nichtjuden häufig angeführt wird, ist weder erhaben noch üblich noch wahr. Sie ist einfach Unsinn! Damit wird nämlich behauptet: «So wie dieses Glas nie wieder zu einem Ganzen wird, so darf diese Heirat je wieder gelöst werden.» Dieser Vergleich ist nicht nur weit hergeholt, sondern er ist sinnlos. Zunächst einmal, was geschieht, wenn es der Technik eines Tages gelingt, zerbrochenes Glas durch Zusammenfügen der Stücke wieder zu reparieren? Und zweitens, jüdische Heiraten können geschieden werden. Diese und andere im einfachen Volk umlaufenden Erklärungen befriedigen allem Anschein nach ein Bedürfnis für leicht verstandene Sinnbilder, und die Tatsache, daß sie immer wieder auftauchen, beweist nur, wie schwierig es ist, sogar den grundlosesten Aberglauben auszurotten.

Was versinnbildlicht nun aber das Zerbrechen des Glases? Es führt den Symbolismus weiter, der im letzten Satz der *Schewa Berachot* enthalten ist: Zion, Jerusalem, Verbannung. Selbst wenn wir uns mit Braut und Bräutigam freuen, vergessen wir nicht das Versprechen des Psalmisten: «Vergesse ich dich, Jerusalem, so verdorre meine Rechte. Meine Zunge soll an meinem Gaumen kleben, wenn ich deiner nicht gedenke, wenn ich nicht lasse Jerusalem meine höchste Freude sein» (Ps. 137, 5–6).

Das haben wir bereits mit Worten zum Ausdruck gebracht. Jetzt besiegeln wir unser Versprechen mit einer Tat. Wir zerbrechen etwas. Denn solange die Verbannung anhält und uns unterdrückt, wird auch alle Freude gebrochen, unvollständig sein. Das dürfen wir nie vergessen, auch nicht auf dem Höhepunkt unseres Jubels oder während der glänzendsten Feier.

Damit ist die *Chuppah* beendet.

Masal Tow! Hochzeitsmahl – Hochzeitstage

Das Glas ist zerbrochen.

Die *Chuppah* ist beendet. Sie wurde, wie es im Volksmund heißt, gegeben. Vom Lehrer, dem Rabbiner. Er «gibt» ein warmes Wort, eine herzliche Ansprache, guten Rat, wohlgemeinte Winke, innige Wünsche und Gebete. Er gibt sie dem neugebackenen jungen Paar, das gemeinsam die hochheiligen Pflichten einer schönen, aber schweren Aufgabe unter den höchsten Erwartungen akzeptiert hat. Möglicherweise wurde der jüdische Ausdruck von hier hergeleitet und lebt im Volksmund weiter.

Nachdem das Klirren des zerbrochenen Glases verstummt ist, bringen Eltern, Verwandte, Freunde und Gäste ihre Wünsche laut zum Ausdruck.

Auch in der Synagoge, im Haus, im Heim der Gemeinde erschallen sie laut. Sie gipfeln in einem bestimmten Ausdruck, der einer Salve ähnlich auf das Brautpaar abgefeuert wird: *Masal tow*! Es bedeutet: Viel Glück! Das ist jedoch nicht die wortwörtliche Übersetzung, denn *Masal* bedeutet eigentlich Planet, Gestirn. Und *tow* gut. Insgesamt bedeutet der Ausdruck demzufolge: Glücksstern. Aberglaube? Es sieht ganz so aus. Der Wunsch ist, jedenfalls ursprünglich, nicht so weit von der Mystik entfernt. Zwischen Himmel und Erde gibt es schließlich noch vieles, was man nicht einfach mit dem nüchternen Verstand erklären kann.

Da gibt es die bange Sehnsucht des nicht logisch definierbaren Geistes, das Suchen und Tasten nach dem unbestimmten, unbewußten und unerklärlichen Gefühl.

Auch in der Bibel nimmt die Schöpfung wiederholt an Glück, Kampf, Niederlage und Sieg der Menschen teil: «Vom Himmel her kämpften die Sterne, von ihren Bahnen stritten sie wider Sisera» (Rich. 5,20). Das ist Poesie! Und naiv! Natürlich. Denn das gehört zusammen.

Unbestreitbar war unseren Ahnen der Glaube an den Einfluß der Himmelsgestirne auf das Schicksal des Menschen nicht fremd. Oder umfassender und dennoch subtil ausgedrückt: Der Schöpfer beteiligt auch die Schöpfung, die Himmelskörper, am menschlichen Geschehen, an dem, was dem Sterblichen auf der Erde beschert wurde. Denn es gibt nichts, das einzeln stände. Alles ist *eins*. In ihm. Durch ihn.

In dieser Vorstellung identifizieren sich die Sterne mit Glück und Unglück. Ein günstiger Stern wird Bürge für Erfolg und Glück.

Alle Wörter haben einen Inhalt. Mit der Zeit nutzt er sich allmählich ab oder entwickelt sich weiter. Manche Ausdrücke gewinnen an Inhalt, der nicht durch andere Worte ersetzt werden kann. Häufig werden bestimmte Ausdrücke in jeder Sprache, wenn man sie oft wiederholt, nicht mehr als eine leere Phrase. Oft und ganz allmählich: eine vorsätzliche Konvention. Dazu gehört auch dieses *Masal tow*, das so viele Tausende sagen und verstehen, dessen Inhalt diese Tausenden als großartig empfinden, ohne daß sie überhaupt die eigentliche und ursprüngliche Bedeutung dieses Ausdrucks bedenken. Und dann sagt *Masal tow* noch mehr als das, nämlich: Ich gratuliere! Wahrscheinlich mehr wegen des mystischen Klangs als des mystischen Inhalts.

Unwillkürlich sind wir hier auf ein Nebengleis geraten und haben ausführlich ein zufälliges Detail diskutiert, das mit der Trauung an sich nicht mehr zu tun hat, da es bei jeder anderen beliebigen Gelegenheit gesagt wird, in der Glückwünsche dargebracht werden. Eine ganz zufällige Besonderheit, die weder zu den Riten gezählt werden kann, noch zu den Symbolen gehört. Aber dieses kollektive *Masal tow*, das sich aus dem Mund der begeisterten Menge tatsächlich wie eine Salve oder ein begeistertes, heiteres Amen anhört, vermittelt manchmal den Eindruck eines nicht unbedeutenden rituellen Kuriosums. Deshalb konnte es hier nicht ohne weiteres unerwähnt bleiben.

Die *Chuppah* ist beendet. In Wirklichkeit findet die gesetzliche *Chuppah* erst jetzt statt, wenn Braut und Bräutigam in den Raum geführt werden, wo sie nach dem Fasten zum erstenmal gemeinsam essen und wo sie, selbst wenn sie aus irgendeinem Grund nicht gefastet haben, eine kurze Zeit allein gelassen werden. Das ist das in der Bibel erwähnte *lakach* oder *nassa*, d.h. nahm oder ehelichte, was bedeutet, daß das junge Ehepaar in die eheliche Wohnung geführt wird. Das ist die eigentliche *Jichud*, die Einigung, die eheliche Verbindung.

Jetzt kann dem Ehepaar zugejubelt werden. Das soll es auch. Wie das geschieht, ist bis zu einem bestimmten Umfang nicht weiter wichtig. Trotzdem hatten die Festlichkeiten nach der *Chuppah* vor allem in früheren Zeiten immer einen sittsamen, fast weihevollen Charakter. Dabei wurde nie vergessen, daß die *Simcha* bei dieser Gelegenheit eine Freude höherer Ordnung ist. Eine Freude, die die Erfüllung einer erhabenen Menschheitspflicht, eines Gebots sowohl im menschlichen wie im göttlichen Sinn verherrlicht. Auch Tanz und Spiel gehören dazu. Wer sich an die Aufführung des Stücks «Dybbuk» des Jüdischen Theaters erinnert, kann sich ein Bild davon machen, wie solche Feste in chassidischen Kreisen gefeiert wurden und werden.

Zu einer solchen *Mizwa* gehört wiederum eine Mahlzeit, die sogenannte *Se'udat Mizwa*, so wie es eine besondere Mahlzeit für den Sabbat und die Feiertage und auch die Beschneidung gibt. Demnach muß auch die Trauung mit einem Hochzeitsmahl gefeiert werden. Eine gute Mahlzeit kann eine echte *Se'udat Mizwa* werden. Beim Zusammensitzen über einer Mahlzeit, die mit Witz und Geist gewürzt wird, bei der Schwung und Frömmigkeit den Ton angeben.

Solchen Anforderungen kann nicht jede Gesellschaft gerecht werden. Darum bestellte man früher zu diesem Zweck einen *Badchan*, einen Spaßmacher. Wenn möglich jemanden, der mit Feingefühl Bibeltexte, talmudische Denksprüche und tiefsinnige *Aggadot* zutreffend, spielerisch, geistreich und schlagfertig vorzubringen versteht. Solche *Badchanim* erhöhten den Glanz des Festmahls und verliehen ihm eine eigenartige Färbung. Sie waren sehr beliebt. Sogar die Namen einiger berühmter Spaßmacher wurden bewahrt.

Aber auch ohne *Badchan* kann die *Se'uda* charaktervoll sein. Die Gäste selbst können ihr Bestes versuchen, damit der alte sprühende und dennoch sittsame Geist bewahrt wird. Wein und Brot sind bestimmt vorhanden, wenn auch der *Kiddusch* nicht gesagt wird, wie es sonst zur Begrüßung von Sabbat- und Feiertagen üblich ist. Als das Brot noch zu Hause gebacken wurde, nahm die Braut davon die Brothebe, die *Challah*. Das war ihre erste Handlung als jüdische Hausfrau. Heute gehört das jedoch schon der Vergangenheit an.

Natürlich wäscht man sich zur Weihe einer *Se'udat Nissuin*, einem Hochzeitsmahl, vorher die Hände; dann bricht man ein Stückchen Brot, stippt es in Salz und ißt es nach einem Segensspruch. Erst dann beginnt die eigentliche Mahlzeit mit der Vorspeise. Zur festlichen Mahlzeit singt man zweifelsohne den Tischpsalm (126) zusammen, und zum Schluß gehen die Gäste erst nach dem gemeinsam gesagten Dankgebet auseinander. Jetzt wird noch einmal auf die *Chuppah*-Feier zurückgegriffen: Die *Schewa Berachot*, die sieben Segenssprüche, werden noch einmal gesungen. Wer mit der Leitung des Dankgebets beehrt wurde, singt sie. Auch Wein gehört dazu. Er begleitet das Tischgebet.

Sechs Segenssprüche werden über ein Glas zu Ehren der Hochzeit gesagt; der siebente mit einem extra Glas begleitet das Dankgebet. Dann wird der Inhalt beider Gläser zusammengeschüttet und dem jungen Ehepaar gereicht, das sie austrinkt.

Die Hochzeitswoche! Schon zur Zeit Jakobs wird sie erwähnt. Sein Schwiegervater Laban versprach ihm Rachel nach seiner Hochzeitswoche mit Lea (1. Mose 29,27). Auch heute ist die Hochzeitswoche noch nicht in Vergessenheit geraten. In manchen Familie werden sieben Tage lang mehr oder weniger festliche Mahlzeiten zusammen mit dem jungen Ehepaar gegessen. Dazu werden immer wieder neue Gäste geladen. Und jedesmal, wenn an diesen sieben Tagen, den *Schewa Jamim Hamischté*, den sieben Tagen des Festgelages oder der Hochzeitswoche, neue Gäste kommen, wird die *Chuppah*-Stimmung wieder erneuert. Jeden Tag erklingen die sieben Segenssprüche – oder mindestens die letzten – nach dem Tischgebet.

DIE SCHWAGER- ODER LEVIRATSEHE

Allgemeine Begriffe

In der *Thora* (5. Mose 25,5–10) gibt es im Rahmen der Ehegesetzgebung Bestimmungen über die sogenannte Schwager- oder Leviratsehe. Was dort in Paragraphen als rechtliche Bestimmungen steht, wurde seit frühester Zeit in Israel als Sitte und ungeschriebenes Gesetz befolgt. Im 1. Mose 38 ist in der Geschichte der Stammväter solch ein Fall für die Nachwelt festgehalten. Judas Erstgeborener ist mit Thamar verheiratet. Er stirbt kinderlos. Jetzt muß Onan, der zweite Sohn, die Witwe heiraten. Den Nachkommen stehen die Rechte des verstorbenen Bruders zu, und sie pflanzen seinen Namen fort. Onan entzieht sich jedoch dem Gesetz und stirbt, und zwar weil er es nicht befolgt hat. Jetzt muß Thamar auf den dritten Sohn warten, der noch zu jung ist. Denn Thamar hat Anrecht auf ihn. Und Juda ist dazu verpflichtet, dafür zu sorgen, daß sie zu ihrem Recht kommt. Als Thamar schwanger wird, betrachtet man sie als Ehebrecherin, weil es während ihrer Witwenschaft geschah. Solange sie auf die Vereinigung mit dem Schwager wartete, galt sie nämlich als verheiratete Frau.

Das ist der Sinn hinter Sitte und Gesetz.

Die Bibel schätzt die Familie hoch ein. Ihre Beständigkeit und Entwicklung sind die Voraussetzung für die Existenz des Volkes. Für seine Kraft und seine Mehrung. Und für sein Lebensziel.

Die Gesellschaft beruht auf den Grundlagen von Familienleben und Gemeinschaftsgefühl. Dort entfaltet sich die Kraft eines Volkes. Der Stamm der Familie muß fest im nationalen Boden verwurzelt sein. Mit jeder Geburt festigen sich die Wurzeln. Jedes Kind trägt zu größerer Gewißheit bei, stärkt den Segen.

Jeder Sohn ist «Erbauer» seines Familienhauses, jede Tochter ist sich ihrer Aufgabe als «Erbauerin» voll bewußt. So werden auf Hebräisch, der Sprache der Bibel, nämlich Sohn und Tochter bezeichnet. Die Sprache des Volkes – und das ist sie ja – zeugt von seiner Seele. Im Hebräischen haben Sohn und Tochter den gleichen Wortstamm, sie unterscheiden sich in ihrer Form nur durch das Geschlechtswort. Das gleiche gilt auch für Bruder und Schwester. Und auch für Mann und Frau verwendet die Bibel das gleiche Stammwort. Was übrigens einiges über die Vorstellung sagt, die sich die Bibel allem Anschein nach über den Wert beider Geschlechter im Vergleich miteinander macht.

Jeder Sohn bereichert den Familienstamm um einen neuen Zweig. Er nimmt die Tochter einer anderen Familie zur Gattin. Zusammen «bauen» sie ihr Haus. Allerdings geht die Frau gemäß der biblischen Auffassung – wie auch unserer heutigen – in die Familie des Mannes über. Sie wird im Kreis von Schwiegervater und Schwiegermutter aufgenommen. Wiederum haben die hebräischen Wörter den gleichen Stamm. Vielleicht ist es kein Zufall, daß auch das Wort für «schützende Ringmauer» allem Anschein nach den gleichen Ursprung hat. Diese hebräischen Wörter für Schwiegervater und Schwiegermutter gelten nur für die Eltern des Mannes, d. h. die Schwiegereltern der Frau. Für die Schwiegereltern des Mannes gibt es ein anderes Wort, das die Verschwägerung über die Frau zum Ausdruck bringt. Vom gleichen Wortstamm kommt auch *Chatan*, ein Wort, das sowohl Bräutigam wie Schwiegersohn bedeutet. Das beweist, daß der Mann mit seiner Familie in bezug auf die Eltern seiner Frau seine Eigen- und Selbständigkeit bewahrt.

Den Familienstamm seines Vaterhauses vergrößert er nun um diesen neuen Zweig, vorausgesetzt, seine Ehe ist mit Kindern gesegnet.

Kindersegen ist der größte Segen. Wer eine Bestätigung dieser Bibelmeinung in den Quellen sucht, braucht nur die Psalter 127 und 128 aufzuschlagen.

Wurden diese Vorstellungen und Gedanken geistig verarbeitet, ist auch der Begriff der Levirats- oder Schwagerehe verständlich. *Levir* ist das lateinische Wort für Schwager, Bruder des Mannes. Auch die hebräische Sprache kennt für diesen Schwager ein eigenes Wort: *Jawam*. Wie auch ein Zeitwort, das sich auf die Erfüllung der besonderen Schwagerpflicht durch die Leviratsehe bezieht: *jibem*.

Zwei Menschen sind in den Ehestand getreten. Am Familienstamm keimt voraussichtlich demnächst ein neuer Zweig. Aber der Mann stirbt, ohne einen Sohn zu hinterlassen. Dem Stamm ist kein neuer Zweig entsprungen. Die Frau, die jetzt Witwe geworden ist, ist nicht nur mit dem Sohn des Hauses verbunden, in das sie aufgenommen wurde. Sie ist mit seinem Stamm verheiratet. Ein Reisig, der aufgepfropft wurde. Wäre diese Ehe mit Kindern gesegnet gewesen, hätte die Verbindung ein Kind hervorgebracht, durch das der Familienstamm erweitert worden wäre – an einem selbständigen Baum, einem neuen Stamm des väterlichen Geschlechts –, dann hätte dieses Ehepaar seine Eigenständigkeit erworben. Es wäre ein neues Haus entstanden. Dazu kam es jedoch nicht. Der Mann ist gestorben. Trotzdem bleibt die Frau im Haus ihres Schwiegervaters mit dem Stamm des Vaters ihres Mannes verbunden. Diese Bindung wurde also nicht durch seinen Tod unterbrochen. Weder ideell noch vor dem Gesetz. Sie ist eine verheiratete Witwe. Sie wird nicht einfach als Witwe, *Almanah*, bezeichnet, sondern ist die Bruderfrau: *Jewama*, die weibliche Form von *Jawam*.

Die Ehe dauert an. Mit einem Bruder des verstorbenen Mannes. Sind mehrere Brüder am Leben, dann vorzugsweise mit dem ältesten. War der Verstorbene der einzige oder der einzige noch lebende Sohn, ist die ganze Angelegenheit gegenstandslos. Dann sind alle gesetzlichen Bande zerrissen. In diesem Fall ist die Witwe auch keine *Jewama*, keine Schwägerin in dem oben beschriebenen besonderen Sinn. Denn es gibt ja keinen *Jawam*, keinen Mannesbruder. Nach dem Tod ihres Mannes kann sie sich also vom Haus seines Vaters lösen. Daher ist sie auch frei, eine neue Ehe einzugehen. Im ersten Fall dauert ihre Eheverbindung jedoch an. Sie bleibt verheiratet. Jetzt mit einem Bruder des verstorbenen Gatten. Die Witwe ist *sekuka le-Jawam*, vom Schwager abhängig. So heißt der spätere Ausdruck. Auch wenn alle Brüder des Toten verheiratet sind, wird die Verbindung nicht rückgängig gemacht. Denn im Zeitalter der *Thora* war es ja nicht verboten, mehr als eine Frau zu heiraten. Und in diesem Fall hebt die *Thora* sogar das Verbot auf, die Frau eines Bruders zu nehmen, was sie sonst als Blutschande verabscheut (3. Mose 18,16).

So groß ist die Bedeutung, die die *Thora* der Schwagerehe beimißt. Aber sie vergißt auch nicht die Einwände und Hindernisse. Sie regelt sie.

Auch in den Zeiten der *Thora* konnten nicht immer die Bande gefestigt werden, die die verheiratete Witwe, die *Jewama*, nach dem Tod ihres Mannes automatisch mit einem ihrer Schwager, einem *Jawam* oder Levir, verbanden. Zwar gab es keine gesetzlichen Hindernisse, wenn dieser Schwager oder auch alle Brüder verheiratet waren. Andererseits durfte niemand zwei Schwestern gleichzeitig heiraten (3. Mose 18,18). Diese Bestimmung wurde auch für die Schwagerehe nicht ungültig. War der *Jawam* mit der Schwester der Witwe verheiratet, wurde die Leviratspflicht dadurch aufgehoben.

Angenommen, jemand hat die Tochter seines Bruders geheiratet und stirbt später, ohne ein Kind zu hinterlassen, durch das sich der Familienzweig zu einem eigenen Stamm hätte entwickeln können. Dann würde durch die Leviratsehe die Witwe, die ja auch die Tochter ist, die Frau ihres Vaters werden! Das ist unmöglich. In diesem Fall entstand durch die erste Ehe von vornherein keine *Jawam*-Beziehung. Demzufolge muß die Bestimmung auch nicht aufgehoben werden. Das Gesetz galt hier von Anfang an nicht.

Solche Fälle gibt es in verschiedenen Versionen.

Außerdem kann es aber auch unüberwindliche oder ernste Schwierigkeiten wie auch unerwünschte Aspekte oder wichtige Bedenken geben. Ebenso versteht es sich von selbst, daß die Betroffenen, die verbunden werden sollen – oder es eigentlich schon sind –, manchmal nicht zusammenleben können oder wollen.

Es kann sogar vorkommen, daß der Schwager durchaus bereit ist, allerdings nicht aus reinen Beweggründen, sondern aus Berechnung: Denn die Witwe ist reich. Oder aus Leidenschaft: Er begehrte sie schon zu Lebzeiten seines Bruders. Aber darauf hat das Gesetz natürlich keinen Einfluß.

Demzufolge muß hier ein Ausweg gefunden werden. Eine Regelung.

Unverzüglich gibt die *Thora* eine Alternative: entweder *Jibum*, d. h. Leviratsehe, oder Lösung des Bandes, das die verheiratete Witwe an das Vaterhaus ihres verstorbenen Mannes fesselt. Deshalb Trennung von der Familie. Auflösung des Ehebundes. Die *Chaliza*.

Selbstverständlich muß eine Verbindung, die es ohnehin nicht gibt, auch nicht gelöst werden. Hört die Beziehung der Frau durch den Tod ihres Mannes auf, ist die Witwe sofort wieder frei und selbständig. Die

Chaliza muß nur dann durchgeführt werden, wenn die Leviratsehe rechtlich möglich und demzufolge obligatorisch ist.

Die *Thora* führt hier einen extremen Fall an: Es gibt keinerlei Bedenken, aber der Schwager will nicht! Er will seine Leviratspflicht nicht erfüllen. Die ideologischen Absichten hinter dieser Ehe sind ihm gleichgültig. Er strebt nicht danach, den Namen seines Bruders fortleben zu lassen. Es stört ihn nicht im geringsten, daß dieser Zweig des Familienstammes unfruchtbar bleibt. Abgeschnitten.

«... so soll sie, seine Schwägerin, hingehen ins Tor vor die Ältesten und sagen: Mein Schwager weigert sich, seinem Bruder seinen Namen zu erhalten in Israel und will mich nicht ehelichen.»

«Dann sollen ihn die Ältesten der Stadt zu sich rufen und mit ihm reden. Wenn er aber darauf besteht und spricht: Es gefällt mir nicht, sie zu nehmen ...» (5. Mose 25,7–8), dann findet die «Trennung» statt. Eigentlich wurde sie schon vollzogen. Aber sie muß durch eine Tat bekräftigt, sichtbar gemacht werden. Das alte Gesetz fordert konkrete Formen: eine Sprache, die sichtbar und darum fast immer notwendig ist. Vor allem bei einem einfachen Grundgesetz. Deshalb die Sprache der Symbolik.

Auch diese Sprache muß «ins Tor vor die Ältesten» gebracht werden; mit dem Symbol wird die Trennung ein Tatbestand.

Das «Tor», sei hier nur am Rand bemerkt, war der amtliche Sitz der Behörde. Dort wurden die öffentlichen Gerichtssitzungen abgehalten. Auch waren die Ältesten hier genausowenig die Höchstbetagten, sondern, wie überall in der Antike und in unserer Zeit, Mitglieder eines bestimmten Gremiums einer Vertretung, im vorliegenden Fall also die amtshabenden Richter. Zwei Handlungen finden jetzt statt (ebd. Vers 9):

«... so soll seine Schwägerin zu ihm treten vor den Ältesten und ihm den Schuh vom Fuß ziehen und ihm ins Gesicht speien ...»

Das ist zwar nicht besonders ästhetisch, aber äußerst plastisch. Das muß nicht besonders erklärt werden. Schließlich wird seine Weigerung als verächtlich betrachtet. In hohem Maß verächtlich. Obwohl eigentlich nicht ins Gesicht gespeit wird. Zwar ist die Übersetzung aus dem Hebräischen zuverlässig, aber es steht fest, daß die Überlieferung das nie so verstanden hat und die Handlung auch nie so durchgeführt wurde.

Der Widerwille ist ohnehin schon groß genug und kommt hinreichend zum Ausdruck. Das wird im 5. Mose 12 ausgezeichnet illustriert. Mirjam hatte Mose übel nachgeredet. Zur Strafe wurde sie aussätzig. Mose bittet um ihre Heilung. Gott gewährt sie ihm. Aber sie muß eine Woche abgesondert leben: «Der Herr sprach zu Mose: Wenn ihr Vater ihr ins Angesicht gespien hätte, würde sie nicht sieben Tage sich schämen? Laß sie abgesondert sein sieben Tage außerhalb des Lagers ...»

In diesem Fall hat der Schwager gegenüber dem Andenken seines Bruders lieblos gehandelt und ein wichtiges Ideal Israels verächtlich behandelt. Mit seiner Weigerung hat er seine Schwägerin beleidigt. Das wird ihm deutlich und nachdrücklich klargemacht. Gleichzeitig erhält seine Tat auch nach außen den Wert, der ihr in Israel beigemessen wird. Der ihr gemäß der Ideologie der *Thora* zugeschrieben werden muß. Darüber hinaus bringt die Frau mit ihrer Handlung nicht nur ihren Widerwillen zum Ausdruck, sondern auch, daß sie sich klar und deutlich von ihm distanziert. Sie speit vor ihm aus! Schon dadurch trennt sie sich unwiderruflich von ihm.

Und sie zieht ihm einen Schuh aus.

Übrigens ist damit, obwohl jede nähere Erklärung fehlt, wahrscheinlich der des rechten Fußes gemeint. Das sei jedoch nur am Rand bemerkt.

Es ist bekannt, was es bedeutet, den Fuß auf etwas zu setzen. Das war ein Ausdruck, der im Altertum in rechtlichen Transanktionen gebraucht wurde, als Abtreten und Ankauf von Liegenschaften durch einen öffentlichen und allen sichtbaren Akt bekräftigt werden mußte. Denn allein Vereinbarung und Übertragen reichten nicht, waren unzulänglich, um Rechte geltend zu machen. Der rechte Fuß, natürlich mit einem Schuh, verkörpert den Menschen und seine Macht. Später ersetzt der Schuh den Mann und seine Rechte. Wo immer er seinen Schuh hinsetzt oder auch nur wirft, das so Gekennzeichnete gehört ihm. «... meinen Schuh werfe ich auf Edom ...» sagt der Psalm (Ps. 60,10 und 108,10) in diesem Sinn.

Der Barfüßige ist gleichbedeutend mit unselbständig. Mit besitzlos. In dem Kapitel über den großen Versöhnungstag sind wir diesem Gedanken schon einmal in den Riten begegnet.

Wer sich den Schuh ausziehen läßt, verzichtet also auf seine Rechte.

Um diese Folgerung zu ziehen, sind weder eine besondere Logik noch Argumentation vonnöten. Die schlichte Erzählung von Naëmi und Ruth im Buch Ruth in der Bibel legt einen konkreten Fall dar und bringt den Nachweis für den traditionellen Brauch (Ruth 4,7): «Es war aber von alters her ein Brauch in Israel: Wenn einer eine Sache bekräftigen wollte, die eine Lösung oder einen Tausch betraf, so zog er seinen Schuh aus und gab ihn dem andern; das diente zur Bezeugung in Israel.»

Das ist ein für unser Thema aufschlußreicher Fall, der noch näher untersucht werden soll. Aber selbst das Symbol der *Chaliza* allein gebraucht eine sehr deutliche Sprache. Denn das hebräische Wort *Chaliza* bedeutet nichts weiter als «ausziehen». Das Ausziehen eines Schuhs.

Diesem Schwager werden seine Rechte entzogen. Mit einem scharfen Tadel wird er seiner Pflicht enthoben. «Du hast nicht gewollt: Du darfst nicht!» Das wird ihm und jedem, den es interessieren könnte, in aller Öffentlichkeit nochmals ins Gesicht geschleudert, nachdem seine Schwägerin vor ihm auf die Erde gespuckt hat: «So soll man tun einem jeden Mann, der seines Bruders Haus nicht bauen will! Und sein Name soll in Israel heißen ‹des Barfüßers Haus›» (5. Mose 25,9–10). Damit ist die *Chaliza* beendet und die Scheidung vollzogen.

Erweiterung und Einschränkung

Wie schon gesagt, wird die Pflicht der Schwagerehe im Pentateuch mit einem Normalfall illustriert, wenn die Betroffenen keine Einwände erheben können und die Einhaltung keine besonderen gesetzlichen Schwierigkeiten bietet. Der Fall, in dem die Absicht, die dahintersteht, sowie die rechtlichen Bestimmungen voll zur Geltung kommen. Demzufolge muß es geschehen, aber geschieht nicht, «weil er nicht will».

Natürlich kann man sich zahlreiche Extremfälle vorstellen. Und nicht nur vorstellen. Denn so einfach wie im Beispiel verläuft das Leben meistens nicht. In Wirklichkeit gibt es im Leben keine zwei Fälle, die sich gleichen. Das weiß die *Thora* genausogut wie die Tradition. Auch sie haben uns etwas zu sagen.

In biblischer Zeit beschränkte sich die Leviratsehe allem Anschein nach nicht auf den Schwager. Die Pflicht, die Witwe eines kinderlos gestorbenen «Bruders» zu heiraten, damit dessen Name an seinem «Erbteil» und «in dem Tor seiner Stadt» erhalten bleibe, wurde anscheinend im praktischen Leben auf weitere Verwandte ausgedehnt und ging auf den *Goël*, den Löser, über.

Geschmückte Sukka, eine selbstgefertigte Hütte, in der man die Feiertage des Laubhüttenfestes verbringt.
Mitteleuropäischer Stil, 19. Jh. *Israel Museum, Jerusalem.*

הא

לחמא עניא די א
אכלו אבהתנא ב
בארעא דמצרים
כל דכפין ייתי וייכול
כל דצריך ייתי וי
ויפסח השתא הכא
לשנה הבאה בארע

Purim-Teller, den Triumph des Mordechai darstellend. Porzellan, Straßburg, 18. Jh.
Cluny Museum, Paris.

Links: Seite einer Prager Haggadah von 1526. Holzschnitt.

Gewürzbehälter. Becher zur Heiligung des Weins und Ständer für die Hawdala-Kerze. Deutschland, 18. Jh. Den goldenen Becher schmücken Szenen aus dem Leben Isaaks und Jakobs. *Israel Museum, Jerusalem.*

Linke Seite: Esther-Rolle. Farbiges Pergament, Niederlande, 18. Jh. Der hier abgebildete Abschnitt zeigt die Hinrichtung Hamans und seiner Söhne am Galgen auf Befehl Mordechais.

Anzünden der Schabbat-Lampe. Holzschnitt, wie er im 17. und 18. Jh. in Amsterdam häufig gedruckt wurde. *Privatbesitz.*

Zusammengebundener Palmzweig (Lulaw), Bachweide, Myrthe und Etrog (Zitrusfrucht) für das Laubhüttenfest.

«Stuhl des Elijah» zur Beschneidung des Neugeborenen. Stühle dieser Art waren verbreitet in jüdischen Gemeinden Deutschlands und Italiens. *Sammlung Römische Synagoge, Jerusalem.*

Auf jeden Fall zeigt uns die Erzählung von Ruth und Boas einen Fall, in dem Einlösung und Heiratspflicht miteinander verbunden sind.

Der Pentateuch spricht im 3. Mose 25, vor allem jedoch in Vers 23 und den darauffolgenden vom «Löser» und der «Einlösung»: Das Land, der Grundbesitz, die Erde gehören Gott. Die Besitzer sind lediglich Erbpächter. Niemand kann für immer seinen Boden veräußern. Niemand kann für immer den Boden eines anderen erwerben. Im *Jobel*jahr, dem Erlaßjahr, das das letzte von einer festgelegten Periode von 25 Jahren ist, kehrt aller Grundbesitz, der während dieser Zeit den Besitzer wechselte, zu seinem ursprünglichen «Eigentümer» zurück. Demnach ist jeder wieder im Besitz seines Erbteils. (In der Umgangssprache verwendet man oft das Wort «Jubeljahr». Aber es hat nichts mit Jubeln zu tun; *Jowel*, oder *Jobel*, bedeutet vielmehr das Bringende, d. h. was zurückerstattet wird. Andere leiten das Wort *Jowel* von seiner zweiten Bedeutung her, nämlich von Widder und Widderhorn, weil das Jahr mit Posaunenschall verkündet wird [3. Mose 25,8–12].)

Vor der letzten Frist ist jederzeit eine «Einlösung» möglich. Der Verkäufer muß versuchen, seinen Grundbesitz aus den Händen des Käufers zurückzuerhalten. Dieser hatte, das wußte er schon im voraus, nur den Ertrag der Jahre gekauft, die noch bis zum *Jobel*jahr fehlten. Er mußte in die Lösung einwilligen und dafür sorgen, daß die Abrechnung durchgeführt werden kann.

Ist der Verkäufer selbst nicht dazu in der Lage, seinen Erbteil zurückzukaufen, d. h. auszulösen, muß ein Bruder oder ein anderer erbberechtigter Verwandter als Löser einspringen. Das befiehlt die *Thora* in den Versen weiter oben.

Und solch ein Ereignis wird auch im Buch Ruth geschildert: Boas ist ein Verwandter von Machlon, Ruths verstorbenem Mann. Kein Bruder. Aber er steht ihm so nahe, daß er nach den Worten Naëmis zu den Lösern gehört (Ruth 2,20). Das erkennt auch Boas. Aus diesem Grund beschließt er, die Liegenschaften Machlons, die wegen Armut verkauft wurden, zu lösen. Aber noch ist ein Löser am Leben, ein näherer Verwandter, der eigentlich den Vorrang bei dieser Pflicht hätte (Ruth 3,12). «Boas ging hinauf ins Tor» (ebd. 4,1). Er unterbreitet die Angelegenheit den Ältesten, der Öffentlichkeit. Der andere Löser wird auf seine Pflicht hingewiesen, Machlons Erbteil zu lösen. Wie auch: dessen Witwe Ruth zu heiraten. Er weigert sich, und zwar wegen der zweiten

Pflicht, und nimmt Abstand von ihr. Boas erfüllt die erste wie die zweite Pflicht.

Damit wurden Einlösung und Ehe miteinander verbunden. Allerdings war diese Ehe keine wirkliche Schwagerehe.

Für diesen Fall und seine Erweiterung gibt es keine anderen Beispiele. Weder in der Geschichte noch in der früheren oder der heutigen Praxis. Keine andere Schwagerehe als die in der *Thora* erwähnte der Brüder. Auch keine andere *Chaliza* als die, bei der dem Schwager der Schuh ausgezogen wird, wodurch die Schwägerin und Witwe das Band löst, das sie an das Vaterhaus ihres kinderlos verstorbenen Mannes bindet.

Schon in uralten Zeiten standen die Mitglieder des Ältestenrats gelegentlich vor einer sehr peinlichen Gewissensfrage, was im Geist der *Thora* vorzuziehen sei: *Jibum*, die Leviratsehe, oder *Chaliza*, die Entbindung von dieser Pflicht; die Fortsetzung der Ehe mit dem Bruder des verstorbenen Gatten oder die Trennung vom Familienstamm. Im Talmud-Traktat *Jebamot*, das den Namen dieses Themas als Titel trägt, wird diese Frage natürlich eingehend diskutiert. Wie könnte es auch anders sein? Die *Thora* stellt den Fall so einfach dar! Aber was geschieht, wenn es Abweichungen vom Normalfall gibt? Bei Verwicklungen? Selbst wenn sich jemand zur Schwagerehe bereit erklärt, muß man dann unbesehen annehmen, daß ihn nur lautere, höhere Absichten dazu bewegen? Und wenn einer der Betroffenen, er oder sie, begründete und allgemein anerkannte Ursachen zur Abneigung hat, müßten diese dann nicht berücksichtigt werden? Und falls medizinisch erwiesen ist, daß auch die fortgesetzte Ehe unfruchtbar bleibt, was wird dann aus dem Zweck der Bestimmungen? Diese Fragen können noch lange fortgesetzt werden.

Es ist begreiflich, daß der Ältestenrat des öfteren in Fällen entscheiden sollte, in denen er sich scheute, den Schwager zur Ehe mit seiner Schwägerin zu drängen. Ebenso verständlich ist es, daß die Ältesten sogar eher von dem Bund abraten. Ihn sogar mißbilligen. Und selbstverständlich waren sie dazu befugt. Gemäß der Überlieferung ist eine solche Einstellung der Ältesten bereits in der *Thora* nachzuweisen. Als Bekräftigung der festen Tradition, die für sie ebenso unerschütterlich wie das geschriebene Wort war.

So wurde die Leviratsehe, die fortgesetzte, ganz von allein durch Einschränkungen begrenzt. Die *Chaliza*, der Akt der Trennung, wurde allmählich vorgezogen. Schließlich wurde er die Regel. Die Regel für die tatsächliche Schwagerbeziehung, d. h. zwischen der Schwägerin und dem Bruder des Mannes, wie sie in der *Thora* erwähnt ist. Von einer Erweiterung dieser Bestimmung, wie sie im Buch Ruth beschrieben wurde, hat sich nichts erhalten.

Diese Regel wurde noch notwendiger, als zu Beginn des elften Jahrhunderts die im Orient erlaubte Polygamie wie auch die einseitige Auflösung einer Ehe ohne Einwilligung der Frau aufgrund einer Verordnung des großen Lehrers Gerschom ben Jehuda aus Mainz abgeschafft wurde. Rabbi Gerschom ben Jehuda stammte aus Metz, wo er gegen 960 geboren wurde, und er lehrte in den ersten Jahrzehnten des 11. Jh. in Mainz. Er erhielt den Beinamen *Meor ha-Gola*, die Leuchte der Diaspora. Von seiner Schule aus strahlte sein Licht über die Juden Deutschlands, Frankreichs und Italiens. Obwohl er kein offizieller Beamter einer jüdischen Gemeinde war, hatten seine *Takkanot*, Verordnungen, und Beschlüsse die Kraft von Entscheidungen eines jüdischen Gerichts, eines Synedriums. Seine Verordnungen erhielten synodale Rechtsgültigkeit.

In diesem Zusammenhang sollen noch die Konzilsbeschlüsse erwähnt werden, die im Jahr 1220 als die «Takkanot SchWM» (als *Schum* gelesen), d. h. die «Verordnungen (der Gemeinden) S(peyer), W(orms), M(ainz)», in Mainz getroffen wurden. Im jüdischen Familienrecht wie z. B. in der Ketubba, dem Ehevertrag, bezieht man sich ausdrücklich auf diese Beschlüsse.

Die *Thora* verbietet die Heirat mit mehr als einer Frau nicht. Es ist jedoch nicht schwer zu beweisen, daß sie sich damit begnügt, das nicht zu verbieten, und daß die monogame Ehe ihrem Geist entspricht. Dieser Geist wurde durch Rabbi Gerschom in seiner Verordnung zum Gesetz erhoben, und die Juden, die unter dem Einfluß seines leuchtenden Geistes standen, akzeptierten sie als jüdisches Recht. Deshalb trat bei diesen Juden die *Chaliza* in allen Fällen an die Stelle der Schwagerehe, in denen es keinen unverheirateten Schwager gab. Damit wurde dieser Trennung im jüdischen Recht von allen, die Rabbi Gerschom ben Jehuda als Lehrer anerkannten und akzeptierten, ein fester Platz eingeräumt, und zwar für immer. Deshalb müssen die Rabbiner häufiger die *Chaliza* durchführen. Die Trennung und nicht die Schwagerehe.

Israel ist ein halsstarriges Volk (2. Mose 34,9). Im wahrsten Sinn des Wortes. Das beweist seine Geschichte – auch im positiven Sinn. Es hält an seinen Idealen fest und gibt seine Berufung nicht auf. Es trägt seine *Thora* durch seine ganze Geschichte mit, obwohl sie nicht gerade seinen Weg ebnet. Selbst wenn sein Pfad entlang drohender Abgründe verläuft, schreitet es gebeugt weiter, weicht jedoch nicht von seiner Lehre ab. In den Tälern der Schatten und des Todes umhegt es seine Last, seinen Auftrag als seinen teuersten Schatz. Und sie, die Lehre, ist sein Trost, sein Stab – auch sein Pilgerstab. Sie hält das Volk aufrecht, sie trägt es. So zieht Israel durch die Jahrhunderte. Manche Kinder Israels, einzelne Israeliten, erliegen der Last, gehen zugrunde, werden abtrünnig. Aber Israel als Volk hält stand. Und dieses Israel geht durch die Ewigkeit. Das halsstarrige Volk.

Es hält an seiner *Thora* fest und gibt seine Bibel nicht auf. Auch unter veränderten Zeiten und Umständen versucht es, sie an seine Lehre anzupassen, nicht an die Lehre der Zeit und den Verhältnissen. Selbst wenn die Tafeln zerbrechen, fallen doch die Buchstaben heraus, und die Schrift wird gerettet.

Dafür verbürgen sich die Weisen in jedem neuen Geschlecht. Die Lehrer des halsstarrigen, das heißt des historischen Israels aller Zeiten sind ihre Wächter und Hüter. Auch sie sind halsstarrig. Und treu.

Ganz unwillkürlich ist dem Verfasser dieser Wortergußaus der Feder geflossen, als er sich anschickte, die Schwagerehe eingehender zu diskutieren und die Anwendung des Gesetzes in unserer Zeit und Umwelt zu beschreiben. Heute, da die Betroffenen kaum eine Wahl zwischen der Schwagerehe, dem Fortbestand des Ehebands, und der *Chaliza*, der Trennung vom Familienstand, haben. Heute, da der Akt der *Chaliza* stattfinden *muß*.

Das bringt jedoch Schwierigkeiten mit sich.

Zuerst stellt sich die Frage, ob dieser ganze Brauch denn nicht automatisch hinfällig wird, wenn die Alternative unzulässig ist. Wenn der Mann bereit ist, gern, mit reinen und höchsten Absichten, es jedoch weder kann noch darf, weil er schon verheiratet ist und ihm daher nicht nur die Verordnung von Rabbi Gerschom, sondern auch die zivile Gesetzgebung es verbietet, diese Frau zu nehmen. Kann und soll dieser Akt der Trennung auch dann noch durchgeführt werden? Und zwar so, wie die *Thora* es befiehlt? Können und dürfen sie – die Frau und der Mann – in einem solchen Fall die Erklärungen abgeben, die ausdrücklich in der Bibel vorgeschrieben und wortwörtlich formuliert wurden?

Gehen wir etwas zurück in die Vergangenheit.

Auch zur Zeit der *Thora* muß es, wie schon weiter oben erwähnt, Fälle gegeben haben, in denen die Ehe unerwünscht war. Mehr als unerwünscht. Gelegentlich sogar widerwärtig. Zum Beispiel in dem sehr einfachen, leicht vorstellbaren Fall eines zu großen Altersunterschieds zwischen den Eheleuten. Oder im gleichfalls einfachen Fall der künftigen Unfruchtbarkeit auch dieser Eheverbindung, wie sie schon vorher durch Fachleute festgestellt wurde. Es darf nicht vergessen werden, daß die Heirat der Gattin eines Bruders im allgemeinen als Blutschande gilt und daß merkwürdigerweise nur die reine Leviratsehe davon ausgenommen wurde. Dadurch halten sich Pflicht und Abscheulichkeit die Waage. Deshalb konnte auch die Aufgabe der Ältesten gelegentlich so schwer sein. Häufig mußten sie auch den Mann davon überzeugen, restlos davon überzeugen, daß er nicht durfte. Dermaßen überzeugen, daß er es einsah und dann wirklich und aufrichtig nicht mehr wollte. Weil er nicht durfte.

Heute ist das Rabbinat an die Stelle des historischen Ältestenrats getreten. Die Schwierigkeiten, das Bewußtsein der Ohnmacht, haben sich gemehrt. Im Grunde genommen hat sich die Frage jedoch nicht verändert. Die Aufgabe des Rabbinats ist komplizierter geworden, auch aus anderen Gründen, die noch weiter unten diskutiert werden sollen, aber die Sache an sich hat sich kaum verändert.

Der Akt der *Chaliza* findet statt. Im Geiste der *Thora*. Wortgetreu, gemäß der Lehre und Überlieferung.

Das geschieht vor einem Richterkollegium. Einem *Beth-Din*, bestehend aus drei zuständigen jüdischen Gerichtsbeamten. Sowie zwei Assistenten, die jedoch keine für gerichtliche Verfügung Graduierte sein müssen.

Der Ort der Gerichtsverhandlung ist kein willkürlicher, was eigentlich selbstverständlich ist. In diesem Fall kommt ihm jedoch eine ganz besondere Bedeutung zu. Denn sie ging «ins Tor» (5. Mose 25,7). Auch Boas (Ruth 4, 1). Auch heute muß es ein geeigneter Ort sein, eigens für diesen Zweck bestimmt. Deshalb wird der Ort der Gerichtssitzung vorher vereinbart. Aber nicht irgendwie vereinbart. Das Kollegium tritt einen Tag vorher am Nachmittag zusammen, meistens nach dem Gottesdienst in der Synagoge, und seine Mitglieder sagen: «Kommt, laßt uns dorthin gehen.» Sie begeben sich zum Verhandlungsort und bestimmen ihn feierlich für die wichtige Sitzung des nächsten Tages. Damit wird der erhabene Ort dem Tor gleichgestellt. Auch die Betroffenen, Mann und Frau, werden vorher unterrichtet. Sie lernen, was sie zu sagen und zu tun haben, denn die Handlung und ihr Sinn muß ihnen bekannt sein, und auch die Worte, die sie sagen müssen, müssen ihnen verständlich sein genau wie ihr Inhalt, ihr Zweck und die Rechtsnachfolgen. Diese Worte sind die Formeln, die ausschließlich auf hebräisch und wortwörtlich, deutlich und ohne zu stocken gesagt werden müssen, wie sie den Betroffenen auf der Sitzung vorgesagt werden. Diese Worte gleichen der Eidesformel vor einem Gericht, und sie sind so abgefaßt, daß nie irgend etwas beanstandet werden kann.

Am nächsten Morgen treffen Richter und Assessoren im feierlich festgelegten Raum ein, genau wie die Betroffenen. Die Verhandlung findet in aller Öffentlichkeit statt, meistens nach der täglichen Morgenandacht in der Synagoge. Neben dem Kollegium sind mindestens zehn religiös volljährige jüdische Männer anwesend. Ein *Minjan*, die auch für eine gemeinsame Betstunde erforderliche Mindestzahl.

Der Vorsitzende, der zwischen den beiden Richtern und Assessoren sitzt, eröffnet die Sitzung mit einem ernsten Wort an sich selbst und das Kollegium. Dann folgen einige Fragen und Antworten, die notwendig sind, um den Fall zu klären und ihn so zu definieren und zu formulieren, daß seine Rechtsgültigkeit unwiderlegbar feststeht. Denn es geht hier ja um eine Trennung, die Trennung einer verheirateten Witwe, die noch mit dem Familienstamm ihres verstorbenen Mannes verheiratet ist. Hier soll sie frei werden, damit sie nicht als verheiratete Frau einem anderen gehört. Hier geht es ja um die Erhabenheit der Ehe, die Reinheit des Ehelebens, die Heiligkeit des Hauses.

Nach dem Treffen aller Vorbereitungen findet die Trennung statt. Da steht ein Schuh. Die Sandale des Altertums ist inzwischen zum Schuh geworden. Aber noch heute kann man die Sandale in ihm erkennen. Dieser Schuh hat im jüdischen Recht eine feste Form erhalten. Das ist eindeutig und verständlich. Eine Erklärung erübrigt sich. Und der Schuh muß selbstverständlich das Eigentum des Mannes sein, schließlich muß ihm *sein* Schuh ausgezogen werden. Ist es nicht sein Schuh, wird er ihm geschenkt und geht in seinen Besitz über. Er muß ihn an seinen nackten rechten Fuß anziehen. Später wird ihm der Schuh wie eine Sandale ausgezogen. Stehend, mit dem angezogenen Schuh, setzt er den Fuß auf den Boden. Er ist der Besitzer, der Berechtigte. Und jetzt sagt die Frau, die ebenfalls steht, auf hebräisch, was sie ihm sagen muß. Er antwortet, ebenfalls auf hebräisch. Dann tritt sie näher an ihn heran. Er lehnt sich gegen eine Wand oder etwas anderes und streckt ihr seinen nackten Fuß mit dem Schuh entgegen. Mit der rechten Hand löst sie die Riemen und zieht ihm den Schuh aus. Anschließend spuckt sie vor ihm auf den Boden, und zwar so deutlich, daß das Kollegium es sieht. Dann spricht sie, wieder auf hebräisch, die abschließenden Worte, wie sie in der *Thora* stehen, die im allgemeinen für jeden geeignet sind, auf den sie Anwendung finden. Alle Anwesenden schließen sich bei den letzten beiden Worten des letzten Satzes der biblischen Beschreibung an: im Haus des Unbeschuhten, *Chaluz ha-Na'al*. Das wird dreimal wiederholt, und dann ist die Trennung vollzogen.

Sie wird in einer Urkunde festgehalten, und die Sitzung wird geschlossen. Jetzt ist die bisher verheiratete Witwe wieder frei und kann, wenn sie will, erneut heiraten.

In dieser Angelegenheit ist das Rabbinat als jüdisches Gericht zusammengetreten. Das entspricht seiner Befugnis. Unter den heutigen Verhältnissen, in denen das jüdische Volk lebt, stehen dem Rabbinat für die unbeschränkte Ausübung seines Amtes lediglich sein moralischer Einfluß und die Wirkung seines Prestiges zur Verfügung. Es besitzt keinerlei Machtbefugnisse zur Vollstreckung. Aber mit seinem Einfluß und Prestige kann es im allgemeinen so manches erreichen und vieles von dem, was im jüdischen Leben getan werden muß, auch durchsetzen. Auch auf dem hier diskutierten Gebiet.

Nicht immer ist es jedoch leicht, die Menschen vor dieses Gericht zu bringen. Oft entstehen dem Gericht in solchen Angelegenheiten viele Probleme und Unannehmlichkeiten. Genau wie bei einer gewöhnlichen Ehescheidung, die im nächsten Kapitel diskutiert wird.

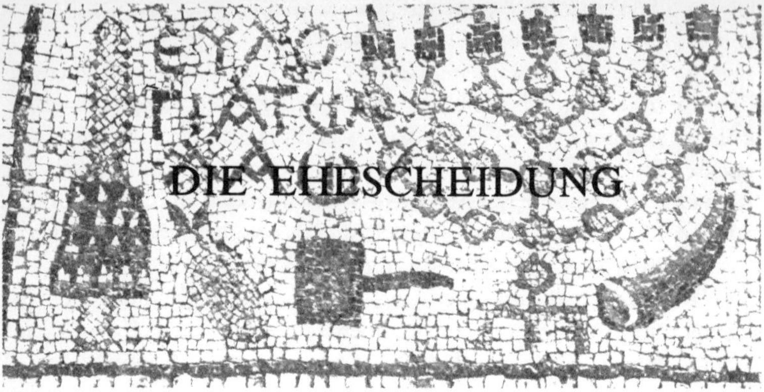

DIE EHESCHEIDUNG

Der Standpunkt

Die *Thora* erkennt die Ehescheidung an und akzeptiert sie. Wenn auch nur ungern. Wer die Heiligkeit kennt, mit der die Lehre den Ehebund umgibt, empfindet das wahrscheinlich als begreiflich und natürlich. Die Bibel kennt kein eindrucksvolleres Bild für ein inniges Verhältnis als eben dieses eheliche Band zwischen Mann und Frau. Die Liebe zwischen Gott und seinem Volk, ihre Treue, werden in der menschlichen Sprache und Vorstellung vor allem durch das übertragene Bild der menschlichen Ehe ausgedrückt. Deshalb betrachtet man die Scheidung als ein schlimmes Unglück. Aber sie kann auch erwünscht sein, um ein noch größeres Unheil abzuwenden. Sie kann notwendig sein, um Dinge zu verhindern, die unter Umständen noch verhängnisvoller sind als diese qualvolle Auflösung der Ehe.

Deshalb erkennt die Thora die Scheidung an. Und akzeptiert die geschiedene Frau. Sie erwähnt sie auch als Tatsache. Zum Beispiel im 5. Mose, Kapitel 24. Dort aber nicht als Selbstzweck, denn die ersten drei Sätze beschreiben eine Prämisse, die im vierten Vers zum eigentlichen Zweck kommt.

Wem die Sprache der Bibel nicht fremd ist und wer gelernt hat, sie zu verstehen, der fühlt – wenn überhaupt irgendwo, dann hier –, daß sie stillschweigend von Bestimmungen ausgeht, die als bekannt vorausgesetzt und deshalb nicht in allen Einzelheiten dargelegt werden. Deshalb ist die Beschreibung des Falls etwas unklar, und die Verfahren sowie die juristischen Bedingungen seiner Rechtsgültigkeit werden nur ganz beiläufig angeführt.

Trotzdem geht eins klar hervor: Die Ehescheidung wird akzeptiert. Und gesetzlich bekräftigt.

Wann? Die Bibelstelle begründet das wie folgt: «Wenn jemand eine Frau zur Ehe nimmt und sie nicht Gnade findet vor seinen Augen, weil er etwas Schändliches an ihr gefunden hat ...»

Auf welche Weise? Durch eine formelle Scheidung mit einem «Scheidebrief».

Zweifelsohne war die Schilderung dieses Falls ursprünglich sehr deutlich und warf für diejenigen, die ihren Zweck kannten, keinerlei Probleme auf. Mindestens nicht in bezug auf das, was wegen aller möglichen Interpretierungen der gesetzlichen Umschreibung in Worten zu allen Zeiten zu Unklarheiten geführt hat. Denn die Ungewißheit ist ohnehin schon groß genug. Deshalb ist es kein Wunder, daß in talmudischer Zeit zwischen den wichtigsten Schulen und größten Autoritäten in bezug auf die Gründe, die für eine Ehescheidung ausschlaggebend sein können, wichtige Meinungsunterschiede bestanden.

Auf der einen Seite gab es die Schule des Schammai. Ihre Auslegung von «etwas Schändliches» läßt nur den Ehebruch gelten. Und Ehebruch war für diese Schule denn auch der einzig gültige Grund für die Auflösung einer Ehe. Die gegenteilige Meinung vertritt der große Rabbi Akiba, der den Nachdruck auf die Worte der biblischen Umschreibung «und sie findet nicht Gnade vor seinen Augen» legt. Daraus ergibt sich kein Warum, sondern eine ganz andere Prämisse.

Zwischen diesen beiden Extremen steht Hillel mit seiner Schule. Dort ist der zweite Teil der Bibelworte zwar der Grund dafür, warum sie in seinen Augen keine Gnade findet. Aber in dieser Interpretation der beiden Wörter liegt der Nachdruck auf dem Wort «etwas». Während Schammais Schule unter «etwas Schändliches» ausschließlich schändliches Benehmen versteht, ist Hillels Auslegung sehr viel gemäßigter: eine Blöße, ein Mangel, ein Fehler. Von hier wird die These hergeleitet: Wenn sich eine Abneigung entwickelt, gleichgültig, auf welche Weise, und darauf ein dringender Wunsch nach Scheidung entsteht, ist es besser auseinanderzugehen, statt zum weiteren Zusammenleben verurteilt zu sein.

Dieses Prinzip hat in Israel die Oberhand gewonnen. Als Grundsatz. Nicht wild oder willkürlich und auch nicht zügellos. Bei weitem nicht.

Das muß nicht einmal anhand der Kodizes nachgewiesen werden. Die Geschichte des jüdischen Ehe- und Familienlebens bezeugt das für alle Generationen. Über die Richtigkeit dieser Anschauung kann man lange diskutieren. Und ganz bestimmt wurde zu den psychologischen und ideologischen Aspekten der verschiedenen Grundsätze noch längst nicht das letzte Wort gesprochen.

Hier soll es genügen, auf die jüdische Einstellung und ihre Entwicklung hinzuweisen.

Möglicherweise hat diese Darstellung den Anschein erweckt, nur der Gatte hatte und hat Rechte. Es kann nicht abgestritten werden, daß das Recht anfangs in diese Richtung neigte. Aber kein geringerer als Maimonides hat in seinem unvergleichlichen Religionskomplex bestimmt, daß die Scheidung auch dann stattfinden muß, wenn die Frau, die nicht mit ihrem Mann zusammenleben will, weil er ihr zuwider ist, sie fordert. Das ist eine grundlegend verschiedene Entwicklung. Aber allem Anschein nach maß sich das sogenannte starke Geschlecht gelegentlich zu große Rechte an und wurde bei einer Scheidung in bezug auf die Frau willkürlich verfahren. Darum sieht eine der *Takkanot* – Verordnungen – von Rabbi Gerschom aus Mainz die Auflösung einer Ehe nur mit der Zustimmung der Frau vor – außer bei Ehebruch.

Die Ehescheidung kann rückgängig gemacht und die Eheleute später wieder vereinigt werden. Aber nicht, wenn die Frau in der Zwischenzeit mit einem anderen verheiratet war. Genau dieses Problem wird ja in dem besagten Bibelabschnitt (5. Mose 24,1–4) erwähnt. Warum darf das nicht sein? Weil dadurch der Ehebruch mit dem Gesetz in der Hand ermöglicht wird. Zum Beispiel könnten sich zwei Ehepaare verabreden und auf legalem Weg vorübergehend miteinander tauschen. Manche Kommentatoren lesen diese Bedenken in der Umschreibung: «... nachdem sie unrein geworden ist ...» (5. Mose, ebd.). Nach Ansicht anderer kommt hier einfach die Abscheu vor einem solchen Verhalten zum Ausdruck, in dem die Frau wie eine Ware von der einen Hand in die andere übergehen würde. Um anschließend zu ihrem ersten Mann zurückzukehren! Damit würde die Heiligkeit der Ehe zu einem profanen Spiel herabgewürdigt.

Jeremia kennt kein stärkeres Beispiel der Sittenlosigkeit: «Wenn sich ein Mann von seiner Frau scheidet und sie geht von ihm und gehört einem anderen, darf er sie auch wieder annehmen? Ist's nicht so, daß das Land unrein würde?» (Jer. 3,1)

Die Ehescheidung ist also zulässig und im jüdischen Gesetz verankert. Aber das Judentum steht ihr nicht gleichgültig gegenüber. Auch nicht gelassen. Insbesondere dann nicht, wenn eine erste Ehe aufgelöst werden soll. «Dann vergießt sogar der Altar Tränen» und: «Von Gott gehaßt ist er, der das Weib seiner Jugend verstößt» (Babylonischer Talmud, Gittin, 90b). Denn immerhin «schrecklich ist die Ehescheidung», und «für alles gibt es Ersatz, nur nicht für das Weib der ersten Liebe» (Babylonischer Talmud, Sanhedrin, 22b). Denn das Ehepaar ist eins: «Stirbt der Mann, wo stirbt er? Vor seinem Weib! Geht die Frau hin, wem wird sie entrissen? Ihrem Mann!» Dazu sagt die Bibel: «Und Elimelech, Naëmis Mann, starb ...» (Ruth 1,3). Noch auf seinem Sterbebett stöhnte Jakob (1. Mose 48,7): «... da starb mir Rachel ...» «Demjenigen, dem die Frau entrissen wird, ist es, als ob der Tempel zu seinen Lebzeiten zerstört wurde.»

Im praktischen Leben

Jüdische Ehescheidungen, d.h. die jüdische gesetzliche Scheidung jüdisch-zivilrechtlich geschlossener Ehen, ihre Auflösung durch ein Rabbinat oder ein jüdisches Gericht, waren früher ausgesprochen selten. Obwohl sie aufgrund von Hillels Prinzip akzeptiert und Gesetz geworden waren; obwohl im allgemeinen keine juristischen Scheidungsgründe angeführt werden mußten; obwohl Klage und Widerlegung überflüssig waren; obwohl es zur Befolgung des Gesetzes, weder nach seinen Buchstaben noch nach seinem Geist, nicht notwendig war, daß einer der Betroffenen eine fiktive oder tatsächliche Schuld auf sich nehmen mußte, und obwohl das Verfahren daher grundsätzlich ziemlich einfach war, wenn beide Betroffenen zu dem Schluß gekommen waren, daß ihre Trennung erforderlich war – trotz allem fand eine Ehescheidung ausgesprochen selten statt. Die Fälle waren so sporadisch, daß man durchaus sagen konnte: Es gab praktisch keine. Diese Feststellung traf noch bis in die jüngste Zeit hinein zu. Aber nicht mehr. Die jüngste Zeit sollte nicht zu knapp bemessen sein, denn sie muß auf über ein halbes Jahrhundert angesetzt werden. Die Entsittlichung, die sich in diesem Bereich abzeichnet, ist auch nicht am jüdischen Leben spurlos vorübergegangen und hat dort viel Unheil gestiftet. Zweifelsohne sprechen die statistischen Angaben der Rabbinate für sich.

In diesem Bereich wird das jüdische Gericht meistens vor vollendete Tatsachen gestellt. Denn zuerst wird die gesetzliche Auflösung der standesamtlichen Ehe beantragt. Da kann nicht mehr argumentiert, nichts mehr vereinigt oder wiederhergestellt werden. Im Gegenteil. In diesem Fall ist auch die jüdische Ehescheidung so schnell wie möglich zu vollziehen, um den zweideutigen Zustand aufzuheben, in dem eine Ehe aufgelöst ist und dennoch rechtsgültig weiterbesteht. Solche Fälle sind unheilvoll und tragisch. Auch sie kommen vor.

Als diese Fälle noch selten waren, als innerhalb der jüdischen Gemeinde innige, herzliche Beziehungen herrschten, die menschlichen Kontakte rege und intensiv waren und der Umgang mit den zuständigen jüdischen Richtern, Geistlichen, oder wie immer man sie bezeichnen möchte, väterlich einfühlend war, konnte, bevor es zu einer Scheidung kam, noch sehr viel unternommen werden, um sie zu verhindern. In diesen wenigen Fällen. Gerade weil sie so selten waren und als so tragisch empfunden wurden. Mehr als ein Rabbinat hat zwei verbitterten Menschen in dieser Zeit Gehör geschenkt und später ein erleichtertes, versöhntes Ehepaar entlassen. Auch heute dürfte das noch hier und dort vorkommen. Sie werden jedoch nicht statistisch erfaßt. Es gibt keine Erhebungen, Verhandlungsberichte, Urkunden noch andere Belege.

Das Verfahren, nach dem eine jüdische Ehe geschieden wird – obwohl es, wie schon oben gesagt, verhältnismäßig einfach ist –, zeugt jedoch sehr nachdrücklich von dem tiefen Ernst, mit dem die Auflösung einer Ehe betrachtet wird, und von den Bemühungen, diese Scheidung nicht einfach zu akzeptieren, sie ohne viele Umstände zu erledigen.

Das Richterkollegium besteht aus drei befugten Amtsträgern. Ein ernstes Wort erinnert Vorsitzende und Mitglieder an die tiefe Schmerzlichkeit und Bedeutung, die der bevorstehenden Verhandlung innewohnt. Ihm widmen sie während des ganzen Verfahrens nicht nur uneingeschränkt ihre Aufmerksamkeit, sie befinden sich auch in einem Zustand der Spannung. Sie entspringt einerseits aus dem schicksalhaften Beschluß und andererseits den peinlich genauen Vorschriften, die bei der Ausstellung der Scheidungsurkunde, dem *Get*, und bei den Vorkehrungen für ihre Überreichung, während des Aushändigens und der ganzen Prozedur beachtet werden müssen.

Die Scheidungsurkunde ist kein vorgedrucktes Formular, das nur mit Namen und Personalangaben ausgefüllt werden muß. So sieht ein Trauschein aus, nicht aber eine Scheidungsurkunde. Ein *Get* wird von Anfang bis Ende jedesmal neu geschrieben. Im Auftrag des Mannes. In seiner Gegenwart. Auf sein Papier, mit seiner Tinte und seinem Schreibzeug. Das er entweder besitzt oder extra kauft, bevor mit dem Schreiben begonnen wird. In Gegenwart zweier Zeugen, von denen im voraus feststeht, daß sie nie, aus welchem Grund auch immer, abgelehnt werden können. Durch einen vom Rabbinat, dem Richterkollegium, anerkannten Schreiber, dem *Sofer*, der natürlich alle Bestimmungen kennt, denen diese Urkunde in bezug auf Umfang und Inhalt entsprechen muß, der Erfahrung beim Ausstellen solcher Urkunden hat und sie auch so auszustellen in der Lage ist, daß ihre Echtheit nie angezweifelt, nie beanstandet werden kann. Wenn es überhaupt schon eine Scheidung gibt, dann soll sie wenigstens unanfechtbar sein.

Damit wird auch der tiefe Ernst der Angelegenheit betont. Ein Ernst und eine Vorsicht, die in der weiteren Gerichtsverhandlung denn auch ständig ins Auge fallen. Zum Beispiel bei den Fragen, die gestellt, und den Antworten und Erklärungen, die gegeben werden müssen. Das Unabwendbare muß deutlich zutage treten, und auch nicht die geringste Möglichkeit irgendeines Bandes zwischen den beiden Menschen darf bestehen bleiben, wenn sie letzten Endes trotz allem den Bruch, die Scheidung wünschen. Durch dieses Verfahren sollen sie zur Einsicht gelangen und sich voll bewußt werden – falls sie es noch nicht sind –, daß sich in ihrem Leben eine tragische Begebenheit abspielt. Wenn der Scheidungsbrief ausgehändigt wird, müssen sie sich den tiefen Ernst des Schrittes und seine Folgen klar und deutlich vor Augen gehalten haben.

Das ganze Verfahren ist mit rührenden Momenten durchsetzt, die eine traurige Stimmung verbreiten. Zum Schluß wird jeder mit einem Bann belegt, der es in Zukunft wagen sollte, die Gesetzmäßigkeit dieser Scheidungsurkunde anzuzweifeln. Denn die jetzt geschiedene Frau muß in Zukunft völlig frei sein. Heiratet sie erneut, darf auch nicht einmal eine Spur des Zweifels aufkommen, ob das erste Eheband nun völlig gelöst wurde oder nicht und sie sich durch die zweite Ehe möglicherweise eines Ehebruchs schuldig macht.

Aus diesen Gründen ist das Verfahren keineswegs einfach. Dieses Verfahren hat gleichzeitig die Ehescheidung in ihrer praktischen Handhabung vorsätzlich erschwert.

Dabei ist das nicht einmal die größte Sorge des Rabbinats. Die Fälle, die bei ihm verhandelt werden, beunruhigen es nicht so sehr. Selbst wenn sie zahlreicher als früher sind. Sorgen bereiten ihm vielmehr die Fälle, die nicht vor ihm erscheinen, die nicht kommen wollen.

Solche Fälle gibt es. Wenn zum Beispiel die standesamtliche Ehescheidung aus gesellschaftlichen Gründen für notwendig gehalten, dann jedoch auch für ausreichend betrachtet wird; wenn die jüdische Ehescheidung als überflüssige Zeremonie vernachlässigt wird; wenn man die Ehe zwar gemäß jüdischem Zivilrecht geschlossen hat und demzufolge die Verbindlichkeit des jüdischen Gesetzes für die Trauung anerkennt, sie jedoch bei der Scheidung leugnet. Oder schlimmer: Wenn nach der standesamtlichen Scheidung einer der Betroffenen den anderen dadurch quält, daß er seine Mitwirkung an der jüdischen Ehescheidung verweigert. Dann wird das jüdische Gesetz auf unhaltbare Weise als Machtmittel zu Schikanen von jenen mißbraucht, die zwar nicht seine Rechtsgültigkeit anerkennen, das Gesetz jedoch für die günstige Gelegenheit nutzen, Rache zu üben. In diesem Fall wird schändlich mit der Tatsache Mißbrauch getrieben, daß ein jüdisches Gericht, das Rabbinat, nicht befugt ist, die Vollstreckung seiner Beschlüsse auch durchzusetzen.

Schon bei der Beschreibung der Schwagerehe wurde das kurz angeschnitten. Auch dort kann der Bruder des kinderlos verstorbenen Mannes seiner Schwägerin Schwierigkeiten bereiten, indem er sich weigert, seine Rolle bei ihrer Trennung vom Haus ihres Schwiegervaters, bei der *Chaliza*, voll zu übernehmen. Er kann sie damit schikanieren. Oder versuchen, ihr Geld abzupressen, falls sie Geld hat. Das kommt durchaus schon einmal vor, und es sollte nicht totgeschwiegen werden.

Im Fall der *Chaliza* haben die Weisen schon früh einen Schritt eingeführt, um diesem Übel so weit wie möglich innerhalb bestimmter Schranken vorzubeugen. In einer Akte verpflichten sich alle Brüder bei der Heirat eines von ihnen schon im voraus, sich zur *Chaliza* zur Verfügung zu stellen, falls sie unverhofft notwendig werden sollte.

Aber nicht alles kann verhindert werden. Gegen Mißbrauch und Gewalt können keine wirksamen Schutzmaßnahmen ergriffen werden, wenn die Macht fehlt, diese Taten zu verhindern oder zu bestrafen. Da das Rabbinat bei der Ausübung seines Amtes nur seinen moralischen Einfluß geltend machen kann, kann es gelegentlich zu Ungerechtigkeiten kommen, wie sie aus der Beschreibung weiter oben hervorgehen. Es gibt sie tatsächlich. Leider. Und sie sind nicht einmal allzu selten.

Trotzdem gewinnen Anstand und Ehre meistens die Oberhand.

Wie auch Prestige und moralische Kraft.

KRANKHEIT, STERBEN UND TOD

Das Sterben

Symbole berühren an erster Stelle den Bereich des Lebenden. Aber sie hören keineswegs mit dem Leben auf. Wo sie aus dem Leben gestrichen wurden, machen sie sich fast überall und bei allen Menschen auch noch im Tod bemerkbar. Beim Sterben und bei allem, was ihm vorausgeht und sich früher oder später aus ihm ergibt.

Der Tod unterbricht die Bande, die man für die Ewigkeit geknüpft wähnte. Wir, die Menschen, sind unbelehrbar. Wir wissen, daß uns unaufhörlich Unsicherheit umgibt. Wissen, daß uns jede Sekunde nur geliehen wurde. Daß jedes Geschlecht dem nächsten Platz machen muß. Unerbittlich. Daß «ein Geschlecht vergeht, das andere kommt» (Pred. 1,4). «Ist doch der Mensch gleichwie nichts; seine Zeit fährt dahin wie ein Schatten» (Ps. 114,4). Aber jedesmal, wenn dieses unveränderliche Gesetz und diese ewige Erfahrung sich erneut bestätigt, sind wir verblüfft, überrascht, bestürzt, geschlagen. Denn trotz aller Gesetze und Erfahrungen wahren wir den Schein und verhalten uns so, als glaubten und seien wir davon überzeugt, daß unser Leben auf dieser Welt ewig währt und daß die Zeit, wenn wir oder einer der Unseren namentlich gerufen und genommen wird, noch nicht gekommen ist. So als könne das nie eintreten.

Wir hängen an unserem Leben und finden es im allgemeinen, trotz der Klagen, die wir manchmal vorbringen, der Mühe wert. Auch wenn wir das irdische Jammertal beklagen und unsere Existenz auf Erden für verwünscht halten – wenn wir also dementsprechend unsere Erlösung aus dem Diesseits eigentlich mit Freuden begrüßen sollten –, auch dann ist solch eine Haltung ausgesprochen selten. Trotz allem bleibt nach dem Hinscheiden eine Wunde. Und Schmerz und Trauer. Der Tod flößt uns einen Schauder ein. Und der Mensch erschauert vor dem großen Rätsel. Vor dem undurchdringlichen Mysterium. Die undurchsichtige Finsternis begleiten Beklemmung, Angst und Ehrfurcht. Gelegentlich auch Furcht und Schrecken. Es ist deshalb kein Wunder, daß immer wieder versucht wurde, dem Unerklärlichen gefühlsmäßig nahezukommen. Man versucht, das Leben festzuhalten, auch wenn es dahinschwindet; denjenigen, an dem sich das Mysterium vollzogen hat, in Erinnerung zu behalten; den Kontakt zu bewahren; sein Bild lebendig zu halten und seinen Namen zu verewigen.

Man umhegt das Krankenbett, das Sterbelager, und man umgibt die Beerdigung, auch die Einäscherung, mit einer Zeremonie sakraler, ritueller, symbolischer oder auch traditioneller Art. Die Zeremonie gehört auf jeden Fall dazu. Sie muß einfach sein. Und sie wird auch über das Grab hinaus fortgesetzt. Manchmal bis in die weit entfernte Zukunft. Gewiß, nicht alles ist Ausdruck der Ehrfurcht vor dem geheimnisvollen Tod. Darin kommt zweifelsohne auch die Liebe für das Leben, das verblüht ist, zum Ausdruck. Nicht alle Handlungen und Bräuche dürfen auf das Erschauern vor dem Mysterium zurückgeführt werden. Wohl aber der überwiegende Teil der Riten, die überall befolgt werden.

Es wird daher niemanden verwundern, daß auch das Judentum solche Symbole kennt. Natürlich sind diese Symbole wie die in jedem anderen Bereich der jüdischen Lebensanschauung angepaßt. Ich wiederhole: Lebensanschauung. Die Betonung liegt auf Leben. Das Leben hat einen Wert, einen unendlichen Wert. Natürlich ist das Leben auf Erden nicht alles. Bei weitem nicht. Es ist nur die Vorhalle. Aber in dieser Vorhalle muß man sich so vorbereiten, daß man in den Palast eintreten kann. «Rüste dich in der Vorhalle, daß du in den Königssaal eintreten darfst», sagt uns die Mischna (Awot 4,16). Niemand hat ein Anrecht auf das Leben. Es ist kein Geschenk, das willkürlich vergeben wurde. Es ist eine Pflicht, eine Aufgabe, eine Berufung.

«Gegen deinen Willen wurdest du erschaffen, gegen deinen Willen lebst du, gegen deinen Willen wirst du sterben, und gegen deinen Willen wirst du dereinst Rechenschaft und Rechnung ablegen vor dem König der Könige, dem Heiligen, gelobt sei er» (Mischna Awot 4,29).

Deshalb kommt es darauf an, was man mit seinem Leben anfängt. Auf die Rüstung in der Vorhalle kommt es an. Sie muß gründlich sein.

«Mancher erwirbt seine Welt in einer Stunde, und mancher erwirbt sie in vielen Jahren» (Babylonischer Talmud, Awoda Sara, 10b). Der erste Fall ist jedoch äußerst selten. Darüber hinaus kann niemand solch eine Stunde erkennen, sie nicht von anderen Stunden unterscheiden. Weder im eigenen Leben noch im Leben anderer. Deshalb ist jeder Augenblick ein Gewinn, besitzt jeder Tag einen unschätzbaren Wert und ist die Verheißung eines langen Lebens die Zusicherung eines besonderen Vorrechts und eines großen Glücks.

Der menschliche Körper macht nicht nur den Menschen, er bestimmt auch die Form, in der er auf Erden lebt. Aber selbst diese Form hat ihren Wert. Denn zwischen Materie und Wesen besteht ein Zusammenhang, eine Wechselwirkung. Auch die materielle Erscheinung des Menschen, seine Hülle, sein Träger, sein Werkzeug – sie müssen so unbeschädigt, so gesund wie möglich sein. Deshalb legt die jüdische Lehre soviel Wert auf die Gesundheit. Wir haben die Pflicht, die bedingungslose Pflicht, nach Gesundheit zu streben, wenn wir krank sind. Wir haben das Leben empfangen, um mit allen uns zur Verfügung gestellten Mitteln, so gut wir können, das Beste daraus zu machen. Wir dürfen es nicht vernachlässigen, nicht mißbrauchen. Noch willkürlich darüber verfügen. Weder über das eigene Leben noch über das anderer. Uns wurde eine Gelegenheit gegeben. Diese Gelegenheit müssen wir nach besten Kräften nützen.

Dabei dürfen wir uns nicht einbilden, daß wir ohne den Willen, ohne den Beistand oder Segen des Himmels etwas erreichen können. Ebensowenig dürfen wir uns auf Wunder verlassen. Auf keinen Fall. Weder bei der Arbeit noch beim Broterwerb. Weder bei Krankheit noch bei Unfall. Denn das würde ja bedeuten: wir sind ein Wunder wert; Gott *muß* uns helfen. Stets müssen wir versuchen, unser Bestes zu tun. Und dann auf den himmlischen Segen hoffen. Für diesen Segen müssen wir selbst, durch unsere eigene Anstrengung, Gott die Möglichkeit, die Gelegenheit geben. Wir müssen unseren Willen beweisen.

Deshalb ist die große Sorge um den Kranken für uns eine Aufgabe. Zuerst in seiner unmittelbaren Umgebung. Aber auch für andere. Das wird dem Kranken bewiesen. So kommt es im jüdischen Leben zum Ausdruck.

Der Krankenbesuch

Es gibt wohl kaum einen Menschen, der völlig auf die Anteilnahme anderer verzichten kann. Denn in jeder Hinsicht bedürfen wir des anderen, sind in allen Dingen und unter allen Bedingungen aufeinander angewiesen. Nicht nur unsere Existenz hängt vom Leben anderer ab. Genausowenig nur unser Unglück. Auch unser Glück ist davon abhängig. Nicht weniger unsere Zufriedenheit, unser inneres Gefühl und unsere Gemütsverfassung. Nicht einmal unsere tiefsten Empfindungen noch unsere heiligsten Regungen sind unser ausschließlicher Alleinbesitz, denn auch sie hängen mit den Ereignissen um uns herum zusammen. Sie sind nicht frei davon, wie wir die Welt sehen, wie auch der Einfluß der Umwelt eine Rolle spielt. Diese Wechselwirkung ist nicht etwa überflüssig. Sie ist notwendig, und wir können sie nicht entbehren.

Wir können im Leid nicht auf sie verzichten, schon gar nicht in der Freude sie entbehren. Stellen wir uns einmal einen freudigen Augenblick in unserem Leben vor, ein beglückendes Ereignis, das uns in eine festliche, frohlockende Stimmung versetzt. Und angenommen, daß wir mit unserer freudigen Stimmung völlig allein sind. Ganz allein. Niemand weiß etwas von unserem Freudentag, keine Menschenseele hat an ihm teil, noch gibt sie ein Zeichen ihrer Anteilnahme. Dann wird unser Freudentag bitter und leiderfüllt. Ein schwarzer Tag in unserem Leben. Unheilvoll. Daher erweist uns jeder, der uns Mitgefühl entgegenbringt, einen Liebesdienst.

Sich mit dem Glücklichen zu freuen und ihm das auch zu zeigen ist wichtig, und es ist eine Wohltat, die die gleiche Bedeutung hat wie unser Mitgefühl für seinen Schmerz. Es liegt sogar noch auf einer höheren Ebene. Denn Mitleid für den Schmerz anderer liegt dem Menschen am Herzen. Außerdem wird es durch das im Unterbewußtsein vorhandene Wissen über die gegenseitige Abhängigkeit ausgelöst, das uns zuflüstert: Heute du, morgen ich! Das Gefühl von Mitleid, d. h. mit einem anderen leiden, setzt man bei jedem Menschen voraus. Ist es verschwunden, dann bezweifelt man alle Gefühle der Menschlichkeit.

Anderen ihr Glück zu gönnen, ohne sie darum zu beneiden, gilt schon fast als Beweis eines gewissen Seelenadels. Hier ist das Negative fast schon eine Tugend. Denn dann ist das großzügige Gefühl aufrichtiger Freude, daß wir ihnen ihre Freude aus vollem Herzen gönnen, so als erlebten wir sie selbst, über allen Zweifel erhaben, vornehm und edel. Der Glückliche stellt natürlich anhand unseres Verhaltens fest, wie wir uns mit ihm freuen. Es ist das schönste Geschenk, das wir ihm bringen können. Das wurde übrigens schon im Kapitel über die Freude von Braut und Bräutigam diskutiert.

Diese Teilnahme an der Freude von Freunden, Bekannten und Mitmenschen betrachtet die jüdische Ethik nicht einfach als selbstverständlich, sie ist für sie eine religiöse Pflicht und wird als gottgefällige Tat geheiligt. Sie ist also eine *Mizwa*. Je entfernter Eigennutz und der Gedanke an die sonst natürliche Gegenseitigkeit ihr liegen, desto höher wird diese *Mizwa* bewertet.

Die Pflicht an der Teilnahme an Leid muß nicht begründet werden. Sie versteht sich von selbst. Wird diese Pflicht versäumt, bedeutet das nicht nur mangelnden Seelenadel, sondern noch sehr viel mehr.

Auch der Krankenbesuch ist eine *Mizwa*. Ein Liebesdienst, der in diesem Geist verstanden und in diesem Licht gesehen werden muß. Ein Liebesdienst nach Gottes Wunsch.

Schon früher war in diesem Buch die Rede von der moralisierenden, aber fast immer poetischen Interpretation der Bibel. Nüchtern und prosaisch betrachtet, ist der *Midrasch*, die Sammlung von Erklärungen zur Heiligen Schrift, eher ein *Hinein*legen als *Aus*legen von Gedanken. Der *Midrasch* versichert uns, daß Gott persönlich die *Mizwa* des Krankenbesuchs bei Abraham erfüllte. Denn als «der Herr erschien im Hain Mamre» (1. Mose 18,1), hatte sich Abraham noch nicht von der Beschneidung erholt, die er kurz zuvor an sich durchgeführt hatte. Darum war die Erscheinung an erster Stelle ein Krankenbesuch! So moralisiert und dichtet der *Midrasch*.

Natürlich muß diese Äußerung nicht wortwörtlich verstanden werden. Aber entfernt man das schmückende Beiwerk, bleibt doch der wahre Kern zurück: Der Krankenbesuch ist ein göttliches Werk. Und sofort erkennt man, wie das Volksgenie in Israel diese und ähnliche Dinge in Gedichten und Liedern poetisch verarbeitet hat.

Im jüdischen Gesellschaftsleben nennt man diese *Mizwa* mit Vorliebe bei ihrem hebräischen Namen: *Bikur Cholim*. In allen Sprachen gibt es Worte, Ausdrücke und technische Begriffe, die in der Übersetzung etwas von ihrem Sinn verlieren. Das ist auch hier der Fall. Im hebräischen Ausdruck treten Klang und Färbung der Heiligung stärker hervor als in der etwas blassen Übersetzung. Das kann Einbildung sein.

Aber diese Einbildung hat sich zu einem wesentlichen Faktor entwikkelt. Der hebräische Ausdruck klingt ehrfurchtsvoll und fromm. Fromm im edlen Sinn dieses Worts, nicht in seinem formellen.

Bestimmungen regeln denn auch diesen Liebesdienst. *Bikur Cholim* ist eine Verpflichtung. Außerdem muß man dem Kranken auch etwas bringen: ein heiteres Gesicht, Worte der Ermutigung, ein inniges Gebet. Dazu muß nicht immer etwas anderes gesagt werden. Ein Händedruck und ein Blick sind oft beredter als Worte. Oberflächliche, gefühllose Worte sind keine Hilfe. Die «Falten des Anzugs» spenden oft mehr Trost, Hilfe und Hoffnung als viele gutgemeinte Worte. Wenn man das nicht mitbringen kann, sollte man besser auf einen Krankenbesuch verzichten. Wichtig ist ja vor allem, den Kranken in keiner Weise zu stören und sich ihm unter keinen Umständen aufzudrängen.

Viele spielen heute gern Doktor; das darf jedoch nicht sein. Zwar sollte man sich diskret umschauen, um zu sehen, wie der Kranke betreut wird, in der selbstverständlichen und herzlichen Absicht, für Abhilfe und Unterstützung zu sorgen, falls sie notwendig sind. Denn das ist der Hauptzweck dieser Liebespflicht. Wie immer die Umstände aussehen mögen, der Besuch muß ablenken, das Los erleichtern und einen günstigen Einfluß zurücklassen. Sonst ist er verboten. Diese Einzelheiten sind bereits so ausführlich wie möglich in der relevanten Literatur erläutert.

Der Besuch darf nicht zu einer Heimsuchung ausarten. Oft ist jedoch der Eifer, eine *Mizwa* zu erfüllen, zu groß. Denn da dieser Liebesdienst zu den religiösen Pflichten zählt und als fromme Tat geheiligt wird, kommt er zur Summe der in einem Menschenleben gesammelten gottgefälligen Taten hinzu. Deshalb ist so mancher der Ansicht, er habe unter allen Umständen das Recht, die Pflichterfüllung für sich zu fordern! Glaubt, ein Anrecht auf die *Mizwa* zu haben! Das kann für den Betroffenen, den Kranken, eine starke Belastung sein. Und er wird denn auch gelegentlich Opfer einer übertriebenen Teilnahme. Dadurch wird alles verdreht, denn nicht der, der die *Mizwa* erfüllt, hat ein Anrecht auf sie, sondern der Kranke, dem sie gewährt wird.

Suggestion ist gewiß eine gute Arznei. Darüber sind sich Experten und Laien einig. In der jüdischen Literatur heißt es dazu auch: Jeder Besucher nimmt dem Kranken einen sechzigsten Teil seines Leidens ab. Sollte daraus gefolgert werden, daß der Kranke genesen ist, wenn sechzig Besucher kommen? Diesen Witz wollen wir nicht ernst nehmen.

Manchmal gewinnt man den Eindruck, daß so mancher das glaubt. Sechzig Besucher für einen Kranken, so schlimm kommt es meistens nicht. Aber sechs? Das kommt durchaus vor.

Auf der anderen Seite beweist selbst der Übereifer, wie wichtig diese *Mizwa* der jüdischen Gesellschaft ist. Ebenso zeugt er davon, daß sich das Familienleben nicht gelockert hat, sondern warm und herzlich geblieben ist. Lebhaftes Interesse an Freud und Leid des anderen ist kein toter Buchstabe in der jüdischen Literatur. Es zeigt sich im täglichen Leben, und bei einer Krankheit tritt es besonders deutlich in den Vordergrund.

Das Krankenbett

Alle Vorschriften des religiösen Lebens werden bei einer ernsten Krankheit zweitrangig, wenn sie sich möglicherweise störend auf den Genesungsprozeß auswirken. Der Arzt ist die höchste Autorität. Der religiöse Kodex räumt ihm die absolute Herrschaft ein. Mit einer leichten Unpäßlichkeit kann man bis nach dem Sabbat warten. Vor allem ist es ungehörig, ausgerechnet auf den Sabbat zu warten, um dem Arzt einen Besuch abzustatten, weil man dann Zeit dazu hat. Andererseits tritt die Heiligung des Sabbats im Fall einer ernsten Krankheit, bei der möglicherweise Lebensgefahr nicht ausgeschlossen ist, in den Hintergrund. Und zwar für den Kranken und alle, die in seinem Interesse für seine Rettung handeln müssen. Für einen solchen Kranken gelten dann auch nicht die Speisevorschriften, falls zur Heilung eine bestimmte Ernährung notwendig ist, die rituell nicht zulässig ist. Hier gilt nur ein Gebot: sein gefährdetes Leben zu retten.

Dazu wollen wir jetzt ein scharfes Wort aus dem Talmud im talmudischen Stil hören:

Es wird gefragt: Darf man zugunsten eines Kranken am Sabbat Licht anzünden? Die Antwort darauf hört sich ungefähr so an: Natürlich wird das gewöhnliche Licht so genannt. Aber auch die Seele des Menschen ist ein Licht, denn es heißt ja: «Eine Leuchte des Herrn ist des Menschen Geist.» Und im Babylonischen Talmud, 30b, hört sich das so an: «Die Lampe heißt eine Leuchte, und die Seele des Menschen heißt ebenfalls eine Leuchte; lieber erlösche die Leuchte des ‹Fleisch und Blut› als die Leuchte des Heiligen, gelobt sei er.»

Das sollte jedoch nicht zu der Annahme verführen, daß man mit der Befolgung des Sabbats leichtsinnig umgeht oder in bezug auf irgendeine religiöse Vorschrift ein Auge zudrückt. Gesetz und Überlieferung werden geachtet und streng beachtet und befolgt. Aber die Bestimmungen und Forderungen beziehen sich auf das Leben. Das regeln sie.

Dieser Gedanke ist vor allem in einem häufig und gern zitierten Bibelvers enthalten. Ihn diskutierte eine Gruppe von Weisen auf einem Spaziergang. Nämlich: wo denn nun die von allen als unwiderlegbar akzeptierte Bestimmung, bei Lebensgefahr gelten die Vorschriften für den Sabbat nicht, in der *Thora* bestätigt wird. Jeder untersuchte daraufhin einen Text und konnte auf einen Satz verweisen, in dem die Bestimmung stillschweigend enthalten ist. Als die Geschichte dieses Spaziergangs und der Meinungsaustausch später in den Schulen diskutiert wurde, sagte ein Gelehrter: «Wäre ich damals dabeigewesen, ich hätte gesagt, so steht es geschrieben (3. Mose 18,5): ‹Darum sollt ihr meine Satzungen halten und meine Rechte. Denn der Mensch, der sie tut, wird durch sie leben ...› ‹Wird durch sie leben› heißt es dort, und nicht: ‹Wird durch sie sterben›!» (Babylonischer Talmud, Joma, 85 a–b).

Ein Menschenleben ist also unendlich wertvoll. Und deshalb muß alles in der Macht des Menschen Stehende unternommen werden, damit ein Kranker wieder gesund wird. Die letzte Entscheidung darüber liegt allerdings allein in höherer Hand. Darüber müssen wir uns bewußt sein. Einen Kranken sollte man nicht mit Gebeten allein zu heilen versuchen, aber genausowenig sollte man sich nur auf den Arzt, sein Wissen und seine Methoden verlassen. Alle Möglichkeiten, die zur Verfügung stehen, müssen genutzt werden, und auch den Himmel sollte man um Beistand bitten. Ein kurzes Gebet sollte bei jedem Krankenbesuch gesagt werden. Selbst nur das kleine Wort *Schalom*, das Friede bedeutet, das aber als Inbegriff alles Vollkommenen gilt. Gott verläßt den Kranken nie. Seine Gnade und Herrlichkeit sind ganz in seiner Nähe, schweben über dem Kopfende seines Schmerzenlagers, sagt uns der *Midrasch*. Deshalb neigte sich Jakob dem *Midrasch* zufolge, dessen Interpretation ja stets mit einem Bibelwort zusammenhängt, im Gebet über das Kopfende des Bettes (1. Mose 47,31), das kurz danach sein Todeslager wurde.

Auch aus diesem Grund ist am Krankenbett eine fromme Haltung angebracht. Aus Achtung vor dem Leben, dem ringenden Leben und dem Geheimnis des vielleicht nahen Todes. Verschlimmert sich die Krankheit, verstärken sich ärztliche Betreuung und Fürsorge. Und der himmlische Vater wird noch inbrünstiger um Beistand gebeten. Man öffnet die Psalter, die in allen Lebenslagen Trost und Erbauung, Jubel und Heiligung spenden. Auch treffen sich gelegentlich kleine Gruppen, um gemeinsam daraus vorzulesen. Sie schließen ihre Zusammenkunft mit Gebeten für die Genesung des Kranken. Ebenso hält man eine fromme Stunde des Studiums jüdischer Schriften ab und beendet auch sie mit einem Gebet. In der Synagoge sucht man bei der gemeinsamen Andacht Trost. Wird im Verlauf des Gottesdienstes aus der *Thora* vorgelesen, wird der Vater oder der Sohn, der Bruder oder ein anderes Familienmitglied des Kranken dazu «aufgerufen», damit er bei der Thorarolle ein Gebet für sie oder ihn sprechen lassen kann. Er spendet gleichzeitig auch etwas für wohltätige Zwecke. Auch Freunde und Bekannte schließen sich ihm an. Oft genug auch Fremde, die voller Mitgefühl ein Bedürfnis danach verspüren.

Es findet ein Ringen um das Leben mit dem Todesengel statt. Ein Kampf an allen Fronten. Auch in der jüdischen Literatur ist der Engel des Todes, der *Mal'ach ha-Mawet*, kein Unbekannter. Er steht am Fußende des Bettes und wartet auf die Seele, die im Begriff ist, sich aus der Umarmung des Körpers zu befreien. Dann bringt er sie vor Gottes Thron.

Aber selbst nachdem die höchste Macht schon die Entscheidung getroffen und das Todesurteil gefällt hat, muß das letzte Wort noch nicht gefallen sein. Noch immer kann der himmlische Vater das Urteil widerrufen und den Urteilsspruch umstoßen. Eine Passage im Talmud zählt die vier Mittel auf, die das herbeiführen können: Wohltätigkeit, Gebet, Namensänderung und Änderung des Lebenswandels. Als Beweis wird die Heilige Schrift herangezogen. Wohltätigkeit (Gerechtigkeit) wirkt, denn in den Sprüchen (10,2) heißt es: «... Gerechtigkeit errettet vom Tode!» (das hebräische Wort *Zedeka* bedeutet sowohl Nächstenliebe wie Gerechtigkeit.) Auch das Gebet ist wirksam, denn der Dichter singt im Kehrreim von Psalm 107, Verse 6, 13, 19 und 28: «Die dann zum Herrn riefen in ihrer Not, und er half ihnen aus ihren Ängsten ...» Auch eine Namensänderung erweist sich als wohltuend, das beweist keine geringere als die Stammutter Sara (1. Mose 17,15–16): «Du sollst Sarai, deine Frau, nicht mehr Sarai nennen, sondern Sara soll ihr Name sein. Denn ich will sie segnen ...» Auch eine Änderung des Lebenswandels kann sich wohltuend auswirken, dafür gibt es zahlreiche Beispiele. Das klassische dürfte wohl das der Einwohner von Ninive sein (Jona 3,10): «Als aber Gott ihr Tun sah, wie sie sich bekehrten von ihrem bösen Weg, reute ihn das Übel, das er ihnen angekündigt hatte, und tat's nicht.»

Das Gebet wird nicht vergessen. Wohltätigkeit wird eigentlich immer ausgeübt, bei einer ernsten Krankheit jedoch verstärkt, und sie kommt zum Gebet hinzu. Und zwar durch Spenden beim Beten und durch diverse besondere Gaben. Denn auf dem Spiel steht ja die Rettung des Lebens, die Erlösung der Seele, *Pidjon Nefesch*, aus der Hand des Todesengels.

Und auch die Namensänderung hat sich eingebürgert und wird gebraucht. Man geht in die Synagoge, öffnet die Bibel und sucht einen Namen, einen guten Namen von jemandem, der ein gutes Leben geführt hat. Dann wird der Thoraschrank geöffnet, und man sagt ein Gebet für den Kranken, der namentlich erwähnt wird. Dem fügt man hinzu, daß sein Name symbolisch geändert wurde, um zum Ausdruck zu bringen, daß er ein anderer geworden ist, bei dem es sich lohnt, die Entscheidung noch einmal zu überdenken und möglicherweise zu ändern. Reue und Buße stehen somit im Hintergrund neben dem Todesengel am Krankenbett.

Fast braucht es nicht gesagt zu werden, aber der Verfasser hält es trotzdem für notwendig, es noch ein weiteres Mal zu betonen, daß man sich des letzten Mittels nicht immer aus reiner, inniger Gläubigkeit bedient, so manches Mal führen auch Angst und Ratlosigkeit zu einer solchen Scheingläubigkeit. Die gleiche Ratlosigkeit, die die Menschen in die Arme von Kurpfuschern, Hellsehern und Okkultismus treibt, sie zu allen Mitteln greifen läßt.

Oft geschieht es jedoch aus tiefer Überzeugung. Selbst auf dem medizinischen Gebiet wirkt der Glaube Wunder. Das gesteht jeder ein. Eine Handlung, die dazu führen kann, ist das «Benschen», eine Verballhornung des lateinischen Wortes «benedicere», d. h. segnen. Flüstert man dem armen Kranken zu, daß er «gebenscht» ist, wie kann man nachweisen, in wie vielen Fällen das eine heilsame Wirkung auf ihn hatte? Auf ihn und die Seinen. Während seiner Krankheit und nach seiner Besserung.

Meistens kann man dem Kranken nicht alle Sorgen anvertrauen, die man sich um ihn macht, oder ihm alles sagen, was man für ihn tut. Das ist selbstverständlich. Denn man darf ihn nicht beunruhigen, sondern soll ihn in dem Glauben lassen, daß alles bestens in Ordnung ist. Häufig muß man ihm sogar seine eigenen Befürchtungen auszureden versuchen, selbst wenn sie begründet sind. Dabei kann es vorkommen, daß die volle Wahrheit im Weg steht. Es ist unmöglich, die ärztlichen Maßnahmen eingehend zu erklären. Ist es unvermeidlich, weil sie sonst nicht verstanden werden, sollte man doch versuchen, sie freundlicher darzustellen als sie es in Wirklichkeit sind. Aus diesem Grund kann man dem Kranken auch nichts von den religiösen Bemühungen erzählen, vom Lesen der Psalter, den Betstunden und den Segenswünschen, die man bei der Thoralesung für ihn sagt. Eigentlich kann man es ihm sagen, denn damit beginnt man schon, sobald er erkrankt; deshalb dürfte ihn das nicht beunruhigen. In jedem Fall spricht man mit dem Kranken nur im Ausnahmefall über das Benschen. Er müßte ein besonders klar denkender, ruhiger und gelassener Mensch sein, der sich auf den Tod vorbereitet hat und ihn akzeptiert. Sonst sollte man Auskünfte und Rücksprachen unterlassen. Genau wie natürlich auch die Mitteilung, daß man seinem Namen ohne sein Wissen einen biblischen Namen hinzugefügt hat.

Wenn die Gefahr später vorüber ist und der Patient das Krankenbett verlassen darf, überrascht man ihn mit der Mitteilung, daß er einen zusätzlichen jüdischen Namen trägt. Denn diesen Namen behält er, wenn er nach dem Benschen noch dreißig Tage gelebt hat. Kehrt er ins Leben zurück, wird er fortan bei seinem neuen Namen genannt. Dabei umgeht man das Standesamt!

Wo immer es notwendig ist, verwendet man übrigens bei allen jüdischen religiösen Handlungen einen neuen Namen. Zum Beispiel, wenn jemand zur Thoravorlesung aufgerufen wird oder wenn er in der Synagoge und den gemeinsamen Betstunden einen Segenswunsch eines anderen empfängt. Auch in allen Urkunden, die seinen Namen enthalten. Selbst seinen Trauschein unterschreibt er mit dem neuen Namen, falls er nicht seine übliche nichtjüdische Unterschrift daruntersetzt. Das steht jedoch jedem frei.

Er ist gebenscht. Jetzt bedeutet das nicht mehr wortwörtlich, daß er gesegnet ist, sondern nur, daß ihm während einer ernsten Krankheit ein weiterer Name gegeben wurde. Viele Juden und Jüdinnen tragen solch einen weiteren Namen. Es gibt sogar solche mit mehr als einer Namensänderung, was bedeutet, daß sie mehr als einmal gebenscht wurden. Diese Handlung wird allerdings nur in extremen Fällen vorgenommen. Aber es geschieht doch des öfteren, daß die Wissenschaftler den Kampf aufgeben und erfahrene Menschen, die dem Tod mehr als einmal ins Auge geblickt haben und fast nie durch seine Anzeichen getäuscht wurden, die Hände in den Schoß legen, den Kopf hängen lassen und sagen: «Gleich ist es um den Kranken geschehen, es ist aus.» Dabei irren sich sowohl die Wissenschaftler wie die Erfahrenen. Demnach darf man nie aktives Handeln, nie die Hoffnung aufgeben, noch das Beten einstellen. «Selbst wenn schon ein scharfes Schwert am Hals des Menschen angesetzt ist, soll er an der Barmherzigkeit nicht zweifeln» (Babylonischer Talmud, Berachot, 61b). Denn das, sagt der Talmud in der gleichen Passage weiter, lehrt uns Hiob, der gesagt hat (13, 15): «Siehe, er wird mich doch umbringen, und ich habe nichts zu hoffen; doch will ich meine Wege vor ihm verantworten.» Denn nur einer kennt wirklich den Augenblick, in dem das zeitliche Leben zu Ende geht. Und nur er hat die Macht darüber.

Sobald sich der Zustand des Kranken gebessert hat und er aufstehen kann, ist einer seiner ersten Gänge wahrscheinlich der in die Synagoge. Dort wird er vor der versammelten Gemeinde zur *Thora* gerufen, und hier vor der ganzen Versammlung dankt er dem himmlischen Vater, der alles heilt. Er weiß, daß er seine Rettung nicht sich selbst zu verdanken hat, sondern Gott und seiner unendlichen Gnade, und er bekennt sich öffentlich dazu. Das erkennt er in seinem Dank an, der den König der Welt lobt. Ihn, der auch denen Wohltaten erweist, die sie nicht verdient haben. «So war er auch mir gütig und tat mir wohl.» Das sagt er nach dem abschließenden Segensspruch nach der Thoralesung. Und die Gemeinde erwidert darauf mit einem herzlichen Zuruf: «Er, der dir soviel Gutes tat, sei dir auch weiterhin gnädig.»

Für die Frau oder Tochter wird der Mann, der Vater, der Bruder oder ein anderer zur Thoralesung aufgerufen, während die von ihrer Krankheit Geheilte in ihrem Kreis ihr Dankgebet sagt. Und zwar in der Frauenabteilung des Bethauses, auch sie nach dem abschließenden Segensspruch der Thoralesung. Genauso hält es auch die Mutter.

Wenn jedoch die Krankheit nicht weichen will und sich die Vorboten des näherkommenden Todes mehren, obwohl weder ärztliche Pflege noch die Gebete nachgelassen haben, verfolgen alle nahen Verwandten des Kranken die Anzeichen des bevorstehenden Endes mit wachsender Aufmerksamkeit, Teilnahme und Mitgefühl. Jetzt bleibt die Familie nicht etwa mit dem Sterbenden allein, seine Pflege wird nicht mehr ausschließlich den Angehörigen überlassen. Sondern hinzu tritt die Wohlfahrtspflege, die in jeder jüdischen Gemeinde gut organisiert ist. Diese Organisationen sind so alt wie die Gemeinde. Es gibt Männervereine für Männer und Frauenvereine für Frauen. Sie betrachten es als ihre heilige Pflicht, dem Sterbenden in seinen letzten Augenblicken beizustehen und die einfachen, aber in ihrer Schlichtheit bedeutsamen feierlichen Handlungen zu vollziehen, die sich aus frühester Zeit durch die Jahrhunderte bis heute erhalten haben. Diese Männer und Frauen bereiten dann den Hingeschiedenen für seinen lezten Gang vor, so daß sich die Familie nicht darum kümmern, noch darum sorgen muß. Das ist das Werk dieser frommen Vereine, die seit je dafür zuständig sind und denn auch den wohlverdienten Namen *Chewra Kadischa* führen, übersetzt ungefähr die «Heilige Vereinigung», offizieller jedoch als «Beerdigungsbruderschaft». In der Geschichte und in der Gemeinde sind sie im allgemeinen unter dem Namen *Gemilut Chessed, Gemilut Chassadim* oder *Gemilut Chessed ve-Emet* eingetragen. Gemeint ist damit, Wohltätigkeit ausüben, uneigennützige Liebesdienste erweisen. Denn, so werden sie begründet, die dem Sterbenden oder Verstorbenen erwiesenen Dienste sind Akte der Nächstenliebe, für die sie keinen Lohn erwarten können. Wer sie empfängt, kann sie nicht mehr belohnen. Und wer diese *Mizwa* erfüllt, kann nichts anderes gewinnen als das befriedigende Gefühl einer erfüllten Pflicht. Der vollbrachten Tat. Der höchsten und edelsten Tat! Auf seinem Sterbebett erbat sich der Stammvater Jakob diesen Liebesbeweis von seinem Sohn Joseph. Denn das meinte er, als er im Zusammenhang mit seinem Begräbnis um *Chessed ve-Emet* bat, um «Hingebung und Aufrichtigkeit», zwei Worte, die zusammengehören (Raschis Kommentar zu 1. Mose 47,29). Von diesem Gedanken der aufrichtigen Nächstenliebe leitet die *Chewra Kadischa* ihren Sinn und ihre Berufung her. Ihre aktiven Mitglieder sind nicht nur Schriftgelehrte oder geistige Führer. Außerdem bilden diese Verbände keinen eigenen Orden mit landesweiten Querverbindungen. Ihr Betätigungsbereich geht nicht über ihre Gemeinde hinaus. Ihre Mitglieder stammen aus allen Ständen, allen Berufs- und Wirtschaftszweigen, die es innerhalb der jüdischen Bevölkerung gibt. Sie werden allein von der *Mizwa* beseelt, sie ist ihr Ansporn, und sie stellen sich in ihre Dienste, wenn die Pflicht sie ruft. Selbst in der kleinsten Gemeinde gibt es Diener und Dienerinnen für dieses Liebeswerk. Wegen der geringen Mitgliederzahl ist man dort auch stärker aufeinander angewiesen. In den größeren Gemeinden wurden dagegen schon allmählich feste Angestellte für die unmittelbare Hilfe und bestimmte Dienstleistungen der Wohlfahrtspflege ernannt. So gibt es zum Beispiel Wächter und Wächterinnen, die die irdische Hülle des Verstorbenen von seinem Tod bis zur Beerdigung hüten. Dabei wechseln sie sich ab, im Auftrag und entsprechend den Regeln der frommen Einrichtung, die ja den Familienangehörigen die Sorge für alle Formalitäten abgenommen und sich selbst aufgebürdet hat.

In sehr großen Gemeinden ist das nicht mehr ausschließlich Sache nur dieser Einrichtung. In vielen größeren und auch kleineren Gemeinden ist dieser Einrichtung auch eine Bestattungsvereinigung angeschlossen, die die Beerdigungskosten aus den Mitgliedsbeiträgen deckt. Sie ist es denn auch, der die Organisation dieses Liebesdienstes übertragen wurde. Und innerhalb dieser Beerdigungsvereinigung wird er in der überlieferten Form wahrgenommen.

Noch immer führt die *Chewra Kadischa* in den jüdischen Gemeinden ihr uneigennütziges, segensreiches Werk aus. Es beginnt dort, wo der Tod seinen Schatten wirft. Dann bringt sie das tröstliche Licht ihres Beistands.

Das Sterbebett

Je mehr sich das Ende nähert, desto schwerer und wichtiger wird die Aufgabe derjenigen, die den Sterbenden umhegen. Ausbrüche von Schmerz, ja, sogar schlichte Äußerungen der Trauer durch die Angehörigen sollten soweit wie möglich vermieden werden. Wer mit dem Tod ringt, darf zwar ernste Menschen um sich sehen, aber sie sollten doch ruhig und gefaßt wirken. Denn der Sterbende soll sich ja nicht vor dem Tod fürchten. Manchmal ist es wünschenswert und sogar erforderlich, teure Verwandte dem Sterbezimmer fernzuhalten und, wenn es sein muß, ihnen den Zugang zum Kranken zu untersagen. In anderen Fällen ist genau das Gegenteil erwünscht. Im ersten Fall wäre das erste, im zweiten Fall das zweite grausam. Hier entscheiden keine Vorschriften oder Maßnahmen, sondern Takt und Feingefühl.

Auch darf man dem Kranken seinen ernsten Zustand nicht verheimlichen. Er muß ja die Möglichkeit haben, sich auf seinen Tod vorzubereiten, wenn diese Möglichkeit real ist. Denn er sollte nicht in die ewige Ruhe eingehen, ohne von seiner irdischen Existenz Abschied zu nehmen. Und wer sich der Aufgabe gewachsen fühlt, dem Kranken, dem Sterbenden die Wahrheit zu sagen, sie mit ihm zu diskutieren, der muß es tun. Möglicherweise muß er noch weltliche, ganz alltägliche materielle Angelegenheiten regeln. Um sie zu erledigen, reicht unter Umständen eine kurze Erklärung, eine schnelle Auskunft oder ein Hinweis des Sterbenden. Wird das unterlassen, werden die Hinterbliebenen nicht selten vor große Schwierigkeiten und Probleme gestellt. Das muß dem Sterbenden vor Augen geführt, darauf muß er aufmerksam gemacht werden. Das ist schwierig und manchmal sogar unmöglich. Das könnte man mit einer allgemeinen Bemerkung einleiten, etwa, daß noch niemand daran gestorben ist, wenn er vom Tod sprach. Aber die Praxis ist da sehr viel mühevoller als die Theorie. Auch hier spielt die Erfahrung eine große Rolle. Ton, Stimme, Gebärden und Auftreten des Menschen sind von Bedeutung, schwerwiegend. Manchen Kranken ist der Rabbiner ein Bote des Trostes und des Friedens, anderen ist die *Chewra Kadischa*, sind ihre Vertreter Vorboten des Todesengels.

Meistens kann man vorher nicht wissen, welchen Eindruck man hervorruft. Deshalb ist Vorsicht und nochmals äußerste Vorsicht geboten.

Ist es jedoch möglich, mit dem Kranken über den Ernst der Stunde zu sprechen, gibt es erhabene Augenblicke. Dann bittet man ihn, in sich zu gehen, zu prüfen, ob er in Frieden gehen kann. Ob es vielleicht irgendwo Menschen gibt, die er noch für irgend etwas entschädigen muß. Ob er vielleicht auch noch gern erleben möchte, wie andere, die ihm in Wort oder Tat Unrecht zufügten, es wiedergutmachen. Damit er in dieser Hinsicht mit allen Mitmenschen versöhnt, geläutert vor Gott treten kann.

Dann hält er vertraulich Zwiesprache mit Gott. Selbst wenn er bei einer Übersicht seines Lebenswerkes sieht, daß er sein Dasein nach besten Kräften in Gerechtigkeit und Liebe in Gottes Augen geführt hat, erkennt er in diesen Augenblicken trotzdem, wie sehr er in den unzähligen Fällen, in denen er versagt hat, der unendlichen Gnade des himmlischen Vaters bedarf. Der immer zu vergeben bereit ist. Dann wird ihm die Sterbestunde zum großen Versöhnungstag: Er sagt das *Vidui*, das Sündenbekenntnis vor Gott.

Mit den Menschen versöhnt, wurde er nun auch durch Reue und Bekennen und Buße vor Gott geläutert. Jetzt ist er ruhig und gestärkt und kann gefaßt von den Seinen Abschied nehmen. Wieder beugen die Kinder vor Vater und Mutter das Haupt. Wiederholt sich die Szene, wie die *Thora* sie am Sterbebett des Stammvaters Jakob schildert (1. Mose 48,20). Der Vater legt die Hand auf das Haupt der Kinder, eines nach dem anderen, und sie empfangen den alten Segen, den sie an jedem Sabbat und Feiertag entgegennehmen durften, diesmal zum Abschied. Die Söhne: «Gott mache dich wie Ephraim und Manasse.» Die Töchter: «Gott mache dich wie die Stammütter Sara, Rebekka, Rachel und Lea.»

Der Tod wirft zusehends längere Schatten. Das Lebenslicht verblaßt. Es dämmert. Die Anzeichen des bevorstehenden Endes mehren sich. Schon ist der Flügelschlag des *Mal'ach ha-Mawet*, des Todesengels, zu hören.

Jetzt liest man die *Schemot*, d. h. die Abschnitte des *Sch'ma*-Gebets. Der Sterbende erhält nichts mehr. Man rührt ihn kaum oder überhaupt nicht an, weil man befürchtet, eine Berührung oder ungeschickte Gebärde könne den Tod beschleunigen. Trotzdem wird nichts unterlassen, ihn aufzumuntern, seinen Schmerz zu lindern oder sein Ringen, falls es ein solches gibt, zu mildern. Die Anwesenden, sowohl die amtlichen Vertreter wie die anderen, stimmen das Gebet *Jigdal* nach der alten Melodie der Hohen Feiertage, d. h. Neujahr und Versöhnungstag, an: das kunstvolle Gedicht, das auch die von Maimonides verfaßten dreizehn Glaubensartikel enthält. Bleibt noch Zeit dafür, wird in gleicher Weise auch das Gebet *Adon Olam* gesungen: «Der Herr der Welt, der König war ...», das mit den unter diesen Umständen so sehr treffenden Worten endet: «In Seine Hand übergebe ich meinen Geist, wenn ich schlafe und erwache, und mit meinem Geiste meinen Leib, Gott ist mit mir, ich fürchte nicht.»

Jetzt summen die Anwesenden es schon vernehmlicher. Manchmal auch in größeren Gruppen. Denn wenn es irgendwie möglich ist, tritt hier eine kleine Gemeinde zusammen, die bei und mit dem Sterbenden eine gemeinsame Andacht hält. Seine letzte Betstunde im Rahmen der Gemeinde. Deshalb müssen nicht weniger als zehn Männer der Gemeinde anwesend sein. Die Mindestzahl, die für eine gemeinsame Andacht notwendig ist.

Zum Schluß sagen alle zusammen in langgedehnten Tönen das *Sch'ma Israel*: «Höre Israel! Gott, unser Herr, ist ein einiger, einziger Gott!» Damit wartet man jedoch bis zum wirklich letzten Augenblick. Denn die Seele, die dahingeht, wird auf den Flügeln dieses Bekenntnisses zum Einzig-Einen, zu ihrem Schöpfer in die Ewigkeit getragen. Und das Wort *echad*, das Ein bedeutet, wird, wenn möglich, so lange angehalten, bis mit dem Ende dieses Wortes auch die Seele ausgehaucht wird.

Auch das *Baruch Schem kewod Malchuto*, d. h. «Gepriesen sei sein Name, sein Reich und seine Herrlichkeit in Ewigkeit» wird, wenn möglich, dreimal gesagt. Ebenso: «Der Herr ist Gott, der Herr ist Gott!», das Elia auf dem Karmel aus Tausenden von Kehlen zugerufen wurde (1. Kön. 18,39). Wenn nötig, wird es wiederholt. Wie auch das Gebet: «Gott regieret in Ewigkeit!» Doch immer so, daß das Wort *echad*, das Schlußwort des *Sch'ma Israel*, den letzten Atemzug auffängt. Deshalb wird dieser Vers, wenn es sein muß, im entscheidenden Augenblick auch absichtlich mitten in anderen Sätzen wiederholt.

Der Verfasser erliegt hier der Versuchung, die Geschichte vom Martertod von Rabbi Akiba zu erzählen. Rabbi Akiba war einer der vielen Märtyrer zur Zeit der Verfolgungen Hadrians. Gemäß der Geschichte wurde ihm das Fleisch mit glühenden Zangen vom Körper gerissen. Er aber ertrug sein Geschick ruhig und konzentrierte seine ganze Willenskraft darauf, das Bekenntnis der Einzigkeit Gottes in vollendeter Hingabe und mit Liebe restlos zu akzeptieren. Seine Schüler mußten seiner Folterung händeringend zusehen. Sie fragten: «Vergötterter Meister, sage uns, was verleiht dir die Stärke, bei solchen Qualen so ruhig zu bleiben?» Kaum vernehmlich kam die Antwort: «Seit ich mein volles Bewußtsein habe, sehnte ich mich danach, das göttliche Gebot wirklich und wortwörtlich zu erfüllen ... Wie es in der Heiligen Schrift heißt (5. Mose 6,5): ‹Du sollst den Herrn, deinen Gott, liebhaben von ganzem Herzen, von ganzer Seele und mit all deiner Kraft, das heißt, wenn dir darob sogar das Leben genommen werden sollte ...› Nun, da ich diesen von mir ersehnten Augenblick erlebt habe, sollte ich mich nicht freuen?» Daraufhin stimmte er das *Sch'ma Israel* an. Und hielt das Wort *echad* so lange an, bis er seinen Geist mit diesem Wort aufgab. Da ertönte eine himmlische Stimme, die sagte: «Wohl dir, Rabbi Akiba, daß dein Odem bei *echad* ausging!» (Babylonischer Talmud, Berachot, 61 b).

Im Verlauf der Geschichte sind unzählige Märtyrer dem Beispiel Rabbi Akibas gefolgt und haben in Feuer und Wasser, unter dem Schwert oder beim Hungertod ihre Seele mit dem Wort *echad* des *Sch'ma Israel* ausgehaucht. Auf unzähligen Schlachtfeldern, überall haben Sterbende ihre Stammesbrüder, die auch ihre Brüder im Tod waren, an dem Gebet *Sch'ma Israel* erkannt.

Diesen Bibelvers lernt das jüdische Kind auf hebräisch, sobald es sprechen lernt. Und damit geht der jüdische Mensch in die Ewigkeit ein. Ohne jeden Unterschied. Wer immer es auch ist. Auch wenn er sein ganzes Leben in Gottgläubigkeit und dem Willen des Schöpfers ergeben verbracht hat, wird ihm kein anderes, kein heiligeres Geleit als dieses gegeben. Und auch der, der in seinem Leben Gottes Wort nicht immer oder überhaupt nicht beachtet hat: Kein geringeres Wort trägt seine Seele davon.

Es gibt nichts mehr und nichts weniger. Das ist alles. Für jeden Einzelnen.

Jetzt ist es eingetreten. Man wartet und vergewissert sich, ob der Sterbende noch atmet, indem man ihm eine Feder oder Daune unter Mund oder Nase hält. Dann schließt man dem Toten behutsam und ehrerbietig die Augen. Denn der Tod soll ja nur ein Todesschlaf sein. Es gibt ein Wiedererwachen. Einer der Nachkommen drückt dem Toten die Augen zu. Wenn möglich, der älteste Sohn. War Joseph nicht der Erstgeborene Jakobs von Rachel, seiner zuerst gewählten Frau? Und wurde es Jakob nicht als trostreiches Versprechen zugesagt, als er nach Ägypten zog: «... und Joseph soll dir mit seinen Händen die Augen zudrücken»? (1. Mose 46,4) Wenn man dann auch noch den Mund so gut wie möglich geschlossen hat, nimmt man ein weißes Leichentuch: ein kleines Laken oder einfach ein Tuch. Alle zusammen fassen es an, vor allem die Kinder und Verwandten. Mit den Worten: «Gelobt seist du, Gott, unser Herr, König der Welt, der ein Richter der Wahrheit ist...» wird das Gesicht des Toten bedeckt. Manchmal reißen die Kinder und nahen Verwandten, die anwesend sind, einen Riß in ihre Oberbekleidung. Auch andere reißen ihre Kleidung an irgendeiner Stelle ein. Meistens machen die Trauernden jedoch erst vor der Beerdigung einen Riß in ihre Kleidung.

Jetzt muß für den Toten und seine Beerdigung gesorgt werden. Eine eigens dafür geschaffene Einrichtung nimmt dieses Problem den Angehörigen meistens sofort und vollständig ab. Denn jetzt wird die *Chewra Kadischa* tätig, jetzt wird sie zur Erfüllung ihrer Aufgabe gerufen.

Beim Toten

Der geheimnisvolle Tod ist gekommen. Es ist geschehen. Der *Mal'ach ha-Mawet*, der Todesengel, ist gegangen und hat das Leben mitgenommen, das wir im allgemeinen als so normal, augenfällig und selbstverständlich betrachten und das uns auf einmal ebenso unerklärlich, so rätselhaft wie der Tod vorkommt. Vor uns liegt nun eine Hülle, die bis vor kurzem noch von Leben durchdrungen war. Zurück bleibt die Materie, die jetzt leblos ist. Ein Leichnam.

Dieser Leichnam ist jedoch nicht verendet, er ist kein Kadaver. Er war lediglich die Hülle, das Fleisch, das den Menschen darstellte. Einen Menschen, den wir gern hatten, den wir unendlich liebten oder auch nur flüchtig kannten. Aber: einen Menschen. Mit allen Tugenden und Mängeln, ein mehr oder weniger gutes Exemplar des Begriffs «Mensch», ein «Ebenbild» Gottes, das uns fortgesetzt auffordert, uns über das Alltägliche zu erheben und zu versuchen, den höchsten Gipfel der Menschlichkeit zu erreichen, selbst wenn wir bei diesem Versuch wiederholt stolpern. Unser Begriff vom Menschen, der uns als der Maßstab dient, den wir jedem Menschen anlegen können und dürfen, um Vergleiche anzustellen, genau wie wir ihn uns selbst jeden Tag und jede Stunde erneut zur eigenen Prüfung anlegen sollten.

Diese Hülle ist kein Kadaver. Sie hat eine Menschenseele beherbergt, war ein Aufenthalt Gottes. Unsere Ehrfurcht vor der sterblichen Hülle steht nicht der vor dem lebenden Menschen zurück. Denn der Tod hat diese Hülle mit seiner Majestät berührt, und jetzt ist sie wertlos. Sie liegt in unseren Händen, den Händen der Überlebenden. Wenn wir Feingefühl besitzen, beeinflußt diese Wehrlosigkeit unsere Haltung. Und so sollte es ja auch sein.

Das sind die Gedanken, die uns leiten, während wir dem Toten die letzten notwendigen Liebesdienste erweisen. Diese Gefühle bewegen die Männer und Frauen der *Chewra Kadischa*, die dieses Liebeswerk vollbringen. Sie haben den Leichnam schön gerade ausgestreckt. Wenn möglich, legen sie ihn auf den Fußboden. Auf jeden Fall entfernen sie Bettlaken und Decken, weil die Wärme die Verwesung des entseelten Fleisches bis zur Beerdigung beschleunigen würde. Durch Verwesen kommt der Leichnam physisch dem Kadaver nahe. Und der Aasgeruch kann, selbst wenn er von einer menschlichen Leiche stammt, unwillkürlich Gefühle oder Worte und Gebärden verursachen, die nicht mit der Ehre im Einklang stehen, die wir dem Toten schuldig sind. Der tote Körper wird nur mit einem weißen Tuch bedeckt. Schon bald darauf wird er für die Waschung, Reinigung und Einsargung vorbereitet. Auch diese Aufgaben erfüllt die fromme Vereinigung, und zwar sorgen Mitbrüder für die Männer und Mitschwestern für die Frauen.

Hier soll nur ganz kurz angemerkt werden, daß die Toten im modernen Israel im allgemeinen nicht eingesargt, sondern aufgebahrt und in einem schwarzen Leichentuch bestattet werden. Dagegen werden Soldaten, die bei der Verteidigung ihres Landes gefallen sind, meistens im Sarg befördert und auch in ihm beerdigt.

Die Sorge für den Toten wird nicht ausschließlich der Familie überlassen, und der Leichnam bleibt nicht allein. Jemand hütet ihn, Tag und Nacht. In den größeren Gemeinden geschieht das aus diversen Gründen meistens durch einen Gemeindeangestellten, einen Wächter oder eine Wächterin, die nach einem bestimmten Zeitpunkt, zum Beispiel nach zwölf Stunden, von einem anderen abgelöst werden. Auch am Totenbett wird «studiert», d. h. die jüdische Lehre wird gepflegt und die entsprechende jüdische Literatur studiert. Aus der Heiligen Schrift werden Abschnitte und Psalter vorgelesen. Manchmal ununterbrochen von dem Augenblick, in dem der Tod eingetreten ist, bis zur Beerdigung. Das ist jedoch nicht überall möglich. Es geschieht in dem Raum, in dem der Leichnam aufgebahrt ist, allerdings nicht direkt vor ihm. Denn er kann sich ja nicht mehr beteiligen, kann die edle Pflicht des «Thorastudiums» nicht mehr erfüllen. Das dürfen wir nicht vergessen, und wir sollten uns hüten, auch in dieser Hinsicht «den Armen zu verspotten». Wer das tut, sagt der Dichter der Sprüche, «verhöhnt seinen Schöpfer» (Spr. 17,5). Ebensowenig hüllen wir uns in den *Tallith*, noch legen wir die *Tefillin* an.

Auf jeden Fall wird der Raum, in dem der Leichnam liegt, bis zur Beerdigung ehrfürchtig abgeschirmt.

In der Zwischenzeit werden alle Schritte für die Beerdigung getroffen. Auch dabei hilft die zu diesem Zweck gegründete Einrichtung. Sie erledigt eine Reihe von Formalitäten wie das Aufgeben der Todesanzeige beim Standesamt sowie andere, für die die Beerdigungsvereinigung zuständig ist. Sarg und Totenkleid werden vorbereitet. Beide sind schlicht und einfach. Das gilt sowohl für Männer wie für die Frauen. Schon seit achtzehn Jahrhunderten. Vorher herrschte bei Begräbnissen eine solche Prunksucht vor, daß sich der Mittelstand arm vorkam und die Armen sich schämten und deswegen sogar die Beerdigung ihrer Toten hinausschoben. Damals bestand der Patriarch *Gamliel von Jabne*, ein jüdisches Zentrum, dessen Blütezeit vom letzten Viertel des ersten bis zum ersten Viertel des zweiten Jahrhunderts unserer Zeitrechnung reichte, auf dieser schlichten Schmucklosigkeit für sich selbst, die man ihm dann auch zuteil werden ließ. Seither wird diese Sitte unverändert beibehalten und geheiligt. Der Sarg ist eine Kiste aus ungehobeltem weißem Holz. Das Totenkleid wurde aus weißem Linnen hergestellt, dessen Qualität unwesentlich ist. Dem Toten wird keinerlei Schmuck angelegt, genausowenig wie ihm Schmuck oder Wertgegenstände ins Grab mitgegeben werden. Nur was zum Körper gehört, gibt man ihm mit. Auch was zu einem festen Bestandteil davon geworden ist, wie zum Beispiel ein hölzernes Bein. Eine solche Kiste und ein Leichentuch, für einen bestimmten Toten vorgesehen, dürfen nie für eine andere Person noch für einen anderen Zweck verwendet werden. Denn der Tote ist wehrlos und kann nicht mehr um sein Recht kämpfen.

Viele sorgen schon lange vorher für ihre Sterbekleider. In früheren Zeiten waren die *Tachrichim*, die Totenkleider, ein fester Bestandteil der Aussteuer. Auch heute legen Menschen, wenn sie älter werden, diese Bekleidung bereit, fertigen sie selbst an oder lassen sie anfertigen. Ist sie nicht bereit, was meistens der Fall ist, sorgt die *Chewra Kadischa* dafür. In kleinen Gemeinden treten die Frauen jedesmal zusammen, wenn jemand stirbt, und nähen im Haus des Toten alles Notwendige. Viel ist es nicht: eine Mütze oder Haube, eine Hose, ein Hemd, ein Gürtel, ein Beffchen und ein Paar Socken. Für die Frauen werden die entsprechenden Frauenkleider vorbereitet. Alles aus ganz gewöhnlichem Leinen, einfach zugeschnitten und mit der Hand ordentlich, aber nicht besonders fein genäht. In größeren Gemeinden sind solche Kleidungsstücke fast immer vollständig vorrätig. Zu diesem Zweck treten die aktiven Mitglieder der Vereinigung jedesmal zusammen, wenn der Vorstand der Frauen es für notwendig hält. Für diese Arbeiten verwendet man heute auch schon eine Nähmaschine, aber noch nicht überall und oft. Immer und überall gibt es noch genug Frauen, die auf diesen Liebesdienst nicht verzichten möchten.

Sobald alles vorbereitet ist, kommen Männer für den Verstorbenen und Frauen für die Verstorbene, um den Leichnam zu waschen, und zwar tatsächlich auch als symbolische Reinigung. Ein Brett wird über ein Gestell gelegt und der Leichnam behutsam und ehrerbietig daraufgelegt. Mit der gleichen achtungsvollen Rücksicht wird er entkleidet, falls das nicht schon vorher geschah. Dabei ist der Körper stets völlig mit einem großen Laken bedeckt. Auch beim Waschen. Mit einem Topf wird lauwarmes Wasser über den Körper gegossen, und alle Teile werden vorsichtig gewaschen.

Behutsam wird der Tote auf die eine, dann auf die andere Seite gelegt, und auch der Rücken wird nicht vergessen. Ebenso werden Hände, Füße sowie die Nägel behandelt. Alles in feierlicher Stille. Vor dem Waschen sagen alle zusammen ein Gebet. Während der ganzen Behandlung des Leichnams unterrichtet ein Kantor oder eine andere Person, ebenso werden Psalter vorgetragen. Zum Schluß findet die *Tahara*, die eigentliche rituelle Reinigung, statt. Mit Wasser, das schon vorher bereitgestellt wurde, wird der auf dem Rücken ausgestreckte Körper dreimal zu den folgenden Bibelworten begossen: «Denn an diesem Tage geschieht eure Entsühnung, daß ihr gereinigt werdet; von allen euren Sünden werdet ihr gereinigt vor dem Herrn» (3. Mose 16,30).

Dann wird der Leichnam schonend getrocknet und ihm das Totenkleid angezogen. Da alle Beteiligten darin meistens geübt sind, geht alles glatt und ordentlich vor sich. Diesen Dienst überwacht ein Leiter: der Vorsitzende oder ein anderes Vorstandsmitglied der *Chewra Kadischa*. Bei den Frauen ist das natürlich die Aufgabe der Vorsitzenden oder ihrer Stellvertreterin. Der Leiter beehrt jeweils zwei der Anwesenden mit einer Handlung, die als *Mizwa*, Pflicht und Ehrenfunktion, betrachtet wird. Auch nahe Verwandte und andere Familienangehörige können, falls sie es wünschen, dem Toten einen letzten Liebesdienst erweisen und beim Waschen, Reinigen und Ankleiden seines Leichnams helfen.

Der Sarg steht bereit für den Toten. Boden und Wände sind mit einem großen Laken ausgelegt. Ist der Tote ein Mann, wurde auch sein *Tallith* im Sarg ausgebreitet und wird gleich den Toten umhüllen. Jetzt wird der Leichnam hochgehoben und in den Sarg gelegt, wozu die Anwesenden zum Abschied von dem Toten den folgenden Bibelvers sagen: «Du aber, Daniel, geh hin, bis das Ende kommt, und ruhe, bis du auferstehst zu deinem Erbteil am Ende der Tage» (Dan. 12,13).

Dann wird der Deckel auf den Sarg gelegt und dieser vorläufig verschlossen. Manchmal auch schon endgültig. Vorher wird jedoch noch feierlich Erde aus dem Heiligen Land in den Sarg gestreut. Auch vor der

Beerdigung ist das möglich, aber in vielen Orten wartet man damit doch bis zur Beerdigung.

Alle, die bei diesem letzten Liebesdienst am Toten mitgewirkt haben, danken dem Leiter der Zeremonie für die *Mizwot*, mit deren Erfüllung sie beehrt wurden. Nachdem alles geordnet und das Zimmer des Toten wieder ganz aufgeräumt ist, verlassen sie es mit dem beruhigenden Gefühl der erfüllten Pflicht.

Vor der Beerdigung

Erde aus dem Heiligen Land: keine Phantasie, keine Mystifikation. Es gibt tatsächlich etwas Sand, der aus dem Land Israel stammt und von dort überall, wo es Juden gibt, das heißt in die ganze Welt geschickt wird.

Praktisch überall liegt also ein Säckchen Erde aus *Eretz Israel*, d.h. dem Land Israel, bereit, wenn der sterblichen Hülle eines Kindes Israels die letzte Ehre erwiesen wird. Behutsam werden nochmals die Augen zugedrückt, falls sie sich geöffnet haben. Denn schlafen wird der Tote, im Staub schlafen bis zum Tag des großen Erwachens. Der mit der Erde aus Israel gefüllte Beutel wird geöffnet. Feierlich wird jedem, der bei den Vorbereitungen für die Beerdigung geholfen hat, etwas davon gegeben. Alle streuen die Erde auf das Gesicht des Toten, auf sein Sterbekleid und um ihn herum. Dazu sagen sie die Bibelworte: «... und wird ... entsühnen das Land seines Volkes!» (5. Mose 32,43).

Jeder, der nicht im Land der Väter leben konnte und sich sein Leben lang damit begnügen mußte, daran zu denken, dafür zu beten, sich beim Beten in seine Richtung zu wenden, dafür Spenden zu geben und, wenn möglich, für es zu arbeiten, möchte doch gern seinen Lebensabend dort verbringen, um seine Lebenssonne in diesem Land untergehen zu sehen und dort begraben zu werden. Wem es nicht gelingt, im Staub der Erde der Stammväter zu ruhen, der läßt sich so beerdigen, daß er das Gesicht dem Land der Väter zuwendet. Und auch etwas Staub aus dem Heiligen Land bedeckt den Toten.

Vor allem in letzter Zeit schicken viele Menschen ihre teuren Toten nach Israel. Selbst wenn sie schon vorher anderenorts beerdigt wurden. Das ist möglich und auch erlaubt. Obwohl es durchweg verboten ist, Leichen auszugraben, und es dem jüdischen Empfinden zuwiderläuft, die Ruhe des Toten zu stören, gelten diese Einwände nicht, wenn eine erneute Beisetzung in *Eretz Israel* beabsichtigt ist. Manche, die nicht die Möglichkeit haben, ihrem teuren Toten ihre Liebe und Ehre in dieser höchsten Form zu erweisen, bemühen sich, dem geliebten Toten mindestens im Sarg ein Bett auf israelischer Erde zu bereiten.

Deshalb fehlt das Symbol eines Häufchens Erde aus dem Boden der Stammväter fast nirgends.

Dieser feierliche Akt wird heute meistens direkt nach der Reinigung des Toten und seiner Einsargung vorgenommen. Früher fand er fast immer – und auch heute ist das zum Teil noch der Fall – vor der Beerdigung auf dem Friedhof statt. Dann wird der Sargdeckel noch einmal kurz entfernt und das Kopfende freigelegt. Einen Leinenbeutel, der zu den *Tachrichim*, der Totenbekleidung, gehört und mit ihr angefertigt wurde, wird mit Sand aus dem frisch geschaufelten Grab gefüllt. Kinder, Trauernde und Verwandte helfen, den Beutel zu füllen. Er wird dem Toten als Kopfkissen unter den Kopf gelegt. Dann wird er mit Erde aus Israel bestreut: Der Tote soll auf und in Staub ruhen.

Bevor der Sarg endgültig geschlossen wird, löst man auch die *Zizith* von einem der Zipfel. Jetzt hat das Symbol ausgedient, denn es ist für das Leben bestimmt, das jetzt zu Ende gegangen ist. Mit den *Zizith*, die für das religiöse Leben bestimmt sind, wird kein Toter beerdigt. Das käme «einen Armen verspotten» gleich.

Wird der Sarg nochmals auf dem Friedhof geöffnet und ist es eine Tote, nehmen die Frauen alle notwendigen Handgriffe für die Beerdigung vor. In letzter Zeit hat sich jedoch der Brauch durchgesetzt, schon im Haus alles für die Beerdigung Notwendige zu erledigen. Dadurch unterbleibt das erneute Öffnen des Sargs. Gleichzeitig wurden damit auch die Schwierigkeiten beseitigt, die mit diesem Öffnen und der mindestens teilweisen Freilegung eines Leichnams zusammenhingen, bei dem der Verwesungsprozeß schon eingesetzt hat.

Im Trauerhaus oder im Trauerzimmer eines Krankenhauses wird neben den Leichnam ein brennendes Licht gestellt, das sofort nach dem Verlöschen des Lebenslichts angezündet wurde. Es symbolisiert die Seele, die noch im Raum weilt. «Eine Leuchte des Herrn ist des Menschen Geist», heißt es in den Sprüchen (20,27). Solange noch der Körper in unserer Mitte weilt, glimmt auch der Geist des teuren Verstorbenen für uns weiter.

Nach der Reinigung, wenn der Sarg geschlossen und mit dem

schwarzen Sargtuch bedeckt wurde, stellen wir dieses kleine Licht auf den Sarg, und zwar ans Kopfende: Blickt nicht die Seele aus den Augen des Menschen? So harrt die sterbliche Hülle des Augenblicks, in dem sie an ihre letzte Ruhestätte gebracht wird.

Die Bräuche sind in dieser Hinsicht in den verschiedenen Ländern und Gemeinden leicht unterschiedlich. In manchen Orten haben sich auch etwas eigentümliche Sitten entwickelt. Wie könnte das auch anders sein? Das Ritual wird schließlich vor allem durch Praxis und Beobachtung überliefert. Was der Mensch nun seinen Vorfahren, denen er Vertrauen entgegenbringt, abgesehen hat, macht er ihnen als gut und richtig nach. Selbst wenn er sich nicht nach dem Zweck erkundigt hat, der ihm deshalb nicht erklärt wurde und dessen Sinn er daher auch nicht versteht. Aber warum muß eigentlich alles verstandesgemäß erfaßt werden, vor allem, wenn es sich um das große Geheimnis des Todes handelt? Hier wohl am wenigsten. Dann würde sie möglicherweise der Gedanke quälen, daß es dem Toten an irgend etwas fehlt, daß sie ihre Pflichten, ihm Ehre zu bezeugen, vernachlässigt haben.

Eine Reihe solcher örtlichen Bräuche konnte der Verfasser selbst beobachten. So hat er zum Beispiel erlebt, wie der irdene Topf, mit dem die *Tahara*, die rituelle Reinigung, durchgeführt wurde, am Ende in Scherben geschlagen und neben den Toten in den Sarg gelegt wurde. Auch kleine Stücke auf die Augen, damit sie geschlossen bleiben. Die Gründe dafür konnte niemand dem Verfasser erklären. So hat der Beobachter, der Außenstehende, ausgezeichnet Gelegenheit, über die Bräuche um den Toten diverse Betrachtungen anzustellen.

Anderenorts beobachtete er, daß neben der Bahre ein Schüsselchen mit Kaffee, gemahlenen Kaffeebohnen, stand. Wenn die Bahre für ihren letzten Gang zum Friedhof aufgehoben wurde, wurde dieses Schüsselchen auf dem Boden in Scherben zerbrochen. Das wurde als Symbol für alles Vergängliche oder einen unheilbaren Bruch erklärt.

Der Verfasser sieht das jedoch anders. Seiner Ansicht nach hatte man im Laufe der Zeit das Bedürfnis, mit dem Duft des Kaffees den Leichengeruch zu vertreiben. Eine aus vielen Gründen lobenswerte Maßnahme. Damit wird die Ehrfurcht vor dem Toten durch nichts beeinträchtigt, auch nicht durch eine unbeabsichtigte Gebärde. Außerdem wird alles, was für den Toten verwendet oder auch nur für ihn bestimmt ist, für uns unantastbar. Und es versteht sich wohl von selbst, daß der Kaffee nicht weiter verwendet wird.

Aus diesem gleichen Grund wird auch das Schüsselchen vernichtet. Genau wie der irdene Topf, der bei der Reinigung verwendet wurde, ebenfalls in Scherben geschlagen wird. Diese Scherben werden dem Toten mit ins Grab gegeben. Kann der Leichnam noch irgendeinen Nutzen daraus ziehen, um so besser. Wo immer eine *Chewra Kadischa* ihren Liebesdienst am Toten ausübt, besitzt sie die dazu notwendigen Werkzeuge, die sie für ihre Tätigkeit braucht. Sie sind ausschließlich für diesen Dienst bestimmt und werden selbstverständlich nie wieder für etwas anderes verwendet. Der Topf, meistens ist es eher ein kleiner Behälter aus Metall, gehört zu dieser festen Ausrüstung und wird nicht vernichtet. Aber selbst dort, wo es geschieht, ist von einem Totenkult noch längst nicht die Rede. Nichts liegt dem Judentum ferner als Totenverehrung. Wenig wird wohl so hoch in Ehren gehalten und mit solch einer aufrichtigen Frömmigkeit umhegt wie die sterbliche Hülle eines Menschen, der seinen letzten Schlaf tut.

Zum Friedhof

Jetzt ist es Zeit, den Leichnam hinaus zum Friedhof zu bringen. Bis zu diesem Augenblick wurde die Familie mit ihrem Toten, wurde der Sarg mit seinem Inhalt, immer wertvoll, weil er die materielle Form des Menschen ist, fast nie allein gelassen. Stets und überall wurde beim Toten «Wache gehalten». Und soviel wie möglich «studiert» oder erbauliche Literatur gelesen. Dazu gibt es ganze Abhandlungen und Bücher. Unter anderem das *Sefer Chajim Lanefesch*, das Buch des Lebens für die Seele, das in mehrere Sprachen übersetzt wurde und eine Reihe von Gebeten speziell für den Tod und die Beerdigung enthält.

Das kleine Licht, das unaufhörlich auf dem Sarg brannte, wird jetzt auf die Seite gestellt, ohne jedoch gelöscht zu werden. Es ist ein *Ner Tamid*, ein Ewiges Licht, da jetzt im Haus des Toten weiter brennt. Noch lange Zeit erinnert es als sichtbares Symbol an den Geist des Verstorbenen, eingedenk der göttlichen Seele, die nicht ins Grab hinabgestiegen ist. Zwölf jüdische Monate lang brennt dieses Licht, wenn möglich an einem festen Platz, wenn es dem Andenken des Vaters oder der Mutter gewidmet ist. Dreißig Tage brennt es auf jeden Fall, wenn es zur Erinnerung an einen Verwandten, den Gatten, das Kind, die Schwester oder den Bruder angezündet wird. Und an jedem Tag der «Jahrzeit», dem Jahrestag des Todes eines teuren Verwandten, wird das *Ner Tamid*, jetzt als «Jahrzeitlicht», erneut angezündet. Auch dieses Licht speist heute an vielen Orten schon der elektrische Strom. Zweifelsohne wird damit die Beständigkeit des Lichtes sichergestellt. Andererseits ist die sonst durch die unaufhörlich notwendige Versorgung des Lichts verursachte Emotion nicht mehr so tief. Und auch hier wird die fromme Handlung, leider, mechanisiert.

Aktive Mitglieder der *Chewra Kadisch* oder, in größeren Gemeinden, Angestellte der Vereinigung oder der Gemeinde kommen ins Haus und tragen den Sarg hinaus. Früher wurden alle Leichname aus dem Sterbehaus auf den Schultern zum Friedhof getragen. Außer wenn der Verstorbene in einem weit entfernten Ort begraben werden sollte. Dann wurde der Leichnam auch schon einmal auf einem Wagen oder Boot befördert. Dann standen am ganzen Weg entlang Träger, die die Ehre für die Erfüllung dieses Liebesdienstes, dieser *Mizwa*, beanspruchten und sich gegenseitig die teure Bürde von den Schultern nahmen. Das ist heute jedoch selten geworden. Diese besondere Ehre wird heute nur noch den prominenten Lehrern in Israel oder in manchen Gemeinden zuteil, die ihr Leben besonders in den Dienst der *Chewra Kadischa* und der Erfüllung der erhabenen *Mizwa* von *Chessed we-Emet*, aufrichtiger Nächstenliebe, gestellt haben. Sonst wird der Leichnam mit einem modernen Transportmittel befördert.

Wenn es nicht zu schwierig ist und nicht der Lebensführung des Verstorbenen widerspricht, führt der letzte Weg den Toten noch einmal an seiner Synagoge vorbei; denn einst war sie ja die «Schul», das Lehrhaus des jüdischen Lebens, das *Beth Haknesseth* oder Haus der Zusammenkunft, das Haus des jüdischen Volkes im wahrsten Sinne des Wortes. Dort wird des öfteren eine kurze Pause eingelegt, damit der Tote dem Haus gleichsam seinen letzten Gruß darbringen und von seiner Synagoge ein letztes Lebewohl entgegennehmen kann. Wenn es sich um ein führendes Vorstandsmitglied oder einen anderen Funktionär der Gemeinde handelt, werden die Türen geöffnet, so daß die brennenden Lichter zu sehen sind. Die sterblichen Reste eines verehrten Kantors werden im allgemeinen in die Synagoge getragen und dort aufgebahrt. Dann findet ein einfacher Trauergottesdienst statt. In seiner Schlichtheit ist dieser feierliche Akt so eindrucksvoll, daß wahrscheinlich niemand, der ihm je beigewohnt hat, ihn wieder vergißt. Zum Abschied gibt es noch einen *Hesped*, einen Nachruf. Zur Begleitung von Bibeltexten und Trauerliedern wird die Bahre siebenmal umkreist. Ein Posaunenschall erklingt nach jedem Rundgang. Unter dem Geschmetter des *Schofars* wird der Tote hineingetragen und auch wieder hinausgeleitet. Eine alte Überlieferung, die in ein Wort von Jesaja (18,3) hineingedeutet wurde, verspricht, daß ein Schofarschall einst «alle, die ihr auf Erden wohnt», aus dem Schlaf wecken wird, wenn «am Ende der Tage» der Tod verschwunden sein und «der Herr die Tränen von allen Angesichtern abwischen wird» (Jes. 25,8).

Man erweist dem Toten eine große Ehre, wenn man ihn an seinen letzten Ruheplatz begleitet. Die seit alten Zeiten übliche Schlichtheit, die im jüdischen Brauchtum angestrebt wurde, sieht weder prunkvolle Kutschen noch prachtvolle Blumengebinde vor. Die höchste Ehrenbezeugung ist ein vielköpfiger Zug von Menschen, die einem inneren Bedürfnis nachkommen und dem Leichnam einfach zu Fuß folgen. Besser kann der Tote nicht geehrt werden. Es war nicht möglich, diese strenge Schlichtheit aufrechtzuerhalten. Heute begleiten das Gefolge auch Blumen. Frische Blumen. Aber im allgemeinen werden sie nicht auf den Sarg noch auf den Leichenwagen gelegt, gelegentlich doch auf das zugeschüttete Grab. Hier sind die jeweils unterschiedlichen Anschauungen ausschlaggebend. Sie beruhen auf dem Gefühl, das sich ja nicht immer auf die gleiche Weise äußert.

Für das Totengeleit, *Halwaja Hamet* oder auch kurz *Lewaja*, verläßt jeder seine Arbeit, und sei es auch nur für einige Minuten. Sogar das Studium der *Thora, Talmud Tora*, wird vorübergehend unterbrochen. In talmudischer Zeit gaben die größten Lehrer das Beispiel. Wem ein Leichenzug begegnet, soll, falls seine Arbeit es ihm nicht anders erlaubt, wenigstens einige Schritte mitgehen. Er ruft dem Toten zu: «Geh hin in Frieden!» Oder er sagt auch leise einige Verse aus Psalm 91, vielleicht auch den ganzen Psalm.

Um den hohen Wert zu illustrieren, den die jüdische Literatur diesem frommen Akt beimißt, soll ein alter Weiser aus dem *Midrasch* zu Worte kommen. Die Erzählung bezieht sich auf Isebel, die Gemahlin von Ahab, König des Reiches Israel, der in Samaria seine Hauptstadt eingerichtet hatte. Isebel ist uns aus der Bibel bekannt, die sie nicht gerade als eine der Gerechten Israels schildert. Nach dem Justizmord an Naboth, durch sie angestiftet und ausgeführt, weissagte ihr der Prophet Elia, ihre Leiche werde einst von Hunden an der Mauer Jesreels, dem Ort des Verbrechens, gefressen werden (1.Kön. 21,23). Dieses Urteil wurde vollzogen. Aber die Hunde ließen ihren Schädel, ihre Füße und Hände liegen (2. Kön. 9,35). Warum? Der Weise sagt: Wenn ein Brautzug an ihrem Palast vorbeikam, ging sie dem Brautpaar händeklatschend entgegen. Wurde ein Toter vorbeigetragen, stieg sie von ihrem Thron und ging die Stufen des Palastes hinunter, stimmte in die Trauerlieder ein und folgte dem Sarg eine Zeitlang zu Fuß. Die Glieder der Isebel, sogar dieser Isebel, die solche frommen Handlungen getan hatten, unterlagen nicht dem Fluch Elias. Auch die Hunde rührten sie nicht an.

Wer angesichts eines Leichenzugs nicht einen Augenblick davon beeindruckt wird und gleichgültig und achtlos an ihm vorübergeht, der «verspottet den Armen (hier: den Toten) und verhöhnt dessen Schöpfer ...» (Spr. 17,5). Das sagt auch der Talmud. Doch: «Wer sich des Armen erbarmt, der leiht dem Herrn» (ebd. 19,17), oder auch: «Ehrt Gott» (ebd. 14,31).

Das zeigt, wie hoch der Leichnam und der Leichenzug schon in grauer Vorzeit geehrt wurden. Das wurde hier nur an einigen von vielen Zitaten belegt. Und dieser Wertschätzung erfreuen sie sich in der jüdischen Welt bis heute.

Die Beerdigung – Hesped

Das Grab wird erst an dem Tag geschaufelt, an dem es den Toten aufnehmen soll. Nicht früher. Es wäre anstößig, die Gruft lange offenstehen zu lassen, sie nicht so schnell wie möglich über dem Verstorbenen zuzuschaufeln. Das würde möglicherweise den Eindruck wecken, daß die Erde ihr aufgesperrtes Maul bereithält, um ihre Beute zu verschlingen. Das Grab soll nichts anderes sein als das frisch gemachte Bett, auf das die Gebeine eines teuren Verstorbenen so sanft und liebevoll wie möglich gelegt werden. Völlig unerträglich wäre es, ein Grab eine ganze Nacht lang offenstehen zu lassen. Sollte das aus irgendeinem wichtigen Grund unvermeidlich sein, müßte die Grube auf jeden Fall des Nachts mit Brettern verdeckt werden.

Einst waren die Mitglieder der *Chewra Kadischa* oder die Mitbrüder für das Ausheben des Grabes für die Toten ihrer Gemeinde zuständig. Und noch bis vor kurzem war dies in den kleineren Gemeinden so üblich. Solche Liebesdienste, für die man Erwerb und Gewinn, ohne es sich zweimal zu überlegen, zurückstellte, sind dem Drang und Druck der Zeit zum Opfer gefallen. Heute sind daher fast überall Gemeindeangestellte oder -beamte zuständig. Seither sind die Gräber zweifelsohne sorgfältiger vorbereitet und die Reihen der Gräber gerader. Und doch: Gerade wenn man einen alten Friedhof besucht, auf dem vieles verwittert ist, die Gräber in unregelmäßigen Reihen liegen, hat man ganz den Eindruck, als schreite die Majestät des Todes dort ganz sichtbar über den Ort. Mit vernehmlichen Schritten. So als habe der Todesengel seine Schätze dort, wo er hintraf, schon geborgen: hier einen und dort einen.

Der Friedhof ist ein etwas unheimlicher Ort. Er hat mehrere Namen. Einer ist *Beit Hakwarot*, wortwörtlich übersetzt: das Haus der Gräber. Aber Juden, denen noch die alten hebräischen und jüdischen Ausdrücke bekannt sind, nennen ihn lieber *Beth Hachajim*, d. h. die Wohnung der Lebenden. Oder auch in der vertrauten Gettosprache auf jiddisch: der *Getort*, eine Verballhornung von «gut Ort». Solche Bezeichnungen sind vielsagend. Gewiß, sie können aus der Angst heraus entstanden sein, das Schreckliche bei seinem Namen zu nennen und es, Gott behüte, nicht hinaufzubeschwören. Aber ihr Sinn liegt auch darin, den Tod emotionell als weniger drohend und furchterregend darzustellen, oder das, was er bedeutet, mindestens abzuschwächen. Es ist ein Euphemismus, wie er in den jüdischen Quellen häufiger anzutreffen ist, der jedoch auf keinen Fall mit Aberglauben identifiziert werden darf. Es gehört, ganz im Gegenteil, zum guten Ton, Feingefühl und Empfindsamkeit zu pflegen. Es gehört sich nicht, alle grauenhaften Dinge unverblümt bei ihrem Namen zu nennen. Wenn sie nicht wenigstens etwas umschrieben werden, stumpft das gesellschaftliche Leben ab und wird grob. Das dachten die Alten. Naiv und übertrieben? Sündigt man aber mit der entgegengesetzten Einstellung, mit einer äußerst nüchternen, kühlen, prosaischen Ehrlichkeit nicht noch schwerer?

«Gut Ort» oder «Wohnung der Lebenden» sind zweifelsohne schöne Bezeichnungen für einen Friedhof.

Auf dem Friedhof wird die Bahre dann selbstverständlich getragen. Auf den Schultern! In jedem Fall bis zu dem Raum, in dem eine Andacht stattfindet. So gehört es sich.

Der Sarg heißt auf hebräisch *Aron*. Früher einmal gab es einen *Aron* oder, mit seinem vollen Namen, *Aron Hakodesch*, die heilige Lade, in der die steinernen Gesetzestafeln aufbewahrt wurden. Auf der Wanderung durch die Wüste durfte sie nicht irgendwie befördert werden. Sie mußte getragen werden. Die Aufgabe, die heilige Lade auf den Schultern zu tragen, wurde den Söhnen Keheths anvertraut, einem Zweig des Priesterstammes. Das Bibelwort, das diese Vorschrift enthält (4. Mose 7,9), wird häufig mit diesem Brauch in Beziehung gesetzt: Dem Toten wird ebenfalls eine letzte Ehre erwiesen, indem man seinen *Aron* mindestens einen Teil des Wegs trägt. Trägt, nicht fortschleppt. Die Verbindung zur heiligen Lade zeugt auch hier von der großen, fast unbegrenzten Ehrfurcht vor dem Körper. Auch vor dem toten Körper.

So erreicht der Leichenzug nun den Raum, in dem die Andacht stattfinden soll. Wir nehmen an, daß der Sarg nicht mehr geöffnet wird, weil alle Zeremonien um und für den Toten schon vorher abgeschlossen wurden.

Jetzt nehmen die Trauernden häufig die *Kerija* vor, d.h. das Einreißen der Kleider. Diese Handlung erwähnt die Bibel zum erstenmal im Zusammenhang mit Ruben, der sein Kleid in verzweifelter Trauer zerriß, als er Joseph nicht mehr in der Grube vorfand, in der er ihn eine Zeitlang vor weiteren Angriffen sicher wähnte (1. Mose 37,29). Später lesen wir, daß Jakob seine Kleider zerriß und ein härenes Tuch um seine Lenden legte, als er den blutbeschmierten Rock seines Sohnes erkannte (ebd. Vers 34). Auch viele andere Bibelpassagen berichten von dieser Äußerung von Schmerz und Trauer. Die Verzweiflung sucht eine Möglichkeit, sich auszudrücken, der wilde Schmerz einen Ausweg. Ein Stück wurde dem Leib entrissen, aus dem Herzen gerissen! Was bedeutet bei solch einem Leid noch die Kleidung für den Körper, noch die Zierde für den Leib? Fort damit!

Das ist keine vernunftmäßige Handlung, sondern eine instinktive Gebärde. Damit beginnt es. Wer möchte nicht gelegentlich in sinnlosem Schmerz sein Herz entblößen und ausrufen: Schlag zu! Töte auch mich! Diese Ausbrüche müssen gelenkt werden. Das Zerreißen des Mantels und anderer Kleidungsstücke, das Entblößen der Schulter, das Aufdecken des Herzens – sie alle waren anfangs zweifelsohne Ausdruck ungezügelter Gefühlsausbrüche und natürlich zugleich ein Mittel, die Hitze dieser Ausbrüche innerlich etwas zu mildern.

Die *Kerija* wurde zum Zeichen. Zum Zeichen der Trauer und der Mahnung. Der Familie wurde ein Angehöriger entrissen. Wir sind jedoch rechtlos und können nichts von Gott fordern. Nackt, wie Hiob es schon sagte, kamen wir auf die Welt, nackt werden wir wieder dahingehen (Hiob 1,21).

Nachdem man ergeben gesagt hat: «Gelobt seist du, Gott, unser Herr, der ein Richter der Wahrheit ist», wird der Saum eines oder mehrere Kleidungsstücke eingerissen, sozusagen als Erklärung, daß man, wenn es sein muß, bereit ist, das Leben nackt zu verlassen. Darauf folgt ein weiteres Wort Hiobs: «Der Herr hat's gegeben, der Herr hat's genommen; der Name des Herrn sei gelobt!» (ebd.)

Sind Vater oder Mutter gestorben, nimmt man die *Kerija* oberhalb des Herzens, etwas links davon vor. Beim Gatten, bei Kindern, Brüdern oder Schwestern an der rechten Seite. Ist ein anderer Verwandter gestorben, wird kein Einriß gemacht.

Nun stehen die Angehörigen mit zerrissenen Kleidern bei den sterblichen Resten des teuren Verstorbenen. Jetzt beginnt der Abschied, die Zeremonie der Ergebenheit. Der Kantor der *Chewra Kadischa* beginnt sie mit den Worten: «Es ist ein Fels. Seine Werke sind vollkommen; denn alles, was er tut, das ist recht. Treu ist Gott und kein Böses an ihm, gerecht und wahrhaftig ist er.»

So sang Moses zum Abschied (5. Mose 32,4). Wir sagen es ihm nach und schließen dem weitere Bibelverse an sowie einige Sätze im gleichen Sinn. Der Kantor spricht sie vernehmlich, die übrigen Anwesenden leise.

Dann folgen die offiziellen Worte der Trauer und des Abschieds der Gemeinde, der der Verstorbene entrissen wurde: «Gelöst ist die Schnur, gebrochen das Band», sagt der Kantor. Und dankt und tröstet und wünscht. Er ruft dem Dahingegangenen *Schalom*, Friede, zu, das alles Vollkommene und Gute verkörpert. Auf dem Weg in die Ewigkeit, in die ewige Glückseligkeit.

Schon bald nimmt Mutter Erde die Materie auf, die einst einen Menschen beherbergte, der in unserer Mitte lebte. Erneut wird sie den Körper in ihrem Schoß bergen. Seine äußere Hülle, jetzt im Sarg auf der Bahre. Seine sterbliche Hülle, deren Angesicht uns noch einigermaßen gegenwärtig ist. Bald wird sie in den Staub gelegt, und wir werden nichts mehr davon sehen. Jetzt kommt der Augenblick des großen Abschieds heran.

Aus den dunklen Tiefen mit unserem Seufzer steigt das stille Verlangen, sich noch einmal das Bild des lebenden Menschen zu vergegenwärtigen, der aus unseren Reihen genommen wurde. Über die allgemeinen Gedanken von Trauer und Erbarmen, Wünschen und Gebeten hinaus verspürt man das Bedürfnis nach einem Wort direkter Würdigung;

nach einem Abschiedswort, in dem das Wesentliche des Menschen, der hier beerdigt wird, zum Ausdruck kommt.

Würdigen ist ein Versuch, sich den tatsächlichen Werten zu nähern. Schätzen sollte ein Versuch sein, etwas ehrlich zu definieren. Damit wollen wir beim Abschied unwillkürlich noch einmal unseren Verlust abwägen. Wir möchten, daß auch andere ihn so beurteilen. Damit öffnen wir keine Wunden, wühlen nicht im Schmerz. Es soll eine Zusammenfassung werden, ein Schlußstrich. Es hilft uns, den Verlust zu akzeptieren, es bringt uns Trost. Darüber hinaus gehört das zu den letzten frommen Diensten am Verstorbenen.

Begraben heißt nicht einfach, fortbringen und dann nach Hause gehen. Jede Seele hat ihre Rechte. Auch das auf ein persönliches Wort des Abschieds.

Hier stehen wir jedoch vor einer peinlichen Schwierigkeit, die sich kaum überwinden läßt. Im täglichen gesellschaftlichen Leben sind wir leider allzu schnell zu einem Urteil über unsere Mitmenschen bereit. Diese Beurteilung ändert sich täglich und häufig und auch wiederholt innerhalb einiger Stunden. Denn wir sehen nur die einzelnen Handlungen und ziehen unsere eigenen Schlußfolgerungen. Wir verbinden sie nicht, trennen sie nicht, noch untersuchen sie. Alles ist vorübergehend und voneinander gelöst. Und nie gerecht. Es kann ja gar nicht gerecht sein. Sogar nicht bei einer fachgemäßen und wissenschaftlichen Untersuchung. Hier kann auch die gewissenhafteste Ehrlichkeit nicht die Wahrheit finden. Selbst die Liebe versagt, obwohl sie der Wahrheit wahrscheinlich am nächsten kommt. Aber auch zusammen können Liebe und Gerechtigkeit kein unfehlbares Urteil abgeben.

Und jetzt bittet eine Menschenseele um ein Abschiedswort, das eine klare Bewertung enthält. Der Mensch als Materie hat zu existieren aufgehört. Jetzt soll die Summe seiner irdischen Werke in einer Formel zusammengefaßt und im Angesicht der Ewigkeit an dem Begriff gemessen werden, den wir Mensch nennen und der zu Beginn der Bibel als das Ebenbild Gottes bezeichnet wird!

Solche Forderungen sind zu erhaben für eine Gedächtnisrede. Wir sind unzulänglich. Viel zu unzulänglich! Unser Blick ist getrübt. Selbst wenn unsere Augen sonst alles scharf unterscheiden, hier ist unser Blick getrübt. Der Augenblick ist ungeeignet; die Umgebung hält uns in ihrem Bann; die Umstände fesseln uns. Wenn wir ehrlich sein wollen, sind wir natürlich nur subjektiv ehrlich. Bei einer sehr subjektiven Ehrlichkeit sind wir außerdem in einem großen Umfang bewußt einseitig. Denn wir können das Gute nicht in reiner Lauterkeit sehen. Und das Böse, das Schlechte, wollen wir nicht sehen, dürfen es nicht sagen. Das verbietet uns der Augenblick; das untersagt uns die Majestät des Todes. Das verbietet uns auch die Anwesenheit der Verwandten, deren Gefühle nicht zusätzlich verletzt werden dürfen.

Es gibt deshalb Gemeinden, wo aus diesen Gründen im allgemeinen kein offizielles Abschiedswort gesagt wird. Deshalb unterbleibt dort die *Hesped*, die Grabrede. Aber selbst dort hält man sich nicht konsequent an diese Regel. Fast überall wird jedem Toten ein Wort zum Geleit mitgegeben, zur Erinnerung gewidmet. Wer sich berufen oder dazu angeregt fühlt, dieses Wort zu sagen, muß den Weg dazu mit Takt, Feingefühl und Edelmut finden. Er muß sich sowohl vor Härte wie vor Überschwenglichkeit oder auch nur Übertreibung hüten. Denn an einer übertriebenen Lobrede üben die Anwesenden wahrscheinlich schon auf dem Weg nach Hause Kritik. Deshalb besteht die Gefahr, die Ehre des Verstorbenen genau ins Gegenteil zu verwandeln. Wie so oft wird hier allzu überschwengliche Huldigung zur Schmähung. In diesem Fall ist das jedoch schwerwiegender als sonst. Der Redner, der sich so gehen läßt, wird schuldig. Schon der Talmud rügt ihn und sagt: «Wie die Toten wegen ihrer Sünden bestraft werden, so auch ungebührliche Trauerredner» (Babylonischer Talmud, Berachot 62a). Ein schlichtes Wort, das jedoch den Stempel der Wahrheit trägt, gehört mit zu den besten Mitteln, Trost und Ergebung zu bringen.

Die Bahre wird aufgehoben. Diesmal nicht auf die Schultern. Verwandte und Freunde sind jetzt die Träger, die den Leichnam zum Grab bringen. Dazu bieten sich viele Hände an. So viele wie möglich werden einbezogen. Psalm 91 wird angestimmt. Der Kantor geht voraus. Die langsamen Schritte zum Grab begleiten die unsterblichen, immer wieder neuen Worte im passenden Tonfall. Nachdem der letzte Satz zweimal wiederholt wurde, wird die Bahre einen Augenblick lang abgestellt, der Zug steht still. In dieser Pause wird ein kurzes Gebet gesagt. Die Träger lassen auch anderen die Ehre des Tragens zuteil werden. Dann geht der Zug weiter, und nochmals wird der Psalm leise, aber doch vernehmlich gesagt. Und zwar insgesamt dreimal. Wenn die letzten Worte des kurzen Gebets: «... gelobt sei sein Name, sein Reich und seine Herrlichkeit ...» – ein Satz aus dem *Sch'ma*-Gebet, mit dem die Seele des Sterbenden davongetragen wurde – aus dem Mund des

Vorbeters erklingen, wird der Sarg von der Bahre gehoben. Und in das Grab gesenkt. Ihn begleiten die Worte: «... geh hin, bis das Ende kommt, und ruhe, bis du auferstehst zu deinem Erbteil am Ende der Tage!» (Dan. 12,13).

Die ersten Erdklumpen fallen ins Grab. Der Verwandte, der am nächsten steht, nimmt die Schaufel, die im Erdhaufen steckt, und läßt etwas von der aus der Grube frisch geschaufelten Erde auf den Sarg fallen. Dreimal. Die anderen Angehörigen folgen seinem Beispiel. Dann treten die Freunde vor. Sie kommen der Reihe nach, um dem Toten diese Ehre zu erweisen. Niemand reicht die Schaufel dem nächsten. Sie wird jedesmal zurück in die Erde gesteckt. Der Tote wird doch feierlich in den Staub gelegt und nicht etwa eilig zugeschaufelt. Jemanden begraben ist keine Tätigkeit, bei der man sich die Schaufel aus den Händen reißt. Es ist ein dem Verstorbenen erwiesener Liebesdienst, den jeder persönlich vollbringt.

Ist das Grab mit Erde gefüllt, wird wieder aus der Bibel zitiert: «Denn der Staub muß wieder zur Erde kommen, wie er gewesen ist, und der Geist wieder zu Gott, der ihn gegeben hat» (Pred. 12,7). Während das Grab sich nun füllt und der Grabhügel sich zu wölben beginnt, sagt der Kantor Gebete und bringt Zitate der alten Weisen.

Zum Schluß erklingt das *Kaddisch*-Gebet der Trauernden.

Kaddisch

Kaddisch ist ein ehrwürdiges, altes Gebet. Es ist unbekannt, wann oder wie es sich entwickelte, genausowenig ist bekannt, wann es seine heutige vorgeschriebene Form annahm. Wie die Formel des *Kol Nidre* ist es ein aramäischer Text. Jedes Gebet in dieser Sprache gehört zum frühesten Teil der jüdischen Liturgie, d. h. er stammt aus jener Zeit, als die Sprache von Aram – das alte Syrien – die Umgangssprache der Juden war und als ebenso heilig galt wie das Hebräische. Es sticht ins Auge, daß der Talmud nur eine Zeile des *Kaddisch* in der uns heute bekannten Form erwähnt; der Kontext zeigt jedoch deutlich, wie hoch dieser Satz geachtet wurde:

«... zu der Stunde, da die aus Israel in die Gemeindehäuser und Lehrhäuser eintreten und antworten: Amen. Sein großer Name sei gelobt» (Berachot 3 a).

Anderweitig wird das Zeugnis «Sein großer Name sei gelobt» als einer der mächtigsten Faktoren bezeichnet, der das weitere Überleben der Moral in der menschlichen Gesellschaft sicherstellt. Weder in diesem Talmud-Kapitel noch an irgendeiner anderen Stelle gibt es einen Hinweis auf die heute verwendete Formel. Es ist deshalb zu bezweifeln, ob der volle Text dessen, was wir heute als das *Kaddisch*-Gebet bezeichnen, bereits zur Zeit der Niederschrift des Talmuds existierte.

Eigentlich ist das *Kaddisch* kein Gebet – zumindest nicht im herkömmlichen Sinn des Wortes. Ganz sicher ist es kein direktes Gebet für den Seelenfrieden des Verstorbenen. Es ist eine Hymne in Prosaform, ein Lob auf Gott, den König. Das Wort bedeutet «Heiligung», demnach ist das *Kaddisch* eine Ode an Gott – aber im edelsten, erhabensten Sinn des Wortes. Es ist ein Versuch, Gottes Name in der menschlichen Sprache zu heiligen, wobei wir wissen, daß es notgedrungen ein mangelhafter Versuch bleiben muß.

Das *Kaddisch* hört sich wie folgt an: «Erhoben und geheiligt werde sein großer Name in der Welt, die er nach seinem Willen erschaffen, und sein Reich erstehe in eurem Leben und in euren Tagen und dem Leben des ganzen Hauses Israel schnell und in naher Zeit, sprechet: Amen!

Sein großer Name sei gepriesen in Ewigkeit und Ewigkeit der Ewigkeiten!

Gepriesen sei und gerühmt und verherrlicht und erhoben und erhöht und gefeiert und hocherhoben und gepriesen der Name des Heiligen, gelobt sei er, hoch über jedem Lob und Gesang, Verherrlichung und Trostverheißung, die je in der Welt gesprochen wurde, sprecht: Amen!»

Das ist das Gebet im wesentlichen, sein wichtigster Teil. Es gibt verschiedene Zusätze, wobei es davon abhängt, an welcher Stelle das Gebet in der Liturgie steht – in der Mitte des Gottesdienstes nach dem Vorlesen der Lehren oder am Ende, wenn ein Trauernder das *Kaddisch* sagt. Trotzdem bleibt die wesentliche, höchste Idee die gleiche: «Sein Reich erstehe!» Denn zu jenem Zeitpunkt werden alle Worte, die die menschliche Stimme Gott gegenüber hervorzubringen vermag, unwichtig geworden sein. Dann werden alles Lob, alle Huldigungen, all unsere gestammelten Ehrenbezeigungen verstummen.

Der oben angeführte Abschnitt aus dem Talmud veranschaulicht das ausführlicher: «Es sagte Rabbi Itzchak ben Schmu'el: ‹Wehe, daß ich mein Haus zerstört, meinen Tempel verbrannt und meine Kinder unter die Völker verbannt habe.›»

Und etwas weiter: «Rabbi José erzählt: ‹... einst ... trat ich in eine Ruine unter den Ruinen Jerusalems ein, um dort zu beten. Da kam Elijahu, d.h. der Prophet Elia, und erwartete mich am Eingange ... Darauf sprach er zu mir: Bei deinem Leben, beim Leben deines Haupts, nicht allein zu dieser Stunde spricht sie (die Stimme) so, sondern dreimal an jedem Tag ... auch zur Stunde, da die Israeliten in die Bet- und Lehrhäuser eintreten und rufen: Gelobt sei sein großer Name!, und der Heilige, gelobt sei er, schüttelt sein Haupt und spricht: Wohl dem König, den man in seinem Hause preist; wehe dem Vater, der seine Kinder vertrieben, und wehe den Kindern, die vom Tische ihres Vaters vertrieben wurden.›»

Fast ist es so, als müsse selbst Gott getröstet und ausgesöhnt werden: arme Kinder, armer Vater! Aber: «Sein Reich erstehe!» Und wenn dieser Zeitpunkt kommt, werden alle Schmerzen und aller Kummer aufhören. Darauf beziehen sich die Worte: «... hoch über jedem Lob und Gesang, Verherrlichung und Trostverheißung ...»

Dieser Gedanke hat Vorrang vor allen anderen. Dadurch, daß wir uns offen zu dieser Erwartung bekennen und unser Vertrauen zum Ausdruck bringen, daß es so geschehen wird, zeigen wir mehr als Resignation; es bedeutet, daß wir bereit sind, uns dem göttlichen Willen zu beugen. Es weist darauf hin, daß wir uns mit dem uns Zugestoßenen ausgesöhnt haben und – fast freudig – unser Schicksal akzeptieren. Nur auf diese Weise kann man erklären, wie sich ein Märtyrer zum Scheiterhaufen führen läßt, während er Gottes Namen heiligt, und sich voller Vertrauen und fast lächelnd an die sichere Brust des allmächtigen Vaters lehnt. *Kaddisch* ist eine öffentliche Heiligung, ein Akt der Bestätigung vor der versammelten Gemeinde, daß auch wir Gottes Urteil in Liebe aufnehmen.

Diese Bestätigung, dieses Zeugnis galt im Laufe der Zeiten als die größte Ehre, die ein Sohn seinem Vater oder seiner Mutter erweisen kann. Ein Kind steht am Grab seines verstorbenen Vaters oder seiner verstorbenen Mutter. Der Sohn legt Zeugnis ab davon, daß er den Tod akzeptiert. Fast scheint es, der Tod sei bereits überwunden: «Er wird den Tod verschlingen auf ewig. Und Gott der Herr wird die Tränen von allen Angesichtern abwischen» (Jes. 25,8). Durch die Tränen hindurch verherrlicht das Kind den himmlischen Vater und fordert die Gemeinde auf, sich seinem Zeugnis anzuschließen. Sie antwortet mit den großartigen Worten: «Der Name des Ewigen sei gepriesen von jetzt an bis in Ewigkeit!»

Die Beerdigung selbst ist kurz, aber bedeutungsvoll. Der Sohn, der diesen Gottesdienst leitet, vertritt auch den verstorbenen Vater oder die verstorbene Mutter. Es ist ein großartiger Akt der Frömmigkeit gegenüber seinen Eltern, gegenüber jenen, die ihn auf die Welt gebracht und aufgezogen haben. Was kann ein Kind seinen Eltern Besseres und mehr bieten als ein letztes Lebewohl?

In den Sprüchen der Väter heißt es (6,9): «In der Stunde des Abscheidens eines Menschen begleiten ihn nicht Silber und nicht Gold, nicht Edelsteine und nicht Perlen, sondern Weisung und gute Taten allein.» In einigen Augenblicken kehren die Freunde nach Hause. Der Verstorbene kann mit sich nichts in das große Danach mitnehmen außer seinen guten Taten ... und das Zeugnis seiner Kinder. Sie werden ihn auf seinem ganzen Weg begleiten und neben ihm vor dem Thron Gottes stehen. *Kaddisch* ist ein Gedanke, der beim Verstorbenen wie ein Schutzengel bleibt, um für ihn vor dem himmlischen Gericht zu plädieren.

In diesem Sinn ist das *Kaddisch* tatsächlich ein Gebet für den Seelenfrieden. Die Worte des ersten *Kaddisch*, das während der Beerdigung gesagt wird, sind etwas anders und enger verwandt mit der zuvor zitierten Geschichte aus dem Talmud. Es hört sich ungefähr wie folgt an:

«Erhoben und geheiligt werde sein großer Name in der Welt, die neu geschaffen werden soll, wo er die Toten zurückrufen und ihnen ewiges Leben geben wird; die Stadt Jerusalem aufbauen und seinen Tempel in ihre Mitte setzen wird, und allen fremden Götzendienst von der Erde ausrotten und die Verehrung des wahren Gottes einsetzen wird. Oh, möge der Heilige, gelobt sei sein Name, sein Reich und seinen Ruhm erstehen lassen in euren Tagen und dem Leben des ganzen Hauses Israel schnell und in naher Zeit, sprechet: Amen!»

Wie schon erwähnt, wird diese Formel nur bei der Beerdigung gesagt. Bei allen anderen Gelegenheiten sagen die Kinder das übliche *Kaddisch*, und zwar von der Beerdigung an ein Jahr lang jeden Tag und ihr restliches Leben am Todestag von Vater und Mutter. Es ist wohl offensichtlich, daß das *Kaddisch* nur zusammen mit der Gemeinde gesagt wird. Nie allein oder in Anwesenheit von weniger als zehn männlichen Gemeindemitgleidern, dem vorgeschriebenen Quorum oder *Minjan*, ohne den es keinen Gottesdienst geben kann. Denn das würde den Worten widersprechen und seinem Inhalt und seiner Absicht zuwiderlaufen. Ähnlich ist es nur die Pflicht der Söhne, das *Kaddisch* zu sagen, denn nur Männer können im Gemeindegottesdienst eine aktive Rolle spielen. Die Person, die das *Kaddisch* sagt, leitet praktisch den Gottesdienst – ja, sie kann neben dem Kantor stehen oder seinen Platz einnehmen. Das bedeutet selbstverständlich nicht, daß eine Tochter nicht auch zusammen mit den anderen das *Kaddisch* sagen kann.

Das *Kaddisch* ist hoch verehrt und tief verwurzelt in der Seele Israels. Der glühendste Wunsch eines Vaters oder einer Mutter ist der, daß die Kinder in der Lage sein werden, diese «Heiligung» zu sagen, wenn ihre Stunde kommt, so wie frühere Generationen sie für ihre Eltern gesagt haben. Und für die Kinder ist die Ausübung dieser Pflicht ein zutiefst bewegender Akt der Frömmigkeit, und zwar selbst in unserer zunehmend skeptischeren, unreligiösen Welt – denn niemand kann leugnen, daß die Befolgung religiöser Gebote zurückgegangen ist. Das *Kaddisch* wird häufig als eine überholte, sogar abergläubische Übung mißverstanden oder betrachtet. Und doch ist nur wenig Imagination notwendig, um von der ehrfurchtgebietenden Heiligkeit dieses Gebetes bewegt zu werden – Israels mächtigster offener Erklärung von Hoffnung und Glauben. Besonders, wenn es an einem frischen Grab in Anwesenheit des großen Geheimnisses gesagt wird, das der Tod ist.

Beim Verlassen des Friedhofs – Trost für die Trauernden

Die Andacht am Grab ist beendet. Jetzt müssen wir uns von dem Ort, dessen mysteriöse Ehrfurcht uns fesselt, losreißen. Wir müssen nach Hause gehen. Und wir müssen dafür sorgen, daß das Leben wieder akzeptiert wird, daß wir seinen Anforderungen gerecht werden, seinen Geboten nachkommen und daß wir uns fügsam und mit der Zeit auch wieder frohen Mutes in unser Schicksal ergeben und seine Pflichten erfüllen. Hier beginnt die Pflicht, die Trauernden zu trösten, das *Nichum Awelim*. Und zwar schon jetzt und hier!

Da steht ein Leidtragender in unserer Mitte. Von seinem Stamm wurde ein Zweig abgerissen, eine Bresche wurde in sein Haus geschlagen. Die Wunde schmerzt, und seine Seele leidet. Aber wozu ist die Gemeinde da? Sie muß ihn aufheitern. Durch sie muß er geheilt werden. Sie muß ihm beistehen. Ihm das Gefühl geben, daß Herzen für ihn schlagen und daß Brüder bereitstehen, um ihn aufzufangen, ihn, wenn es notwendig ist, zu stützen und ihn mit Teilnahme und Herzlichkeit zu umhegen.

Diese Möglichkeit ist jetzt gegeben. Eigentlich erst jetzt. Nachdem die sterblichen Reste des teuren Verstorbenen im Grab zur ewigen Ruhe gebettet wurden. Jetzt, da der Aufgerufene nicht mehr sichtbar zugegen ist.

Solange der Leichnam noch unter den Lebenden war, war jeder Versuch, Trost zu spenden, im Grunde genommen nutzlos. Der Sarg, die Bahre standen im Weg. Standen dort wie ein Widerspruch, wie ein Protest gegen Worte. Auch gegen wohlgemeinte, warme Worte. Worte von treuen Freunden, die versuchten, den Schmerz und den Schicksalsschlag mit guten Worten weniger schmerzlich zu machen. Worte, die im allgemeinen ungehört verklingen. Meistens ist es besser, unter solchen Umständen zu schweigen. Ruhig und innig zusammenzusitzen. Und die geweihte Stille im Heiligtum des Herzens nicht mit Geräuschen zu unterbrechen, die stören und möglicherweise sogar Unruhe und Unbehagen verursachen. Wer ist denn schon dazu in der Lage, in einer solch heiklen, unberechenbaren Stimmung das lindernde Wort zu finden, so daß es der äußerlich beherrschten, innerlich jedoch aufgewühlten Verfassung tatsächlich entspricht?

In der Mischna (Awot 4,23) heißt es: «Tröste den Trauernden nicht, solange sein Toter vor ihm liegt.»

Aber jetzt ist die Materie zur Erde zurückgekehrt. Der Lebende muß für das Leben zurückgewonnen werden. Jetzt müssen wir alles tun, um ihn in unserer Mitte aufzunehmen, ihn aufzurichten und zu stützen.

Wir rüsten uns zur Heimkehr: Wir stellen uns in zwei Reihen auf und bilden ein Spalier von Brüdern, die sich anblicken. Dazwischen ist etwas Raum freigelassen. Die Leidtragenden verlassen das Grab und gehen zwischen den Reihen hindurch. Sie hören von den sie zu beiden Seiten umgebenden, schützenden Brüdern die Worte: «Gott tröste euch inmitten aller übrigen Trauernden Zions und Jerusalems.»

Das erste Trostwort des Judentums wurde damit gesprochen. Die Gemeinde hat mit dem Trösten begonnen. Am geschlossenen Grab. Noch auf dem Friedhof.

Man verläßt den Friedhof. Jetzt muß der Trost keimen. Allmählich werden die Gedanken wieder auf die Hoffnung gelenkt. Gewiß, ein

Sproß wurde vom Stamm gepflückt. Aber der Stamm steht noch da. Fest verwurzelt im Boden der Gemeinde. Der Samen wurde nicht vernichtet. Das Feld blüht weiter, und neues Leben wird auf ihm sprießen. Auch aus dem Grab erwächst Leben ...

Man pflückt eine Handvoll Gras und läßt es liegen. Und zitiert das Bibelwort: «In den Städten sollen sie grünen wie das Gras auf Erden» (Ps. 72,16). Das Leben ruft. Es klopft an die Tür mit seinen Forderungen. Hier fordert es möglicherweise sogar deutlicher und nachdrücklicher als anderenorts. Es fordert das Höchste. Es verlangt *Zedeka* von uns, das heißt Gerechtigkeit. Gerechtigkeit in bezug auf alle Mitmenschen. Ihnen muß gegeben werden, was ihnen zusteht: Das ist Wohltätigkeit in ihrer reinsten Form. Im objektiven Sinn. Was wir in der oberflächlichen, alltäglichen Bedeutung des Wortes als Wohltätigkeit betrachten und üben, muß auch vom Standpunkt eines anderen objektiv gerecht sein. Dann entspricht es wirklich dem hebräischen Wort *Zedeka*. Dann ist es soziale Gerechtigkeit. Dann erfüllt es auch den Sinn des Bibelworts: «Du sollst deinen Nächsten lieben wie dich selbst» (3. Mose 19,18). Dann ist es auch das, was Hillel so klar definierte: «Was du nicht willst, was man dir tu', das füg' auch keinem andern zu!» (Babylonischer Talmud, Sabbat, 31 a).

Zedeka ist das Heilmittel des Lebens. Vor ihr weicht auch das Bitterste. Von ihr wurde gesagt: «Gerechtigkeit errettet vom Tode» (Spr. 10,2 und 11,4).

Mit diesen Gedanken und dieser Lehre verlassen wir den Friedhof und kehren zurück ins Leben. Vor dem Tor warten Transportmittel, unentgeltlich für die Trauernden bereitgestellt. Schon mit dem Weg nach Hause beginnt das Werk der Nächstenliebe.

Schließlich schütteln wir alle Gedanken an den Tod ab. Denn das Leben fordert das Seine von uns, und die Heiligung des Lebens ist unsere Berufung. Ihr müssen wir unser Leben widmen. Damit Gottes Reich durch unser Leben in unser Leben kommen kann. Das ist der Sinn des Lebens; für den Tod wurde es nicht bestimmt. Gedanken an den Tod können uns davon ablenken, uns von unserer Lebensaufgabe abhalten und unseren Willen, unsere Pflicht dem Leben gegenüber zu erfüllen, schwächen.

Sie können uns geistig bedrücken. Unser Streben nach oben behindern. Unseren Drang nach dem Höchsten hemmen. Dann werden wir «unrein». Das ist die Bedeutung dieses Ausdrucks, der nichts mit

Schmutz, Verachtung noch Widerwillen gemeinsam hat. Wir müssen unserer höchsten Berufung völlig rein folgen. Rein, durch nichts behindert.

Jetzt, da wir zum Leben und seinen Pflichten zurückkehren, ziehen wir eine Trennungslinie zwischen Tod und Leben. Auch symbolisch: Wir waschen uns die Hände.

Wir nehmen Abschied.

«Du, mein Herr, bist ewig allmächtig, bist es, der die Toten wieder belebt, mächtig reich zu helfen, versorgt die Lebenden mit Liebe, belebt die Toten mit großem Erbarmen, stützet die Fallenden, heilet die Kranken, löset Gefesselte und hält seine Treue den im Staub Schlafenden. Wer ist wie Du, Herr, unser Allmächtiger, und wer ist Dir gleich, ein König, der tötet und Leben gibt und Hilfe erwachsen läßt! Du, der Du treu bist, die Toten wieder zu beleben.

So wird gepriesen und verherrlicht Dein Name... Nichts ist Deiner Art, Gott, unser Gott, in dieser Welt, nichts ohne Dich, unser Erlöser zu den Tagen des Mose und nichts Dir ähnlich, unser Helfer, bei der Wiederbelebung der Toten.»

Ein letzter Gruß gilt dem Friedhof: «Gesegnet sei das Andenken der Gerechten. Mögen sie der ewigen Seelenruhe teilhaftig werden.» Dann schließt sich das Tor hinter uns.

Die Heimkehr – Die erste Mahlzeit

Wir kehren zurück ins Trauerhaus. Dort erwarten uns die anderen Trauernden, die nicht an der Beerdigung teilgenommen haben. Meistens sind es die weiblichen Angehörigen, die nicht mitgehen. Die Spannung ist auch ohnehin schon groß genug, und die Ergriffenheit kann am Grab ihren Höhepunkt erreichen. Nicht jeder ist in diesem Fall Herr seiner Gefühle, und von den Frauen erwartet man es am wenigsten. Aber Beherrschung ist angebracht. Nicht etwa aus Grausamkeit oder Gleichgültigkeit noch Herzlosigkeit. Sondern weil man sich unterwerfen, in sein Schicksal fügen, sich ihm in dankbarer Gelassenheit ergeben muß. Kein Lärm soll die himmlische Ruhe im Heiligtum der Toten stören. Nicht die geringste Auflehnung darf durch einen übermäßig lauten, heftigen Ausbruch von Schmerz ausgelöst werden. Der große Abschied soll sich, soweit es möglich ist, in ehrfurchtsvoller Rührung, in achtungsvoll beherrschter Erregung äußern. Man darf den Tränen wohl freien Lauf lassen. Auch den Männern stehen sie zu. Aber man soll sich nicht zu sehr über seinen Toten grämen (Babylonischer Talmud, Moed Katan, 27 b). Und schmerzerfüllte Szenen sollen schon von vorneherein ausgeschlossen werden.

Sicher, es gibt auch Frauen, die stark sind und sich gut beherrschen können. Trotzdem ist es kein Unglück, daß das weibliche Geschlecht es im allgemeinen noch nicht so weit gebracht hat. Auch ist es gar nicht notwendig, die Frauen unter diesen Umständen auf die Probe zu stellen, um zu sehen, ob sie männlich stark sein können und in der Lage sind, ihr Herz zu bezwingen.

So war und ist es auch heute noch häufig bei Juden üblich, daß die Frauen im Leichenzug nicht vertreten sind. Allerdings ist das längst nicht überall der Fall.

Natürlich läßt man sie nicht allein zu Haus. Freundinnen und Nachbarn gesellen sich zu ihnen. Aktive weibliche Mitglieder der *Chewra Kadischa* sorgen für die *Kerija*, das Einreißen der Kleider der trauernden Frauen. Zusammen mit anderen stehen sie ihnen in der schwarzen Stunde bei, wenn der Sarg mit seiner teuren Last aus dem Haus getragen wird. Bestehen die Trauernden darauf, begleiten sie die sterbliche Hülle noch eine kurze Strecke. Aber dazu sind sie keineswegs verpflichtet. Haben sie den Zug so lange begleitet, wie sie es wollen, kehren sie ins Haus zurück. Dort warten sie mit den anderen auf die Rückkehr der Teilnehmer an der Beerdigung.

Es wird auch für eine einfache Mahlzeit gesorgt. Jedoch nicht für die Teilnehmer und auf keinen Fall für geladene Gäste. Eine Einladung zu einer Beerdigung ist bei Juden eigentlich unbekannt. Denn man lädt zu einem freudigen Fest ein, nicht zu einer Trauerfeier. An ihr nimmt jeder aus eigenem innerem Antrieb teil. Eine erbetene Teilnahme wäre auch sinnlos. Auch bringt man, wenn man es vermeiden kann, keine Hiobsbotschaften. Manche Menschen gehen sogar so weit, sich nicht einmal dem Trauerzug anzuschließen, was sonst allgemein üblich ist, noch veröffentlichen sie eine Todesanzeige in den Tages- oder Wochenzeitungen.

Deshalb wird im Haus auch kein Gastmahl für die Teilnehmer an der Beerdigung zubereitet. Das einfache Gericht ist für die Trauernden bestimmt. Etwas Brot und einige gekochte Eier. Das bieten ihnen die nächsten Nachbarn an. Diese Verpflegung galt und gilt noch immer als eine weitverbreitete fromme Pflicht, als erhabene *Mizwa*. Es ist keine Totenmahlzeit. Bis zu diesem Zeitpunkt haben sich die Trauernden, das nimmt man wenigstens an, an ihrem Schmerz gesättigt. Sie hatten nicht einmal das Bedürfnis, etwas zu essen. Sie vergaßen zu essen. Weigerten sich, etwas zu essen. Denn so bitter und tief kann der Schmerz sein. Und so sättigend. Wie schon der Dichter es gesagt hat: «... daß ich sogar vergesse, mein Brot zu essen» (Ps. 102,5).

Aber jetzt ist die Zeit gekommen, den Leidtragenden zu helfen. Jetzt, da alles, was noch greifbar an den Toten erinnerte, nicht mehr zu sehen ist und man am Grab für sich und für alle, die nicht anwesend waren, von ihm Abschied genommen hat. Jetzt ist Entspannung eingetreten, der Geist ist zugänglicher geworden, und der Körper meldet sich mit seinen normalen Bedürfnissen. Wir können den Trauernden helfen, ihren Schmerz zu überwinden. Deshalb reichen wir ihnen ihre erste Speise. Das ist die *Se'udat Hawra'a*, das stärkende Mahl. Mehr will und soll es auch nicht sein. Nur Brot und Eier, sie sind auch leicht zuzubereiten. Jeder, auch ein weniger begüterter Mensch, kann sie annehmen und ohne Gewissensbisse essen. Der Trauernde setzt sich nicht feierlich zu einem Gastmahl an den Tisch. Genausowenig wie in seinen üblichen Sessel oder auf einen gewöhnlichen Stuhl, sondern auf den Boden oder einen niedrigen Hocker. Er zieht die Schuhe aus und dafür solche aus Filz oder Stoff, nicht aus Leder, an. Er arbeitet nicht, sondern beginnt die *Schiwa*, die siebentägige Trauerwoche. Jetzt setzt er sich, um das stärkende Mahl zu essen.

Schon immer haben die Nachbarn das Anbieten der *Se'udat Hawra'a* als eine Ehrenpflicht betrachtet. Solange die Juden aufgrund von äußerem Zwang oder aus eigenem Antrieb überall in eigenen Vierteln wohnten, war das ganz selbstverständlich. Jetzt, da es selbst in größeren Städten keine ausschließlich jüdischen Wohnviertel mehr gibt und es nicht mehr so selbstverständlich ist, daß die Nachbarn diese erste stärkende Mahlzeit reichen, hat die *Chewra Kadischa* in vielen Orten, wo es notwendig war, auch diese *Mizwa* übernommen.

Nicht immer und überall bleibt es bei der ersten Mahlzeit, die so angeboten wird. Zwar ist das stärkende Mahl das Vorrecht und die Aufgabe der Nachbarn oder der *Chewra Kadischa* geblieben. Aber später schickten und schicken Freunde und Bekannte während der Trauerwoche gelegentlich ebenfalls Mahlzeiten. Das kommt hier und dort vor. Aber es hat sich nicht zur Sitte, als fester *Minhag*, d. h. Brauch für diese Gelegenheit, oder als *Mizwa* eingebürgert.

Liegt der Friedhof weit vom Haus des Verstorbenen entfernt, wird der erste Bissen Brot mit den Eiern gegessen, bevor man sich auf den Weg nach Hause macht. Und zwar in einem Gebäude, das sich auf dem Friedhofsgelände oder in seiner Nähe befindet. Es kann auch den Andachtsräumen angeschlossen sein. Auch hier setzen sich die Trauernden auf den Boden oder auf niedrige Hocker. Hier essen auch die «geladenen Gäste» etwas. Sie sitzen natürlich an einem Tisch.

Diese Bräuche sind oft in jedem Ort verschieden. Sie sind das Ergebnis der verschiedenen äußeren Umstände, oder sie haben sich auch aus mißverstandenen Vorbildern zu feststehenden Sitten entwickelt. So gibt es Bräuche, deren Ursprung nur mit Mühe oder überhaupt nicht herausgefunden werden kann, die manchmal unerklärlich und, in einzelnen Fällen, untragbar sind.

Wenn überhaupt irgendwo, dann ist hier angesichts des großen Rätsels des Todes Raum für geheimnisvolle Gedanken und Gefühle. Hier findet die Mystik einen fruchtbaren Boden.

Wer wollte der Mystik ihre Rechte absprechen? Der Verfasser wäre wohl der letzte. Zwar ist die Vernunft für unser Gehirn eine Freude, die alles umfaßt und alles aufwiegt, aber unserem Gemüt genügt sie nicht, unserer Seele schenkt sie keine Genugtuung. Alle Begriffe sind unzulänglich. Und die Religion kommt selbst im besten Sinn nicht damit zurecht. Das Heiligste läßt sich nicht mit der Vernunft erfassen. Selbst wenn wir uns zu dem Gedanken an Gott, dem erhabensten, geistig bekennen, erleben wir ihn eigentlich nicht. Erst wenn wir diesen Gedanken außerhalb des Verstands und über ihn hinaus empfinden, erleben wir ihn tatsächlich. Dann erst gilt er uns heilig. Erst in diesem «Darüber hinaus» ist das Mystische enthalten. Hier liegt gleichzeitig auch die geheimnisvolle Kraft, die alles überwindende Beseelung, die förmliche und lebende Begeisterung, die religiöse Ekstase.

Diese Mystik führt nun ihrerseits zur Entstehung von Symbolen und zur Bildung von Allegorien. Das darf sie durchaus. Aber es besteht die Gefahr, daß sie schon existierende Sinnbilder mystifiziert. Gelegentlich entwickelt die Mystik auch konkrete Gestalten für ihre Begriffe. Dann treten Dämonen an die Stelle der Gedanken. Dabei wird das Wasser nicht mehr zur Weihe verwendet, sondern es wird geopfert, um Dämonen zu vertreiben. Und die *Zedeka* entartet zum Talisman, der vor dem Tod schützt. Das *Kaddisch*-Gebet verliert dabei seinen tiefen, heiligen Sinn, wird nur noch ein einfaches Gebet um die Errettung des Toten aus den Höllenqualen. Das ist vor allem bei den Massen der Fall. So versteht es der Volksglaube. Und hier sinkt auch die erhabenste Mystik immer tiefer und entartet zum Aberglauben.

Die Trauerwoche

Für die Trauernden beginnt jetzt die *Schiwa*, die Trauerwoche, wörtlich: «die sieben Tage». Sieben Familienangehörige sind die *Awelim*, die Trauernden: Vater und Mutter, Sohn und Tochter, Bruder und Schwester und die Ehegatten füreinander. Der Ursprung dieser Trauerwoche geht zurück bis ins Altertum, und uralte Quellen bestätigen sie schon. Joseph betrauerte seinen Vater sieben Tage lang (1. Mose 50,10). Der Tag der Beerdigung ist der erste dieser sieben Tage. Die *Awelut*, die Trauerzeit, beginnt, wenn sich der Grabhügel über die sterbliche Hülle wölbt. Die Verwandten setzen sich zusammen, wenn möglich in dem Haus, in dem der Verstorbene seine letzten Atemzüge tat, in dem sein Geist noch lebendig ist. Das sollte nicht immer wortwörtlich aufgefaßt werden. Darf es aber.

Natürlich ist es nicht immer möglich, in dem Haus die *Schiwa* abzuhalten, in dem der Sterbende sein Leben aushauchte. Auch können nicht alle Trauernden während dieser sieben Tage ständig zusammenbleiben. Aber damit wird die *Schiwa* nicht ungültig. Jeder hält sie dann dort ein, wo er wohnt.

Während dieser Woche verläßt der *Awel*, der Trauernde, seine Wohnung nicht. Aber er wird nicht vergessen, und die Gemeinde überläßt ihn nicht seinem Schicksal und seinen traurigen Gedanken. Man besucht ihn. Selbst zum Beten geht er nicht in die Synagoge. Man bringt ihm die «Schul» ins Haus. Dorthin kommt man, um mit ihm zu beten. Früher brachte man ihm sogar ein *Sefer Tora*, eine Gesetzesrolle, um am Montag und Donnerstag bei der Morgenandacht daraus vorzulesen. Das war einfach in einer Zeit, als man noch kein so starkes Bedürfnis nach äußeren Zeichen hatte, weil es wahrscheinlich auch nicht so notwendig war. Damals war fast jedes Haus, obwohl sehr viel einfacher als heute, geeignet, ein *Sefer Tora* zu beherbergen. Heute kann man die Wohnungen wahrscheinlich zählen, in denen dieser Brauch noch üblich ist und jedem *Awel* in der Trauerwoche eine Schriftrolle für die vollständige Andacht am Montag- und Donnerstagmorgen gebracht wird. Die Andacht findet heute, wenn überhaupt, ohne Thoralesung statt.

Die Trauernden beschränken sich jedoch in der Trauerwoche nicht nur auf die gemeinsam gesagten Gebete. Es findet ein ganzer Gottesdienst statt. Das ist wiederum die Aufgabe der *Chewra Kadischa.*

Der Kantor hält auch eine Ansprache, einen religiösen Vortrag. Für diesen Vortrag wird das Thema praktisch durch die Umstände vorgeschrieben. Will der Kantor sein Thema nicht selbst auswählen, kann er auf kurze Anleitungen wie auch auf ganze Bücher zurückgreifen, die für diesen Zweck geschrieben wurden. Es sind hebräische Bücher, die er selbst auswählen und seinem Geschmack und Können entsprechend vorlesen, übersetzen und abändern kann. Er kann diese Andachtsübung zu einer lehrreichen Zusammenkunft gestalten. Zu einer «Schul».

Damit versucht die Gemeinde, dem Trauernden zu helfen und ihn aufzurichten.

Aber nicht nur zum gemeinsamen Gebet besucht man ihn. Auch außerhalb der Betstunden findet man sich bei ihm ein. Um ihm die Teilnahme und das Mitgefühl zu zeigen, die man für ihn empfindet. Man kommt als *Menachem Awel*, als Tröster des Trauernden, um sich wie Bruder und Schwester um ihn zu sammeln und ihn allmählich wieder zurück in die Gemeinschaft zu führen. Denn nach und nach muß er sich ihr wieder anschließen, muß wieder mit uns leben. Mindestens im Anfang helfen wir ihm dabei.

Wir betreten den Raum, in dem die Trauernden auf dem Fußboden oder auf Hockern sitzen. Der Raum ist nicht schwarz behangen. Im allgemeinen liegt sogar eine weiße Decke auf dem Tisch, wie am Sabbat oder an Feiertagen. Auf dem Tisch stehen Büchsen. Sammelbüchsen für die Armen. Für alle möglichen Notleidenden und Bedürftigen. Denn es gibt praktisch keine Form der Not, für die der jüdische Gemeinschaftssinn keine Einrichtung geschaffen hätte, um sie zu lindern. Alle diese Vereinigungen bitten mit diesen Sammelbüchsen um die Almosen der *Zedeka* von denen, die auf diese Weise die *Mizwa* der *Nichum Awelim*, das Trösten der Trauernden, mit Mildtätigkeit verbinden.

Häufig ist auch an der Wand oder an einer Stelle, die ins Auge fällt, ein Spruch angebracht, der übliche hebräische Trostspruch: «Gott tröste euch inmitten aller übrigen Trauernden Zions und Jerusalems.» Sonst ist alles wie sonst auch.

Wir treten ein. Hiob, der größte Dulder, unser Vorbild und Symbol, seine Erlebnisse haben uns gelehrt, daß wir schweigend Platz nehmen und auf das erste Wort des Trauernden an uns warten, bevor wir mit ihm sprechen. Saßen nicht auch Hiobs drei Freunde aus dem Morgenland sieben Tage und Nächte schweigend neben dem so schwer Geprüften? (Hiob 2,13) Zwar kann man gegen diese Bibelstelle einiges einwenden. Es kann jedoch nicht widerlegt werden, daß bei einem Leidtragenden gerade das erste Wort am schwersten fällt. Schweigen kann wohltuend sein. Aber auch peinlich. Hier müssen Takt und Gefühl entscheiden.

Auch die Trauernden haben es schwer. Jeden Tag kommen zahlreiche Gäste. Manche bringen in ihrem Blick, ihrer Haltung, ihrem Händedruck sehr viel mit. Andere bringen etwas davon. Aber viele bringen nichts und weniger als nichts. Die gleichen Gespräche wiederholen sich täglich mehrere Male. Und doch verfliegen die Stunden überall schnell, genau wie die Tage, und unmerklich richten die Trauernden ihren Blick wieder auf das Leben.

Der herannahende Sabbat wirft einen neuen, wärmenden Lichtstrahl in die Dunkelheit. Im Haus und in der Seele. Der Sabbat hilft den Trauernden, ihren Schmerz soweit wie möglich abzuschütteln. Er umfängt sie und erquickt sie. Er führt sie aus ihrer Wohnung in die Synagoge. Aber sie betreten sie erst, wenn schon die Königin, die Sabbat heißt, mit voller Pracht und Herrlichkeit ihren Einzug gehalten hat. Nicht bevor die letzte Strophe der Hymne verklingt, die den Sabbat begrüßt: «Komm, mein Freund, der Braut entgegen.» Denn nicht sie empfangen den Sabbat, die Königin Sabbat empfängt sie.

Bis zu diesem Zeitpunkt warten sie, in ihren *Tallith* gehüllt, in der Vorhalle der Synagoge. In manchen Gemeinden stehen sie dort auch etwas länger, und zwar bis zum Ende des Sabbatpsalms (Ps. 92). Dann kommt die Gemeinde in der Person ihres Leiters oder Kantors oder eines anderen Vertreters ihnen entgegen und begrüßt sie mit dem schon zitierten Trostspruch *Hamakom*: «Gott tröste euch ...» Damit haben sie Zutritt zur Synagoge und zur Andacht am Freitagabend. Für die Dauer des Sabbats ist ihre Trauer aufgehoben. Sie sitzen nicht mehr auf dem Fußboden. Sie tragen wieder ihre gewöhnlichen Lederschuhe. Und sie ziehen auch nicht das Kleidungsstück an, in dem die *Kerija*, der Riß, sichtbar ist. Trotzdem stehen sie zum Gottesdienst am Sabbat nicht an ihrem gewöhnlichen Platz. Sie werden nicht zur Vorlesung aufgerufen, noch wird ihr Name in einem Segenswunsch genannt. Sie sitzen jetzt an einem weiter vom Thoraschrank entfernten Platz. Denn sie sind geschlagen. Diese Tatsache kann auch am Sabbat nicht völlig übergangen werden. Auch nicht in dieser öffentlichen Andacht, wenn die Stimmung des Sabbats eigentlich alles andere überwinden sollte. Denn der Sabbat gehört der Gemeinde. In persönliche Angelegenheiten, die nichts mit der Öffentlichkeit zu tun haben, greift der Sabbat ein, indem er sie regelt oder aufhebt.

Die sieben Tage sind um. Kurz nach dem Morgengebet am letzten Tag der *Schiwa* stehen die Trauernden vom Boden auf. Wieder kommt der Vertreter der *Chewra Kadischa*. Heute zum letztenmal. Er setzt sich noch einmal kurz zu den *Awelim*. Dann reicht er ihnen die Hand. Und diesen Händedruck begleitet ein Bibelvers: «Deine Sonne wird nicht mehr untergehen, und dein Mond nicht den Schein verlieren; denn der Herr wird dein ewiges Licht sein, und die Tage deines Leidens sollen ein Ende haben» (Jes. 60,20). Jetzt stehen die Trauernden auf. Sie treten zurück ins Leben. Und damit entläßt auch die Gemeinde sie aus ihrer Fürsorge.

Die Trauerzeit – Die Gemeinde

Mit der Trauerwoche geht die Trauerzeit noch nicht zu Ende. Sobald sich der Grabhügel über die sterblichen Reste des Verstorbenen wölbt, beginnt die *Awelut*. Dann beruhigt sich der Schmerz und wird erträglicher. Vom Augenblick, in dem der Tod eingetreten ist, bis zu diesem Zeitpunkt ist der Schmerz unruhig und voller Erschütterungen. Es ist eine Zeit der bitteren Gefühle, schweren Leids, des Stöhnens und Klagens. Das ist die *Aninut*, die Zeit der tiefsten Trauer, eine Zeit der bewegten Stimmung, der Vorbereitungen für die Beerdigung.

Für Vater und Mutter dauert die Trauerzeit ein ganzes Jahr, und sie wird vom Sterbetag an berechnet. Ein jüdisches Jahr ist damit gemeint, das heißt zwölf jüdische Monate. In einem jüdischen Schaltjahr, das dreizehn Monate hat, ist das Trauerjahr trotzdem nur zwölf Monate lang. Für die anderen Angehörigen beträgt die Trauerzeit dreißig Tage, die *Scheloschim*, die vom Tag der Beerdigung an berechnet werden. Zu diesen dreißig Tagen zählt auch die Trauerwoche, die *Schiwa*, auch wenn die Eltern gestorben sind. Die *Awelut* kommt dadurch zum Ausdruck, daß man sich aller Freude und ihrer Anzeichen enthält. Das

בששי בשבת בחמשה ימ
ישתבח לבריאת עלם למ
מנחם אמר לה להדא בת
ישראל ואנא אפלח ואוק
דפלחין ומוקרין וזנין ומפ
כסף זוזי מאתן דחזי ליכי מ
כארח כל ארעא וצביאת
לאנתו ודין נדוניא דהנעל
אלפים ומאה וחמשים
רמש איך ר' שלום בר
ר לי לאנתו כדת משה
הלכת גוברין יהודאין
והבנא ליכי מהר בתוליכי
בי וספוקיכי ומיעל לותיכי
ר' אהרן והות ליה
בין בדהב בין בתכשיטין

Die Auslösung des Erstgeborenen. Kupferstich. *Privatbesitz*.

Vorherige Seite:
Heiratsvertrag aus Krems, Österreich, 1391–1392. Einer der ältesten europäischen «Ketubot». Gemäß diesem Fragment heiratete Schalom ben Menachem am «Freitag dem 5. Tag 5152 seit Erschaffung der Welt». Von gotischer Ornamentik umrandet. Rechts der Bräutigam, links die Braut, ihre Hand nach dem Ring des Bräutigams ausstreckend. *Nationalbibliothek, Wien*.

Rechte Seite:
Thora-Freudenfest in der alten Synagoge von Livorno. Gemälde von Salomon Alexander Hart. *Sammlung Oskar Gruss, New York*.

87
89

נשלוה בארמנותיך׃ למען אחי ורעי אדברה נא ע
שלום בך׃ למען בית יי׳ אלהינו אבקשה וטוב לך׃ יי׳ ;
עוז לעמו יתן יי׳ יברך את עמו בשלום׃
״ קדיש יתום ״

נשמת

חי תברך את שמך יי׳ אלהינו ורוח כל בשר תפאר ותרומם זכר
לכנו תמיד׃ מן העולם ועד העולם אתה אל ומבלעדיך אין לנו
לך גואל ומושיע פודה ומציל ומפרנס ומרחם בכל עת צרה ו
קה אין לנו מלך אלא אתה׃ אלהי הראשונים והאחרונים
ה כל בריות אדון כל תולדות המהולל בתשבחות המנהג עולמ

Ein Pentateuch-Einband, vertertigt von Meir Jaffe für den Nürnberger Stadtrat, 1468.
Staatsbibliothek, München.

Vorherige Seiten:
Links: Der jüdische Friedhof in Worms. Im Vordergrund die Gräber von Rabbi Meir ben Baruch aus Rothenburg und Alexander Süsskind Wimpfen, seinem Schüler.
Rechts: Seite aus der Rothschild-Sammlung. Zusammenstellung eines gewöhnlichen Gebetbuches mit den Gebeten der Festtage des ganzen Jahres.

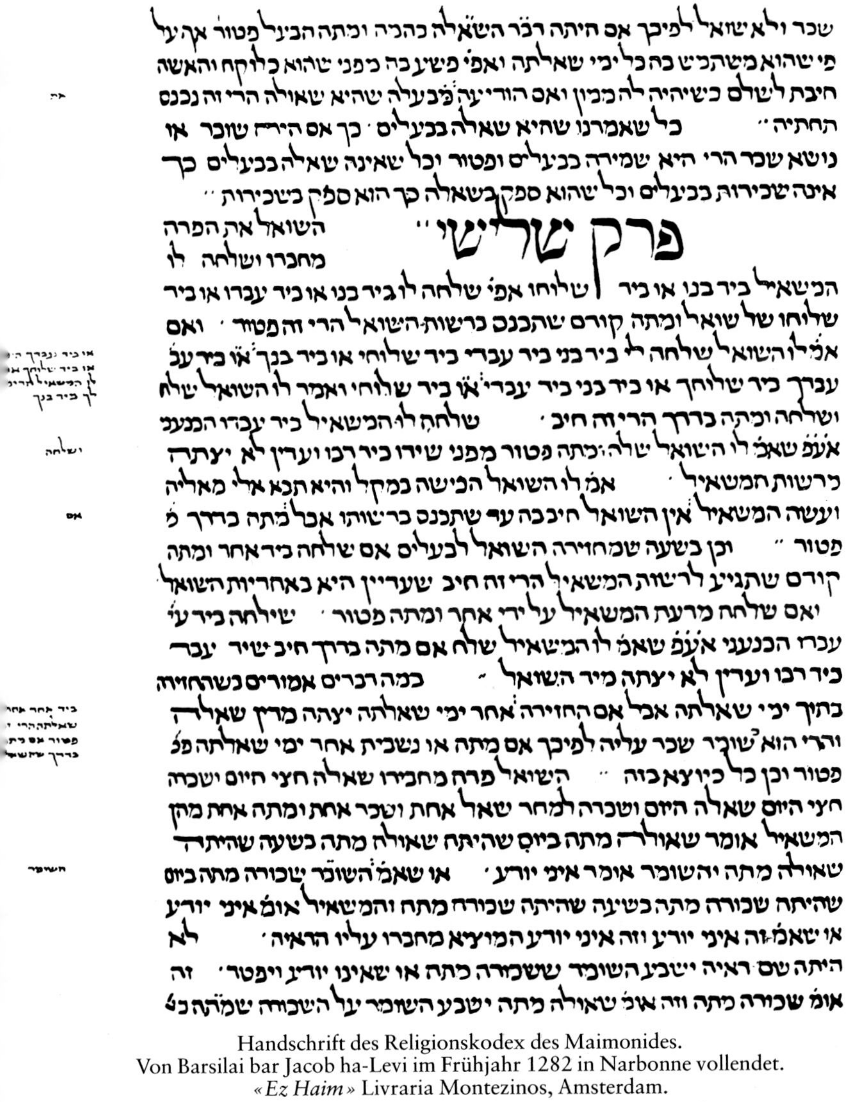
שכר ולא שואל לפיכך אם היתה דבר השאלה בהמה ומתה הבעל פטור אף על
פי שהוא משתכר בה כל ימי שאלתה ואפי׳ פשע בה מפני שהוא כלוקח והאשה
חיבת לשלם כשיהיה לה ממון ואם הודיעה מבעלה שהיא שאולה הרי זה נכנס
תחתיה׃ כל שאמרנו שהיא שאלה בבעלים כך אם היה שוכר או
נושא שכר הרי היא שמירה בבעלים ופטור וכל שאינה שאלה בבעלים כך
אינה שכירות בבעלים וכל שהוא ספק בשאלה כך הוא ספק בשכירות׃

פרק שלישי׃

השואל את הפרה מחברו ושלחה לו
המשאיל ביד בנו או ביד שלוחו אפי׳ שלחה לו ביד בנו או ביד עבדו או ביד
שלוחו של שואל ומתה קודם שתכנס ברשות השואל הרי זה פטור׃ ואם
אמ׳ לו השואל שלחה לי ביד בני ביד עבדי ביד שלוחי או ביד בנך או ביד עב׳
עבדך ביד שלוחך או ביד בני ביד עבדי או ביד שלוחי ואמר לו השואל שלח
ושלחה ומתה בדרך הרי זה חיב׃ שלחה לו המשאיל ביד עבדו הכנעני
אעפ׳ שאמ׳ לו השואל שלח׳ ומתה פטור מפני שידו כיד רבו ועדין לא יצתה
ברשות המשאיל׃ אמ׳ לו השואל הכישה במקל והיא תבא אלי מאליה
ועשה המשאיל אין השואל חיב בה עד שתכנס ברשותו אבל מתה בדרך מ׳
פטור׃ וכן בשעה שמחזירה השואל לבעלים אם שלחה ביד אחר ומתה
קודם שתגיע לרשות המשאיל הרי זה חיב שעדיין היא באחריות השואל
ואם שלחה מדעת המשאיל על ידי אחר ומתה פטור׃ שילחה ביד ע׳
עבדו הכנעני אעפ׳ שאמ׳ לו המשאיל שלח אם מתה בדרך חיב שיד עבד
כיד רבו ועדין לא יצתה מיד השואל׃ במה דברים אמורים כשהחזירה
בתוך ימי שאלתה אבל אם החזירה אחר ימי שאלתה יצתה מדין שאלה
והרי הוא שומר שכר עליה לפיכך אם מתה או נשבית אחר ימי שאלתה פל׳
פטור וכן כל כיוצא בזה׃ השואל פרה מחבירו שאלה חצי היום ושכרה
חצי היום שאלה היום ושכרה למחר שאל אחת ושכר אחת ומתה אחת מהן
המשאיל אומר שאולה מתה ביום שהיתה שאולה מתה בשעה שהיתה
שאולה מתה והשומר אומר איני יודע׃ או שאמ׳ השוכר שכורה מתה ביום
שהיתה שכורה מתה בשעה שהיתה שכורה מתה והמשאיל אומ׳ איני יודע
או שאמ׳ זה איני יודע וזה איני יודע המוציא מחברו עליו הראיה׃ לא
היתה שם ראיה ישבע השוכר ששכורה מתה או שאינו יודע ויפטר׃ זה
אומ׳ שכורה מתה וזה אומ׳ שאולה מתה ישבע השומר על השכורה שמתה כל

Handschrift des Religionskodex des Maimonides.
Von Barsilai bar Jacob ha-Levi im Frühjahr 1282 in Narbonne vollendet.
«Ez Haim» Livraria Montezinos, Amsterdam.

Nächste Seite:
Nach mittelalterlicher Tradition wird die Stadt Jerusalem als großartiges gotisches Bauwerk dargestellt, zu dem die Juden in sehnsuchtsvoller Verehrung die Arme erheben. Das Bild zeigt die letzte Seite der Vogelkopf-Haggadah.
Israel Museum, Jerusalem.

ירושלים

Kleidungsstück mit der *Kerija*, dem Riß, wird während dieser Zeit weiter getragen. Aber nur an Wochentagen, nicht dagegen am Sabbat. Nach der *Schiwa* wird dieser Riß provisorisch etwas zugenäht. Mindestens wenn man um Angehörige trauert. Nach den *Scheloschim* darf der Riß wieder völlig zugenäht oder ausgebessert werden. Bei Vater und Mutter dagegen nicht. In ihrem Fall bleibt der Riß auch während der *Scheloschim* offen. Erst danach darf er etwas vernäht werden. Aber völlig ausgebessert wird dieser Riß nicht. Nie!

Während des ganzen Trauerjahres achtet man sorgfältig darauf, daß das ewige Licht zum Andenken, das *Ner Tamid*, immer brennt. Heute haben wir es sehr einfach, denn eine Steckdose und eine kleine Lampe reichen. Sie erfordern wenig Aufmerksamkeit und keine Arbeit. Ebensowenig geht das Licht aus. Oder diese Möglichkeit ist auf jeden Fall sehr gering. Müssen wir dagegen ständig über das *Ner Tamid* wachen, kommt es trotz aller Sorge um es schon einmal vor, daß der Wind oder ein Luftzug das Licht ausblasen. Das ist bedauerlich. Mit einem kleinen Licht, an die Steckdose angeschlossen, kann sich das praktisch nie ereignen. Und doch: Das fromme Gefühl kommt doch gerade in der täglichen Fürsorge zum Ausdruck. Nicht nur soll das *Ner Tamid* nämlich ununterbrochen brennen, sondern es soll dank unserer unaufhörlichen, immer wieder erneuerten Bemühungen brennen. Diese fromme Fürsorge kann uns kein elektrisches Licht abnehmen. So hat dieses elektrisch versorgte *Ner Tamid* zwar seine Vorteile, der Verfasser kann sich mit ihm dennoch nicht anfreunden.

Praktisch während des gesamten Trauerjahres sagt man in gemeinsamen Betstunden, für die ein *Minjan*, d. h. mindestens zehn religiös volljährige Gemeindemitglieder, anwesend sein muß, das *Kaddisch*-Gebet. Von den zwölf Monaten an insgesamt elf davon. Die öffentliche Heiligung des Name Gottes, die ja der wahre Sinn des *Kaddisch*-Gebets ist, ist zugleich ein Zeugnis, das das Kind für Vater oder Mutter ablegt. Dieses Zeugnis begleitet sie über das Grab hinaus. Mit allen ihren guten Taten und Gedanken, und bleibt bei ihnen bis in die Ewigkeit vor Gott. Wenn es notwendig ist, wird es ihr Vermittler, ihr Fürsprecher sein. Wir legen gern Zeugnis ab für unsere Eltern. Aber wir glauben auch an sie. Da das *Kaddisch* seinem Wesen nach die Bitte um die Seelenruhe für die Verstorbenen einschließt, legen wir auch Zeugnis dadurch für sie ab, daß wir diese Bitte nicht bis zum Ende des Trauerjahres vorbringen. Denn das brauchen sie gar nicht!

Das *Kaddisch*-Gebet ist eines der Gebete, die gern und häufig gesagt werden, denn zahlreiche Menschen möchten diese Pflicht so treu wie möglich erfüllen. Denn es ist ja eine fromme Äußerung in einer starken Form. Deshalb tritt während des synagogalen Gottesdienstes immer wieder ein anderer vor und stellt sich neben den Kantor an das Lesepult. Er sagt das *Kaddisch* für seinen Vater oder seine Mutter. Er ruft die Gemeinde auf, die Heiligkeit des Namens Gottes ebenfalls zu bezeugen und ihm deshalb zu antworten. Er betet darum, daß Gottes Reich kommen möge. Die Gemeinde antwortet ihm, stimmt ihm zu. Das geschieht an verschiedenen Stellen der Andacht und auch an ihrem Ende.

Natürlich gibt es manchmal auch mehrere, die zur gleichen Zeit trauern. Der Reihe nach erhalten sie das Recht, das *Kaddisch*-Gebet zu sagen. Alle bemühen sie sich und wachen darüber, diese Pflicht für ihre Eltern nicht zu verpassen. Die Gemeinden mußten zum Teil sogar eine besondere Ordnung für das *Kaddisch* einführen, damit alle zu ihrem Recht kommen. Der Synagogendiener ist im allgemeinen dafür verantwortlich, während der Andacht auf die Reihenfolge zu achten und jedem sein *Kaddisch* anzusagen. In manchen Synagogen möchte man die Irrtümer und Auslassungen vermeiden, die sich manchmal aus dieser Regelung ergeben. Deshalb treten alle *Awelin* gleichzeitig vor und sagen das *Kaddisch* zusammen. Das widerspricht dem Sinn des Gebets in keiner Weise.

Ist das Trauerjahr zu Ende gegangen, gedenkt man des Sterbetags. Nicht nur das erste Mal, sondern jedes Jahr aufs neue. Solange der Sohn lebt, hält er die «Jahrzeit» für Vater und Mutter. Wieder zündet er ein *Ner Tamid* an, das den ganzen Tag über brennt.

Das Licht, das Symbol der Seele, der göttlichen Seele, ruft wieder die Erinnerung an die teuren Toten wach, für die es keinen innigeren Namen als Vater und Mutter gibt. Wieder wird die Erinnerung an sie wachgerufen, so gut und schön, so tief, innig und leuchtend wie nur möglich. Viele Kinder fasten an diesem Tag völlig oder zur Hälfte. Der Sohn sagt das *Kaddisch*. Sein ganzes Leben lang. Auch wenn er älter als achtzig Jahre wird, die äußerste Grenze, die der Dichter der Psalter dafür angegeben hat (Ps. 90,10).

Damit werden die Familienbande gefestigt und die Kette der Generationen fest verbunden. Und die Gemeinde spielt eine wesentliche Rolle dabei.

Die Gemeinde: Schon wiederholt haben wir erlebt, wie sie das Leben bestimmt. Auch hier zeigt sich ihr Einfluß. Ihre Pflichten und der ihr eigene Geist überwiegen oft alles andere. Häufig heben sie die Trauer des Einzelnen auf und stellen die Pflicht um Trauer in den Hintergrund.

Das war schon am Beispiel des Sabbats zu sehen. Allerdings ist nur einmal in der Woche Sabbat. Sobald die Königin Sabbat uns verläßt, setzt sich der Trauernde, wenn die *Schiwa*, die Trauerwoche, noch nicht um ist, wieder auf den Fußboden. Fällt jedoch ein *Jom tow*, ein biblischer Feiertag, in die sieben Tage, ist sein Einfluß anhaltend. Der *Jom tow*, der nach einer langen Pause kommt und der gebührend empfangen, herzlich empfunden, innig erlebt, freudig begangen und voll akzeptiert wird, reißt den Trauernden aus seiner trübsinnigen Grübelei. Zusammen mit dem Feiertag kehrt er in die Gemeinde zurück: Die Trauerwoche ist beendet. Was davon übrigbleibt, wurde aufgehoben.

Fällt solch ein Feiertag nach der *Schiwa* in die restlichen dreißig Tage, hebt er auch die Trauerzeit auf. Das gilt allerdings aus verständlichen Gründen nicht für das Trauerjahr für die Eltern. Denn im Lauf von zwölf Monaten gibt es mehr als einen biblischen Feiertag. Demzufolge könnte es in der Praxis nie ein Trauerjahr für die Eltern geben.

Es kommt jedoch schon einmal vor, daß diese Regelung in den einzelnen Fällen unterschiedlich gehandhabt wird. Das liegt jedoch im Bereich der Kasuistik, die im Rahmen des vorliegenden Buches nicht diskutiert wird.

Auch andere Feiertage, die ihren Ursprung nicht auf die Bibel zurückführen, wie zum Beispiel die Gedenktage *Purim* und *Chanukka* und auch Neumondstage, der 15. *Schewat* und ähnliche verlangen vom Trauernden das ihnen Gebührende, auch wenn er trauert. An solchen Tagen wird die Gedächtnisstunde für den Toten im allgemeinen gekürzt. Meistens wird auch kein *Hesped*, keine Grabrede, gehalten. Sagt jemand doch etwas am Sarg, dann ist das ein Ausnahmefall, und es geschieht mit einer gewissen Zurückhaltung. Auf dem Friedhof wird sogar das *Kaddisch*-Gebet, das die Trauernden während des Trauerjahrs und zur «Jahrzeit» sonst immer sagen, durch das gewöhnliche Gebet ersetzt. Auch der größte nationale Trauertag, der neunte *Aw*, der *Tischa be-Aw*, fordert die Trauer ausschließlich für sich. Denn die persönliche Trauer geht völlig in der nationalen auf. Am *Purim*fest setzt sich der Trauernde nicht auf den Boden. Er geht sogar aus dem Haus, um in der Synagoge die Vorlesung der Esther-Rolle zu hören. Ebenso wird er auch am Neujahrs- und Versöhnungstag in die Synagoge gehen, um mit der Gemeinde die *Selichoth*, d. h. die Bußgebete, zu sagen. Am Vorabend der *Tischa be-Aw* geht er in die «Schul», um die *Kinoth*, die Klagelieder, zu hören. Genau wie auch am nächsten Morgen. Nach dem Gottesdienst in der Synagoge hält er an diesem Tag keine *Schiwa*, und er sitzt auch nicht auf dem Fußboden. Auch trägt er die nationale Trauer.

Wer an den Lasten der Gemeinde trägt, erträgt die eigene Bürde leichter.

Die Ruhe der Toten

Der Körper eines Toten ist teuer. Er erhält die Ehre, die dem lebenden Menschen zustand, der in diesem Körper sichtbar mit seinen Mitmenschen verkehrte. Oft erweist man ihm eine noch größere Ehre als dem Menschen zu seinen Lebzeiten, nie jedoch eine geringere. Die menschliche Hülle, der der Tod das Wunder des Lebens genommen hat, wird scheu und mit einem frommen Schauder behandelt. Wie schon weiter oben gesagt, ist der Leichnam eines Menschen kein Kadaver. Alle Gedanken und Gefühle, die ein Aas weckt, sind ihm so weit entfernt wie der Himmel von der Erde.

Es ist für das jüdische Empfinden undenkbar, einen Leichnam zu vernachlässigen, ihn nicht zu pflegen, ihn gleichgültig liegenzulassen, ihn unachtsam zu berühren oder sich ihm unehrerbietig zu nähern. Eine Leichenschändung, auch nur in einem ganz geringen Umfang, gilt als infam. Zwar wurde der Wissenschaft in Israel stets die höchste Ehre und Achtung beigemessen, und auch das Leben und die Gesundheit gelten als das höchste Gut. Aber man hat sich doch immer gegen eine Leichenöffnung gewehrt, außer in einem ganz konkreten Fall, um ein Menschenleben zu retten. Nur in solch einem Fall – und wenn das Gesetz es fordert – wird eine Sektion vorgenommen. Es ist durchaus möglich, daß die Achtung vor der Wissenschaft hier eine gewisse Einbuße erleidet. Der Verfasser nimmt hier jedoch nicht das Recht für sich in Anspruch, in dieser Angelegenheit objektiv zu urteilen. Auf jeden Fall beweist diese Einstellung nur, wie hoch die Ehrfurcht vor dem Toten ist.

Der Tote wird der Erde zurückgegeben. Sie nimmt ihn in ihrem Schoß auf. Dort findet der ganz natürliche Verwesungsprozeß statt, wird die Materie zurück in Staub verwandelt. Dort wartet der Tote auf den Tag des Jüngsten Gerichtes.

Die Ruhe eines Toten zu stören ist dem jüdischen Gefühl ein unerträglicher Gedanke, eine Vorstellung, die den Lebenden erschauern läßt. Dem Toten gehört die Erde, in die er gebettet wurde. Für immer. Über sie darf kein anderer Mensch verfügen. Und auch was dort wächst, gehört zum Grab. Es darf nicht verwendet werden, darf keinen Gewinn bringen. Selbst wenn das dort wachsende Gras regelmäßig gemäht wird, damit das Grab gepflegt aussieht, wird es lediglich zusammengeharkt und irgendwo in einer Ecke des Friedhofs gesammelt. Was dagegen in den Büschen und unter den Bäumen wächst und sich nicht weiterentwickeln kann, darf nach dem Schneiden und Stutzen verkauft werden, und der Ertrag wird für die Wartung des Friedhofs genutzt.

Pflanzen, die ihre Säfte aus dem Boden beziehen, dürfen nach einem alten jüdischen Brauch nicht auf Friedhöfen angepflanzt werden. Und die Gräber dürfen nur auf einen Gerichtsentscheid hin geöffnet werden. Sonst ist das Öffnen eines Grabes undenkbar. Nur wenn jemand aufgrund höherer Gewalt zufällig irgendwo beerdigt werden mußte, weit entfernt von der ewigen Ruhestätte seiner Familie, dem «Grab der Väter», an der auch dieser Tote hatte beerdigt werden wollen, ist ein Ausgraben nicht verboten und nicht unmöglich. Das ist zwar selten, kommt gelegentlich aber doch vor. In den beiden Weltkriegen wurden die Juden vorläufig irgendwo begraben, im zweiten sogar ganz heimlich. Später, in Friedenszeiten, wurde ihr Leichnam auf einem jüdischen Friedhof erneut beigesetzt. Ebenso ist das Ausgraben erlaubt, um ihn nach Israel zu schicken und ihn dort in die ewige Ruhe eingehen zu lassen. In diesem Fall ist das Ausgraben sogar immer erlaubt.

In allen anderen Fällen gilt das Öffnen eines Grabes, die Schändung eines Begräbnisplatzes, nach jüdischem Brauch und jüdischer Auffassung einfach als widerwärtig.

Wieviel ein Friedhof bedeutet, gibt schon die *Thora* uns klar zu erkennen. Zum Beispiel beschreibt sie ausführlich die Transaktion, als Abraham die Höhle in Machpela für alle Zeiten als die letzte Ruhestätte für seine Frau kaufte, nachdem Sara ihm durch den Tod entrissen wurde (1. Mose 23). Die *Thora* läßt keine Gelegenheit aus, ausdrücklich hervorzuheben, daß und wie und von wem Abraham diesen Ort des Begräbnisses erwarb. Er war sein alleiniger, voller Besitzer (1. Mose

49,29–32 und 50,13). Sein erster und einziger Grundbesitz in dem schon seinen Nachfahren Gelobten Land. Das machte Hebron in der alten jüdischen Welt zu einer ganz besonderen Stätte. Nach Hebron kam als nächstes Bethlehem, wo Rachel begraben wurde. Und nach Jerusalem gab es Tiberias mit seinen Gräbern, in denen Angehörige berühmter Familien begraben worden waren. In vielen Städten und Dörfern der abendländischen Welt gibt es jüdische Zentren – solche, die in der Vergangenheit existierten, und solche, die es noch immer gibt – mit alten jüdischen Friedhöfen, gesättigt mit einer jahrhundertealten jüdischen Geschichte. Diese Geschichte kann man an den Grabsteinen ablesen.

Etwas rührt sich in uns, wenn wir diese Stätte aufsuchen, an denen die sterblichen Reste so vieler ruhen, die unsere Geschichte formten und für die Entwicklung des jüdischen Geistes mitverantwortlich waren – diese Propheten, diese Helden, die zu allen Zeiten, in allen Jahrhunderten dem jüdischen Leben seine Grundlage und Zielrichtung gegeben haben. Prag, Krakau und Worms sind nur ein paar hastig hingeworfene Namen in dieser fast unendlich langen Liste.

In vielen Orten der meisten europäischen Länder gibt es alte jüdische Friedhöfe, die wegen der Entwicklung der Städte heute oft mitten in den Städten liegen. Sie blieben in ehrfürchtiger Achtung unberührt.*

Das Aufstellen eines Grabmals ist ein schon seit dem Altertum geheiligter Brauch. Wie die *Thora* berichtet, kennzeichnete Jakob so schon das Grab von Rachel (1. Mose 35,20). Dazu gibt es jedoch keine Vorschriften, weder in der Bibel noch im Religionskodex. Ebenso schweigen sie sich über die Form oder den Zeitpunkt aus, zu dem der Grabstein aufgestellt werden muß. Die Grabsteine auf einem jüdischen Friedhof haben ganz unterschiedliche Formen, es können Grabplatten oder auch Steinsockel sein. Aber nur in wenigen Ausnahmefällen fehlt ein Grabmal; meistens ist es vorhanden, selbst wenn es nur aus Holz ist wie in früheren Zeiten. Bei manchen Beerdigungsvereinen, die der *Chewra Kadischa* angeschlossen sein können, es aber nicht sein müssen, ist in dem Beitrag auch der Preis für einen Grabstein enthalten.

Der Grabstein wird in einer Zeremonie enthüllt. Aus der Mischna

* Nach dem Zweiten Weltkrieg hat sich der Nachdruck darauf noch verstärkt. Zwar wurden jüdische Friedhöfe in Ausnahmefällen geräumt, dabei hat man sich jedoch immer bemüht, die einzelnen Gräber in einen anderen jüdischen Friedhof zu verlegen.

werden einige Passagen vorgelesen, und einige Psalter werden gelesen. Die Kinder sagen das *Kaddisch*, falls die Zeremonie noch während des Trauerjahrs oder an einem Jahrzeittag stattfindet. Zum Schluß wird der Grabstein mit seiner hebräischen Beschriftung enthüllt. Dann liegt das Grab in ewiger Ruhe.

Und so liegen auch die jüdischen Friedhöfe unversehrt da und warten auf das «Ende der Tage» (Dan. 12,13, der letzte Vers des Buches Daniel).

Einäscherung

Oft wurde der Verfasser gefragt, was er von der Leichenverbrennung hält. Und auch, welchen Standpunkt das Judentum in bezug auf die Feuerbestattung bezieht.

Die Antwort auf diese Frage wurde bis zum Schluß aufgehoben, nachdem das Kapitel beendet ist, in dem der Leser an Krankenbett und Sterbelager, zum Tod und an das Grab geführt wurde. Die intimsten Bräuche wurden dem Leser offenbart, von denen er wahrscheinlich nie etwas erfahren haben würde. Er wurde als Zeuge in das jüdische Wohnzimmer geführt, und ihm wurden die Riten und Symbole in ihren höchsten mystischen Augenblicken gezeigt wie auch Zeremonien, über die bekanntlich die unsinnigsten Gerüchte im Umlauf sind. Dem Leser wurde Einblick in das Denken des Judentums in diesen Bereichen gewährt, und es wurde versucht, ihm seine geistige Einstellung in diesem so subtilen Gebiet vor Augen zu führen.

Nach dieser Einleitung ist es möglich, auch die Auffassung des Judentums in dieser Frage zu diskutieren. Denn erst jetzt kann ihm der jüdische Standpunkt verständlich dargelegt werden.

Die Frage an sich, eine sehr geläufige und konkrete Frage, die heute wiederholt gestellt wird, ist eigentlich keine Frage nur der Gegenwart. Heute ist sie nur etwas aktueller geworden. Im Grunde genommen ist sie sehr alt. Schon der Talmud diskutiert sie (Babylonischer Talmud, Sanhedrin, 46b). Dort hört sie sich schon genau wie heute an:

«Der König Sapor sprach zu Raw Hama: ‹Wieso ist die Bestattung aus der Gesetzeslehre zu entnehmen?› – Er aber schwieg und wußte ihm nichts zu antworten.

Raw Aha ben Jakob sagte: ‹Die Welt ist den Toren anvertraut worden. Er könnte ja erwidert haben: Es heißt/denn begraben sollst du ihn!› (5. Mose 21,23).

Der Mann, der geschwiegen hatte, verteidigte sich:

‹Vielleicht/besagt dies/das nur, daß man für ihn einen Sarg fertige?/ Es heißt auch/sollst du ihn bestatten!?›

Ein anderer Weiser sagte: ‹Es heißt: begraben/sollst du ihn, begraben ...›

Diese Exegese konnte den König nicht überzeugen.

Daraufhin habe der König geantwortet, man habe kein Gesetz angewendet.

‹Aber der Herr selbst begrub doch Moses?› (5. Mose 34,6)

‹Um nicht vom Brauch abzuweichen.›

‹Aber die Stelle: ... sie sollen sterben in diesem Lande und nicht begraben, noch beklagt werden ...› (Jer. 16,6)

‹Nun, dort ist es die Drohung einer Abweichung von der als Ehre geltenden Sitte.›

Hier schweigt auch der entrüstete Raw Aha ben Jakob. Auch er weiß nichts zu antworten.»

Damit bekennt auch der Talmud ganz offen, daß die *Thora* nirgends eine Vorschrift für das Begraben enthält.

Gelten diese Bibelstellen also nicht einmal als Beweise? Im ersten Bibelvers wird der hypothetische Fall eines zumTode verurteilten Verbrechers behandelt, der gehängt werden soll. Aber die Leiche darf nicht hängen bleiben, sie muß begraben werden. Noch am gleichen Tag, vor Sonnenuntergang. Wenn nun aber sogar dem Leichnam eines zumTode verurteilten Verbrechers nicht die Ehre der Beerdigung vorenthalten werden darf, darf man daraus folgern, daß die Beerdigung für jeden Verstorbenen stillschweigend als Gesetz und Regel akzeptiert wurde? Dann ist es zweifelsohne so tief im Brauchtum verwurzelt, daß es für gewöhnliche Fälle nicht als Gesetz vorgeschrieben werden muß. Denn solch ein allgemein akzeptiertes, ungeschriebenes Gesetz ist doch ebenso stark, wenn nicht noch stärker als das geschriebene Gesetz. Ein Gesetz, eine Vorschrift wird doch erst dann erlassen, wenn man mit der Möglichkeit rechnet, daß die Menschen nicht im beabsichtigten Sinn handeln. Denkt man aber an solch eine Möglichkeit nicht einmal, dann denkt man auch nicht daran, eine solche Vorschrift überhaupt aufzustellen.

Außerdem steht es hier mit großem Nachdruck. Wer die hebräische

Sprache und die Wirkung kennt, die das vorangestellte Infinitiv vor einem konjugierten Verb wie in diesem Fall hat, versteht es mühelos. Fast ist es so, als spräche die Furcht heraus, mit dem Leichnam eines Verbrechers würde man es weniger genau nehmen und, weil das Nichtbegraben solch eine Schmach ist, denken: Er ist ein Verurteilter; ihm steht die Ehre einer Beerdigung nicht zu. Im Gegenteil: Es sieht ganz so aus, als sei aus diesem Grund mit so großem Ernst geschrieben worden: Begraben, *begraben* sollst du ihn!

Im 1. Mose (40,16–19) steht die Geschichte über den «obersten Schenk» des Pharaos. Joseph deutete seinen Traum und sagte ihm, er werde in drei Tagen am Galgen hängen, und die Vögel werden sein Fleisch von ihm fressen. Angenommen, daß das ein ägyptischer Brauch war, fällt der Unterschied noch stärker ins Auge, wenn mit der zitierten Bibelstelle verglichen. Dann tritt die fast leidenschaftliche biblische Forderung nach einer Beerdigung im Gegensatz zum ägyptischen Brauch noch schärfer hervor.

Die Passage in Jeremia, die bestätigt, wie entsetzlich es ist, jemandem anzudrohen, er bleibe nach seinem Tod unbeerdigt, kann durch zahlreiche andere Texte im gleichen Sinn bekräftigt werden. Denn nicht erst seit Moses werden die Großen begraben, noch ist er der letzte. Und das braucht nun wirklich nicht anhand von Beispielen nachgewiesen zu werden.

Warum hat unser Weiser im Talmud das jedoch verschwiegen? Und warum verstummte auch sein Kritiker? Weil der König eine gesetzliche Bestimmung darüber sehen wollte. Die konnten sie ihm nicht vorlegen. Sie konnten nur die Antwort geben: Von dem Geist hängt es ab. Wer jedoch auf einem geschriebenen Gesetz besteht, begnügt sich nicht mit einem Hinweis auf den Geist.

Die *Thora* enthält also kein ausdrückliches Gesetz darüber. In der ganzen Bibel gibt es keine einzige Vorschrift, die sagt, daß die sterblichen Reste eines Toten beerdigt werden müssen. Weder kann eine Stelle dazu zur Bekräftigung angeführt werden, noch kann diese Interpretation durch irgendeine entkräftet werden.

Und doch: Das Judentum besteht auf einer Beerdigung. Das Judentum der *Thora* und der Geschichte lehnt die Verbrennung eines Leichnams ab, ja, es darf durchaus stärker ausgedrückt werden, verabscheut sie.

Über dieses Thema gibt es eine reichhaltige Literatur. Auch die halachischen Ausführungen dazu sind sehr umfangreich. Der Verfasser sieht davon ab, sie hier zu diskutieren. Denn hier soll nur eine Feststellung gemacht werden. Und kann nur auf den Geist hingewiesen werden. Etwas anderes ist gar nicht beabsichtigt. Und auf diesen Geist wurde hingewiesen. Wie er denkt, geht schon aus der Beschreibung der jüdischen Einstellung hervor, wie sie Krankenbett und Grab betrachtet. Und die Trauernden und darüber hinaus.

Ist es jedoch ausreichend, sich nur auf den Geist zu berufen, um das Alte zu wahren?

Wem das Wort nicht genügt, der fragt nach dem Geist. Wen der Geist nicht zufriedenstellt, wird das Wort im allgemeinen noch weniger überzeugen.

In unserer Zeit wird dem Geist nicht nur in der Theorie, sondern auch in der Praxis, nicht nur von den Richtern, sondern auch im Gerichtssaal Rechnung getragen. Wenn überhaupt irgendwo, dann spricht das Judentum zu diesem Punkt eine Sprache, die kaum deutlicher noch entschiedener sein könnte – wie deutlich aus dem diesem Thema gewidmeten Kapitel hervorgegangen ist.

Betrachtet man nun diesen Grundsatz, nur den Grundsatz für sich aus dieser Sicht, wird jede Diskussion über Einzelheiten, Nebensächliches, Wünschenswertes und Unerwünschtes überflüssig. Darum geht es aber nicht einmal. Uns wurde eine Frage gestellt, nämlich welchen Standpunkt das Judentum in bezug auf die Feuerbestattung bezieht. Und auf diese Frage wurde hiermit eine Antwort gegeben.

Das jüdische Empfinden, in der Schulung des Judentums jahrhundertelang geformt und gebildet, wehrt sich gegen die Leichenverbrennung. Und es wird sich auch in Zukunft dagegen wehren. Wer möchte, daß das historische Judentum der *Thora* im Geist der Väter fortlebt, wird die Einäscherung in keiner Weise befürworten können noch dürfen.

DIE RELIGIONSKODIZES

Mischna und Gemara

Beim Schreiben oder Diskutieren über Fragen des Judentums kommt die Sprache unweigerlich auch auf den *Talmud*, der denn auch in den verschiedensten Zusammenhängen erwähnt wird. Im Lauf der Jahrhunderte wurde er gleichermaßen heftig angegriffen und lebhaft verteidigt, sowohl gelobt wie auch geschmäht. Breiten Kreisen sind besondere Sprüche oder Zitate aus ihm bekannt. Fast alle Redner und Schriftsteller, die sich mit diesem Thema befassen, setzen allem Anschein nach voraus, daß der Leser damit vertraut ist. Das ist natürlich längst nicht der Fall. Praktisch führt es dazu, daß Texte aus ihrem Zusammenhang gerissen zitiert werden, so daß der Leser hinterher kaum klüger geworden ist und auch diesmal nichts über das diskutierte Thema selbst noch die Struktur des Werkes gelernt hat.

Deshalb ist es auch kein Wunder, daß das Wort *Talmud* für viele Menschen einen befremdlichen, fast mystischen Klang hat, als sei er eine geheimnisvolle, metaphysische Schrift. Andererseits hat der Leser den durchaus natürlichen, weil menschlichen Wunsch, mehr darüber zu erfahren, den geheimnisvollen Schleier etwas zu lüften.

Zwar ist das schwierig, aber doch nicht unmöglich.

Der *Talmud* ist ein großartiges, umfassendes, außerordentlich tiefgründiges Werk. Deshalb auch der Ausdruck: ‹Das Meer des *Talmuds*›. Der *Talmud* ist, so wie wir ihn heute kennen, nicht die Schöpfung eines einzigen Verfassers noch einer großen Anzahl davon. Er ist im Verlauf vieler Jahrhunderte entstanden. Es ist ein enzyklopädisches Werk, das alle Themen berücksichtigt, mit denen sich das jüdische Denken seit der Antike weit vor dem Aufstieg des Islams beschäftigt hat, und es diskutiert unter anderem materielle, geistige, ethische, religiöse, mystische, rationale, soziale, politische und wissenschaftliche Fragen. Er umfaßt die ganze Kultur des jüdischen Volkes, seit dem Ende des babylonischen Exils, d.h. vom Zeitalter Esras bis ungefähr zum sechsten Jahrhundert unserer Zeitrechnung.

Während der römischen Herrschaft über das Land Israel befaßten sich zahlreiche Schriftsteller eingehend mit dem *Talmud*, obwohl die Römer an sich keineswegs an einer Entfaltung des jüdischen Geisteslebens interessiert waren. Als der jüdische Staat nach dem Fall von Jerusalem im Jahr 70 n. Z. zu existieren aufhörte, erkannten die mutigen geistigen Leiter des Judentums, daß die Zeit reif war, die reiche geistige Ernte vergangener Jahrhunderte einzuholen und dieses jüdische Erbgut für die zukünftigen Generationen niederzuschreiben und festzuhalten. Das Ergebnis ihrer unermüdlichen, zielstrebigen Arbeit war die *Mischna*, die Grundlage für den *Talmud*.

In Theorie und Praxis regelte die *Thora* das gesamte jüdische Leben und bildete seinen Nährboden. Bis heute ist die Heilige Schrift Quelle und Grundlage der Überlieferung. Wo die Normen und Anforderungen des Alltags Probleme aufwarfen, wurden sie in jedemFall von den rabbinischen Schulen anhand der rechtlichen Bestimmungen und Richtlinien in der *Thora* gelöst. Auf diese Weise gab es praktisch auf alle möglichen Fragen eine passende Antwort. Alle neuen geistigen Entwicklungen sowie alles, was schon festgehalten worden war, dienten den nachfolgenden Generationen als neuer Lesestoff und neues Studienmaterial. Im Laufe der Zeit sammelte sich eine Unmenge von Stoff, den die Gelehrten mündlich weiterreichten, weil davon bis zu jenem Zeitpunkt noch nichts schriftlich festgehalten worden war.

Mehrere große Gelehrte fingen dann jedoch mit der Niederschrift ihrer eigenen Sammlung an, so daß sie beim Unterricht auf sie zurückgreifen konnten. Anfangs war diese Niederschrift allerdings ausschließlich für den eigenen Gebrauch bestimmt. Ihre Schüler lernten den Stoff genau wie vorher einfach auswendig.

Auch Rabbi Akiba verfaßte solch eine Sammlung. Sein Schüler Rabbi Meir übernahm sie und erweiterte sie um eigenen Stoff. Gegen das Jahr 200 n. Z. sammelte Rabbi Juda Hanasi, der ‹Fürst›, der im Land Israel lebte, das zur Verfügung stehende Material und kodifizierte es. So entstand die Kompilation, die wir heute als die *Mischna* kennen. Das Wort bedeutet ungefähr: ‹Lehren durch Wiederholung›.

Die *Mischna* besteht aus insgesamt sechs Büchern, die *Sedarim* oder ‹Ordnungen›. Jeder *Seder* (Ordnung) besteht aus einer Reihe von Traktaten oder *Massechtot*; insgesamt sind es 63. Jede *Massechet* (wortwörtlich: ‹Gewebe›) ist in eine Reihe von *Perakim* (*Perek* – Kapitel) und jedes Kapitel seinerseits in Paragraphen oder Absätze eingeteilt. Gelegentlich wird ein bestimmter Absatz auch mit dem Wort *Mischna* bezeichnet, dann jedoch nur im engeren Sinn des Wortes.

In den Generationen danach wurde die *Mischna* in den jüdischen Schulen als Sammlung maßgebend für Studium und Diskussionen und diente als Lehrstoff, der auch die weitläufigsten Themen und Fälle diskutierte. Diese laufende Erklärung und Bearbeitung der *Mischna* wird als *Gemara* bezeichnet, was Ergänzung bedeutet. Zusammen bilden *Mischna* und *Gemara* den *Talmud*. Es gibt zwei solche Werke: Das erste entstand in Palästina und wird als der Jerusalemer Talmud, oder *Talmud Jeruschalmi*, bezeichnet. Da die Verhältnisse in Palästina sehr schwierig waren, verlegten eine Reihe wichtiger Rabbiner ihre Schulen nach Babylonien. Dort lehrten sie auch weiterhin die *Mischna* und interpretierten sie. Das war der Anfang für die reiche literarische und religiöse Entwicklung, die in dem eindrucksvollen Babylonischen Talmud, oder *Talmud Babli*, gipfelte. Die meisten Zitate aus dem *Talmud* stammen aus seiner babylonischen Version.

Nicht von allen *Mischna*-Traktaten wurde die *Gemara* überliefert, und das gilt sowohl für den Babylonischen wie für den viel kleineren Jerusalemer *Talmud*. Im Babylonischen *Talmud* gibt es die *Gemara* nur für 36 Traktate. Sie wurden ungefähr Anfang des sechsten Jahrhunderts gesammelt und endgültig veröffentlicht. Das vollständige gedruckte Werk füllt 12 bis 13 Bände. Alle gedruckten Ausgaben wurden gleichbleibend paginiert, so daß jedes Zitat anhand seiner Folionummer mühelos zu finden ist.

Wie schon gesagt, berührt der *Talmud* alle Lebensbereiche. Allerdings sehen Leben und Gesellschaft heute ganz anders aus als in talmudischer Zeit. Zwar diskutiert der *Talmud* viele Aspekte des jüdischen Alltags, die sich nicht so stark geändert haben, als daß der moderne Jude sich nicht zurechtfinden würde. Aber es werden auch Themenkreise behandelt, die uns heute völlig fremd sind und die wir, um sie zu verstehen, einer gründlichen Überprüfung unterziehen müssen. Das gilt zum Beispiel für alle Dinge im Zusammenhang mit dem Tempeldienst wie der Opfergottesdienst, die Ämter der Priester und Leviten, die kultischen Gebote der Reinheit oder Verbote der Unreinheit und ähnliches mehr.

Nicht überall im *Talmud* wird der gleiche Stoff gleich behandelt. Ebensowenig ist die Sprache das Hebräische der Bibel. Zwar wurde die *Mischna* vor allem auf hebräisch geschrieben, aber die Sprache ist sehr viel jünger als die der Bibel und darüber hinaus vermischt mit griechischen und lateinischen Fremdwörtern. Die *Gemara* wurde dagegen auf aramäisch geschrieben; hier unterscheiden sich die beiden Fassungen allerdings: Der Jerusalemer Talmud verwendet einen palästinensischen Dialekt, der Babylonische dagegen eine mit der syrischen Sprache verwandte Mundart.

Der bedeutendste Kommentator des *Talmuds* ist *Rabbi Salomo Jitzchaki* oder *Salomo ben Isaak*, der zur Zeit des ersten Kreuzzugs in der französischen Stadt Troyes geboren wurde. Hier gründete er ein Lehrhaus, und hier starb er auch. Entsprechend der Überlieferung kannte *Raschi* (so wurde er nach den Initialen seines Namens kurz genannt) Gottfried von Bouillon, den Leiter des ersten Kreuzzugs, und die beiden Männer sollen einen Einfluß auf das Leben des anderen ausgeübt haben. *Raschi* hat den *Talmud* endgültig kommentiert. Er verfaßte ein bedeutendes Werk in einem so knappen Stil, daß in ihm weder ein Wort fehlt noch überflüssig ist. Die Sätze sind so klar, daß die Bedeutung jedes Ausdrucks, jeder Idee über jeden Zweifel erhaben ist. Für den Forscher der Talmudtexte ist *Raschis* Werk unentbehrlich, allerdings muß es zuvor gründlich studiert werden.

Über die Terminologie und Methodik des *Talmuds* wurden bereits unzählige Bücher und Anleitungen geschrieben. Auch wurden zu den wissenschaftlichen Themen, die über den ganzen *Talmud* zerstreut sind, getrennt Abhandlungen verfaßt. Aber trotz allem ist das Material noch keineswegs erschöpft.

Heute gibt es eine Reihe guter Übersetzungen des *Talmuds* in verschiedenen Sprachen. Daher können auch jene, die weder die hebräische noch eine klassische Sprache beherrschen, jetzt ebenfalls dieses großartige, immer noch leicht rätselhafte Werk studieren. Wer jedoch den *Talmud* eingehend studieren möchte, sollte sich, das empfiehlt uns schon der *Talmud* selbst, an einen Lehrer und auch einge Studienfreunde wenden, die es mit der Kenntnis dieses Werkes ernst nehmen.

Der jüdische Religionskodex, das jüdische Gesetzbuch, trägt den Namen *Schulchan Aruch* oder, übersetzt, «Der gedeckte Tisch».

Jedes Buch hat eine Geschichte. Und auch der *Schulchan Aruch* ist keine Ausnahme. Was für eine großartige Geschichte! Schon sein Name hat eine. Und damit beginnt auch schon die Odyssee, die zur Entstehung des ganzen Werkes führte.

Um erst einmal seinen Namen zu verstehen, müssen wir das 2. Mose, Vers 1 von Kapitel 21 öffnen. Dort heißt es: «Dies sind die Rechtsordnungen, die du ihnen vorlegen sollst: ...» Das in diesem Satz gebrauchte Zeitwort kann genausogut mit «stellen», «setzen» oder «legen» übersetzt werden. Eigentlich sollte es als «vorlegen» übersetzt werden.

Eine sehr alte Interpretation im *Talmud* diskutiert diese Bedeutungen des hebräischen Zeitworts, wie es im Vers verwendet wird. Und auch der sehr beliebte Bibelkommentar des berühmten *Raschi*, von dem schon im vorhergehenden Kapitel die Rede war, greift auf diese alte Interpretation zurück. *Raschis* Kommentar wurde in zahlreiche Sprachen übersetzt. Bei ihm hört sich das Zitat ungefähr so an: «Gott, der Heilige, gelobt sei Er, sagte zu Moses: ‹Komm nur nicht auf den Gedanken zu sagen: Ich werde sie das Kapitel oder die Vorschrift zwei- oder dreimal lehren, bis es für immer wörtlich in ihrem Mund liegt, so, wie sie gelehrt wurden; ich werde mir nicht die Mühe machen, ihnen die Gründe dafür und ihre Erklärung darzulegen.› Deshalb heißt es: ‹... die du ihnen vorlegen sollst.› Wie ein Tisch, der für den Menschen gedeckt und hergerichtet wurde, damit er an ihm essen kann.»

Der Verfasser, der an diese Passage dachte und auf diesen Kommentar anspielte, gab seinem Werk den Namen *Schulchan Aruch*: der gedeckte Tisch. Damit wollte er sagen: Hier ist ein Gesetzbuch für die Praxis des jüdischen Lebens. Fix und fertig. Das Gericht wurde gekocht und auf den Tisch gebracht. Man braucht sich nur noch an den Tisch zu setzen, und schon kann man die Kost, die himmlische Kost meint der Verfasser damit, genießen.

War bis zu diesem Kodex demnach kein ähnliches Werk vorhanden? Ja und auch nein.

Der *Talmud* enthält auf dem nüchternen, klaren Gebiet der Gesetzgebung im wesentlichen nicht mehr als analytische Betrachtungen: Untersuchung, Vergleich, Auswahl, historische Entwicklung und geschichtliche Evolution, Feststellen der Zusammenhänge zwischen geschriebenem Wort und Tradition und ihre Erforschung. Hinzu kommt noch die Diskussion. Aber keineswegs immer das Ergebnis der Diskussionen und fast nie die unbestrittene Kodifizierung des Rechts.

Nachdem der *Talmud* abgeschlossen war, wurde er eifrig an den babylonischen Hochschulen studiert. Was im Grunde genommen nichts anderes war als das nochmalige Erwägen des bereits Gedachten. Jetzt aber vor allem in der Absicht, seinen Geist zu verstehen und für jeden alten und neuen Fall eine Schlußfolgerung zu ziehen, die mit ihm übereinstimmt. Dafür zuständig waren die Schulen in Babylonien, die die Zentren der Juden waren, die dort und auch überall zerstreut lebten. Ihre Rektoren, die den Titel *Gaon* trugen, was «Majestät» oder «Hoheit» bedeutet, waren die anerkannten Autoritäten, an die man sich um Entscheidung über die gottesdienstlichen Belange der Juden in der gesamten Diaspora wandte. Von überall her wurden ihnen Fragen zugeschickt. Sie entschieden aufgrund ihrer Kenntnis des *Talmuds*. Die ihnen gestellten Fragen zusammen mit ihren Gedanken und Entscheidungen dazu und ihre Begründungen entwickelten sich im Laufe der Zeit zu einer Fachliteratur: der Responsen-Literatur oder die *Responsa*.

Allmählich empfand man das Bedürfnis nach einem praktischen Werk, das eher auf das Leben selbst und weniger den Lehrsaal zugeschnitten war. Gleichzeitig fürchtete man sich jedoch auch davor und achtete sorgfältig darauf, sich nicht von der Unterrichtsmethode des *Talmuds* zu entfernen. Ebenso auch darauf, das Gesetz zu festigen. Denn die jüdische Wesensart verbindet merkwürdigerweise eine hohe Verehrung der Autoritäten in der Praxis mit Denkfreiheit und unbeschränkter Selbständigkeit in der Theorie.

Ein Zeitgenosse *Raschis*, der ebenfalls Isaak hieß, aber 1013 in Nordafrika, in Fez, geboren und deshalb Alfasi genannt wurde, wanderte 1080 im hohen Alter nach Cordoba ein. In Südspanien erlebte er seine Blütezeit, und in der Stadt Lucena gründete er ein bedeutendes Lehrhaus. Dieser *Isaak ben Jakob Alfasi* kannte *Raschi* nicht. Er bemühte sich, einen Mittelweg zu finden und schrieb ein *Buch der juristischen Entscheidungen*, kurz: das sogenannte «Alfas», das dem *Talmud* folgt und überall das Ergebnis der Abhandlungen für das praktische Leben festhält. Alfasi starb im Alter von 90 Jahren in Lucena.

Nach ihm kam *Maimonides*. Allem Anschein nach war man sich

schon sehr früh seiner zukünftigen Größe bewußt. Denn nicht nur seine Geburtsstadt, sein Geburtsjahr und -datum sind bekannt, sondern auch seine Geburtsstunde: *Moses ben Maimon* wurde 1135 in Cordoba geboren, und zwar am jüdischen Passahfest in der Mittagszeit vor dreizehn Uhr. Er war der Verfassser einer Reihe sehr bedeutender Werke und schuf auch den ersten Kodex des jüdischen Rechts. Ein wahrer Schöpfer. Denn er kennt den gesamten Stoff bis zu seiner Zeit sowie auch den seiner eigenen Zeit. Er kennt den ganzen *Talmud*. Er hat einen Überblick über den ganzen *Talmud* und das Material als Ganzes. Er knetet es allein und selbständig durch. Das Ergebnis ist ein methodisches, meisterhaft geordnetes, übersichtliches und systematisch behandeltes Gesetzbuch. In einem Hebräisch, das mit der Sprache *Raschis* an Feinheit, Knappheit und Deutlichkeit wetteifern kann. Er nennt es *Mischné Tora*, die Wiederholung der *Thora*.

Eigentlich hätte damit diese Literatur einen Abschluß finden müssen, mindestens solange es kein neues Material wegen neuer Fälle gab. Aber erstens wurde das Werk von Maimonides nicht sofort allgemein anerkannt. Schon deshalb nicht, weil man von dieser Arbeit, die so völlig vom Pfad der Unterrichtsmethode abwich, mit der der *Talmud* bis zu jenem Zeitpunkt gelehrt wurde, unabsehbare Folgen für das Talmudstudium selbst befürchtete. Denn damit war er ja praktisch überflüssig geworden. Darüber hinaus war Maimonides auch ein Philosoph. Und als solcher schrieb er auf arabisch seinen «Führer der Unschlüssigen», in dem er den Versuch unternahm, zwischen Judentum und Aristoteles eine Verständigung herbeizuführen und die Jugend mit dem Gottesdienst einschließlich der Philosophie dahinter auszusöhnen. Diesem Bemühen – genau wie der Philosophie als solcher – begegneten damals viele bedeutende Männer, Kapazitäten auf dem etwas einseitigen Gebiet der damaligen Talmud-Wissenschaft, mit einiger Besorgnis und großem Mißtrauen. In der jüdischen Welt entbrannte sogar ein bitterer Kampf gegen den Philosophen Maimonides, und seine weltlichen Schriften waren heftig umstritten. Vor allem das deutsche Judentum lehnte Maimonides ab.

Rabbi Ascher ben Jechiel, kurz *Ascheri*, war es vor allem, der diese Ablehnung von Deutschland nach Spanien trug. Er war gegen 1250 in Koblenz geboren worden und wanderte wegen der für die Juden dort unerträglichen Lage im Jahr 1303 nach Spanien aus. Er war ein Schüler von Rabbi Meir von Rothenburg, für dessen Befreiung aus der Gefangenschaft er sich nachdrücklich eingesetzt hatte. Mehrere Jahre lang lehrte er an der *Jeschiwa*, d.h. der Talmud-Thoraschule in Köln, und gehörte dem rabbinischen Gericht in Worms an. Nach dem Tod von Rabbi Meir von Rothenburg galt er allgemein als die führende rabbinische Kapazität in Deutschland. Er zog mit seiner Familie nach Spanien, und 1304 wurde er Richter und Vorsitzender des jüdischen Gerichts in Toledo, Ämter, die er bis zu seinem Tod im Jahr 1327 bekleidete.

Ascheris Sohn, *Rabbi Jakob ben Ascher* (1269–1343), schrieb um das Jahr 1300 einen neuen vollständigen Religionskodex in vier Teilen, der unter dem Titel *Arba'a Turim*, d. h. die vier Reihen, erschien. Dieser Name spielt auf die vier Reihen von Edelsteinen an, die laut dem 2. Mose 28,17 die Brusttasche des Hohepriesters schmückten. Er teilte das Material völlig anders ein als Maimonides und behandelte es auch anders. Was sich auf den Erhalt des jüdischen Staats- und Tempellebens bezog und deshalb keinen praktischen Wert mehr besaß, nahm er in sein Werk nicht auf.

Allerdings sollte man nicht annehmen, daß Maimonides' Werk *Mischné Tora* darüber in Vergessenheit geraten war. Durchaus nicht. Natürlich wurde es ein Werk, das man studierte. Kein Nachschlagewerk. Das wäre zu einfach. Es wird zusammen mit dem *Talmud* studiert, um kritisch zu prüfen, aus welchen Quellen und wie der Meister zu seinen Entscheidungen kam. Im Laufe der Zeit entstanden Kommentare zu dieser «Wiederholung der *Thora*» von Maimonides.

Einer dieser Kommentare stammt von *Joseph Karo*, der 1488 in Spanien geboren wurde und im Jahr 1575 in Safed (im Land Israel) starb. Dieser Rabbi Joseph ben Ephraim Karo hatte auch die *Vier Reihen* des Rabbiners Jakob ben Ascher einer kritischen Betrachtung unterworfen und sich als unglaublich belesen und erstaunlich scharfsinnig erwiesen. Das umfangreiche Werk nennt er *Beth Joseph*, d. h. das Haus Josephs, eine Anspielung auf seinen eigenen Namen und eine Erinnerung an den Begriff im 1. Mose 50,8. Von diesem *Beth Joseph* fertigte er eine stark gekürzte Version an, die eigentlich nur für erfahrene Gelehrte als Wiederholung beabsichtigt war. Das wurde der *Schulchan Aruch*.

Das Werk folgt der gleichen Einteilung wie das Hauptwerk, auf das es aufbaut. Da es weiterhin an die *Vier Reihen* anknüpft, ist es wie dieses Werk konzipiert. Deshalb besteht es auch aus vier Teilen, die sogar die gleichen Überschriften wie das Vorbild haben.

Das sollte nur ein kurzer Einblick in die Entwicklung der Literatur sein, die zum *Schulchan Aruch* führte: die Vorgeschichte des Werkes, dessen Inhalt eigentlich schon in seinem Titel zum Ausdruck kommt.

Obwohl es nun schon einen gedeckten Tisch gab, hört die Literatur damit noch nicht auf. Und außerdem versteht es nicht jeder, sich, wie es sich gehört, an diesen gedeckten Tisch zu setzen.

Allgemeine Begriffe – Einstellung – Geist

Ständig ist die Rede vom Religionskodex gewesen. Diese Bezeichnung vermittelt allerdings eine falsche Vorstellung von dem Werk. Wahrscheinlich erwartet der Leser, dort ausschließlich Vorschriften in ihm zu finden, und zwar in allen Bereichen, die man normalerweise der Religion zurechnet. Als erstes denkt der Leser wahrscheinlich an den Gottesdienst in der Kirche und an das Kirchenrecht. Und wird es hier in allen seinen Einzelheiten auf das Judentum übertragen. Möglicherweise fragt er sich auch, ob er etwas über Themen wie die Grundsätze des jüdischen Gottesdienstes, das Wesen des Judentums, eigene jüdische Ideen zu Fragen der Metaphysik, eine Übersicht über die Leitgedanken der jüdischen Ethik und ähnliches mehr darin findet. Aber bei einem Religionskodex sollte man nicht an Staatsrecht noch an Zivilrecht denken. Denn äußerlich erkennt man das Judentum an seinen für einen Nichtjuden ungewöhnlichen, auffallenden Besonderheiten. Es fällt auf durch seinen Sabbat, seine Feiertage, seinen Gottesdienst, seine Speisevorschriften, seinen Ritus und seine Zeremonien. Natürlich – und zugegebenermaßen – sind vor allem sein Gottesbegriff und seine religiösen Grundgedanken das wichtigste, wie sie in dem Wort, dem Begriff Monotheismus enthalten sind. Denn bekanntlich beruht es auf dem Alten Testament, deshalb hat es auch eine Sittenlehre. Oft wird es als das Volk der Bibel bezeichnet. Im doppelten Sinn: daß die Bibel von ihm geschaffen wurde und daß es selbst durch die Bibel geschaffen wurde; daß die Bibel es fortgeführt hat und daß es auf biblischem Nährboden lebt. Das zuletztgenannte entspricht natürlich der in diesem Buch vertretenen Auffassung.

In diesem Sinn spricht man auch vom Volk des Gottesdienstes. Das bringt gleichzeitig zum Ausdruck, daß das Volk des Gottesdienstes auch als Volk betrachtet wird. Bei dieser Gelegenheit könnte man in Ruhe und eingehend den Begriff Volk diskutieren. Eines steht jedoch fest: Das Judentum ist keine Kirchengemeinschaft. Noch eine innerterritoriale Kirchenorganisation oder Hierarchie.

Als Volk des Gottesdienstes, was es unbestreitbar ebenfalls ist, hat es wie jede andere Religion eine Weltanschauung und eine für seine Angehörigen gültige Lebensordnung. In Wirklichkeit *hat* es allerdings keine Weltanschauung – denn es *ist* eine Weltanschauung. In ihr ist alles zusammen als Einheit enthalten. Sie umfaßt Schöpfung und Leben als ein *Einziges*, und zwar im absoluten, weitesten Sinn. Diese Weltanschauung ist eine eigene Kultur, in der alles, was zum Leben gehört, das Leben berührt oder betrifft, an dieser Einheit oder Ganzheit seinen größeren oder kleineren Anteil hat. Von diesem Standpunkt aus wird alles beurteilt und betrachtet. Ihr Gegenstand sind die Menschheit und der Mensch. Genau wie der Staat und seine Mitglieder. Auch die Gesellschaft im allgemeinen und das Leben des einzelnen in den zwischenmenschlichen, gesellschaftlichen Beziehungen. Deshalb schließt es auch die Staatsordnung nicht aus. Hier ist auch Raum für ein Strafrecht und eine zivile Gerichtsbarkeit. Ebenso gehören auch das Haus, die Synagoge und der Ritus zu dieser Einheit. Im Judentum gibt es also Faktoren und Bereiche, die es im allgemeinen in jeder Religion gibt. Damit erschöpft sich sein Inhalt jedoch nicht.

Andere Religionen, um nur ein Beispiel anzuführen, bauen Kirchen. Beeinflussen die Familien. Greifen den einzelnen heraus und setzen ihn für den Dienst am einzelnen ein. Beseelen ihn für die Gemeinschaft von einzelnen. Erlauben es dem Menschen, in seiner Verinnerlichung zu leben. Erziehen ihn zu einer höheren Menschlichkeit. Und alles im Namen eines himmlischen Vaters.

Aber in der jüdischen Religion hat die Gottheit eine Gemeinde von einzelnen, ein Volk, das das Leben aller und jedes einzelnen Bestandteils in den Dienst eben dieser Gottheit stellt. Deshalb ist jede Einrichtung dieser Gemeinde, jede Lebensäußerung des Volkes, seines Teiles und seiner Angehörigen in der Gesetzgebung geregelt. Und natürlich auch die Form, die Art des Dienstes, in dem der himmlische Vater verehrt und gleichzeitig die Verinnerlichung und die stets aufs neue notwendige sittliche und religiöse Erneuerung im Menschen herbeigeführt werden muß.

Deshalb ist der Kodex des Judentums nicht nur, was man in der Umgangssprache als einen Religionskodex bezeichnen würde. Denn Einteilung und Inhalt des Werkes hängen eng mit ihm zusammen.

Er besteht aus vier Teilen, jeder mit einer eigenen Überschrift. Der erste Teil heißt *Orach Chajim*, d. h. der Weg des Lebens. Als der Verfasser diesen Namen wählte, dachte er an Psalm 16, Vers 11 und an Sprüche 15,24. Er enthält die Vorschriften für das Alltagsleben, das sich treu nach der Religion richtet. Für jeden Tag. Vom Erwachen bis zu der Zeit, zu der man schlafen geht. Für den Sabbat, der die sechs Wochentage abschließt und krönt. Für die Feiertage, vom ersten, dem Passahfest, über alle anderen Feiertage bis zum Laubhütten- und Schlußfest. Für die feierlichen Gedenktage und für die Fastentage. Somit befaßt sich dieser Teil mit den Vorschriften für das tägliche Leben im Sinn des Gottesdienstes für ein volles Jahr.

Der zweite Teil heißt *Joré Deah*, was Belehrung zu höherer Einsicht oder Erkenntnis bedeutet. Dieser Titel wurde von Jesaja 28,9 inspiriert. Dieser Teil enthält Speisevorschriften, die Beziehung zum Heidentum, das Verbot gegen Wucher, die Vorschriften über Reinheit, über Gelübde und Eid, über die Verehrung von Eltern und Lehrern, über Thorastudium, Wohltätigkeit, Beschneidung, Behandlung von Sklaven, Proselyten, Schreiben von Gesetzrollen und Geräte für den Gottesdienst, über Vogelnester (5. Mose 22,6–7), über die Verwendung von Früchten im Zusammenhang mit einigen damals noch gültigen Agrargesetzen, über die Heiligung des Erstlings und das Absondern bestimmter Gaben, über den Bann, über Liebesdienste am Kranken und Sterbenden und schließlich auch Bestimmungen für Trauertage und Trauervorschriften.

Der dritte Teil heißt *Ewen ha-Eser*, Stein der Hilfe (vergl. 1. Sam. 4 und 5 sowie 7,12), womit die feste Grundlage des Volkslebens gemeint ist. Als diese Grundlage wird die Familie betrachtet. Dieser Teil enthält die gesamte Ehegesetzgebung, und zwar in dem weiten Sinn, wie sie weiter oben diskutiert wurde. Hier wird also nicht nur an die feierliche Hochzeit mit ihren Zeremonien gedacht.

Der vierte Teil schließlich heißt *Choschen Hamischpat*, d. h. das Brustschild des Urteils, das zum Priestergewand gehörte (2. Mose 28,15) und dessen Brusttasche bei Rechtsberatungen manchmal eine wichtige Rolle spielte (vergl. ebd. 28,30 und 4. Mose 27,21). Der Inhalt dieses Buches enthält das jüdische Recht. Vollständig. Ausgelassen wurde nur das, was sich auf das ehemalige Staats- und Tempelleben bezog.

Das ganze Werk ist darüber hinaus in Kapitel eingeteilt. Zusammen enthalten die vier Teile 1705 Kapitel. Und jedes Kapitel ist wiederum in Absätze unterteilt.

Auch zu diesem Werk wurden Kommentare verfaßt. Es gibt historisch-analytische, kritische und erläuternde Kommentare. Verschiedene berühmte Gelehrte auf diesem Gebiet haben kasuistische Nachträge geschrieben. Denn täglich gibt es neue Fälle, und die Kasuistik ist nie völlig abgeschlossen.

Besonders wichtig sind die *Hagahot*, d.h. die Anmerkungen von *Rabbi Moses Isserles*. Sie erscheinen in fast allen Ausgaben als Zusatz und wurden in Kleinbuchstaben in den Text von Karo eingefügt. Isserles lebte in der Mitte des sechzehnten Jahrhunderts in Krakau. Schon als Zwanzigjähriger bekleidete er dort das Amt des Oberrabbiners. Er galt und gilt immer noch als eine der größten Autoritäten. Isserles hat seinen Anmerkungen den Namen *Mappa* gegeben, d.h. Tischdecke. Damit wollte er zum Ausdruck bringen, daß dem gedeckten Tisch seiner Ansicht nach doch noch einiges fehlte. Sogar etwas sehr Notwendiges.

Die portugiesischen Juden waren damit nicht einverstanden. Deshalb folgen sie dem *Rema* – aus den Initialen Isserles gebildet – dann nicht, wenn er vom *Schulchan Aruch* abweicht. Für die deutschen Juden waren seine Anmerkungen jedoch bindend. Vor allem hierauf läßt sich der Unterschied im Ritus, nicht jedoch in der Aussprache des Hebräischen zwischen den deutschen und portugiesischen Juden zurückführen.

Nachdem Isserles den *Schulchan Aruch* mit seinen Zusätzen ergänzt hatte, damit er auch für das tägliche Leben praktisch war, wurde das Werk später für alle der Tradition treuen Juden *das* Gesetzbuch und ist es bis heute geblieben.

Das sollte nur eine ganz kurze Übersicht über den Inhalt und die Einteilung dieses Werkes sein.

Der Geist, mit dem das Werk beginnt, schwebt auch über jeder einzelnen Seite. Denn die ersten Worte des *Schulchan Aruch* sind die folgenden: «Morgens beim Aufstehen soll sich der Mensch, um seinem Schöpfer dienen zu können, stark wie ein Löwe machen, damit er den Tag als erster weckt.»

Dazu bemerkte Isserles: «1. Er sorge jedenfalls dafür, daß die Zeit für das gemeinsame Gebet mit der Gemeinde nicht verstreicht. 2. ‹Ich habe den Herrn allezeit vor Augen› (Ps. 16,8) ist einer der wichtigsten

Grundsätze der *Thora*, eine Tugend des Rechtschaffenen, der allezeit vor Seinem Auge wandelt. Denn wenn ein Mensch allein zu Hause ist, verhält und handelt er anders, als wenn er vor einem großen König steht; zu seinen Hausgenossen und nahen Verwandten spricht er anders als im Rat des Königs. Der Mensch muß es sich also zu Herzen nehmen, daß der große König, Gott, dessen Ruhm und Herrlichkeit die ganze Erde füllen, über ihm steht und über alle seine Taten wacht. Denn es heißt ja in Jeremia (23,24): ‹Meinst du, daß sich jemand so heimlich verbergen könne, daß ich ihn nicht sehe?› Das Wissen darum wird den Menschen sofort mit Ehrfurcht, Demut und heiliger Scheu vor Ihm, gelobt sei sein Name, erfüllen» (*Orach Chajim* 1,1).

DER JÜDISCHE KALENDER

Das gewöhnliche Jahr		Schaltjahr		Besondere Tage		
Monat	Tage	Monat	Tage	Datum	Beschreibung	
1. Nissan	30	1. Nissan	30	15.–22.	Passahfest	
2. Ijar	29	2. Ijar	29	18.	*Lag ba-Omer* 33. der *Omer*-zählung	16. Nissan – 5. Siwan *Omer*zählung
3. Siwan	30	3. Siwan	30	6.–7.	Wochenfest	
4. Tammus	29	4. Tammus	29	17.	Fastentag des 4. Monats (Sach. 8, 19)	17. Tammus – 9. Aw: die «Drei Wochen» der Trauer
5. Aw	30	5. Aw	30	9.	Fastentag des 5. Monats (Sach. 8, 19)	
6. Elul	29	6. Elul	29	15.	Erinnerungstag des Weinlesefestes	
				Ende des Monats	Am letzten oder vorletzten Sonntag: Beginn der *Selichoth*-Bußtage	
7. Tischri	30	7. Tischri	30	1.–2.	Neujahr	1.–10. Tischri: die «Zehn Tage der Einkehr»
				3.	Gedalja-Fasten (Fastentag des 7. Monats; Sach. 8, 19)	
				10.	Versöhnungstag	
				15.–21.	Laubhüttenfest	
				21.	*Hosanna rabba*	
				22.–23.	Schlußfest	
				23.	*Thora*-Freudenfest	

Das gewöhnliche Jahr		Schaltjahr		Besondere Tage		
Monat	Tage	Monat	Tage	Datum	Beschreibung	
8. Cheschwan	29, 30 oder 29	8. Cheschwan	29, 30 oder 29			
9. Kislew	30, 30 oder 29	9. Kislew	30, 30 oder 29	25.– bis		
10. Tewet	29	10. Tewet	29	2./3. Tew.	*Chanukka* = Tempelweihfest	
			10.	Fastentag des 10. Monats (Sach. 8, 19)		
11. Schewat	30	11. Schewat	30	15.	Neujahrsfest der Bäume	
12. Adar	29			13. 14. 15.	Esther-Fastentag *Purim*, Fest der Lose *Schuschan-Purim*	In einem gewöhnlichen Jahr
		12. Adar Rischon = Adar I	30	14.–15.	*Purim katan* (Klein. Losfest)	In einem Schaltjahr
		13. Adar Scheni = Adar II	29	13. 14. 15.	Esther-Fastentag *Purim* *Schuschan-Purim*	
354 355 353		384 385 383				

Grundlagenwerke

Ekkehard Martens / Herbert Schnädelbach (Hg.)
Philosophie *Ein Grundkurs* (457)

Karl Vorländer
Geschichte der Philosophie
Band 1: Altertum (492) *Band 2: Mittelalter und Ranaissance* (493) *Band 3: Neuzeit bis Kant* (494) *Band 1-3 komplett* (495)

Manfred Brauneck/Gérard Schneilin (Hg.)
Theaterlexikon *Begriffe und Epochen, Bühnen und Ensembles* (417)

Monika Wagner (Hg.)
Moderne Kunst *Das Funkkolleg zum Verständnis der Gegenwartskunst* (516)

Hans Eggers
Deutsche Sprachgeschichte
Band 1: Das Althochdeutsche und das Mittelhochdeutsche (425) *Band 2: Das Frühneuhochdeutsche und das Neuhochdeutsche* (426)

I. Fetscher /H. Münkler (Hg.)
Politikwissenschaft *Begriffe - Analysen - Theorien. Ein Grundkurs* (418)

A. Görlitz /R. Prätorius (Hg.)
Handbuch Politikwissenschaft *Grundlagen Forschungsstand - Perspektiven* (432)

Siegfried Grubitzsch/Günter Rexilius (Hg.)
Psychologische Grundbegriffe *Ein Handbuch* (438)

Harald Kerber /Arnold Schmieder (Hg.)
Handbuch Soziologie *Zur Theorie und Praxis sozialer Beziehungen* (407)

3468/1

rowohlts enzyklopädie

Soziologie *Arbeitsfelder, Theorien, Ausbildung. Ein Grundkurs* (445)

Dieter Lenzen
Pädagogische Grundbegriffe
Band 1: Aggression - Interdisziplinarität (487) *Band 2: Jugend-Zeugnis* (488)

Eugene J.Meehan
Praxis des wissenschaftlichen Denkens *Ein Arbeitsbuch für Studierende* (519)

Günter Rexilius / Siegfried Grubitzsch (Hg.)
Psychologie *Theorien - Methoden - Arbeitsfelder. Ein Grundkurs* (419)

James George Frazer
Der goldene Zweig *Das Geheimnis von Glauben und Sitten der Völker* (483)

Robert von Ranke-Graves
Griechische Mythologie *Quellen und Deutung* (404)

Kunst und Theater

John Berger
Glanz und Elend des Malers Pablo Picasso (459)

Manfred Brauneck
Theater im 20. Jahrhundert *Programmschriften, Stilperioden, Reformmodelle* (433)
Klassiker der Schauspielregie *Positionen und Kommentare zum Theater im 20. Jahrhundert* (477)

Manfred Brauneck / Gérard Schneilin (Hg.)
Theaterlexikon *Begriffe und Epochen, Bühnen und Ensembles* (417)

Martin Damus
Malerei der DDR *Funktionen der bildenden Kunst im Realen Sozialismus* (524)

Martin Esslin
Das Theater des Absurden *Von Beckett bis Pinter* (414)
Die Zeichen des Dramas *Theater, Film, Fernsehen* (502)

Peter Gorsen
Sexualästhetik *Grenzformen der Sinnlichkeit im 20. Jahrhundert* (447)

Walter Hess
Dokumente zum Verständnis der modernen Malerei (410)

Volker Klotz
Bürgerliches Lachtheater *Komödie-Posse-Schwank-Operette* (451)

Peter Moritz Pickhaus
Kunstzerstörer *Fallstudien: Tatmotive und Psychogramme* (463)

rowohlts enzyklopädie

Zeittheater *"Das Politische Theater" und weitere Schriften von 1915 bis 1966* (429)

Richard Schechner
Theater-Anthropologie *Spiel und Ritual im Kulturvergleich* (439)

Gert Selle (Hg.)
Gebrauch der Sinne *Eine kunstpädagogische Praxis* (467)
Experiment Ästhetische Bildung *Aktuelle Beispiele für Handeln und Verstehen* (506)

Monika Wagner (Hg.)
Moderne Kunst *Das Funkkolleg zum Verständnis der Gegenwartskunst* (516)

rowohlts enzyklopädie wird herausgeben von Burghard König. Ein Gesamtverzeichnis finden Sie in der *Rowohlt Revue.* Jedes Vierteljahr neu. Kostenlos in Ihrer Buchhandlung.

3467/1

Philosophie

Kurt Bayertz
GenEthik *Probleme der Technisierung menschlicher Fortpflanzung* (450)
Praktische Philosophie *Grundorientierungen angewandter Ethik* (522)

E. Braun / F. Heine / U. Opolka
Politische Philosophie *Ein Lesebuch. Texte, Analysen, Kommentare* (406)

Hans Ebeling
Martin Heidegger *Philosophie und Ideologie* (520)

Ferdinand Fellmann
Symbolischer Pragmatismus *Hermeneutik nach Dilthey* (508)

Manfred Geier
Das Sprachspiel der Philosophen *Von Parmenides bis Wittgenstein* (500)

Toshihiko Izutsu
Philosophie des Zen-Buddhismus (428)

Traugott König (Hg.)
Sartre *Ein Kongreß* (475)

Rudolf zur Lippe
Sinnenbewußtsein *Grundlegung einer anthropologischen Ästhetik* (423)

A. Litschev / D. Kegler (Hg.)
Abschied vom Marxismus *Sowjetische Philosophie im Umbruch* (529)

E. Martens / H. Schnädelbach (Hg.)
Philosophie *Ein Grundkurs. Band 2* (457)

rowohlts enzyklopädie

Ulrich Steinvorth
Klassische und moderne Ethik *Grundlinien einer materialen Moraltheorie* (505)

Bernhard Raureck
Französische Philosophie im 20. Jahrhundert *Analysen, Texte, Kommentare* (481)
Ethikkrise - Krisenethik *Analysen, Texte, Modelle* (525)

Karl Vorländer
Geschichte der Philosophie *mit Quellentexten Band 1: Altertum* (492) *Band 2: Mittelalter und Renaissance* (493) *Band 3: Neuzeit bis Kant* (494) *Band 1 - 3 komplett* (495)

Benjamin Lee Whorf
Sprache - Denken - Wirklichkeit *Beiträge zur Metalinguistik und Sprachphilosophie* (403)

rowohlts enzyklopädie wird herausgegeben von Burghard König. Ein Gesamtverzeichnis der Reihe finden Sie in der *Rowohlt Revue*. Jedes Vierteljahr neu. Kostenlos in Ihrer Buchhandlung.